普通高等教育“十二五”通识课规划教材

大学体育新编

（第三版）

主　　编　吴旭东　戎　成

副 主 编　张京雪　薛邦宇

　　　　　王　亮

参编人员　王桂华　毛　斌

　　　　　杨雪林　戴　豫

上海交通大學出版社

内容提要

本书以“健康第一”为指导思想，从体育知识、体育教学、体育技能及健康锻炼等方面入手，分别讲述了体育理论基本知识、运动与卫生、田径运动、球类运动、体操与健美及游泳等。可作为普通高校公共体育课教材。

图书在版编目(CIP)数据

大学体育新编/ 吴旭东，戎成主编. —3 版. —上海：上海交通大学出版社，2017（2022重印）

ISBN 978-7-313-17673-8

Ⅰ. 大... Ⅱ. ①张... ②戎... Ⅲ. 体育—高等学校—教材 Ⅳ. G807.4

中国版本图书馆 CIP 数据核字(2012)第 191946 号

大学体育新编

（第三版）

主　　编：吴旭东　戎　成

出版发行：上海交通大学出版社

地　　址：上海市番禺路 951 号

邮政编码：200030

电　　话：021-64071208

印　　制：上海天地海设计印刷有限公司

经　　销：全国新华书店

开　　本：787mm×960mm　1/16

印　　张：24

字　　数：452 千字

版　　次：2009 年 12 月第 1 版　2017 年 7 月第 3 版

印　　次：2022 年7 月第11 次印刷

书　　号：ISBN 978-7-313-17673-8

定　　价：49.00 元

前　言

体育课程是以身体练习为主要手段，通过合理的体育教育和科学的体育锻炼过程，达到增强体质、增进健康和提高体育素养为目标的公共必修课；是学校课程体系的重要组成部分，是高校体育工作的中心环节。

本书以贯彻“健康第一”的指导思想，在第一版教材的基础上，从体育知识、体育教学、体育技能及健康锻炼等方面入手，以身体练习为主要手段，实现以提高学生生理、心理素质和适应社会能力以及体育文化素养为目的的编写宗旨。

本书作为普通高校（含高职高专）公共体育课的教材，可供学生课内外阅读学习，也可作为体育教师的工作参考书。本书由上海工程技术大学高职学院的吴旭东和苏州建设交通高等职业技术学校的戎成担任主编，上海工程技术大学高等职业技术学院的张京雪，苏州建设交通高等职业技术学校的薛邦宇、王亮参与了本书的编写。

编写中参阅了大量的文献资料，在此谨向有关作者致以衷心的感谢！

由于编写者水平有限，加上高校体育教学正处于深化教学改革的过程中，书中尚有不足之处，恳请广大读者批评指正。

编者

2017 年 6 月

目　　录

1　体育理论基本知识 …… 1

1.1　体育的概念 …… 1
1.2　体育的产生与发展 …… 2
1.3　体育的功能 …… 2
1.4　体育与健康 …… 6
1.5　体育锻炼的原则与方法 …… 9

2　运动与卫生 …… 12

2.1　体育锻炼与生活卫生 …… 12
2.2　体育锻炼与环境卫生 …… 18
2.3　体育锻炼与运动卫生 …… 19
2.4　体育锻炼与心理卫生 …… 21

3　运动伤病及处理 …… 23

3.1　运动损伤的预防与处理 …… 23
3.2　运动中常见生理反应与处置 …… 28
3.3　损伤后恢复锻炼的原则 …… 33
3.4　运动处方 …… 34

4　保健养生 …… 43

4.1　运动与营养 …… 43
4.2　体育疗法简介 …… 43
4.3　保健与按摩 …… 47

5　体质健康的测试与评价 …… 55

5.1　体适能的测定与评价 …… 55

5.2 心理健康的测定与评价 …… 61
5.3 社会适应的测定与评价 …… 63

6 田径运动 …… 65

6.1 竞走 …… 65
6.2 短跑与中长跑 …… 70
6.3 接力跑与跨栏跑 …… 79
6.4 跳高与撑杆跳高 …… 88
6.5 跳远与立定跳远 …… 94
6.6 标枪、铁饼和铅球 …… 102
6.7 运动规则与赛事 …… 114

7 球类运动 …… 117

7.1 篮球 …… 117
7.2 足球 …… 138
7.3 排球 …… 155
7.4 网球 …… 170
7.5 乒乓球 …… 180
7.6 羽毛球 …… 199
7.7 其他球类 …… 208

8 体操与健美 …… 219

8.1 形体练习 …… 219
8.2 健美运动与健美操 …… 233
8.3 体育舞蹈 …… 264

9 游泳 …… 286

9.1 游泳运动概述 …… 286
9.2 熟悉水性 …… 286
9.3 蛙泳 …… 292
9.4 自由泳 …… 295
9.5 游泳注意事项 …… 298

10 其他运动 …… 299

10.1 武术 …… 299
10.2 轮滑 …… 330
10.3 登山和攀岩 …… 336
10.4 台球 …… 346
10.5 跆拳道 …… 351
10.6 瑜伽 …… 358
10.7 定向运动 …… 367

附录《学生体质健康标准》查分表 …… 371

参考文献 …… 376

1 体育理论基本知识

1.1 体育的概念

1.1.1 体育的定义

什么是体育?

“体育”这一概念在不同的时期和不同的国家有着不同的含义。古代与现代,学校教育领域中的体育与奥运会、世界杯的体育运动,是有明显区别的。

体育有广义和狭义之分。广义的体育亦称体育运动,是指以身体练习为基本手段,以增强人的体质,促进人的全面发展,丰富社会文化生活和促进精神文明为目的的一种有意识、有组织的社会活动。它是社会总文化的一部分,其发展受一定社会的政治和经济的制约,也为一定社会的政治和经济服务。

狭义的体育是指一个发展身体,增强体质,传授锻炼身体的知识、技能、技术,培养道德和意志品质的教育过程。它是教育的组成部分,是培养全面发展人的一个重要方面。

1.1.2 广义体育的分类

广义体育可以分为以下几类:

(1) 体育教学。体育教学是指学习掌握锻炼身体的基本知识、技术技能,发展身体、增强体质,培养道德和意志品质的教学活动。

(2) 竞技运动。它是指为了最大限度地发挥和提高人体在体格、身体能力、心理和运动能力等方面的潜力,取得优异运动成绩而进行科学的、系统的训练和竞赛。

(3) 身体锻炼。它是指以健身、医疗、卫生为目的的身体活动。这种活动一般是自愿参加的,其组织形式有集体的,也有个人锻炼的,讲究自我教育和锻炼的效果。有时也采用竞赛的方式,但不单纯追求竞赛的成绩。

(4) 身体娱乐。它是指以休闲、娱乐、发展兴趣爱好、表现创造性、培养审美能力而进行的身体活动。它有助于增强身体的、情绪的、精神的和社会的健康,给紧张的生活和情绪提供“缓解剂”。现代身体娱乐形式多样,内容丰富多彩。在身体娱乐活动中经常采用表演、比赛的手段，是活跃社会文化生活的一个重要内容。身体锻炼和身体娱乐是现代人生活方式中不可缺少的内容，又称群众体育。

广义体育由三部分组成：竞技运动、狭义的体育(学校体育)、身体锻炼和身体娱乐。这三者之间既有区别，又有联系，共同构成了广义体育的整体。国际体育联合会秘书长约翰·安德鲁斯(英国)用一个等边三角形中包含的三个小的等边三角形的图来反映它们之间的联系，我们不妨把大三角形理解为广义体育。

此外，这三者之间互相交叉、相互渗透，有许多共同点。身体教育(学校体育)、身体娱乐是竞技体育的基础，基础越好，竞技水平越高。这三者属于不同的范畴，既有共同性，也有特性；既有区别，又有联系。它们互相影响，互相依存，互相促进，构成了现代体育的整体。

体育与社会文化教育有密切联系，其发展受一定社会的政治和经济的制约，也为一定社会的政治和经济服务。

1.2 体育的产生与发展

体育产生于劳动，产生于人类社会活动的需要和人类自身的生理和心理活动的需要，是社会文化教育的组成部分。体育的发展是随着社会的发展而发展的，随着社会生产力的提高，剩余产品的出现，人类生活中出现了教育、军事、医疗保健、文化娱乐等复杂现象，体育的发展同这些方面的发展有着密切的联系。体育的发展和教育的发展是紧密联系的；体育的发展与军事的发展有密切关系；体育的发展与人们休闲娱乐也有密切联系，体育是适应生产劳动的需要，随着教育的产生而产生的。体育运动对于增强体质、祛病健身、延年益寿有着极其重要的作用。

原始社会人们要生存就必须打猎，在打猎的过程中不断地奔跑、跳跃、攀登，进而骑马、射箭；欧洲文艺复兴时期，注重的就是骑马、角力、击剑、射箭、游泳、赛跑和各种游戏；中国古代就以能骑马、射箭为勇士，被称为武士，就能得到姑娘们的爱慕。现代更有许多的人崇拜体育明星，为他们疯狂，为他们喝彩。

为了能让更多的人参与体育运动，进行体育锻炼，当前国际上就有多种多样的运动会：夏季奥运会、冬季奥运会、世界杯、世界锦标赛等。伤残和弱智人也都有自己的奥运会。

1.3 体育的功能

体育的功能主要是促进社会的物质文明建设和精神文明建设，有着推动社会进步和人类发展的作用。体育的功能可归纳成六个方面，即健身功能、娱乐功能、促进个体社会化功能、社会感情功能、教育功能和政治功能。

1.3.1　健身功能

体育运动的健身功能包括对人身体和心理两方面的积极作用。

(1) 增强体质,促进身体健康发展。大脑是人体的指挥部,人体一切活动的指令,都是由大脑发出的。经常进行锻炼,可以改善大脑的供血情况,加速新陈代谢,促进血液循环,改善中枢神经系统对各器官系统的调节作用,从而使有机体的生理发育更趋完善,发展人体生理功能和身体素质水平,提高人体的基本活动能力和适应能力。冰冻三尺非一日之寒,锻炼身体非一朝一夕,坚持持久,持之以恒,体质就会增强,不仅能提高工作效率,而且能延年益寿。

(2) 对人的心理、精神的积极作用。从事体育运动不仅可以使人心情舒畅,精神愉快,而且对发展人的心理过程和个性也有明显的作用。

心理过程包括认识、情感、意志三个过程。而个性包括能力、性格、气质、动机、兴趣、世界观等。随着体育科学的发展,人们发现体育运动对发展人的思维力、观察力、注意力和想像力具有良好的促进作用,并能培养人的勇猛、顽强、积极向上的优良品质。

1.3.2　娱乐功能

随着现代化的长足发展,人们的生活安排合理,余暇时间增多了。如何善度余暇成了一个社会性问题。丰富多彩、健康文明的余暇生活不仅可以使人们在繁忙的劳动之后获得积极的休息,而且可以陶冶情操,愉悦身心,培养高尚的品格。

由于体育运动技术的高难性、造型的艺术性、配合的默契性和易于接受的朴素性,使它成了现代人们余暇生活的一个重要组成部分,起到了丰富社会文化生活,满足人们精神需要的作用。我们将此称为体育运动的娱乐功能。

现代体育运动,特别是竞技运动,运动技艺日益向难、新、尖、高、美的方向发展,一些杰出的运动员能在一定的空间和时间中把身体控制到尽善尽美的程度,使健、力、美高度统一起来。所以人们在观看体育比赛时,产生一种犹如欣赏最优美的舞蹈、线条明快的雕塑、光的谐和的摄影艺术一般,是一种美的享受。

另一方面,人体在参加体育运动时,由于各种运动项目的不同特点,能使人在实践中获得各种不同的情感体验。如气功使人悠然自得,乐在其中;跑步能使人有条不紊、勇往直前;打球使人机智灵活,豁达合群;旅游则可以饱览名山大川,赏心悦目,心旷神怡……

现代奥运会的创始人皮埃尔·德·顾拜旦在他的名作《体育颂》中,满腔热忱地歌颂了体育的这一功能,他写道:“啊,体育,你就是乐趣!想起你,内心充满欢喜;血液循环加剧;思路更加开阔;条理更加清晰。你可使忧伤的人散心解闷,你可使快乐的人生活更加甜蜜!”的确,体育无愧是一种最积极最健康的娱乐方式,它使人们善度余暇,身心健康。

1.3.3 促进个体社会化功能

所谓个体社会化是指由生物的人变成社会的人的过程。人刚出生时只是一个生物的人,只具有本能和生理活动,要使他变成一个社会成员,一个适应社会需要的人,就必须要有一个学习和受教育的过程,这个过程就叫做人的社会化。

由医护人员给初生婴儿做被动体操,可算是人出生后进行的最初体育活动。儿童在游戏过程中可以学会走、跑、跳、攀登、爬越、搬运等最基本的生活技能,提高他们的基本活动能力。社会在向青少年传授人类文化的优秀遗产——文化科学知识中,有关身体健康和体育运动的知识是一个重要的组成部分。

体育运动是一个社会互动的场所。在体育活动中,特别是在对抗的竞赛中,个人之间、集体之间,发生着频繁而激烈的思想和行动上的交锋,会不时地出现对参加者的思想品德的严峻考验。如长跑到了“极点”时,是坚持下去还是半途而废;对方侵人犯规时,是毫不计较,还是“以牙还牙”;比赛失利时,是相互鼓励还是互相抱怨;裁判误判时,是大方宽容还是“斤斤计较”;比赛节节胜利时,是谨慎从事,还是骄傲自大,等等。经受了这些考验,能培养集体主义,以大局为怀和善于处理人际关系的优良品德,使体育运动的社会化功能得到发挥。如 1982 年我国女排在第三届世界杯比赛中,荣获世界冠军,收到来自全国各地的来信 3 万多封,其中大中小学生来信占总数的 85%,说明青少年喜欢体育活动,他们是最容易感染的一代,是充满激情的一代,他们的社会责任感和爱国热情是一触即发的。所以,体育是促进人的社会化的一个极有吸引力的重要手段。

1.3.4 社会感情功能

体育的社会感情功能是与人的社会心理稳定性直接有关的。一般情况下,个人的需要和社会的需要是基本一致的,以这些需要为原动力,可以推动人们努力工作,遵守社会准则,为社会做贡献。但是,有时会由于种种原因导致一些人心理失调,甚至连正常的个人需要和社会需要也会被窒息而产生一种变态心理。如有些人痛不欲生,或由于社会骚乱表现得暂时冷漠等。由于体育运动的特点,能使人产生强烈的感情刺激和感情体验,调整失去平衡的心理。如我国运动员在国际比赛中取得优异成绩时,整个社会现象反映了体育感情功能,全国掀起向女排学习的高潮,各条战线比、学、赶、超为国争光。特别是对“失足落水”的人们,它像一副清醒剂,使他们猛然清醒,决心痛改前非,重新做人。

1.3.5 教育功能

体育的教育功能突出地表现在它广泛地被纳入各国的教育体系之中。从儿童和青年时代就不断地通过体育来促进人的全面发展。

(1) 教导基本生活技能。20世纪新的科学证明,人出生以后在本能方面比不上动物,适应环境的能力较差,连最简单的坐、立、走都不会(许多动物一出生就会走),这些基本的生活技能是靠后天学习获得的,体育运动是学习这些技能的主要内容和手段。学习这些技能是发展身体的过程,也是教育的过程。

(2) 传授文化科学知识。社会在向青少年传授文化科学知识中,有关身体健康和体育运动的知识是一个重要的组成部分。因为这些知识是使青少年坚持合理的健康生活方式的前提条件。

(3) 教导社会规范,发展人际关系。马克思主义创始人认为:"社会是以共同的物质生产活动为基础而相互联系的人类生活的共同体",是人们交互作用的产物。

体育运动本身就是一个有章可循的有一定约束的社会活动,它是在一定的执法人——裁判员或教师、教练员的直接监督下有组织地进行的,这对培养年轻一代遵守社会生活的各种准则是一个很好的强化过程。

体育运动还是一种具有强烈说服力的教育手段。如中国女排勇夺奥运冠军后,中国热在世界各地漫延,中国运动员所到之处备受欢迎,同时,也极大地鼓舞着全国各族人民。

1.3.6 政治功能

政治功能主要表现在以下几个方面:

(1) 为国争光,提高民族威望和振奋民族精神。国际体育竞赛的胜负直接关系到国家的荣辱,如果获胜,能提高国家的威望;如果失败,也往往令人感到沉重。现代世界各国都越来越重视体育运动的政治意义。

1984年奥运会上,中国体育健儿结束了我国过去屈辱的历史,实现了零的突破,荣获了15枚金牌,8枚银牌,9枚铜牌,打破了半个世纪以来中国在奥运会的空白纪录,赢得了东道主和与会各国人士的交口称赞。中国女排的辉煌成就极大地激励了民族意识,振奋了民族精神,使外国人对中国人刮目相看,华侨们感到扬眉吐气。

(2) 体育在外交中起到了重要的作用。体育在促进各国人民互相了解与友谊中起着极大的作用。我国人民不会忘记,1971年,由毛泽东、周恩来同志英明决策的、轰动世界的"乒乓外交",促成了尼克松访华,中美建交、中日接触,"小球转动了地球”。人们称运动员为“穿着运动服的外交家”、“和平的使者”和“外交的先行官”、“微笑的大使”等。

(3) 促进国内政治一体化。所谓一体化就是使人同集体达到和谐的联合,化为一体。这个集体小至一个班、一个队,大至一个民族、一个国家。体育是促进这种一体化的有效手段。

由于体育运动具有广泛的群众性,它能提供群众性聚会的机会,使人们在这些活动中加强人际交往,满足人们交往的需要。如各种群众性竞赛活动:横渡江河湖海的游泳活动,环城赛跑活动,爬山、野营活动,工余课间的余暇体育娱乐活动,街头公园中老年人的健身活动等。通过这些活动,改变了人们的观念,加深家庭和邻里之间的感情,密切单位与单位之间的联系,促进人与人之间的团结。

毛泽东同志曾说:“国家的统一,人民的团结,国内各民族的团结,这是我们的事业必定要胜利的基本保证。”体育运动是联合全国各民族的纽带,沟通各阶层、各民主党派、各人民团体之间关系的桥梁,是促进国家统一的催化剂。另外,随着我国经济体制的改革,体育制度也发生了相应的改革,体育专业队与行业联营,以及各种体育俱乐部的出现,把体育也推向了市场经济的行列,促进了人才流动,增强了激励机制,加速运动技术水平的提高。通过体育手段将极大地促进我国的经济腾飞。

1.4 体育与健康

1.4.1 体育对身体发育和功能发展的作用

人体是一个完整的统一有机体。可分为:神经、运动、循环、呼吸、消化、泌尿、生殖、感觉和内分泌九大系统。经常参加体育运动,能促进各器官组织的新陈代谢,促进有机体协调发展,对增强体质,提高健康水平起决定性作用。

(1) 体育运动对神经系统的作用。体育锻炼本身要求身体完成一些比日常生活更艰巨更复杂的动作,使中枢神经系统迅速动员和发挥各器官系统的功能以便协调和适应肌肉活动的需要。如球类运动,它要求运动员在瞬间采用合理的技术动作,作出及时准确的应变反应。所以,经常参加运动,就能使大脑神经细胞工作能力提高,神经系统的兴奋性和灵活性得到改善,对外界刺激的反应更快、更准确。

由于体育锻炼能促进血液循环加快,在单位时间内流经脑细胞的血液增多,使脑细胞得到更多的养料和氧气,能迅速将代谢产物排出,有利于消除疲劳,提高学习效率。

经常参加体育锻炼,可预防神经衰弱,使大脑的兴奋和抑制两种功能保持平衡,以防止功能性神经衰弱的发生。据报道,有一些精神病专家目前已开始为一些患轻微神经衰弱的患者开“运动处方”;用跑步代替药物,坚持一周后,有60%～85%的患者“迅速获益”。

(2) 体育运动对运动系统的作用。运动系统就是人们从事劳动和运动的器官。它主要由骨骼、关节和肌肉三部分组成。骨骼是人体的支架,关节是连接骨与骨之间的枢纽,肌肉附在骨骼上,在神经的支配下,通过肌肉交替收缩和放松,使关节完成屈伸、旋转等各种动作,从而使人体能做出各种各样的动作。① 对骨骼的作用。通过体育锻炼,骨骼在形态方面变化明显,肌肉附着处的骨突增大,骨外层的密质增厚,里层的骨松质在排列上则能适应肌肉的拉力和压力的作用。可以承担更大的负荷,提高骨骼抵抗折断、弯曲、压缩、拉长和扭转方面的机械性能。体育锻炼对人体的内分泌有影响,内分泌又对骨骺的生长有良好的刺激作用,经常锻炼比不常参加体育锻炼者的身高要增高4～8cm。② 对肌肉的作用。通过体育锻炼,可使肌纤维增粗,肌肉体积增大,因而,肌肉显得发达、结实、匀称而有力。正常人肌肉占体重的35%～40%,而经常参加体育锻炼的人,肌肉可占体重的45%～50%,肌肉收缩力量显著提高。经常锻炼,还可提高神经系统对肌肉的控制能力,表现在肌肉的反应速度、准确性和协调性都有提高。所以经常锻炼,可在肌肉力量、速度、耐久力、灵活性和爆发力等方面远远超过一般人。③ 对关节的作用。经常锻炼能增加关节的稳固性,提高肌腱的伸展性能,使关节活动范围加大,灵活性提高。

(3) 体育运动对循环系统的作用。循环系统又叫心血管系统,它是由心脏和血管(动脉管、毛细血管、静脉等)构成的一个封闭管道,血液在管道内周而复始地流动,形成血液循环。循环系统中,心脏是最重要的器官。整个循环系统就是遍布全身的“运输线”,运动时,体内能量消耗及代谢产物的增多,需要提高心脏功能,加快血液循环,以适应体育活动的需要。这就使血液循环系统得到锻炼,其结构、功能得到改善:① 心脏运动性肥大,这是由于经常锻炼,心肌增强,收缩有力,心肌增厚,心容量增大,心脏重量增加;② 安静时心跳频率减慢,心脏可以得到更多的时间休息;③ 剧烈运动时,心脏功能可发挥较高水平;④ 血管壁的弹性明显增加,对延缓血管硬化有很大作用,血压也明显降低;⑤ 经常锻炼使血液中的胆固醇含量明显减少。

(4) 体育运动对呼吸系统的作用。呼吸是人体不断地从外界吸进氧气,排出氧化后所产生的二氧化碳的过程。呼吸系统包括鼻、喉、气管、支气管和肺脏。肺是气体交换站,其他总称为呼吸道。经常锻炼对提高呼吸器官的功能有良好的作用:① 使胸廓活动范围增大,肺活量增加,吸进的氧气和排出的二氧化碳增多。② 使呼吸深而慢,可使呼吸器官有较多的休息时间,不易疲劳,也不会因轻度运动而气喘。

(5) 体育运动对消化系统的作用。消化系统是人体内高效率的食品加工管道系统，由“消化管”和与消化管相通的“消化腺”所组成。消化管起自口唇，延续为咽、食管、胃、小肠、大肠、终于肛门。消化腺分泌消化液，通到口腔的有唾液腺，通到十二指肠的有胰和肝。胆囊储存肝脏分泌的胆汁，也借胆囊管和胆总管通到十二指肠。

由于体育锻炼能量消耗的增加和新陈代谢的需要，胃肠消化功能加强。在这种情况下，消化液增多，消化道的蠕动加强，胃肠的血液循环得到改善，从而使食物的消化和营养物质的吸收进行得更加充分。锻炼能使呼吸加深，膈肌大幅度上下移动，腹肌大量活动，这对胃肠产生一种特殊的按摩作用，对增强胃肠的消化功能有良好影响。常坚持锻炼，可治疗消化不良、胃肠神经官能症、溃疡等疾病。

虽然体育锻炼对消化功能有良好影响，但要注意消化器官的健康。如剧烈运动不能放在饭后进行；锻炼后不能立即吃饭，要间隔半个小时左右；饭前不能大量饮水，饭后和运动后切勿大量吃冷食等。

1.4.2 体育对发展身体素质和提高基本活动能力的作用

(1) 体育对发展身体素质的作用。身体素质是指人体在体育锻炼中各器官系统表现出的各种功能的能力。它是衡量体质状况的一个重要标志。身体素质包括力量、速度、耐力、灵敏和柔韧等。

力量素质是指身体或身体某部分肌肉工作克服阻力的能力。是由于长期从事体育锻炼使身体内部产生一系列综合变化的结果。

速度素质是指人体进行快速运动的能力，即在单位时间内迅速完成某一距离的能力。通过锻炼提高了大脑皮层兴奋和抑制的转换，加快了肌肉的收缩和放松的交替，缩短了完成单个动作的时间，加强了无氧代谢过程，增加了体内能量的储备，从而加快了动作频率和动作的反应速度。

耐力素质是指人体长时间内进行肌肉活动的能力。耐力分为肌肉耐力和心血管耐力。通过体育锻炼，心脏增大，血压稳定，心跳频率降低，血液每搏输出量提高，心血管耐力提高。由于长期锻炼，使肺脏容积增加，实现了有效的气体交换，肺泡的通气量增加，从而提高了肌肉耐力。

灵敏素质是指在各种复杂的条件下，快速、准确、灵活、协调地完成动作的能力。通过锻炼，多次重复的训练、刺激，熟练掌握各种动作，提高大脑皮层的灵活性，是发展灵敏素质的有效手段。

柔韧素质是指人的各个关节活动的幅度，以及肌肉和韧带的伸展能力。柔韧取决于骨的结构，关节周围组织的体积，以及韧带、肌腱、肌肉、皮肤的伸展性和弹性。体育锻炼可以提高肌肉、韧带的弹性和关节活动的范围，提高神经支配肌肉收缩和放松的协调能力。

(2) 体育对人体基本活动能力的作用。人体的基本活动能力亦称人体本能动作。它是指人的各种基本技能,如走、跑、跳、投掷、攀登、爬越、滚翻、支撑等,这是人类生活中的基本动作。

人体基本活动能力,取决于机体各组织系统的功能,而体育锻炼是提高各组织器官功能的有效手段,同时体育活动又是对跑、跳、投等基本活动技能的直接锻炼。

人生来都具有一定程度的素质,不过在日常生活中,这些素质并不都要达到较高的水平。但在体育运动中,则要求人体活动达到相当高的程度,身体各部分的功能必须最大限度地动员和发挥。所以在体育运动中,发展身体各项素质对提高基本活动能力具有重要意义。

(3) 体育对提高人体适应自然环境的作用。外界环境是指自然环境和社会环境。自然环境包括地理环境、季节变化和气候变化;社会环境包括城市环境以及社会其他因素对人体的影响。人体能否适应外界环境的变化,是衡量人体功能能力的主要标志。

人类依赖生存的原则之一,就是轻微的变动。极端绝对的"静"和"震"是致命的两个关键。有人做过试验,让健康的青年连续躺在床上 9 天,发现他的心脏、呼吸功能平均下降 21%,心脏容积缩小 10%。据报道,细菌在酸碱适宜、无声、无震、无污染的环境中,无法生存,但放在多种变化的环境中也要死亡。只有在轻微变化的环境中,才能维持正常生命。失眠、脑卒中(中风)、高血压、心脏病患者,不少是因人体功能不适应外界环境的变化所致。外界环境是一个极其复杂的综合体,一切生物都要适应自然环境而生存,人类不但要适应环境,而且还要利用和改造环境。自然环境的变化,不可避免地使人体受到影响,人体必须随时调节各器官的功能来适应环境的变化,使人体保持暂时的相对平衡。要能适应环境的变化,必须经常参加体育锻炼。如运动员当遇冷刺激时,中枢神经立即调动全身各器官加强活动,使皮肤血管收缩,减少散热,以抵抗寒冷的刺激。反之,在炎热条件下,皮肤血管和汗腺舒张,大量出汗加强散热。同样,在高原缺氧地区,呼吸功能会随时调节肺通气量,使机体获得更多的氧气,以适应高原环境。所以,经常参加体育锻炼可以极大地提高人体对自然环境的适应能力。

1.5 体育锻炼的原则与方法

1.5.1 体育锻炼的原则

体育锻炼的原则是体育锻炼客观规律的反映,是人们从事体育锻炼实践,达到理想效果所必须遵循的基本法则。研究体育锻炼原则必须从体育锻炼本身固有的特点出发，以体育锻炼的理论依据为准绳，才能有效地指导体育锻炼的实践，并在群众实践中不断得到完善和发展。体育锻炼的原则有自觉性原则、全面性原则、经常性原则、适量性原则、个别性原则和循序渐进原则。

(1) 自觉性原则。自觉性原则是指体育锻炼的参加者必须有明确的健身目标，自觉地从事体育锻炼。体育锻炼是一种有目的、有意识的健身行为，它不同于日常的生活和劳动。必须建立自觉锻炼的信念；明确“生命在于运动”的科学原理；认识体育锻炼是健康投资的终身需要。所以，在锻炼的全过程中要做到意念专一。

(2) 全面性原则。全面性原则是指体育锻炼必须达到身心(即身体和心理)的和谐发展。人体是一个完整的有机体，它们之间是既相互支持又相互制约的。局部功能的提高能促进其他相应部位功能的改善。因此，锻炼内容的丰富和方法的多样，机体才能获得良好的整体效应。

(3) 经常性原则。经常性原则是指体育锻炼必须持之以恒，使之成为日常生活的一部分，做到“冬练三九，夏练三伏”。在锻炼中要注意根据身体的状况来进行，如:适当的运动负荷、适宜的运动时间以及适度的运动方式，还要注意练习的衔接性和连接性。

(4) 适量性原则。适量性原则是指体育锻炼要有恰当的生理负荷。人体的生理功能都有相对的负荷极限，锻炼的量要控制在极限范围之内，所谓的“量”是相对的、变化的，要根据身体的状况、客观条件(年龄、气候、营养、睡眠、兴趣等)的影响，做必要的调整。

(5) 个别性原则。个别性原则是指体育锻炼者必须根据个人的具体实际情况，有针对地进行锻炼。体育锻炼必须从个体实际出发，也就是体育基础、传统习惯、健康状况、地理环境、季节特点、兴趣爱好、生活条件等方面综合考虑，实施行之有效的方法、内容、项目、强度等，不能一视同仁、千篇一律。

(6) 循序渐进原则。循序渐进性原则是指体育锻炼必须按人体自然发展规律，逐渐地适应较高的要求，逐步地达到增强体质的目的。增强体质是一个漫长的过程，是机体不断地接受锻炼，不断地适应刺激的结果，不能急于求成，要遵循人体生理功能活动能力的变化规律。在每次锻炼时，必须做到准备活动充分，结束前彻底放松，特别是在寒冷的冬季，更应该注意，以免发生不必要的伤害。

1.5.2 科学锻炼的方法

体育锻炼的方法多种多样，锻炼的目的不同，练习的方法就不同，手段也就不同。例如:要改善心血管系统、呼吸系统的功能，需进行有氧锻炼；要提高肌肉的工作能力，需进行力量练习；为了使动作更美，需进行灵敏和协调素质的练习。人的个体差异、性别差异、年龄差异要求每个人必须根据自己的情况选择锻炼方法和手段。只有选择了正确的方法与手段，才能真正达到增进健康、增强体质的目的；才能达到事半功倍的效果。锻炼的方法是根据人体的发展规律，运用各种身体练习和自然因素以培养身体的途径和方式。体育锻炼的方法主要有：重复锻炼法、间歇锻炼法、变换锻炼法和循环锻炼法等。

(1) 重复锻炼法。重复锻炼法就是按一定负荷标准，重复进行某项练习，以获得健身效果的锻炼方法。锻炼时要注意克服厌倦情绪，防止机械呆板，每次重复都应达到运动负荷的有效价值范围。重复的次数和时间要适度，要考虑项目的特点，运动量过量会导致疲劳积累，有害健康；运动量太小又无效果。

(2) 间歇锻炼法。间歇锻炼法是指重复之间的合理休整，是一种提高锻炼效果的锻炼方法。间歇时间的长短，主要由负荷的有效价值决定，如负荷超过上限时，间歇时间就长，防止体力消耗过量；在下限时，间歇时间就短，密度应大，后次锻炼应在前次锻炼的效果未减退时进行，如时间过长，就失去意义了。

(3) 变换锻炼法。变换锻炼法是指在锻炼的过程中，采取变换环境、条件和要求等，以提高锻炼效果的锻炼方法。采用此种锻炼法可以有效地调节生理负荷，提高锻炼情绪，强化锻炼意向，克服疲劳和厌倦情绪。在锻炼的过程中注意颜色、乐曲、日光、空气和水的利用，多采取辅助性、诱导性和转移性的练习。

(4) 循环锻炼法。循环锻炼法是指把各种类型的动作，具有不同练习效果的手段组成一组锻炼项目，按一定的顺序循环往复地进行锻炼的方法。循环练习的各个练习点、内容要搭配合理，动作要简单而且是已经掌握的，并且要规定练习次数和要求。由于项目的变化和不同，使练习者产生浓厚的兴趣，疲劳感减轻，提高了练习密度，健身效果显著，但在进行循环锻炼时不能片面追求运动密度和数量而忽视动作的质量。

2 运动与卫生

2.1 体育锻炼与生活卫生

体育锻炼是促进健康最有效、最积极的手段，在实施体育锻炼的过程中必须遵循人体生理功能活动能力的变化规律，还要讲究卫生，才能收到良好的效果。这里介绍体育锻炼在生活制度、饮食卫生等方面的知识。

2.1.1 生活制度卫生

生活制度是指对一天内的睡眠、饮食、学习、休息和体育锻炼等各项运动作出基本固定的时间安排。它有利于机体内的各种生理活动，有利于身体健康。每天养成有规律的生活习惯，有助于学生完成学习任务，提高学习效率，也有助于学生身心健康。

人的一切活动都是在大脑皮层支配下来完成的。每天在相对固定的时间起床、吃饭、休息、工作、睡眠和进行体育锻炼，养成有规律的学习、生活习惯，大脑皮层有关区域的兴奋和抑制的转换也建立起相应的顺序，形成了大脑皮层活动的“动力定型”。神经系统和组织器官的活动有了一定的规律，就可以使机体在一定时间内对某种活动有所准备。如果生活制度不合理，经常打乱作息制度，会使大脑皮层中建立起来的“动力定型”遭到破坏。神经系统的功能减弱时，各器官系统的功能也相应受到影响，这样就会降低机体的功能，影响学习和工作效率，有损身体健康。

但是，大脑皮层中的“动力定型”的建立不是一成不变的，由于大脑皮层功能的可塑性，对于新的环境，只要逐步适应，还是可以改变的。

2.1.2 饮食卫生

2.1.2.1 合理营养

在校大学生脑力劳动紧张，体育锻炼、文化娱乐、社交活动形式较多，能量消耗较大，这些都需要食物营养来补充，同时为了有助于被人体消化吸收和利用，还要注意保持各种营养之间数量的平衡。

食物中有效的营养成分叫营养素。营养素可分为两大类：即三大营养素和微量营养素。三大营养素包括糖、脂肪、蛋白质，它们是构成机体组织和提供能量所必需的物质。微量营养素包括维生素、无机盐和水。这三者是维持、调节细胞功能最基本的营养素。

1）糖

糖是体育运动最重要的能量来源。糖可分 3 类(表 2-1)。

表 2-1　糖的分类与来源

糖的分类	糖的种类	食物来源
单　　糖	果糖、半乳糖、葡萄糖	水果、蜂蜜、乳类、各种糖
双　　糖	乳糖、麦芽糖、蔗糖	奶、麦芽、甘蔗、果糖
多　　糖	淀粉、纤维素	马铃薯、米饭、面包、水果、谷物等

(1) 单糖。葡萄糖是唯一能够被机体直接利用的单糖。作为能源，所有其他的糖必须转变为葡萄糖才能被机体利用。若机体摄糖不足，将导致蛋白质转变为葡萄糖，从而使蛋白质分解。所以，膳食中的糖不仅是机体直接能源，而且对节省蛋白质有重要影响。

(2) 双糖。双糖包括乳糖、麦芽糖和蔗糖，分别存在于奶和麦芽中。蔗糖由葡萄糖和果糖组成。

(3) 多糖。多糖既有微量营养素，又具有产生能量的葡萄糖，主要以淀粉、植物纤维和糖原等形式存在。淀粉存在于马铃薯、谷物等食物中，是长链糖，它可快速供给机体能量。植物纤维是一种线状，不能被消化。其基本形式是纤维素，它既不能供给能量又不能提供营养素，但它是健康膳食不可缺少的。

糖的功用包括以下几个方面：

(1) 提供能量。糖易于氧化，能迅速氧化分解供给人体热量，每克糖氧化可放出 16.7kJ(4kcal)热量，是机体热量的主要来源。

(2) 帮助脂肪酸氧化，肝脏解毒，促进生长发育。

(3) 血糖供给脑部及身体的营养。糖原可储存于人体肌肉及肝脏中以备急需。

(4) 构成身体组织。所有的神经组织、细胞和体液中都含有糖类。

2）脂类

脂类是人体的重要组成成分。我国成年男子平均体脂含量为 10%～15%，女性为 18%～25%。脂类包括脂肪和类脂。构成脂肪的元素主要是碳、氢、氧。它们首先组成甘油和脂肪酸，再由脂肪酸和甘油组成甘油酯或三酰甘油(甘油三酯)。脂肪酸中的亚油酸在人体内不能合成，它是必须从食物中摄取的“必需脂肪酸”。

脂肪在体内主要分布在皮下、腹腔、肌肉间隙和脏器周围，其储量容易受进食情况的影响，因此称为动脂；磷脂类和固醇类称为类脂，主要存在于细胞原生质和细胞膜中，其储量不易受进食情况的影响，故称为定脂。

脂肪的生理功能如下：

(1) 作为储存能量和提供能量的主要物质，每克脂肪在体内分解氧化可产生37.6kJ(9kcal)热量，是蛋白质和糖类产生热量的两倍多。

(2) 构成机体组织，维持体温，保护脏器，促进脂溶性维生素和其他脂溶物质的吸收；脂肪是构成细胞的重要成分。

(3) 帮助维生素溶解。维生素 A、D、E 和 K 是脂溶性维生素，只有脂肪存在时才能被人体吸收利用。

(4) 保护内脏器官，形成皮下脂肪以维持体温。

脂类的来源和供给量：动物性来源有猪油、牛油、羊油、鱼油、奶油、蛋黄油和禽类油；植物性来源有花生、大豆、芝麻、棉籽、向日葵、油菜籽、核桃、松子油等；膳食中的脂肪以植物油最好，因植物油中含不饱和脂肪酸高，可降低动脉粥样硬化的发病率。对于脂类供给量，个体有很大差异，需要量与年龄、性别有关，一般成人的每日膳食中脂类可占全日总热量 15%～20%，即摄取 50g 就可满足需要。

3) 蛋白质

蛋白质是组成人体的主要成分之一，是生命的基础。饮食中的蛋白质有两种来源，一种是动物性食品，含蛋白质数量多，质量好，如奶类、鱼类、肉类和蛋类；另一种是植物性食品，如豆类、谷类。在膳食中应很好搭配。

蛋白质的主要功能如下：

(1) 构成肌体，修补组织，同时也参与维持机体的功能，以调节机体代谢和抵抗疾病。成人体内蛋白质占 15%～18%，分散在各器官、组织和体液中，人体肌肉、血液、皮肤、毛发、骨骼等，都是由蛋白质形成的。

(2) 调节生理功能。参与调节生命活动的酶、某些激素抗体，它们的主要成分都是蛋白质。蛋白质的基本结构是氨基酸，20 多种氨基酸头尾连接构成功能各异的食物蛋白质。成年人机体能够合成十几种氨基酸，不必从食物中摄取，这类氨基酸称为非必需氨基酸。另外机体不能合成的氨基酸称为必需氨基酸。

(3) 供给能量。每克蛋白质在机体内氧化可放出 16.7kJ(4kcal)的热量，供给代谢所需。

4) 维生素

维生素是维持生命的元素，是人类食物中不可缺少的物质，缺少它会产生相应的维生素缺乏症。各种维生素都不提供热量，也不参与作为人体结构成分；除维生素 D 外，都不能由人体合成，需从食物中直接摄取。维生素可分为脂溶性和水溶性两类，前者是维生素A、D、E、K等，后者是维生素B族及维生素C等。

维生素有以下几方面的特点：

(1) 维生素具有外源性，也就是说人类只有通过食物获取维生素。

(2) 维生素具有微量性。维生素在饮食中所占的比例只有十万分之几，但它的确是维持生命所必不可少的要素。

(3) 维生素具有调节性。各种维生素都参与了体内物质代谢或能量转变，调节生理和生化过程，从而维持了机体的正常活动。

(4) 维生素具有特异性，人类如果缺乏，往往要产生特异的病症。如人类因缺乏维生素A而产生的干眼病和夜盲症，因缺乏维生素C而产生的坏血病。特别是当不能再生的组织(如角膜、神经组织、钙化的骨)出现维生素缺乏症时，是无法弥补的。所以人们要经常从食物中获取各种足够的维生素。

5) *矿物质*

矿物质包括不同的金属与非金属元素。矿物质(包括微量元素)的主要生理功能是：

(1) 构成机体组织的材料。如钙、镁、磷是骨骼、牙齿、体液的重要组成成分。

(2) 调节生理功能。矿物质常常是酶的活化剂。

(3) 矿物质通过渗透压调节水分的储存和流动，维护机体酸碱平衡；铁参与血红蛋白的构成，对输送氧起着重要作用。

6) *水*

水是人体最重要的组成成分，占人体重的65%，而在血液中高达90%。水能维持机体的正常生理功能；水的比热高，可以保持一定体温；水是体腔、关节和肌肉的润滑剂。每日所吸收水分和排出水分几乎相等，称之为“水平衡”。

水的主要功能是：

(1) 细胞和体液的主要成分。

(2) 帮助体内消化、吸收、循环及排泄等生理作用。

(3) 保持和调节体温。水的比热高，能吸收较多的热量，有效维持正常体温。

(4) 水是体腔、关节和肌肉的润滑剂。

合理的饮食制度

饮食制度应包括每日进餐时间和食物量的分配等内容。一般认为早餐热量占全日热量的30%左右，午餐占40%，晚餐的30%左右较为适宜。每日三餐的时间应基本稳定，并力求做到与体育锻炼有一定的时间间隔。

2.1.2.2 饮食习惯

(1) 运动后不宜立刻进餐。人在剧烈运动之后，往往会产生饥饿感。为了补充失去的能量,很多人会大吃一顿,或者进食的量比平时多,他们以为这样就会将运动时消耗的东西全部补回来。据研究,人们在运动中消耗的主要是矿物质、水和脂肪。运动后产生的饥饿感,不一定是真正的饥饿,而常常是口渴,这时正确的做法应该是先补充液体,喝些水或果汁。这样补充了失去的矿物质和水。半小时以后再进食,可以吃些平时爱吃的低热量食品,以不感到饱胀为原则。这样,既能补充运动中消耗的东西,又不会使失去的多余脂肪很快回到体内,从而保持健美的身材。

(2) 饭后不宜立即进行剧烈运动。运动前 1 小时进食,这样是为了避免因为体力活动而导致消化功能紊乱;同样,要避免食用难以消化的食物,如油炸食品等,这些食品可引起腹痛、恶心等症状,也可酿成胃下垂。

(3) 合理安排一日三餐。“一日三餐”是人类古已有之的饮食制度,然而从目前的实际情况来看,大学生不吃早餐的现象有增无减。他们宁可把进早餐的时间用来睡觉,也不重视早餐,起床后即匆忙赶去教室上课,致使上课时血糖浓度降低,很快出现疲劳,使得学习效率降低,身体也受到损害。不吃早餐的学生自以为可以利用第二节课后去补充食品,殊不知这样正好打乱了自己生物钟的节奏,其结果是午餐没了食欲,不能好好地进食,导致下午不是饥饿就是腹胀,肠胃功能出现紊乱。有的同学在夜间临睡前还饱餐一顿,这些都是十分不好的饮食习惯。医学研究表明,无规则的进食很容易引起胃病,其中以胃溃疡最为普遍,这就是许多大学生肠胃功能不好、胃病发病率高的重要原因。因此,注重正常的饮食制度,吃好三餐,对保持身体健康有良好的功效。

2.1.2.3 饮食量

饮食量不单指饮食的数量,更重要的是指饮食中所含身体必需的能量。大学生一天的学习、锻炼和日常生活需消耗较多的能量,一般而言,平均一天约需从食物中摄取 11715～12552kJ 热量来补充身体的需要。由于个体差异较大,每个人的饮食量可能不同,所以饮食量以主观感受为前提,以主食为基础,副食不宜过饱。常言说得好:一日三餐七分饱,身体健康精神好。

2.1.2.4 饮食成分

饮食成分(表 2-2)是指饮食中所含的营养成分。现代医学、营养学研究表明,蛋白质、糖类、脂类、维生素、各种矿物盐及微量元素是人类保持健康必需的营养成分。

表 2-2 每天食物构成

营养素	大学女生	大学男生
谷类	300g(6 两)	500g(10 两)
蔬菜	400g(8 两)	500g(10 两)
水果	100g(2 两)	200g(4 两)
肉、禽	50g(1 两)	100g(2 两)
蛋类	25g(0.5 两)	50g(1 两)
鱼虾	50g(1 两)	50g(1 两)
豆类及豆制品	50g(1 两)	50g(1 两)
奶类及奶制品	100g(2 两)	100g(2 两)
油脂类	25g(0.5 两)	25g(0.5 两)

早餐应吃含有丰富蛋白质和维生素的食物;午餐一定要吃饱;晚餐吃的不宜过多,也不宜吃脂肪和蛋白质过多以及有刺激性的食物,以免影响睡眠。

2.1.3 睡眠卫生

每天的睡眠时间应占一天的 1/3 左右。一般来说,学龄前儿童应睡 10 小时以上,青少年应睡 8～9 小时,成人每天一般应保持约 8 小时的睡眠。因为睡眠时,中枢神经系统,特别是大脑皮层的抑制过程占优势,能量物质的合成过程也占优势,体内的一些代谢产物被利用或排除,疲劳得到消除。因此,必须有足够的睡眠时间来解除一天的疲劳。又由于人的 24 小时节奏是比较固定的,因此,要注意每天尽可能按时睡觉。保持充足的睡眠时间,不仅有利于工作与学习,而且还能使身体健康成长。

为了保证良好的睡眠,睡前 1 小时不宜进行剧烈运动,以免引起神经细胞的过度兴奋,影响睡眠。但是睡前做些适度运动,能对人体起到良好的调节作用,降低大脑的兴奋性,有助于睡眠。

睡前不宜吃得过饱,以免增加肠胃负担,刺激消化液的增加,这样就会打乱消化液的正常分泌。胃不停地蠕动,管胃肠的神经也会受到刺激,人就会感到胃不舒服,“撑”得难受,而睡不踏实。临睡前也不宜过多喝水,这除可导致胃液稀释、夜间多尿外,还会诱发眼睑水肿和眼袋。睡前用温水洗脚,漱口刷牙,以及保持室内通风和卧具的清洁卫生,都对睡眠有益。

2.1.4 戒除不良嗜好

世界卫生组织决定每年5月31日为“世界无烟日”，促使全世界人民行动起来，减少烟草对健康的危害。吸烟可诱发和形成某些严重疾病，导致许多不良后果。长期大量吸烟引发的常见病有肺癌、呼吸道疾病、心血管疾病、中枢神经系统病症、消化系统病症及其他疾病；吸烟同时也污染环境，造成被动吸烟者致病促发因素增加。

长期大量饮酒，也会损害人体健康。长期大量吸烟引发的常见病有神经系统并发症、消化系统并发症、心血管系统并发症和其他并发症。

吸烟、酗酒等不良嗜好，对人体健康有很大危害，也会影响体育锻炼的正常进行。如果已经染上了这些不良嗜好，一定要坚决戒除。

2.2 体育锻炼与环境卫生

体育锻炼过程中，环境卫生对锻炼者的运动情绪和锻炼效率有相当的影响，环境好可激发锻炼者的情绪；反之，可抑制其情绪。

2.2.1 体育锻炼与空气卫生

空气是人类赖以生存的重要外界环境因素之一，氧是人体生命活动中的重要物质，人们通过呼吸机能与外界环境随时进行气体交换，这是机体获取足够氧气以供代谢所需的唯一天然途径。新鲜空气中有大量的负离子，它能调节大脑中枢神经系统的功能，增强心肺功能，促进血液循环，提高机体的免疫力，精力充沛，消除疲劳，提高学习和工作效率；改善睡眠和呼吸功能，提高基础代谢；增强人体抵抗力。在体育锻炼时，由于气体交换充分，特别要摄取更多的氧分，以供给运动中的能量消耗，因此，要注意在空气新鲜的环境下进行锻炼。

2.2.2 体育锻炼与气温

在天气极热或极冷时，运动不宜进行到精疲力竭的程度，锻炼的理想天气是：气温介于1～30℃，湿度在60%以下，风速不超过6.7m/s。气候条件不在这个范围时，应缩短锻炼的时间或减少运动强度。

2.2.3 体育锻炼与噪声

噪声是指在一定环境中不应有而有的声音，一般指嘈杂刺耳的声音。它是一种环境污染的因素，主要来自于交通运输工具、工业机器、公共场所的高音喇叭和人群喧闹等声音。噪声对人体健康十分有害，它会严重干扰中枢神经系统的正常功能，使人头痛、失眠、恶心、呕吐、脾气暴躁、心跳加快、肌肉紧张等。因此，为了使运动技术和锻炼效果不受影响，应保持在相对安静的环境中锻炼，理想的声强级不超过 35dB。

2.2.4 运动场地卫生

2.2.4.1 室外运动场地卫生

在室外运动场周围应种一些花草树木，这不仅能美化运动环境，而且能改善空气和温度。田径赛场的跑道必须平坦、结实而富有弹性，并保持一定的干湿度；田赛场的助跑道应与径赛跑道一样，跳远的踏跳板应与地面平齐，沙坑要掘松耙平没有杂物，沙坑与地面平。足球场地最好铺有草皮，场地要平坦，没有坑洼。室外篮球、排球、网球场地要平坦坚实，没有浮土，球场周围应留有余地。

2.2.4.2 室内运动场馆卫生

室内运动场馆地面最好铺木制地板，要求平整、结实、不滑、没有裂缝，场馆力求光线充足，并应有完整的通风设备，保持整洁卫生。

2.2.4.3 游泳池卫生

游泳池水源要清洁，水中游离性余氯为 0.3～0.4mg/L，尿素≤3.5mg，细菌总数≤1 000 个/mL，大肠菌群≤18 个/L，浑浊度≤5，pH 值为 6.5～8.5，水透明度的要求为水在静止时，在任何地方均能看到水底。必须经常换水，做好水池的清洗和池水的净化消毒工作。为了保证池水清洁，游泳前必须全身淋浴，并通过消毒脚池后方能入池。

2.3 体育锻炼与运动卫生

2.3.1 运动前卫生

2.3.1.1 准备活动

准备活动是指体育锻炼前进行的有目的和指向性的身体练习，它包括一般性准备活动和专项性准备活动。运动前做好充分的准备活动，其目的是通过各种练习提高中枢神经系统的兴奋性，使兴奋达到适宜的水平；预先加强各器官系统的活动，克服各器官功能活动的惰性；加强心血管和呼吸器官的活动能力，使人体从相对静止的状态过渡到紧张活动的状态，预防心血管意外的发生，减少肌肉、关节和韧带的损伤。

准备活动的内容和时间的长短，应根据锻炼的项目、内容、季节变化和身体条件来安排，一般使身体稍微发热，心率上升到 130～160 次/min 为宜，使内脏器官、肢体的活动幅度和肌肉力量等方面达到适宜的工作状态。

2.3.1.2 运动前饮水

在运动前应适当补充水，但不宜一次性大量饮水。饮水过多，会使胃膨胀，影响膈肌运动和呼吸从而影响运动能力。

2.3.2 运动中的卫生

2.3.2.1 选择好运动着装

运动时衣着以轻松为好，大小适宜，有一定的通气性和吸水性，并经常保持清洁卫生。鞋子大小要合适，应尽可能穿运动鞋。夏季应以浅色薄运动衣裤为好，冬季应注意保暖，但不能妨碍运动。锻炼时身上不能佩戴尖锐物件。

2.3.2.2 选择良好的运动环境

选择在空气清新、流通性较好、温度比较适宜、场地整洁的运动场所进行锻炼，这样有利于体育活动的开展，也有利于锻炼者的身体健康。

2.3.2.3 合理安排运动量

合理安排运动量是指在进行体育锻炼时应根据其年龄、性别、体质、健康水平和技术的熟练程度合理安排练习的强度、密度、时间和数量。一般学生在一堂课上平均心率达 130～ 170 次/min 为宜。运动量适宜时睡眠良好、食欲增加、精力充沛。如果超过了锻炼者的生理负荷量，反而会伤害身体健康，影响正常的学习生活。

2.3.2.4 运动中饮水

在运动中应少量、多次的饮水。水占了人体的 65%，而在血液中高达 90%，在运动时，机体需要保持充分的血容量，一是为了加强肌肉组织的血液供应，以保证肌肉中物质代谢过程的进行；二是运动中体内产生大量的热量，需要血液将其带到体表，以维持正常体温。而在进行体育锻炼时，身体会大量出汗，导致机体出现脱水症状，使机体功能下降，因此及时补充水分十分重要。

2.3.3　运动后卫生

2.3.3.1　整理活动

整理活动是指在正式运动后，做一些加速机体机能恢复的较轻松的身体练习，目的在于使人体由紧张激烈的肌肉运动阶段逐渐过渡到相对安静的阶段，是消除疲劳，促进体力恢复的良好措施。整理活动应着重于全身性放松，尽量采用轻松、活泼、柔和的练习，活动量减少，节奏逐步减慢，使呼吸频率和心率下降。

2.3.3.2　注意保暖

运动后应注意身体的保暖。有些人运动后马上洗冷水澡，吹电扇，冬天运动后到室外吹风凉快等，这些都会对关节造成伤害。因为运动后全身的毛细血管都是张开的，热量大量散发，如用冷水刺激，容易引起感冒。经常受冷刺激，会导致关节炎的发生。

2.3.3.3　运动后不宜立即洗热水澡

运动后也不宜立即洗热水澡。因为运动时流向肌肉的血液增加，心跳也增加以适应运动所需；运动结束后，加快了的心跳和血液流动仍会持续一段时间，才会冷却下来。如果在没有冷却以前立刻洗热水澡，会使血液往肌肉和皮肤的流量继续大量增加，结果可能使剩余的血液不足以供应身体其他器官的需要，尤其是心脏和脑部，导致心脏病突发或脑部缺氧。

2.3.3.4　运动服装

运动后汗湿的衣物要及时换洗，鞋要放在通风的地方去味，保持干净。

2.3.3.5　运动后饮水

运动后应适当补充水分，但不宜一次性大量饮水，否则会使尿量和汗水增加，加重体内电解质的进一步丢失，还会增加人体心肾的负担；大量饮水还会造成胃液稀释，影响食欲和消化，易导致胃病。

2.4　体育锻炼与心理卫生

心理卫生是保障心理健康状态的措施。保持精神健康则要注意心理卫生。经常参加体育活动，能培养健康的心理，因为参加体育活动，能锻炼人的意志、品质，并能调节人的情绪，促进自信心和集体荣誉感等精神，这有利于培养学生的健康心理。

健康的心理有以下特征：

(1) 面对现实积极向上，有处理问题的能力，能适应变化的环境。

(2) 情绪稳定且能表现出与发育阶段相适应的情绪。

(3) 善于与人正确交往，并能合理安排生活和工作。

3 运动伤病及处理

3.1 运动损伤的预防与处理

运动损伤是指在体育运动过程中发生的各种形式的损伤。它是由许多原因引起的,在体育运动中重视损伤的预防,将会减低运动损伤的发生。体育的目的在于增强体质,促进健康,保证学生学习任务的完成。发生损伤将影响健康、学习与工作,造成不良的心理影响,也妨碍群众性体育活动的开展。

3.1.1 运动损伤发生的原因

常见的运动损伤发生的原因可以综合为以下几点:

(1) 对预防运动损伤的意义认识不足。在参加体育活动时,没有做好充分的思想准备,不知道许多运动损伤通过积极的预防完全能避免,运动前不执行各种安全措施,盲目或冒失地进行体育锻炼而导致伤害事故的发生。

(2) 缺乏准备活动或准备活动不正确。准备活动安排不当有几种情况:运动前缺乏必要的准备活动或准备活动不充分,神经系统和内脏器官没有充分动员起来,身体协调性低下,肌肉温度没有提高,韧带伸展性和关节活动范围小而致伤;准备活动量过大,造成机体疲劳,从而对动作控制能力降低而引起受伤;准备活动内容安排不妥,与运动项目的基本内容脱节;准备活动做好后,离专项运动时间过长,失去了准备活动的作用。

(3) 身体素质差或技术上的错误。违反身体的结构功能特点,以及运动时的力学原理,盲目做某个自己尚未掌握的动作或错误动作。

(4) 运动量(特别是局部负担量)过大。

(5) 身体功能和心理状态不良。身体疲劳、睡眠或休息不好、患病、受伤或伤病初愈,在身体功能相对低下时容易发生运动损伤;在心情不良,情绪低下,过于紧张或兴奋等心理状态时,更容易造成伤害事故。

(6) 教学、训练和比赛的组织方法上的错误。不遵守教学原则,运动场地设施不严格划分,对学生要求不严格,使其随意穿越运动区域时,容易发生运动损伤。

(7) 动作粗野或违犯规则。每个运动项目都有相应的规则,如果在比赛中不遵守规则或在训练中相互逗闹,做出幅度较大的粗野动作,很容易造成自身和他人的损伤。

(8) 场地、设备、服装上的缺点。运动场地不平;跑道太硬;运动器材质量不好,安装不牢固,又缺乏保护措施;运动时的服装及鞋子不符合要求;气候条件不良;噪声等。

(9) 气候条件不良。

3.1.2 运动损伤的预防

针对常见运动损伤的预防措施主要有以下几点:

(1) 加强安全教育。必须让教育目标对运动损伤有正确的认识,更好地掌握健康教育的基础知识,掌握科学锻炼身体的知识与方法,更好地完成教学目标。同时,对运动损伤的意义有一个正确的认识,在教学活动中培养良好的组织纪律性,树立和形成高尚的体育道德风尚。

(2) 检查容易造成运动损伤的场地、器材,建立健全规章制度。

(3) 合理安排教学、训练和比赛。在教学与活动前,要合理安排教学内容,分析其难点与重点,对容易发生损伤的技术动作做到事先有准备,措施要到位。要遵循体育教学的原则,做到因人而异,负荷适当。

(4) 做好课前与训练的准备活动,运动结束时做好整理活动。准备活动的目的是通过各种练习进一步提高中枢神经系统的兴奋性,使它达到适宜水平,加强各器官系统的活动,克服各种功能活动的惰性,为正式练习做好功能上的准备。如果不做准备活动或做得不充分,就容易发生运动损伤。因此在任何练习前要认真做准备活动,改善肌肉、韧带的弹性和活动幅度,使机体调整到最佳竞技状态。

(5) 进行身体全面锻炼,特别是易伤部位的锻炼,提高它们的功能,是预防运动损伤的一种积极手段。

(6) 加强保护和自我保护。在动作比较复杂、多变、难度大、空中动作多的体操运动时,应注意同伴间的保护与帮助。特别要加强和提高自我保护的能力。在户外进行体操锻炼最容易发生伤害事故;在对抗性的体育运动项目中,也容易发生损伤事故。因此,必须加强自我保护工作。如从器械上下落双脚着地时,不能直腿下落,要屈膝缓冲,以防扭伤膝关节;手触地时,一定不能直臂撑地,以防骨折或脱臼;踢足球时,防止与对手两膝相撞,以避免腿骨折或撕裂韧带。

(7) 在良好的环境条件下运动。为了防止运动损伤,就必须注意在适当的环境下进行运动。高温潮湿容易产生疲劳和中暑,或因大量出汗,影响体内水盐代谢而发生抽筋或虚脱;低温潮湿,容易引起冻伤,也可因肌肉僵硬,弹性、耐力降低,动作协调性差,而发生肌肉韧带损伤;在大雾时,光线不足,能见度低,影响视力,神经反应迟钝,兴奋性降低,也可成为损伤的原因。严禁带病或体检不合格者参加运动,伤病后要在医生的建议下进行运动；场地设施不合格不能进行运动，尤其是在器械上进行运动，更要随时检查器械；禁止穿不合适的服装进行运动。

3.1.3 常见运动损伤的预防和急救

在体育教学、课外活动和课外训练中，由于各种原因，会意外地发生运动损伤。体育运动项目很多，各种项目的损伤也各有其特点。常见的运动损伤，按性质综合起来有以下几种。

3.1.3.1 开放性软组织损伤

在体育运动中，常见的开放性软组织损伤有擦伤、撕裂和刺伤。损伤的特点是有创口、伴有出血或组织液渗出。因创口暴露，容易发生感染。

(1) 擦伤，是指身体的表面与粗糙物体摩擦致伤。

(2) 刺伤，是指常在使用细长或比较尖锐器材时发生刺伤。

(3) 撕裂伤，是指由于钝物打击所引起的皮肤和软组织裂开的损伤。

处理方法：开放性软组织损伤，都是以创伤面出血或组织液渗出为主要症状。因此，在处理时首先要止血，再进一步处理伤口。清除伤口时，对轻度的损伤可用生理盐水、凉开水、淡盐水等冲洗，再用红汞水或甲紫液涂抹，一般不需包扎。对严重的损伤，应止血，清洗伤口，使用抗菌药物，包扎。处理时要严格消毒，防止感染。

3.1.3.2 闭合性软组织损伤

闭合性软组织损伤的特点：损伤的常是肌肉、肌腱、筋膜、韧带、滑囊和关节囊，其损伤无开放性，没有伤口与外界相遇，损伤的出血全部堆积在组织内。多见的有挫伤、扭伤和拉伤。伤部有明显的疼痛、皮下出血、肿胀、皮肤青紫和活动障碍。

(1) 扭伤。体育活动中，因场地不平而使踝关节扭伤的比例较高。严重的踝关节扭伤，就出现韧带断裂，伴有胫腓下联合韧带损伤和撕脱骨折，以致胫腓下关节分离，距骨向外侧移位。踝关节外侧和内侧副韧带分别如图 3-1、图 3-2 是由于受到外力作用使关节过伸或做动作时超出关节的正常范围所引起的。有踝关节、膝关节、腰部等发生拧转、挤压等，使关节囊、韧带、肌腱受到损伤。踝关节内侧或外侧疼痛、肿胀、活动受限、行为困难或跛行。重者足内翻或外翻畸形，足背与踝部有皮下淤血，局部压痛明显。踝关节被动内外翻疼痛加重。韧带完全断裂者，踝关节稳定性较差。如果合并骨折者，应 X 线拍片加以确诊。

(2) 挫伤，是指由于碰撞、打击、摔跤等外力直接作用人体造成的局部软组织受伤。

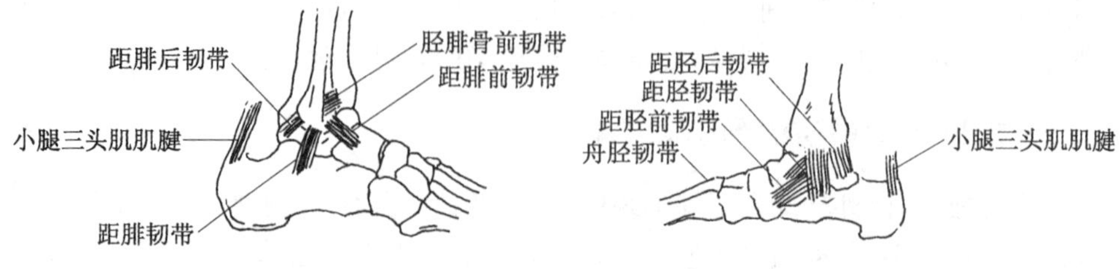

图 3-1 踝关节外侧副韧带

图 3-2 踝关节内侧副韧带

(3) 拉伤。这是体育运动中最常见的一种损伤,往往是由于准备活动不充分,肌肉的生理功能尚未达到适应活动所需要的状态;训练水平不够,肌肉的弹性、伸展性、力量都较差,加之疲劳或负荷过度,使肌肉功能降低,力量减弱,协调性下降;或技术动作不正确,动作过猛或粗暴等原因引起肌肉拉伤。是由于外力的作用,突然而不协调的动作使肌肉、肌腱、韧带、筋膜过度的牵扯,即肌肉拉长范围超过原伸展可能而受到损伤。表现为伤部疼痛、肿胀、压痛、肌肉紧张或痉挛,触之发硬,伴有功能障碍。

处理方法:首先要限制受伤肢体活动,便于组织修复,避免加重损伤。损伤后尽快止血防肿,可用冷敷、加压、包扎、伤肢抬高等方法、降低温度,使局部组织血管收缩,减少出血,以达止血的目的,切不可用热水冲淋或继续运动,这将造成毛细血管扩张,增加出血。过 24～48 小时后,出血停止后,要进行活血化瘀,消肿止痛的处理。并进行理疗、热敷、按摩等,促使伤部血液循环,解除肌肉痉挛,加强血肿和渗出液的吸收。

3.1.3.3 骨折

骨折是运动损伤中较严重的损伤。是由于外力的作用使骨的完整性和连续性中断。骨折分开放性和闭合性骨折。骨折是由于暴力打击和过度牵拉造成的。受伤当时感到疼痛,伤部压痛明显,伤后很快或数小时后出现肿胀或皮下淤血,肢体失去正常功能;有时在骨折部位出现畸形,移动时可听到摩擦声由于骨的完整性受到破坏,失去杠杆的支持作用,导致功能障碍或丧失活动能力。严重的骨折损伤可发生休克,甚至危及生命。

处理方法:骨折发生后,骨折后不要无故移动伤肢,应用夹板、绷带把折断的部位固定,包扎起来,使伤部不再活动。如出现休克时,应先施行人工呼吸,迅速使伤员复苏(可刺人中、合谷穴);如是开放性骨折,不应将刺出皮肤的断骨送回,以免感染。若伴有伤口出血,应同时实施止血和消毒包扎,并尽快送医院进行复位与固定等治疗。

3.1.3.4 关节脱位(脱臼)

在体育运动中因动作不正确或受外力的作用,使正常关节位置发生改变,也可因外力传导引起关节脱位。图 3-3、图 3-4 分别为肩关节和肘关节脱臼示意图。

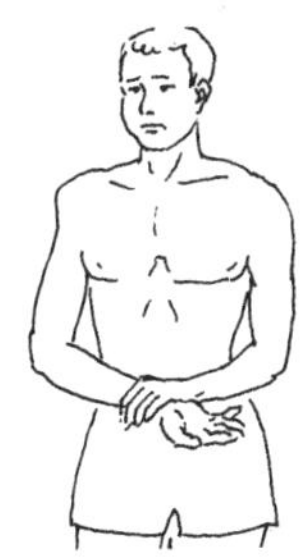

图 3-3 肩头节脱位时伤肩畸形

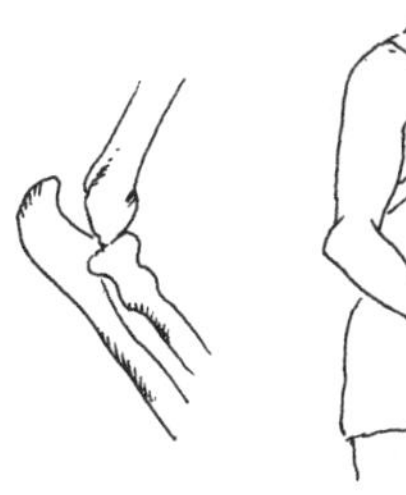

图 3-4 肘关节后脱位

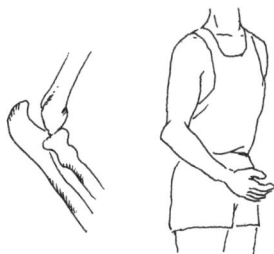

关节脱位一般伴有疼痛,肿胀压痛,引起畸形,关节功能丧失,严重的可合并血管、神经受伤,引起休克。

处理方法:运动中发生外伤性脱位后,首先是止痛防止休克,对休克者要使其苏醒。对受伤部位要保持一定位置,保持脱位时脱位关节位置,避免移动。用夹板、三角巾、绷带固定脱位变形的伤肢,争取早期复位。如没有整复技术和经验,切不可随意做复位动作。要尽快送医院进行复位与治疗。

3.1.3.5 休克

休克的病因虽有许多原因,但其共同特点是生命重要器官的微循环血流发生障碍,导致新陈代谢紊乱。症状是表情淡漠,反应迟钝,四肢冷凉,脉搏细速,呼吸迫促,随后血压有所下降等。

体育运动中常见的为出血性休克和创伤性休克。

(1) 出血性休克,指急剧大量的失血而引起休克。

(2) 创伤性休克,指由于骨和组织损伤或内脏损伤,体液丢失、强烈的神经刺激导致患者发生休克。

处理方法:一般处理应平卧,下肢抬高,保持体温正常,使呼吸畅通。并确诊病因,消除病因;补充血容量,纠正酸中毒,改善心脏功能。在一般处理后,应立即送医院进行抢救与治疗。

3.1.3.6 脑震荡

由于在体育运动中不慎将头与硬物相碰或受打击,头部与地面、器械相碰撞,均可引起脑震荡。脑震荡是大脑神经细胞和神经纤维受到强烈的外力震荡所致的意识和功能暂时性障碍。轻度的脑震荡可立即恢复,严重的脑震荡会出现神志恍惚、意识丧失、呼吸表浅、脉搏稍缓、瞳孔稍大、神经反射消失或减弱。

处理方法:脑震荡发生后,首先要让其安静、平卧,不要随便移动位置,切勿摇动牵扯。用衣服或其他软物制动固定头部两侧,头部冷敷,身体一定要保暖。对昏迷者要进行复苏,并立即送医院进行抢救治疗。患者在恢复期要保持情绪安定,减少脑力劳动。要加强对患者的心理治疗,指导患者正确认识疾病,消除心理及环境因素的影响,让患者卧床休息至头痛、头昏等症状完全消失,使其听、视觉和言语功能得到恢复。

运动损伤的急救,在上述各运动损伤处理方法中已叙述,总的原则是:在运动损伤发生后,应全面了解情况,防止伤情加重。

止血、止痛是首要任务。特别是止血,因血液大量流失,将造成病情加重,发生休克,并危及生命。止血后即要遮盖和固定损伤部位,进行包扎。包扎后,应迅速、安全地送医院进行及时治疗。

3.2 运动中常见生理反应与处置

在体育运动中,由于人体生理活动过程的有序性受到暂时性干扰与破坏,经常会出现一些正常的生理反应。只要注重科学锻炼,就会减少运动中的不适和运动性疾病的发生。

3.2.1 肌肉酸痛

3.2.1.1 肌肉酸痛的原因

刚开始或间隔较长时间后再锻炼,肌肉对负重负荷以及收缩放松活动尚未完全适应,从而引起的局部肌纤维及结缔组织的细微损伤,以及部分肌纤维的痉挛所致。

3.2.1.2 肌肉酸痛的处理

用热水泡或热毛巾敷,这样可以促进肌肉血液循环及代谢过程加快,有助于损伤组织的修复和缓解酸痛;还可对酸痛的肌肉进行按摩,促进肌肉血液循环,使肌肉得以放松。

3.2.1.3 肌肉酸痛的预防

合理安排运动负荷;避免长时间对某一部分肌肉进行集中练习;准备活动做得充分合理;运动后做整理活动。

3.2.2 运动中腹痛

运动中腹痛是体育锻炼中常见的一种症状,特别在中长跑、马拉松、竞走和自行车等运动中容易出现。

3.2.2.1 运动中腹痛的原因

(1) 运动前准备活动不充分,开始速度太快,发生腹痛。由于内脏器官功能尚未达到应有的水平就加大了运动量,特别是心肌力较差时,搏动无力,影响静脉血回流,使下腔静脉压力上升,肝静脉回流受阻,从而引起肝肺淤血肿胀而疼痛;同时呼吸节奏紊乱,肺部功能赶不上肌肉工作的需要,造成呼吸肌疲劳,导致呼吸表浅、呼吸肌缺氧,就会发生肌肉痉挛而加剧疼痛。

(2) 腹部疾病,也容易引起运动中腹痛。患有肝炎、胆道感染、溃疡病或慢性阑尾炎的人参加剧烈运动时,病变部位充血、水肿,运动时受到牵扯和震动等刺激,产生腹痛。

(3) 运动的时间不得当,引起胃肠痉挛,发生腹痛。如运动前吃得过饱、饭后过早参加运动、空腹锻炼,或在活动前吃了产气和难以消化的食物也可引起胃肠痉挛,导致上腹胀痛、阵发性绞痛和脐周围及下腹部的疼痛。如果在夏天剧烈活动,由于大量排汗而丧失盐分,水盐代谢失调,加上疲劳,也会引起腹直肌痉挛,但疼痛表浅。

3.2.2.2 运动中腹痛的处理

(1) 出现腹痛后应减慢运动速度和降低运动强度,调整呼吸节奏,用手按压疼痛部位,或弯着腰跑一段距离,疼痛就可消失或减轻。

(2) 如果疼痛不减轻或加重者,应停止运动,口服解痉药或热敷腹部;如疼痛仍不减轻,则应送医院进行治疗处理。

(3) 采用局部按摩,用指点揉足三里、内关、三阴交、大肠俞等穴位,尤其是用大拇指按揉血海穴,能起到明显的止痛效果。

3.2.2.3 运动中腹痛的预防

为了防止运动中腹痛,要注意合理安排锻炼时间,运动前不宜进食过饱,饮水过多，不宜食用不易消化的食物，饭后1小时以后再进行剧烈运动。

3.2.3 运动性贫血

我国成年男性每1L血液中含血红蛋白量为120～160g，女性为110～150g。若低于正常值，称为贫血。因运动引起的血红蛋白量减少并低于正常值即称为运动性贫血。

3.2.3.1 运动性贫血的原因

(1) 由于运动时机体对蛋白质与铁需求增加，一旦需求量得不到满足时，即可引起运动性贫血。

(2) 运动时，脾脏释放的溶血卵磷脂能使红细胞的脆性度增加，加上剧烈运动时血流加快，易引起红细胞破裂，从而导致运动性贫血。

(3) 少数学生由于偏爱吃零食，影响正常的营养摄入，或长期慢性腹泻，影响营养的吸收，运动时常出现贫血现象。

3.2.3.2 运动性贫血的症状

患者平时有头昏、乏力、恶心、气喘、易疲倦、记忆力减退、体力下降、思想不集中、食欲不振，运动后容易出现心悸、心率加快、面色苍白、气急等现象。

3.2.3.3 运动性贫血的处理

当上述症状出现时应适当减小运动量，必要时应停止锻炼，即刻补充含蛋白质和含铁的食物，口服胃蛋白酶合剂、维生素C、硫酸亚铁、乳酸亚铁等有利于症状的缓解。

3.2.3.4 运动性贫血的预防

加强卫生宣传，普及卫生知识，培养良好的饮食习惯，不偏食，不挑食，合理安排膳食；加强对引起铁吸收障碍和引起慢性疾病的治疗。锻炼时要遵循循序渐进的原则。

3.2.4 运动性昏厥

运动中，由于脑血液暂时降低或血中化学物质变化所致的意识短暂紊乱和意志丧失的现象，这一现象称为运动性昏厥。

3.2.4.1 运动性昏厥的原因

由于剧烈运动或长时间运动，大量血液积聚在下肢，回心血流量减少，导致脑部供血不足而出现昏厥状态。跑后如立即停止不动亦可出现“重力休克”现象。

3.2.4.2 运动性昏厥的症状

患者失去知觉、突然昏倒、头昏、软弱无力、耳鸣、面色苍白、手足发凉、脉搏慢而弱、血压降低、呼吸缓慢。

3.2.4.3 运动性昏厥的处理

发生晕厥后，让患者平卧，足部略抬高，头部放低，松解衣领，注意保暖，用热毛巾擦脸，自小腿向大腿做重推摩和全手揉捏。若不苏醒，可针刺或掐点人中、百会、涌泉、合谷等急救穴，或用氨水闻嗅。

3.2.4.4 运动性昏厥的预防

疾病恢复期参加运动时，必须按照运动处方进行；避免在夏季高温、高湿度或无风天气条件下进行长时间的训练；在饥饿情况下不要参加剧烈运动；剧烈运动后不要立即停下或坐下；经常参加体育锻炼，增强自身体质。

3.2.5 肌肉痉挛

肌肉痉挛又叫抽筋，它是指肌肉不自主地突然强直性收缩，并变得异常坚硬。在体育运动中最易发生痉挛现象的为小腿腓肠肌，其次是足底的屈踇肌和屈趾肌。

3.2.5.1 肌肉痉挛的原因

(1) 寒冷的刺激。在气温较低的环境中运动时，未做准备活动，或做得不够，肌肉受到寒冷刺激后，使肌肉产生强直性收缩，发生痉挛。

(2) 大量排汗。运动期急性减轻体重，或参加较长时间的剧烈运动，特别是夏天，身体大量排汗，这时由于丢失大量电解质，肌肉的兴奋性增高，容易发生肌肉痉挛。

(3) 肌肉连续收缩过快。在训练或比赛中肌肉过快地连续收缩，而肌肉放松时间太短，以至于收缩与放松不能协调交替，引起痉挛。

(4) 疲劳所致。运动时身体可以影响肌肉的正常功能，特别是在局部肌肉疲劳的情况下做一些突然紧张用力的动作，会引起肌肉痉挛。

3.2.5.2 肌肉痉挛的症状

肌肉痉挛时,局部肌肉产生剧烈性收缩并变得坚硬和隆起,疼痛难忍,并且一时不易缓解。

3.2.5.3 肌肉痉挛的处理

发生痉挛后,要牵引痉挛的肌肉。牵引时用力宜缓,不可用暴力,以免肌肉拉伤。若腓肠肌痉挛,伸直膝关节,用力向足背伸;若屈踇肌和屈趾肌痉挛,用力将足和足趾背伸。若游泳时肌肉痉挛,不要惊慌,如自己无法处理,可浮上水面后呼救。

配合局部按摩,对委中、承山、涌泉等穴位采用重力按压、揉捏、叩打、点穴等手法,也可达到解除肌肉痉挛的目的。

3.2.5.4 肌肉痉挛的预防

运动前要做好准备活动,对容易抽筋的部位事先做适当按摩;冬季锻炼要注意保暖,夏季进行长时间运动要注意补充盐分和维生素 B_1;疲劳和饥饿时不要进行剧烈运动;游泳下水前要用冷水淋湿全身,使身体对冷有所适应,水温低时游泳时间不要太长。

3.2.6 极点和第二次呼吸

在一定强度和一定持续时间的体育活动过程中,会出现一种非常难受的感觉,此时感到胸闷、呼吸困难、心率急增、肌肉酸软无力、动作迟缓而不协调、精神低落甚至想停止运动等主客观的变化,这种现象称为“极点”。

出现“极点”以后,如果依靠意志力、加深呼吸、按压疼痛部位稍减慢速度继续运动下去,不久,这种难受的感觉就会减轻或消失,动作变得轻松有力,呼吸变得均匀自如,心率较慢,这种现象称为“第二次呼吸”。

“极点”与“第二次呼吸”是中长跑运动中常见的一种生理现象,不必疑虑和恐惧,它会随训练水平的提高而减轻或推迟。

3.2.7 运动中暑

中暑是因高温环境或受到烈日的暴晒而引起的一种急性疾病。特别是在湿度过大、通风不良、身体疲劳、有病、缺乏饮水和头部缺乏保护而直接受到烈日照射等情况下,中暑更易发生。

3.2.7.1 中暑的原因

在高温环境中，特别在温度高、通风不良、头部又缺乏保护，被烈日直接照射的情况下进行体育锻炼，因体温调节功能障碍容易发生中暑。

3.2.7.2 中暑的症状

轻度中暑可出现面部潮红、头晕、头痛、胸闷、口渴舌干、恶心呕吐、烦躁心慌、呼吸急促、皮肤灼热、体温升高；严重时，会出现脉搏细弱、呼吸表浅、精神失常、虚脱抽搐、血压下降，甚至昏迷不醒。

3.2.7.3 中暑的处理

轻者，首先将患者移到阴凉通风处，解开患者的衣扣让其平卧休息，对日射患者用冷毛巾敷在患者头上，对中暑高热患者用扇子煽风帮其散热，降低体温，并给予清凉饮料。重者，如有昏迷，可掐点人中、百会、合谷、涌泉穴或闻嗅氨水，四肢做重推摩、全身揉捏，同时应及时送到医院进行处理。

3.2.7.4 中暑的预防

在炎热的夏季进行运动时，应穿浅色、单薄、宽敞的衣服，佩戴白色凉帽，并准备好解热消暑的冷饮；运动时间不宜太长，运动强度要减小。

3.3 损伤后恢复锻炼的原则

无论进行何种功能锻炼，以不加重损伤、不影响损伤的康复和正常的治疗为前提。应尽量不停止全身的和局部的活动。而且，对损伤部位肌肉的锻炼开始的时间越早越好。

个别对待的原则。在制订损伤后锻炼计划时，要根据患者的年龄、损伤的部位和特点、功能及运动技术水平来选择损伤后锻炼的手段和内容，恰当安排局部和全身的锻炼时间和运动量。

循序渐进的原则。损伤后锻炼的运动量安排，必须遵守循序渐进的原则。特别是在进行损伤康复过程中的局部锻炼时，动作的幅度、频率、持续时间、负荷量、强度的大小等都应逐渐增加，否则，会加重损伤或影响损伤的康复，甚至会使损伤久治不愈而形成陈旧性损伤。

全面锻炼的原则。损伤后康复锻炼必须注意局部专门运动与全面身体运动相结合，交替进行。在损伤初期，因局部肿胀充血、疼痛、功能障碍等，这时以全面身体运动为主，在不加重局部肿胀和疼痛的前提下，进行适当的局部运动。随着时间的推移，损伤逐渐好转或趋向愈合，局部运动的量和时间可逐渐适当增加。

3.4 运动处方

3.4.1 运动处方的基本理论

3.4.1.1 运动处方的概念

运动处方这一术语，自20世纪50年代被提出，20世纪60年代末被世界卫生组织(WHO)采用，目前已得到广泛的认可。随着运动处方应用范围的扩大，运动处方的概念不断被修改和充实。根据21世纪初运动处方在国内外发展的情况，可以将运动处方(exercise prescription)理解为：由康复医师、康复治疗师(士)以及体育教师、社会体育健身指导员、私人健身教练等，根据患者或体育健身者的年龄、性别、健康状况、身体素质，以及心血管、运动器官的功能状况，集合主客观条件，用处方的形式制订对患者或者体育健身者适合的运动内容、运动强度、运动时间及频率，并指出运动中的注意事项，以达到科学的、有计划地进行康复治疗或预防健身的目的。

这一概念明确了运动处方的制订者、处方的对象、处方的依据、处方的内容以及处方的目的等，强调了应以处方对象(患者或体育健身者)为中心，制订一个具有个性化的运动处方。

运动处方类似于临床医生为患者开的处方，它与临床医学中药物处方的对应关系(表3-1)。

表3-1 运动处方与药物处方的对比

<table>
<tr><th colspan="2">运动处方</th><th>临床医学药物处方</th></tr>
<tr><td colspan="2">运动内容</td><td>药物名称</td></tr>
<tr><td rowspan="2">运动量</td><td>运动强度和持续时间</td><td>剂量/次</td></tr>
<tr><td>锻炼频率</td><td>次/d</td></tr>
<tr><td colspan="2">锻炼注意事项</td><td>用药方法及注意事项</td></tr>
</table>

实践证明，按照运动处方进行科学的锻炼，既安全可靠，又有计划性，可在短期内达到健身和疾病康复的目的。

3.4.1.2　运动处方在康复治疗和预防健身中的作用

运动处方的产生源于实践的需要。旨在提高运动成绩的运动训练，由教练员为运动员制订训练计划；旨在使学生掌握一定的运动技术、技能，提高身体素质的学校体育课，由体育老师根据学生实际情况按照教学计划、教学大纲制定教案。随着康复医学的形成和发展，运用运动疗法、医疗体育进行康复治疗时，则需要定制运动处方。运动处方在康复治疗中的作用是，科学地指导康复者进行康复训练，以便更有效地达到预防功能障碍的形成、减轻功能障碍的程度、尽快恢复功能。实践证明，按照运动处方进行康复锻炼，可以使康复的效果比没有处方指导的“自由活动”明显提高。

随着生活水平的提高，不良生活方式引起的疾病增多，且有老年病年轻化的趋势，大众健身引起了人们的重视。运动处方在以提高国民体质、增进健康、预防慢性疾病的健身活动中能正确指导健身者科学地进行训练，以较短的实践、较轻的体力负荷，取得较大的锻炼效果。

3.4.2　运动处方的分类及实施原则

随着运动处方应用范围的不断扩大，运动处方分类的方法也在不断改进，用不同的方法，可将运动处方分为不同的种类。根据处方对象分类，可将运动处方归纳为两类：康复治疗性运动处方、预防健身性处方。此外，在国外还有以提高运动员身体素质为目的的竞技训练运动处方。根据运动处方锻炼的作用分类，目前主要有：全身耐力运动处方、力量运动处方、柔韧性运动处方。在运动疗法领域内，使用辅助用具，穿戴假肢、步态训练、操纵轮椅的训练等，也都有相应的运动处方。

3.4.2.1　根据运动处方对象分类

(1) 康复治疗性运动处方。康复治疗性运动处方的对象，是经过临床治疗达到基本痊愈，但遗留有不同程度身体功能下降或功能障碍的患者，如冠心病、脑卒中患者、手术后患者，以及已经得到一定控制的慢性病患者，如高血压、高血脂、糖尿病、肥胖症患者等。这类运动处方的目的是，通过运动疗法帮助患者提高身体功能、缓解症状、减轻或消除功能障碍、恢复肢体功能，尽量提高患者的生活处理和工作能力。康复治疗性运动处方主要用于综合医院的康复科、康复医疗机构，也用于社区康复工作中。康复治疗性运动处方主要由康复医师、康复治疗师(士)来制订，在社区中工作的高级健身指导员也会参与这方面的工作。

(2) 预防健身性运动处方。预防健身性运动处方的对象是全民健身运动的参加者，包括身体基本健康的中老年人；长期从事脑力劳动，缺乏体育锻炼，处于亚健康状态的人群;中青年人和在校学生等。运动处方的主要目的是,指导群众采取适当的体育活动,科学地进行锻炼,以便更有效、更科学地提高健康水平、增强体质、提高“健康体适能”、预防某些疾病(如冠心病、高血压、高血脂、糖尿病、肥胖症等)的发生、防止过早衰老等。预防健身性运动处方广泛用于学校、社区、健身机构、疗养院、科研机构等。预防健身性运动处方主要由体育教师、社会体育健身指导员、私人健身教练等来制订。

3.4.2.2 根据运动处方锻炼作用分类

(1) 全身耐力运动处方。全身耐力(区别于肌肉力量耐力)运动处方以提高心肺功能为主要目标。全身耐力训练早期用于发展身体的耐力素质,提高运动员的训练水平。20 世纪 70 年代以后,全身耐力运动处方在急性心肌梗死患者被抢救成功以后康复中,或心脏搭桥术后的康复锻炼中,发挥了明显的作用。按照运动处方进行系统地锻炼,可以缩短患者住院时间,更快地恢复工作能力,故被称为心脏康复运动处方。目前除用于急性心肌梗死患者的康复之外,在国外已经广泛用于心血管系统慢性疾病(如冠心病、高血压)、代谢疾病(糖尿病、肥胖病)、长期卧床引起心肺功能下降等疾病的预防、治疗和康复。

在全民健身计划实行的过程中,全身耐力运动处方被用于科学地指导健身,以提高锻炼者的耐力素质、维持合理的身体成分、消除亚健康状态的症状,预防冠心病、高血压、高血脂、糖尿病等疾病的发生。

(2) 力量运动处方。力量运动处方的主要作用是提高肌肉的力量耐力。在康复医学中,通过运动疗法,即患者主动的肌力锻炼,使“废用性”萎缩肌肉的力量得到提高,肌肉横断面和体积加大,起到改善肢体运动功能的作用。力量运动处方可用于因伤、病导致肢体长期制动、长期卧床等引起的废用性肌萎缩的康复,身体发育畸形的矫正等。

在全民健身运动中,力量运动处方用于指导健身者科学地进行增强肌力的训练,以达到提高力量素质,减缓中年以后肌肉萎缩的速度,预防骨质疏松等作用。

(3) 柔韧性运动处方。柔韧性运动处方的作用是提高身体的柔软素质。在康复医学中用“关节活动幅度”来衡量柔韧性的好坏。在康复医学中,通过各种主动、被动运动等,使因伤病而受累关节活动幅度昼保持、增加或恢复到正常的范围,同样能起到改善肢体运动功能的作用。

在全民健身运动中,柔韧性运动处方用于指导健身者应用科学的手段和方法,提高身体的柔韧性素质,预防随年龄增长而导致的关节活动幅度下降。

全身耐力运动处方,力量运动处方、柔韧性运动处方对保持良好的健康体适能状态,都可起到良好的作用。

3.4.2.3 运动处方的实施原则

制订运动处方一般应当按照以下实施原则逐步执行。

1) 了解处方对象的体质和健康状况

在制订运动处方之前，一定要通过口头询问、问卷调查、医学检查、体质测定等途径，了解处方对象的体质和健康状况。需要了解的内容有身体发育、疾病史、目前伤病情况和治疗情况、近期身体健康检查结果、身体素质/健康体适能测定结果、运动史、近期锻炼情况等。

全面了解处方对象的体质和健康状况的目的是：

(1) 除外运动禁忌证。通过全面的了解，确定处方对象有无运动禁忌证或临时禁忌运动的情况；是否能够参加体育锻炼或康复锻炼，以保证在功能测试和锻炼过程中的安全。

(2) 确定运动处方的目的。通过对处方对象的全面了解，有助于确定运动处方的目的。

(3) 确定运动功能评定方案。同一种性质的运动功能评定，有适合于不同年龄、性别、健康状况、运动习惯等情况的试验方案，需要根据处方对象的体质和健康状况选择适合的方案。

2) 明确运动处方的目的

首先明确处方的目的是为了疾病或功能障碍的康复治疗，还是为了预防健身。其次确定锻炼的目的是为了提高心肺功能、增强肌力、提高柔韧性，还是为了减少多余的脂肪、控制血压、血糖、血脂、消除或减轻功能障碍等。目的不同，采用运动功能评定方法不同，制订运动处方的原则也不同。

3) 进行相应的运动功能评定

运动功能评定是制订运动处方的依据。重点检查相关器官系统的功能状况。如处方目的为提高心肺功能或控制体重、血压、血糖、血脂等，应做心肺功能检查评定，如果目的是为增强肌肉力量，需要做肌力的测定。目的是为了提高关节柔韧性，则需做关节活动幅度的测定。以肢体功能障碍康复为目的时，需做临床医学检查、关节活动幅度评定、肌肉力量评定、步态分析等。

4) 制订运动处方

功能检查的结果是制订运动处方的依据。制订运动处方时要区别对待，因人而异。除了考虑功能评定结果外，还需考虑处方对象的性别、年龄、健康状况、锻炼基础、客观条件等，安排适当的锻炼内容。

5) 指导处方对象如何执行运动处方

在按照运动处方开始锻炼之前，应帮助处方对象了解处方中各项指标的含义，如何执行处方提出的要求。第一次按照处方锻炼时，应当在制订处方者的监督指导下进行，让锻炼者通过实践了解如何执行处方。有时需要根据锻炼者的身体情况，对处方进行适当的调整。进行慢性疾病、肢体功能康复锻炼时，最好在专业人员的指导下进行，根据每次锻炼后的反应，及时调整运动处方。

6）监督运动处方的执行情况

通过检查锻炼日记、定期到锻炼现场观察或定期（每周一次或两周一次）到实验室在监测下进行锻炼，对运动处方的执行情况进行监督。有研究表明，在监督下进行锻炼，可取得较好的锻炼效果。在监督锻炼过程中，还可以随着功能的提高，及时调整处方，以取得更好的效果。

7）定期调整运动处方

按照运动处方进行锻炼，一般在一定时间后可以取得明显效果。此时需要再次进行功能评定，检查锻炼的效果，调整运动处方，以进一步提高锻炼效果。

3.4.3 运动处方的主要内容

根据处方对象的个人情况，明确处方的目的，完成了相应的功能评定之后，就可以开始制订运动处方了。一个完整的运动处方应包括锻炼目标、锻炼内容、运动量和注意事项等内容。

3.4.3.1 锻炼目标

制订运动处方之前，首先应当明确锻炼的目标，或称“近期目标”。

耐力处方的锻炼目标，可能是提高心肺功能、减肥、降血脂，或防治冠心病、高血压、糖尿病等。

力量柔韧性处方的目标，应当具体到将要进行锻炼的部位，如加大某关节的活动幅度、增强某肌群的力量等。力量处方中还需要确定增强体种力量，如动力性力量还是静力性力量，向心力量还是离心力量。以便采取不同的锻炼方法。

在康复锻炼运动处方中，首先需要考虑康复锻炼的最终目标，或称“远期目标”。如达到可使用轮椅进行活动、使用拐杖行走、恢复正常步态、恢复正常生活能力和劳动能力、恢复参加运动训练及比赛等。在近期目标中，应规定当前康复锻炼的具体目标，如提高某个或某些关节的活动幅度，增强某块肌肉或某组肌肉的力量，需要增强何种肌肉力量等。

3.4.3.2 锻炼内容

锻炼内容即锻炼时应用的手段和方法。为提高全身耐力，多选择有氧训练；肢体功能的锻炼，可应用力量练习、柔韧性练习、医疗体操和功能练习、水中运动等；

偏瘫、截瘫和脑瘫患者需要使用按神经发育原则应用的治疗方法，并且常常需要应用肢体伤残代偿功能训练、生物反馈训练等。

3.4.3.3　运动量

运动量的大小，取决于多种因素。以持续运动为目的的耐力处方与力量处方、柔韧性处方的运动负荷有所区别。运动负荷的大小决定因素，综合起来有以下几个方面：

(1) 运动强度。在有氧运动中，运动强度取决于走或跑的速度、蹬车的功率、爬山时的坡度等。在力量和柔韧性练习中，运动强度取决于给予助力或阻力的负荷重量。运动强度制订得是否恰当，关系到锻炼的效果及锻炼者的安全。应按照个人特点，规定锻炼时应达到的有效强度和安全界限。

(2) 持续时间。在耐力处方中，主要采取“持续训练法”，应规定有氧运动应当持续的时间。在力量处方和柔韧性处方中，则需要规定完成每个动作所需要的时间。

(3) 重复次数、完成组数及间隔时间。在力量处方和柔韧性处方中，应规定每个练习需重复的次数(次/组)、一共完成几组以及次与次、组与组之间间隔的时间。不同的锻炼方案将收到不同的锻炼效果。

(4) 运动频率。指每日及每周锻炼次数。一般每日只需锻炼一次，每周锻炼3～4次，即隔日锻炼一次。有足够的休息时间，可使机体得到“超量恢复”，收到更好的锻炼效果。

(5) 注意事项：为保证安全，根据处方对象的具体情况，提出锻炼时应当注意的事项，如锻炼时心率不得超过靶心率、进行力量练习时注意预防意外事故等。

3.4.4　运动处方案例

3.4.4.1　不同年龄的人减肥运动处方

随着人们物质生活水平的提高，肥胖者日益增多，肥胖症已成为当今重要的流行病之一，严重威胁着人类的身体健康。于是各种各样的减肥方法应运而生。然而经过实践证明，防治肥胖症的最佳疗法还是运动。

1) 肥胖对人体的危害

肥胖是人体内的脂质代谢紊乱造成脂肪在皮下和脏器周围堆积所致。它对人体的危害很大，主要表现在肥胖者易发生冠心病、高血压、糖尿病等。据统计，我国心脏病患者中肥胖者是正常人的2.5倍；高血压患者中肥胖者是正常人的3倍；糖尿病和动脉粥样硬化的病人中，平均每4人中就有3个肥胖者。

由于脂肪的大量沉积，增大了机体的负担和耗氧量，氧消耗较正常人高 34%～40%；胸腹部大量脂肪的堆积，迫使膈肌上移，限制了胸廓和横膈的运动，进而妨碍心脏的舒缩活动，使其收缩功能降低，心搏出量减少、血流减慢，导致肥胖者头晕、头疼、乏力甚至引起冠心病；动脉粥样硬化、脂肪肝、胆结石、下肢关节炎、扁平足、反应迟钝等均与脂肪的大量沉积有关。肥胖者的平均寿命比正常人缩短 10～12 岁。

此外，肥胖给儿童带来的危害更大。据国外研究，10～13 岁肥胖者到 30 岁时，女性中的 88%和男性中 86%依然保持肥胖状态。肥胖儿一般体形欠佳、活动能力差。不少肥胖儿有平足内翻、下肢弯曲、脊柱损害、缺钙症等。有些肥胖儿童易患呼吸道或皮肤感染，甚至患“成人病”，如糖尿病、高血压、脂肪肝和心肌梗死。肥胖还会影响儿童的智力发展和性器官的正常发育。多数肥胖儿有心理障碍，如自卑感强、孤僻、害羞等，缺乏在社会上竞争的自信心。

2）运动减肥的机理

运动作为减肥的最有效方法之一，是因为：

(1) 人体运动时主要能源来自糖和脂肪。有氧运动中，肌肉收缩活动初期能源为糖，当持续运动达 120min 以上时，游离脂肪酸供能达 50%～70%之多。因此时肌肉对血中游离脂肪酸和葡萄糖的摄取和利用增多，导致脂肪细胞释放大量的游离脂肪酸，使脂肪细胞瘦小；同时使多余的血糖被消耗而不能转化为脂肪，结果体内脂肪减少，体重下降。

(2) 研究表明，体育运动能改善脂质代谢。运动时肾上腺素、去甲肾上腺素分泌量增加，可提高脂蛋白酶的活性，加速富含三酰甘油的乳糜和低密度脂蛋白的分解，故而降低血脂而使高密度脂蛋白升高，最终加快游离脂肪酸的作用。

(3) 经常从事耐力运动的人，外围组织，尤其是肌肉细胞膜上的胰岛素受体敏感性提高，与胰岛素的结合能力增强。胰岛素对脂肪的分解有很强的抑制作用，它的减少伴有儿茶酚胺和生长激素等的升高，最终加快游离脂肪酸作用。

(4) 肥胖者安静状态时的代谢率低、能耗少。经过系统的运动锻炼，使机能水平提高，特别是心功能的增强、内分泌调节的改善，使肥胖者在静息时的代谢水平提高，能耗增大。有关报道，安静时肌肉组织的能量 96%来源于游离脂肪酸的分解。

(5) 肥胖者进行适宜强度的运动训练后，常发生正常下的食欲下降，摄食量减少，从而限制了热量的摄入，使机体能量代谢出现负平衡，引起体脂的减少。另外，运动后食物的特殊动力增强，有利于能源物质的分解。

3）运动处方的制订

制订运动处方的原则：① 安全性。运动时所采用的运动强度或负荷量应依据肥胖程度、健康状况的心肺功能而定，注意区别对待。总之，要在不损害身体健康或不影响儿童、少年生长发育的情况下从事运动锻炼，一般以有氧锻炼为主。② 可接受性。运动方式应使锻炼者感兴趣，能长久地坚持。特别是儿童的心理特点是好奇心强、忍耐性差，应不断变换锻炼方法、内容、路线。最好能顺其自然，自行其乐，切忌用成人的标准要求孩子。费用要低廉，一般家庭能承担起。③ 预期效果。运动后应使体重和体脂下降到一定水平，心肺功能和体质健康状况有所提高，停止运动后的3～6个月内肥胖程度不应反跳到原来的水平。

3.4.4.2　运动处方的内容

（1）肥胖儿童的运动处方：① 运动项目：宜选择以移动身体为主的运动项目，如长跑、散步、游泳、踢球、跳绳、接力跑、骑自行车和娱乐性比赛，有条件者可在室内的跑步器或活动平板上锻炼。② 运动强度：肥胖儿童由于自身的体重大、心肺功能差，运动强度不宜过大。以心率为准，运动时应达到个人最高心率的60%～70%，开始运动时心率可稍低些，如100～110次/min；以耗氧量为指标，一般应取个人最大耗氧量的50%～60%作为有氧运动强度。③ 运动频率：对肥胖儿进行运动减肥，一是要减掉现在体内的脂肪，二是要培养其长期坚持运动的良好习惯，以致成年后达到理想的体重。适当的运动频率可使肥胖儿不至于对运动产生厌恶或害怕的心理而中止运动，一般以每周锻炼3～4次为宜。④ 运动时间：根据肥胖儿的肥胖程度，预期减肥要求，以及运动强度和频率，来安排运动的持续时间，从数月至数年不等，每次运动的时间不应少于30min。运动前应有10～15min的准备活动，运动后应有5～10min的整理活动。此外，选择运动时机也很重要，由于机体的生物节律周期性变化，参加同样的运动，下午与晚间比上午多消耗20%的能量，故而晚餐前2小时进行运动锻炼比其他时间更能有效地减少脂肪。

（2）青年肥胖者的运动处方：青年肥胖者相对于儿童和中老年肥胖者来说，体力好、对疲劳的耐受性强，因此运动强度和运动量可适当加大。① 运动项目：长跑、步行、游泳、划船、爬山等，也可练习有氧体操，如健美操、迪斯科和球类运动等。② 运动强度：一般运动强度可达本人最大吸氧量的60%～70%，或最高心率的70%～80%。③ 运动频率：由于青年肥胖者多有减肥的主观愿望，自觉性较强，为提高减肥效果，运动频率可适当增大，一般每周锻炼4～5次为宜。④ 运动时间：每次运动时间不少于1小时，持续运动时间可视减肥要求而定，晚饭前两小时运动最佳。

（3）中老年减肥运动处方：由于年龄增大，中老年人的各器官功能相对衰退，肥胖者更是如此，特别是有些中老年肥胖者往往伴有不同的合并症，故而在制订中老年运动处方时一定要注意安全性。① 运动项目：长距离步行或远足、慢跑、骑自行车、游泳、爬山等，并辅以太极拳、乒乓球、羽毛球、网球、迪斯科健身操等。② 运动强度:运动时心率为本人最高心率的60%～70%,相当于50%～60%的最大摄氧量。一般40岁心率控制在140次/min;50岁130次/min;60岁以上120次/min以内为宜。③ 运动频率:中老年人,特别是老年人由于机体代谢水平降低,疲劳后恢复的时间长,因此运动频率可视情况增减,一般每周3～4次为宜。④ 运动时间:每次运动时间控制在30～40min,下午运动最好。为了增强体质,提高健康水平,中老年人最好养成长年进行运动锻炼的良好习惯。

对于上述各个不同年龄阶段的减肥运动处方,在实施过程中,若能配合适当的节食(儿童除外),减肥效果会更佳。

4　保健养生

4.1　运动与营养

运动锻炼使身体内物质代谢过程加强，能源物质大量消耗，并引起一系列内环境的变化。合理地供给营养，有助于稳定体内环境，使代谢过程顺利进行，及时提供能源，保证各器官功能活动正常进行。运动所需要的营养是从食物中得到的营养物质，主要有糖、脂肪、蛋白质、维生素、矿物质和水。

4.2　体育疗法简介

体育疗法是一种医疗性质的体育运动，简称体疗，是预防和治疗疾病的一种有效方法。医学科学发展到现阶段，合理应用综合治疗方法和手段（手术、药物、理疗、体疗、营养等），是促进病患者机能恢复的重要手段。经验证明，患者临床虽已治愈，可是在相当长的时间内，其全身和局部的功能有时仍然处于恢复期。为了缩短这一时期，使患者能早日恢复健康和劳动能力，可采用体育疗法。近年来，体疗已发展成为康复医学中的重要组成部分。

4.2.1　体育疗法的特点

（1）体疗手段主要是指通过体育锻炼进行治疗的一种方法。患者通过参加医疗性体操和各种形式的身体锻炼，以增强体质，改善生理功能，促进健康的恢复，矫正身体缺陷等。所以，它在治病的同时，还可起着防病的效果。

（2）体疗者亲自参加自我治疗方法。患者参加可以调动其主观能动性、有利于提高机体对各器官功能的调节和控制能力。

（3）体疗是一种全身治疗方法。患者能缩短临床治疗时间，对全身各器官系统的功能也起着积极的影响，能较快促进疾病的康复，加速恢复已丧失的劳动能力。

4.2.2 体育疗法的适应证和禁忌证

4.2.2.1 适应证

根据各种资料和报道，以下疾病可通过体疗取得较满意的效果。

(1) 内脏器官疾病：如高血压、冠心病、慢性支气管炎、肺结核、肺气肿、哮喘、溃疡、便秘、胃下垂等。

(2) 代谢障碍疾病：糖尿病、肥胖等。

(3) 神经系统疾病：偏瘫、截瘫、周围神经损伤、神经衰弱、脑震荡后遗症等。

(4) 运动器官疾病：四肢及脊柱骨折后康复期，颈肩腰腿痛、肩周炎、脊柱侧弯、类风湿关节炎等。

(5) 妇科疾病：痛经、子宫位置不正、盆腔炎等。

4.2.2.2 禁忌证

如有下列情况的病患者，暂时不宜进行体疗。

(1) 病情严重，体温升高。例如，严重的炎症、体温升高在38℃以上、各种类型肺结核活动期等。

(2) 在疾病的急性或亚急性发作期的患者。如心绞痛发作频繁、结核病合并咯血，并有活动性淋巴结核、肾结核等。

(3) 因体疗可能引起出血、剧烈疼痛或其他损伤的患者。如骨折未愈合的局部、关节内有骨折片未清除者、肿瘤(包括癌症)、偏瘫等病变尚在进展或有明显转移者均应暂停体疗。

4.2.3 几种常见病的体育疗法

4.2.3.1 神经衰弱

神经衰弱是一种常见的神经官能症。多见于长期精神负担过重或其他精神因素导致大脑皮层神经中枢兴奋和抑制功能暂时失调者。患者易于兴奋和疲劳，常有头晕、头痛、耳鸣、失眠、心慌、精神不振、注意力不集中、情绪不稳、易烦躁等症状。患者除必要的药物治疗外，体疗能收到较满意的效果。通过体疗调节大脑皮层的功能活动(兴奋与抑制)，使其逐步恢复正常，振作精神，消除疑虑，增加康复的信心。

1) *体疗方法*

根据不同患者的主要症状而选用不同的方法。

(1) 整日精神不振、孤僻不爱动的患者：采用生动活泼的体疗内容和方法。如游戏性或竞赛性的球类活动，运动量宜中等，以免引起过度兴奋和疲劳。体力尚好的年轻患者，可选择划船、游山玩水等方式，并适当配以头和躯干部的按摩。

(2) 激动、性情狂躁的患者：采用温和或较平静的体疗内容和方法，如散步、气功、太极拳，以及各种保健体操，运动量宜偏小，并配合一些医疗按摩(手法宜轻柔些)。

2) 注意事项

(1) 体疗场所尽可能选择空气新鲜、相对安静且绿化优美的地方。

(2) 锻炼时要求情绪饱满，发挥主观能动性。

(3) 锻炼中或锻炼后出现大量出汗、兴奋激动、失眠加重、食欲不振、心跳加快且几小时后尚不能恢复者，应考虑体疗内容是否适宜、运动量是否过大，及时查处原因并调整运动内容和运动量。

(4) 体疗过程中要合理安排生活制度，注意休息、睡眠和消除引起发病的各种因素。

4.2.3.2 四肢骨折后恢复期

通过体疗促进骨折愈合，预防肢体功能障碍，促进关节、肌肉功能的恢复，并能维持心肺等内脏器官的功能，加强血液循环和新陈代谢，预防并发症。

1) 体疗方法

(1) 主动练习功能障碍的各关节活动，以温和力量牵伸挛缩和粘连组织。

(2) 通过助力或牵引，进一步牵伸挛缩和粘连组织，增加关节活动幅度。

(3) 为促进肌力的恢复，进行专门性的肌力练习，通过主动运动使肌肉达到适度的疲劳为止(若无力进行主动运动时，可给予助力)。

(4) 在肌力和关节运动功能恢复到一定水平后，可增加负荷或抗阻力练习，并进行日常生活活动及逐步进行运动技能练习。

2) 注意事项

(1) 帮助患者动作宜平稳缓和，切忌使用暴力。

(2) 每次牵引活动持续时间在 10～20min，不宜过长。

(3) 骨折恢复期进行体疗越早效果越好。

(4) 肌力练习应与关节活动相配合。

4.2.3.3 慢性气管炎

慢性气管炎多因经常患伤风感冒，或长期吸入有刺激性的尘埃气体，或大量吸烟等原因所致。其主要症状是长期反复咳嗽、多痰，冬天症状加重，久病严重者可发展为肺气肿。通过体疗增强体质，提高机体的抗病能力，在控制炎症和痉挛的基础上，纠正不合理的呼吸方式，增强心肺代偿功能。

(1) 体疗方法：症状较轻者，可进行一般的体育活动，如慢跑、打乒乓和羽毛球、做广播操等；症状较严重者，则应以呼吸体操为主，并应多在户外绿化优美的环境中散步或进行呼吸体操。

(2) 注意事项：用鼻吸气，口呼气，多练腹式呼吸；急性感染发热、哮喘发作等不宜进行体疗。

4.2.3.4 慢性腰腿痛

腰腿痛是一个临床症状，并非一个独立的疾病，其原因比较复杂，常有不同原因引起骨骼、肌肉、筋膜、韧带、椎间盘、关节和神经等组织的慢性损伤或退行性病变所致。通过体疗，剥离或改变神经与周围组织的关系，从而解除对神经的压迫，并促进炎症的吸收，改善腰骶部的活动功能，发展肌肉力量，纠正病变引起的腰臀部力量平衡的失调。

1) *体疗方法*

(1) 按摩与自我按摩：取俯卧位，在腰臀部做放松性的揉、滚、推、拔、刮等，随后可做腰部屈伸、侧板、牵拉等。

(2) 医疗体操：采用躯体前屈、后伸、旋转、“船形”运动等，发展腰臀部肌肉力量，改善腰部及髋关节的运动功能。

(3) 腰部牵引：采用悬挂和牵引床牵引。

(4) 拳、操练习：太极拳、练功十八法、保健操等。

2) *注意事项*

应根据诊断、症状、病程、个体特点等，选用合适的体疗方法。

4.2.3.5 肥胖症

所谓肥胖症是指当摄入热量超过机体消耗热量时，过多热量在体内转化成为脂肪大量蓄积起来，使脂肪组织异常地增加，体重超过正常值20%以上的一种超体重状态。评价方法是：体重指数=实际体重(kg)/身高$(m)^2$，当指数值超过26.5以上为肥胖。

肥胖不仅使人体态不美、行动不便，而且会引起人体一系列生理、生化及病理变化，缩短寿命。少儿肥胖对健康和智力发育有不良影响。

1) *体疗方法*

(1) 步行、慢跑、自行车、游泳等，并配以辅助类运动，如乒乓球、羽毛球、网球、健身操等。运动时心率控制在120～140次/min，每周3～5次，每次运动30～40min。

(2) 根据肥胖者脂肪蓄积部位的不同，选择针对该部位的抗阻性力量锻炼。

(3) 利用一些辅助器械刺激脂肪而产生运动收缩和撞击，达到减脂的目的。

2) 注意事项

(1) 锻炼前应做医学检查，判定心功状况和心血管系统。

(2) 运动必须与控制饮食相结合，减少食量，控制脂肪和糖类食品摄入。

(3) 力量锻炼应遵循循序渐进的原则，用力程度逐渐增加。

(4) 使用辅助器材，应注意安全。

4.3 保健与按摩

按摩是指利用手、足或器械等进行各种手法操作，刺激人体体表部位或穴位，以提高或改善人体生理功能，消除疲劳和防治疾病的一种方法。按摩是一种良好的物理刺激，能引起局部生物物理和生物化学的变化，并通过神经反射和神经体液调节而影响各器官系统的功能。

4.3.1 保健与按摩的作用与原理

4.3.1.1 现代医学观点论

(1) 调节神经系统的生理功能：按摩手法作用于机体是一种物理刺激，引起生物物理和生物化学的变化，局部组织发生生理性反应。这种反应是通过神经反射和神经体液的调节作用而影响全身。不同手法、不同强度、不同持续时间和不同穴位对机体当时功能状态的兴奋或抑制产生不同的效果。

(2) 促进血液和淋巴循环：按摩能使血管扩张，血流阻力减小。顺着静脉回流方向按摩，能促进静脉血回流，故能减轻心脏负担。按摩能促进淋巴液流动。

(3) 有促进代谢、消除疲劳、提高运动能力的作用：按摩使肌肉毛细血管开放增多，加强局部血液供应，改善营养，增进肌肉力量和弹性，防止肌萎缩。按摩关节能增加关节腔内的滑液，从而增加关节的活动度和治疗某些运动器官功能障碍。

(4) 对呼吸系统的作用：按摩胸部或某些穴位可反射性地使呼吸加深。实验证明，进行全身按摩以后，氧的需要量增加 10%～11%，同时相应增加了二氧化碳的排出量。

(5) 对消化系统的作用：按摩腹部或有关经穴，能提高胃肠的分泌功能和加强肠胃的蠕动，从而改善和提高消化器官功能。

4.3.1.2 传统医学观点论

(1) 疏通经络：传统医学认为，经络在人体中非常重要，五脏六腑、四肢百骸、皮肉筋脉等生理功能,必须由经络密切联系,才能在日常生活中进行有机的整体活动。按摩使经络循行通畅而病则愈。古人认为按之则热至,热至则痛止。

(2) 平衡阴阳:阴阳,广义是指一切事物的对立面。身体各部位、各器官系统、各种功能之间都有既对立又统一的阴阳两面,在正常情况下保持着相对的平衡,如果阴阳平衡失调就会生病。按摩能起到调节阴阳的作用而达到治本的目的。

(3) 调和营卫:营是指血行于脉中,有营养全身的作用。卫是指气行于脉外,有保卫身体的作用。营卫失调就会生病。按摩有补虚、扶正、驱邪的治疗作用。

(4) 活血、散瘀、生新:损伤、内科疾病可以引起血凝瘀结,产生淤滞而得病。按摩可通郁闭之气、散瘀结之肿,其患可愈。

(5) 通利关节:各种活动关节的疾患或损伤会引起肌肉韧带的挛缩,关节周围软组织产生粘连而导致关节僵直。按摩可以剥离松解粘连和解除肌肉痉挛,恢复关节功能。

4.3.2 保健与按摩的手法

按摩的手法很多,也各具特色。如何运用各种手法,直接关系到按摩的效果。为了使按摩能取得一定效果,必须练习实践,能熟练灵活地应用,在操作中达到持久、有力、均匀、柔和的要求。这里介绍几种常用的手法。

4.3.2.1 推法

用指、掌、拳等着力于被按摩的部位上,进行单方向的直线推动,称为推法。根据施治部位的不同可采用掌、肘、拇指、拳等平推施力(图 4-1①～③)。

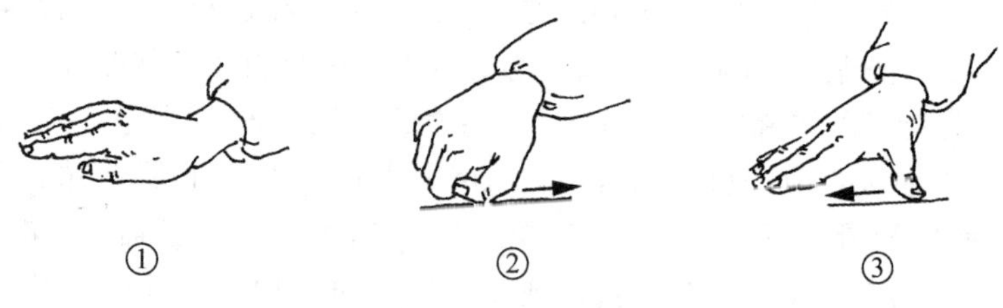

图 4-1 推法

4.3.2.2 揉法

用手掌、掌根、大鱼际、小鱼际等着力于施治部位上,进行环旋揉动,并带动该处皮下组织一起运动的方法称为揉法(图 4-2①～③)。

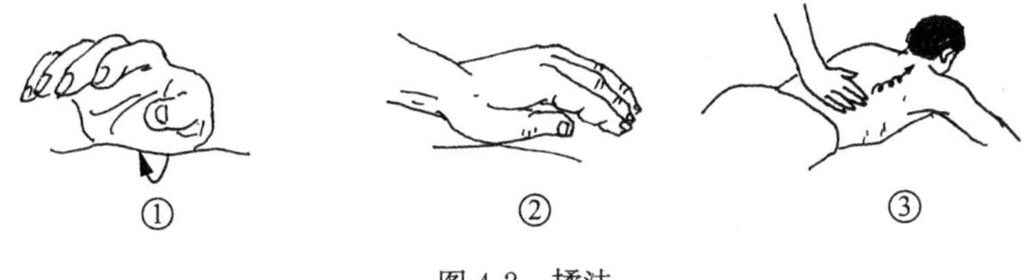

图 4-2　揉法

4.3.2.3　按法

用指、掌、肘等着力于按摩部位，进行由轻到重逐渐用力按压，稍作停留再逐渐释放的垂直用力方法称为按法(图 4-3①～②)。

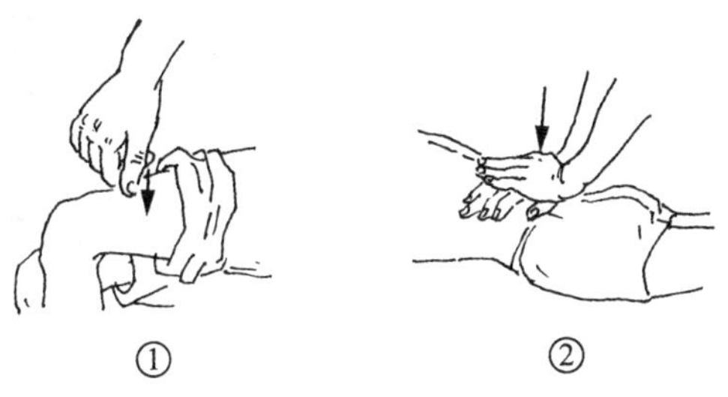

图 4-3　按法

4.3.2.4　捏法

拇指和其余四指分开成钳形，将全掌及各指紧贴于皮肤上，用力挤压并上提的手法称为捏法(图 4-4①～②)。

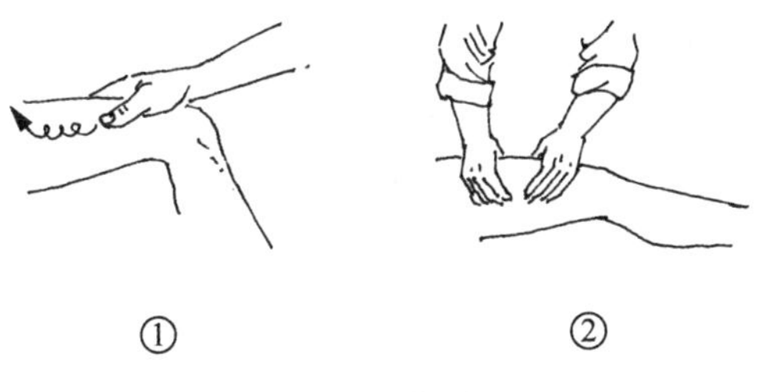

图 4-4　捏法

4.3.2.5　㨰法

用手背近小指侧部及掌指关节背侧突起部着力于治疗部位，作来回翻掌、旋转的动作称为㨰法(图 4-5①～②)。

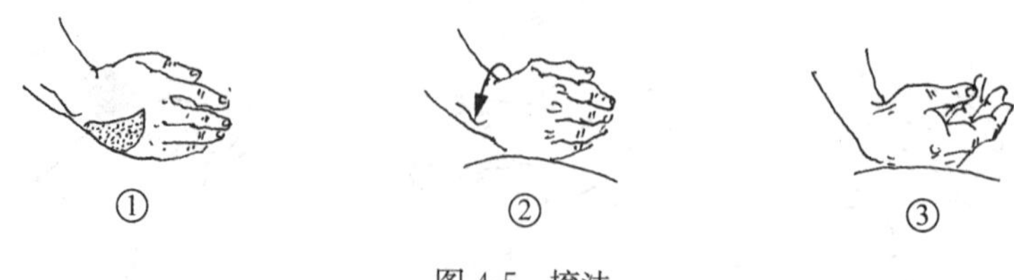

图 4-5 㨰法

4.3.2.6 搓法

双手掌心夹住肢体的一定部位，相向用力快速搓摩的方法称为搓法(图 4-6)。

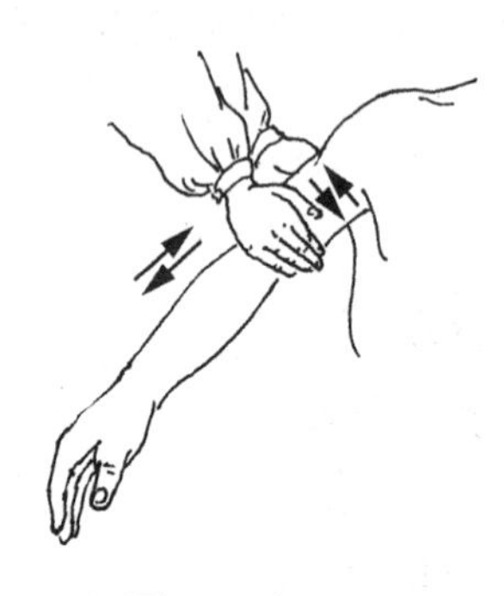

图 4-6 搓法

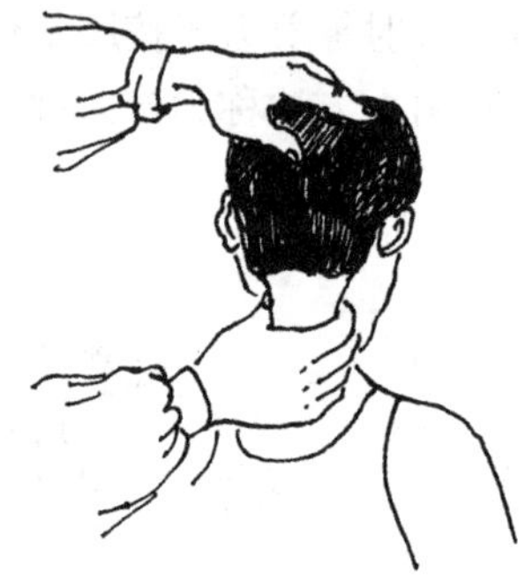

图 4-7 拿法

4.3.2.7 拿法

用单手或双手的拇指与其余四指相对，捏住按摩部位，相对用力，进行有节奏的推拿揉捏的方法称为拿法(图 4-7)。

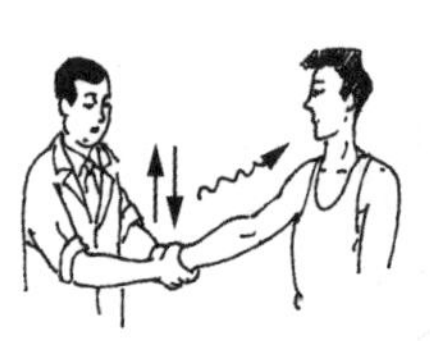

图 4-8 抖法

图 4-9 刮法

4.3.2.8 抖法

手握肢体远端作摇转导引，使整个肢体随之呈波纹状起伏抖动，或将手掌平吸于施治部位作左右、前后的旋转抖动及往返操作称为抖法(图 4-8)。

4.3.2.9 刮法

用指端或拳尖或其他器具于施治部位直行、横行地反复刮拭称为刮法(图 4-9)。

4.3.2.10　掐法

图 4-10　掐法

用拇指指端或指甲缘着力，选取一定的部位或穴位，用持续或间断的垂直力向下按压(图 4-10)。

4.3.3　穴位按摩

穴位按摩是我国传统医学中古老而独特的防治疾病的方法之一，它以中医的气血、经络和脏腑学说为理论基础，运用手法、技巧直接作用于人体穴位上，以达到防治疾病的目的。这种在穴位上进行的按摩称为穴位按摩。

4.3.3.1　头面部常用穴位

头面部常用穴位参见图 4-11 和表 4-1。

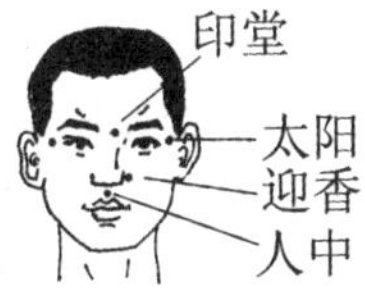

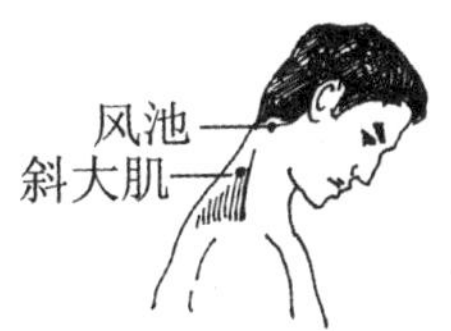

图 4-11　头面部常用穴位

表 4-1　头面部常用穴位

穴位	位　置	主　治
百会	头顶正中线与两耳尖连线的交点	头痛、失眠、高血压、昏迷
印堂	两眉内侧端连线的中点	头痛、头昏、失眠、鼻病
太阳	眉梢与目外眦之间向后 1 寸凹陷处	头痛、感冒、眼病
人中	人中沟的上 1/3 与下 2/3 交界处	昏迷、急性腰扭伤
迎香	鼻翼外缘，鼻唇沟陷中	面瘫、鼻病
风池	胸锁乳突肌与斜方肌之间凹陷中，平耳垂	头痛、头晕、颈痛、耳病

4.3.3.2　腰背部常用穴位

腰背部常用穴位参见图 4-12 和表 4-2。

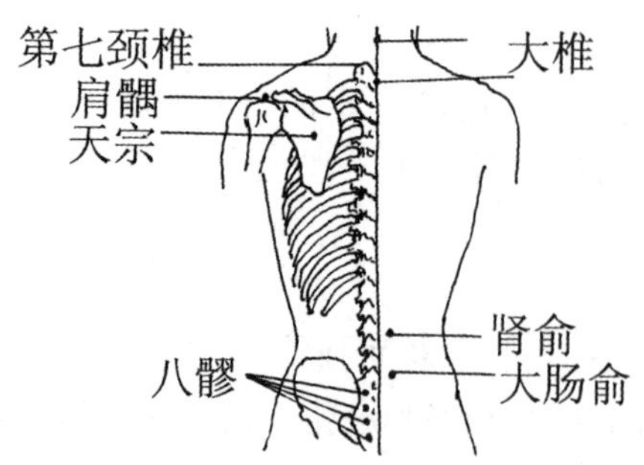

图 4-12 腰背部常用穴位

表 4-2 腰背部常用穴位

穴位	位　　置	主　　治
大椎	第七颈椎与第一胸椎棘突之间	发热、感冒、咳喘、失眠
天宗	肩胛岗下缘正中与肩胛下角连线的上 1/3 与下 2/3 交界处	落枕、肩胛痛
肾俞	第二、三腰椎棘突间旁开 1.5 寸	腰痛、肾炎
大肠俞	第四、五腰椎棘突间旁开 1.5 寸	腰痛、肠炎
八髎	骶骨正中线旁 1.5 寸，骶骨孔处	腰骶痛、便秘

4.3.3.3 上肢常用穴位

上肢常用穴位参见图 4-13 和表 4-3。

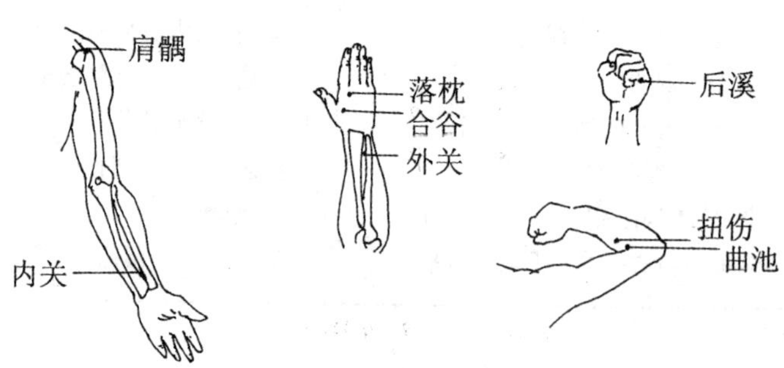

图 4-13 上肢常用穴位

表 4-3 上肢常用穴位

穴位	位 置	主 治
肩髃	肩峰与肱骨大结节之间，举臂时肩峰前有凹陷处	肩痛、臂痛、上肢瘫痪
曲池	屈肘成 90°肘横纹尽头与肱骨外上髁之间	肘痛、肩臂痛、上肢功能障碍、发热
扭伤	稍屈肘半握拳，掌心向内，曲池穴与腕背横纹中点连线的上 1/4 与下 3/4 交界处	急性腰扭伤
外关	腕背横纹上 2 寸，尺、桡骨之间	腕痛、上肢瘫痪、落枕、牙痛
内关	腕掌侧横纹上 2 寸，掌长肌腱与桡侧腕屈肌腱之间	昏迷、上腹痛、胸痛、上肢痛
合谷	第 1、2 掌骨之间，靠近第 2 掌骨体的中点	肩痛、臂痛、上肢瘫痪
落枕	手背，第 2、3 掌骨之间，掌指关节后 5 分	落枕、手指麻木
后溪	握拳，第 5 掌骨头后，掌横纹尽头处	落枕、急性腰扭伤、肩臂痛
十宣	十指尖端，距指甲 0.1 寸	中暑、休克、昏迷

4.3.3.4 下肢常用穴位

下肢常用穴位参见图 4-14 和表 4-4。

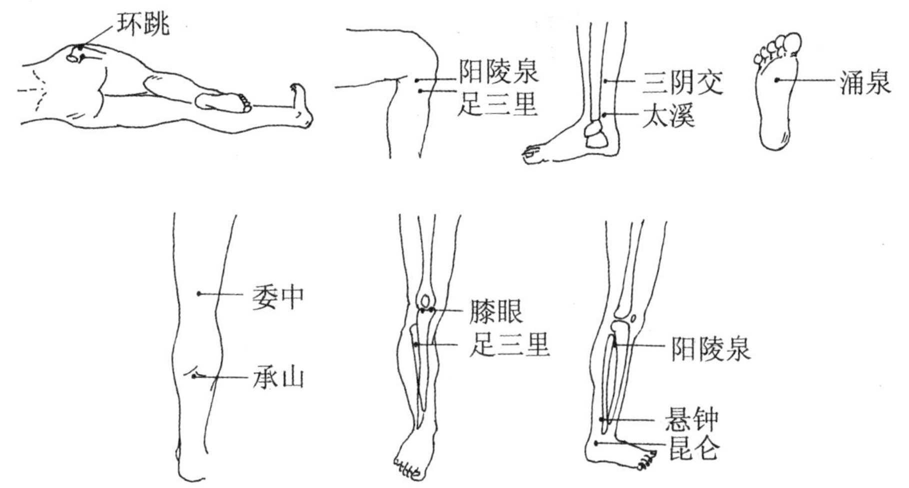

图 4-14 下肢常用穴位

表 4-4 下肢常用穴位

穴位	位 置	主 治
环跳	股骨大转子与骨骶裂孔连线以外 1/3 与内 2/3 交界处	腰腿痛、下肢瘫痪
委中	膝窝正中，腘窝横纹中央	腰痛、膝痛、坐骨神经痛

（续表）

穴位	位　　置	主　　治
膝眼	屈膝，髌韧带两侧的凹陷	膝痛
阳陵泉	腓骨小头前下方凹陷处	膝痛、下肢瘫痪
足三里	外膝眼下 3 寸，胫骨外侧 1 横指	腹痛、膝痛、下肢麻木、便秘、强壮作用
承山	腓肠肌肌腹下方人字纹处正中	腓肠肌痉挛、腰腿痛
悬钟	外踝尖上 3 寸，腓骨后缘	踝关节扭伤、落枕
三阴交	内踝尖上 3 寸，胫骨后缘	下腹痛、月经不调
昆仑	外踝与跟腱之间	腰腿痛、踝痛
太溪	内踝与跟腱之间	踝痛、腰腿痛、失眠
涌泉	脚底心凹陷中，在脚底正中线前 1/3 与后 2/3 交界处	中暑、昏迷、趾肌痉挛

4.3.4　注意事项

（1）按摩者的手要清洁温暖，指甲剪短，以免损伤被按摩者的皮肤。

（2）按摩者与被按摩者的姿势与体位要适宜，便于按摩者进行操作，以使被按摩者感到舒适。

（3）按摩的方向一般沿着静脉血和淋巴液回流的方向进行，但淋巴结的部位不宜作按摩。

（4）按摩时的用力应由轻到重，再由重到轻，被按摩的面积一般由大到小，再由小到大，并随时观察被按摩者的反应，询问其感觉，及时调整手法和力度。

（5）使用按摩介质（油类：麻油、祛风油等；酒类：虎骨木瓜酒、五加皮酒等；粉类：滑石粉、爽身粉等），应视治疗作用而选取。

（6）身体出现发热、急性炎症、皮肤病、开放性损伤、急性闭合性软组织损伤、肿瘤、妇女月经期和妊娠期等不宜做全身或局部按摩。

5　体质健康的测试与评价

对健康的评价，可能因为评价的视角不一，会有不同的评价方法和指标。健康的评价应以健康的基本概念为标准，从体适能（身体健康）、心理（心理健康）和社会适应（社会健康）三方面来确定。下面介绍一些标准，仅供参考。

5.1　体适能的测定与评价

体适能是从体育学角度评价健康的一个综合指标。体适能是指机体有效与高效执行自身功能的能力，也是机体适应环境（包括自然环境和心理环境）的一种能力。与健康有关的体适能直接与个体从事日常生活和工作的能力有关，主要是评价机体三方面功能：心肺血管功能、身体成分和肌肉骨骼系统功能（包括肌肉力量、肌肉耐力和柔韧性）。

5.1.1　心肺血管机能评定

5.1.1.1　12min 跑测试

在 12min 之内尽可能快地慢跑/跑步，跑的距离越远，说明测试者的心肺功能越好。评价标准见表 5-1。

表 5-1　12min 跑测评心肺功能适应能力的参考性标准①

指数 \ 年龄（岁） 等级	13～19	20～29	30～39	40～49	50～59	60 以上
男						
很差	<2.08	<1.95	<1.89	<1.82	<1.65	<1.39
较差	2.08～2.18	1.95～2.10	1.89～2.08	1.82～1.99	1.65～1.86	1.39～1.63
一般	2.19～2.49	2.11～2.39	2.09～2.32	2.00～2.22	1.87～2.08	1.64～1.92

① 刘纪清，等.《实用运动处方》，1993.

（续表）

指数等级 \ 年龄（岁）	13～19	20～29	30～39	40～49	50～59	60 以上
男						
较好	2.50～2.75	2.40～2.62	2.33～2.50	2.23～2.45	2.09～2.30	1.93～2.11
良好	2.76～2.97	2.63～2.82	2.51～2.70	2.46～2.64	2.31～2.53	2.12～2.49
优秀	>2.98	>2.83	>2.71	>2.65	>2.54	>2.50
女						
很差	<1.60	<1.54	<1.50	<1.41	<1.34	<1.25
较差	1.60～1.89	1.54～1.78	1.50～1.68	1.41～1.57	1.34～1.49	1.25～1.38
一般	1.90～2.06	1.79～1.95	1.69～1.89	1.58～1.78	1.50～1.68	1.39～1.57
较好	2.07～2.29	1.96～2.14	1.90～2.06	1.79～1.98	1.69～1.89	1.58～1.74
良好	2.30～2.41	2.15～2.32	2.07～2.22	1.99～2.14	1.90～2.08	1.75～1.89
优秀	>2.42	>2.33	>2.23	>2.15	>2.09	>1.90

5.1.1.2 台阶测试

男台阶高度为30cm，女台阶高度为25cm。测试3min(180s)，节奏为每分钟踏30次，应左右腿轮换做，上下台阶后上体和双腿必须伸直。测试后，可坐下并测量1′～1′30″、2′～2′30″、3′～3′30″恢复期的3次心率，记录并通过评定指数计算公式计算出数值，根据表5-2评定自己的心肺功能。评定指数计算公式如下：

评定指数＝登台阶运动持续时间(s)×(100/2)×(恢复期3次心率之和)

表5-2 3min台阶测试评价心肺功能适应能力的参考性标准①

评定指数等级 \ 性别	男	女
1分(差)	45.0～48.5	44.6～48.5
2分(较差)	48.6～53.5	48.6～53.2
3分(一般)	53.6～62.4	53.3～62.4
4分(较强)	62.5～70.8	62.5～70.2
5分(强)	>70.9	>70.3

① 中国成年人体质测定组.《中国成年人体质测定标准手册》，1996.

5.1.2 身体成分评定

5.1.2.1 腰围/臀围比例测试

腰臀比是应用最多的围度测量指标。这一指标的测量值常常用来反映男性型肥胖，或者腹部脂肪堆积的程度。

在测量围度的时候，应注意以下方面使测量更加标准：

(1) 确定测量用的软尺在测量所有躯干部位围度时保持水平位置；在测量肢体围度时与肢体的长轴垂直。可以通过使用镜子或辅助人员来确保软尺的位置正确。

(2) 用软尺测量时尽可能保持同样的压力，而不使皮肤发生变形。

(3) 在测量肢体时，一般情况下应测量右侧。

(4) 应使受试者垂直地面站立，放松，两足并拢。

(5) 在测量躯干的围度时，应在受试者呼气末和开始下一次吸气之前取测量值。

腰围/臀围比例的等级评定标准见表 5-3。

表 5-3 腰围/臀围比例的等级评定①

比例 \ 性别 等级(病的危险)	男	女
高 危 险	>1.0	>0.85
较高危险	0.90～1.0	0.80～0.85
较低危险	<0.90	<0.80

5.1.2.2 身高体重指数测试

体重指数(BMI)是一个广泛应用的评价体重是否合理的指标。其计算方法是用以千克(kg)为单位的体重值除以以米(m)为单位的身高的平方。

$$\text{BMI}=\text{体重}/\text{身高}^2$$

体重还与体脂有关，体脂程度的分类见表 5-4。

① Powers S K. Total Fitness，1999.

表 5-4 体脂程度的分类[①]

肥胖程度 \ BMI \ 性别	男	女
最佳体脂	<25	<27
较高体脂	25～30	27～30
高 体 脂	31～40	31～40
极高体脂	>40	>40

5.1.2.3 肌肉骨骼系统机能评定

1）肌肉力量评定

通常是用1RM的测量法确定肌肉动力性收缩产生的最大力量，即测试一次被举起的最大重量。有仰卧推举、负重屈肘、肩上举、坐蹲腿等。测量时先选取接近但小于受试者最大能力的重量。在每次完成动作成功后休息2～3min，然后按照5kg、2kg、1kg的顺序增加重量，直到最大。评定标准见表5-5。评定指数计算公式如下：

肌肉力量分数=[1RM重量(kg)/体重(kg)]×100

表 5-5 一次重复最大量(1RM)测试中肌肉力量得分的参考性标准[②]

练习方式 \ 肌肉力量分数 \ 等级	很差	较差	一般	较好	好	优秀
男						
仰卧推举	<50	50～99	101～110	111～130	131～149	>149
负重屈肘	<30	30～40	41～54	55～60	61～79	>79
肩 上 举	<40	41～50	51～67	68～80	81～110	>110
坐 蹲 腿	<160	161～199	200～109	210～229	230～239	>239

① Powers S K. Total Fitness, 1999.

② Powers S K. Total Fitness, 1999.

（续表）

肌肉力量分数 等级 / 练习方式	很差	较差	一般	较好	好	优秀
女						
仰卧推举	<40	41～69	70～74	75～80	81～99	>99
负重屈肘	<15	15～34	35～39	40～55	56～59	>59
肩上举	<20	20～46	47～54	55～59	60～79	>79
坐蹲腿	<100	100～130	131～144	145～174	175～189	>189

2）肌肉耐力评定

（1）俯卧撑测试。俯卧撑测试用于评价上身的肌肉耐力。受试者从头到足踝保持一条直线，手与肩同宽，放在最适宜的位置。从上肢伸直位置缓慢下降身体，直到肘关节角度达到 90°，然后双臂上撑身体直到上肢再次完全伸直。动作反复连续进行直到力竭，记录所重复的次数。评定标准见表 5-6。

表 5-6 1min 俯卧撑测试评价肌肉耐力的参考性标准（男）①

次数 等级 / 年龄组	1 分（差）	2 分（一般）	3 分（较好）	4 分（好）	5 分（优秀）
18～20	4～11	12～19	20～29	30～39	>40
21～25	3～9	10～16	17～25	26～33	>34
26～30	2～8	9～15	16～22	23～29	>30
31～35	2～6	7～12	13～19	20～27	>28
36～40	2～6	7～11	12～19	20～25	>26

（2）仰卧起坐测试。仰卧起坐用于测量腹部肌肉群的耐力。测试时，受试者仰卧，两膝弯曲，两脚平踩地面，足跟距离臂部约 30cm 左右。两臂伸直，手掌放在大腿前面，手指朝向膝关节。测试者单膝跪在受试者的头端，双手捧住受试者的头。然后受试者开始弯曲躯干，手指滑过大腿，直到指尖触及髌骨，然后缓慢回归起始体位，头触及测试者的手。如此反复进行。受试者应不停顿地连续完成动作，直到力竭。评定标准见表 5-7。

① 中国成年人体质测定组.《中国成年人体质测定标准手册》，1996.

表 5-7　1min 仰卧起坐测试评价肌肉耐力的参考性标准(女)①

等级 / 次数 / 年龄组	1 分(差)	2 分(一般)	3 分(较好)	4 分(好)	5 分(优秀)
18～20	3～7	8～16	17～28	29～35	>36
21～25	1～6	7～15	16～22	22～29	>30
26～30	1～3	4～11	12～19	20～27	>28
31～35	1～2	3～9	10～17	18～23	>24
36～40	1～2	3～7	8～14	15～21	>22

3) 柔韧性评定

在地上画一条长 50cm 的基准线,使梲度尺的 0 刻度线处与基准线重叠。受试者直腿坐于地上,双足跟(赤足)置于基准线后,两脚相距 15cm。由一同伴在受试者体侧按压其双膝,令受试者上体前屈,同时向前伸臂,用两手中指端一起向前推动引尺,直至不能前移为止。测试时,上体不得左右摆动或前后弹振,双手不得离开引尺。测 2～3 次,记录量尺的读数。评定标准见表 5-8。

表 5-8　坐位体前屈测试评价躯干柔韧性的参考性标准②　单位:cm

等级 / 滑动距离 / 年龄组	1 分(差)	2 分(一般)	3 分(较好)	4 分(好)	5 分(优秀)
男					
18～20	−0.2～4.4	4.5～9.9	10.0～17.3	17.4～22.7	>22.8
21～25	−3.2～2.4	2.5～8.3	8.4～16.3	16.4～21.9	>22.0
26～30	−3.6～0.5	0.6～6.0	6.1～14.4	14.5～19.9	>20.0
31～35	−7.0～−0.9	−0.8～4.9	5.0～12.9	13.0～18.7	>18.8
36～40	−8.3～−2.1	−2.0～4.3	4.4～12.4	12.5～17.5	>17.6
41～45	−9.4～−3.3	−3.2～2.6	2.7～11.0	11.1～17.1	>17.2
46～50	−10.5～−5.1	−5.0～1.4	1.5～9.9	10.0～15.4	>15.5

① 中国成年人体质测定组.《中国成年人体质测定标准手册》,1996.

② 中国成年人体质测定组.《中国成年人体质测定标准手册》,1996.

(续表)

年龄组 \ 滑动距离 \ 等级	1分(差)	2分(一般)	3分(较好)	4分(好)	5分(优秀)
男					
51～55	－11.5～－6.4	－6.3～0.9	1.0～8.8	8.9～14.6	>14.7
56～60	－13.2～－7.7	－7.6～－0.1	0～7.9	8.0～13.4	>13.5
女					
18～20	－0.6～3.7	3.8～8.9	9.0～16.1	16.2～20.9	>21.0
21～25	－3.0～2.4	2.5～7.4	7.5～14.5	14.6～18.0	>18.0
26～30	－3.0～1.9	2.0～6.4	6.5～13.0	13.1～18.0	>18.1
31～35	－4.4～0.9	1.0～6.2	6.3～12.5	12.6～17.8	>17.9
36～40	－5.1～0.4	0.5～5.9	6.0～12.0	12.1～17.5	>17.6
41～45	－6.4～－0.1	0～4.9	5.0～12.0	12.1～17.4	>17.5
46～50	－7.2～－1.1	－1.1～4.4	4.5～11.9	12.0～17.2	>17.3
51～55	－7.5～－1.3	－1.2～4.2	4.3～11.9	12.0～17.0	>17.1

5.2 心理健康的测定与评价

美国心理学家奥尔波特在哈佛大学经过长期研究认为，健康人是在理性和有意识的水平上活动，激励他们活动的力量完全是能够意识到的，是可以控制的。他把心理健康水平高的人称为“成熟者”，判断标准如下：

(1) 自我意识广延。

(2) 人际关系融洽。

(3) 情绪上有安全感。

(4) 知觉的客观性。

(5) 专注地投入自己的工作。

(6) 现实的自我形象。

(7) 统一的人生观。

美国另一位心理学家马斯洛则通过寻找那些能够充分发挥自己才能，全力以赴地工作，并把工作做得最出色的人，如贝多芬、爱因斯坦、罗斯福、斯宾诺莎、歌德、林肯和弗洛伊德等，并经过广泛的观察，概括出“自我实现者”模式，该模式具有下列积极心理特征：

(1) 良好的现实知觉。

(2) 对人、对己、对大自然表现出最大的认可。

(3) 自发、单纯和自然。

(4) 以问题为中心。

(5) 有独处和自立的需要。

(6) 不受环境和文化的支配。

(7) 高品位的鉴赏力。

(8) 常有高峰体验。

(9) 能建立持久的友谊。

(10) 深厚的民主性格。

(11) 明确的伦理道德标准。

(12) 富有哲理的幽默感。

(13) 富有创造性。

(14) 不受现实文化规范的束缚。

总之，健康的心理首先是表里一致，言行一致，能正确认识和评价自己的言行举止是否符合社会道德标准，符合事物的客观需要，及时调整自我与外部世界的关系。其次，在人际关系中显示出自尊和他尊、理解和信任、同情与人道等优秀品质。再次，把自己的智慧和能力有效地用到能获得成功的事业上去，不断形成新的兴趣和动机，让生活内容更加充实。

表 5-9 为心理健康自评量表。

表 5-9 心理健康自评量表

自评项目	始终	经常	偶然	从未
1. 碰到陌生人众多的集会或工作会晤等场合，你会担心对自己不利吗	0	0	2	0
2. 别人要求你做某些你不愿做的事，如帮助朋友照顾小孩或加班等，你会果断回绝吗	2	1	0	0
3. 如你因某件事发了脾气，事后想想是否后悔，感到发那么大火实在不值得	0	0	1	2
4. 你和朋友相聚时，你提出的建议朋友们能听从吗	2	1	0	0
5. 你碰到一件事情总是犹豫不决吗	0	0	1	2
6. 把你带到集体活动中去，你会迟疑吗	0	0	1	2

（续表）

自评项目	始终	经常	偶然	从未
7. 你是不是每次都要得到别人的允许或鼓动才动手做事情	0	0	1	2
8. 别人欺骗、捉弄你时，你会不愉快吗	2	1	0	0
9. 你对自己的亲戚满意吗	2	1	0	0
10. 在腾空而起或身处偏窄之地时，你会为感到无法控制自己或失去自由行动而恐惧吗	0	0	1	2
11. 你每次离家，是否总要转回去看看门锁上没有，火灭了没有等	0	0	1	2
12. 你有早睡或早醒的情况吗	0	0	1	2
13. 近来你的体重下降了吗	2	1	0	0
14. 你是否非常关心你自己和你可能接触的东西的干净或龌龊	0	0	1	2
15. 你是否认为前途渺茫或曾想自伤或自杀	0	0	1	2
16. 其他人未意识到的事物，你看到、听到或感觉到了吗	0	0	0	2
17. 你觉得自己有超人的力量或别人用超人的力量来对付你了吗	0	0	0	2

22～34 分：说明你的心理较为健康，基本能达到心理上的平衡。

11～22 分：说明你在大部分时间内，心理上还是比较健康和平衡的。

0～10 分：说明你的心理健康状况不太稳定，在必要的时候，应该去找心理专家咨询。

5.3　社会适应的测定与评价

表 5-10 为社会适应自评量表。

表 5-10　社会适应自评量表①

	很少	有时	许多	经常
1. 当我遇到他人时，我感到给他们留下很好的印象	1	2	3	4
2. 我对他人坦诚、诚实，能与其和谐相处	1	2	3	4
3. 我广泛参加各种社会活动，乐于与不同人交往	1	2	3	4
4. 我努力成为“好人”，努力消除与他人交往引起问题的行为	1	2	3	4

① Donatelle R J. *Health Style：A Self Test*. 1981.

（续表）

	很少	有时	许多	经常
5. 我与家庭成员友好相处	1	2	3	4
6. 我是一位真诚的聆听者	1	2	3	4
7. 我在人际交往时持负责的态度	1	2	3	4
8. 我有可以交谈私人情感的朋友	1	2	3	4
9. 我考虑他人的情感，不用伤害、自私的方式去行事	1	2	3	4
10. 讲话前我考虑怎样说以便他人理解	1	2	3	4

35～40 分：表明你的社会健康水平高。

30～34 分：表明你的社会健康水平较高。

20～29 分：表明你的社会健康水平一般。

20 分以下：表明你的社会健康水平不高，有待提高。

6 田径运动

6.1 竞走

生命在于运动，走是人类最基本的运动方式之一，不论人们年龄、性别、从事的职业是否有差别，走是每个健康人都具备的运动能力。经常有节奏地走步，对人体是有益的，特别是对从事脑力劳动、伏案工作的人群来说，走步能收到很理想的健身效果。

走的体育竞赛项目是竞走，竞走是奥林匹克运动会的竞赛项目，具体为：女子5km、10km竞走，男子20km、30km、50km竞走。

6.1.1 竞走技术

竞走是指一脚支撑和两脚支撑交替进行的周期性运动。规则规定，竞走时必须是前脚着地后，后脚才能离地，就是两脚不能同时离地；向前迈进的脚在着地过程中，腿必须有一瞬间的伸直（膝关节不得弯曲），特别是支撑腿是垂直部位时必须伸直，这是掌握竞走技术应该注意的主要问题。

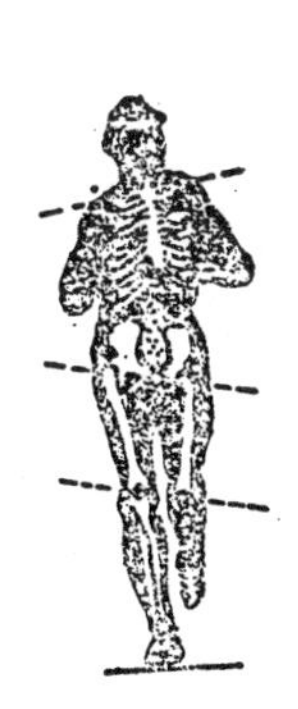

图 6-1 竞走技术

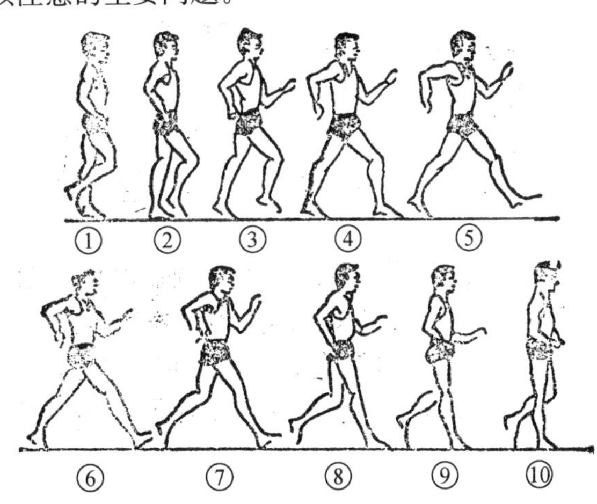

图 6-2 竞走技术

竞走的技术是在普通走步的基础上发展起来的。但与普通走步有所不同。其主要特点是:步频快、步幅大、摆臂有力、节奏感强,脚跟领先着地的动作明显。支撑腿在垂直部位伸直和后蹬迅速有力。骨盆主要沿身体垂直轴转动幅度明显等。竞走时,上体姿势基本是正直的。眼看前方,颈部肌肉放松。腿部动作是竞走技术中的主要动作,当身体处于垂直部位时(此时身体重心恰好在支撑腿的上方),支撑腿伸直,全脚着地,摆动腿还在摆动着,其膝关节比支撑腿膝关节略低,大小腿之间的角度大于90°,弯曲程度较大,骨盆的额状轴稍向摆动腿方向倾斜(见图6-1、图6-2①)。

垂直部位时是竞走周期中放松的一刹那,此时适当地放松,能节省些体力。支撑腿伸直与否也是判定竞走是否犯规的重要标志。因此,应掌握并完善这个技术环节。当身体重心前移超过支撑点的垂直部位时,开始后蹬。后蹬动作应在全身动作协调配合下进行,主要有摆动腿的前摆和同侧骨盆沿身体垂直轴的向前转动。髋关节积极前移;支撑腿的蹬地。躯干可伴随着2°~3°的前倾,这样有利于后蹬动作。使身体前进(图6-2②~⑤)。在后蹬快要结束、摆动腿脚掌即将着地(图6-2)进行双支撑的一瞬间,应伸直膝关节,并用脚跟着地,此时支撑腿踝关节充分蹬伸用前脚掌蹬地,形成了竞走的双脚支撑的姿势(图6-2⑥)。两脚支撑是由一脚支撑到另一脚支撑的过渡动作。当摆动腿的脚跟离地时,后蹬腿的脚掌立即蹬离地面,从而结束了后蹬动作。支撑腿蹬离地面之后,开始后摆动作,小腿微向上摆(图6-2⑧),屈膝向前摆动,髋部放松,大腿不要高抬,应使脚掌稍离地面向前摆动;当摆动腿向前摆动超过身体垂直部位时即开始前摆动作,在摆动腿脚掌即将着地时,向前伸直膝关节,并用脚跟离地。摆动腿的脚跟着地点应使两脚的内缘接近一条直线(图6-3①)。着地方法是脚跟领先着地。膝关节自然伸直。脚掌迅速滚动至全脚支撑(图6-2⑦~⑨)。柔和的滚动动作可以减少着地时的阻力,使身体重心很快移动支撑点上。着地点距身体重心投影点约35cm,着地点离身体重心投影点过远,会加大制动,影响速度;过近易造成腾空现象,被判犯规。

图6-3　竞走技术

骨盆是连接两腿和躯干的枢纽,又是一些主要大肌群的起止点。因此,骨盆的运动会影响力量传递的效果和肌肉工作的条件。竞走时骨盆沿垂直轴所作的前后转动与两腿的支撑和摆动有密切关系,骨盆的正确动作对增大步幅,提高步频和蹬、摆效果都起着积极的作用(图 6-4)。但竞走时,骨盆转动的幅度不能过分,以致造成不必要的扭动和影响运动的直线性。

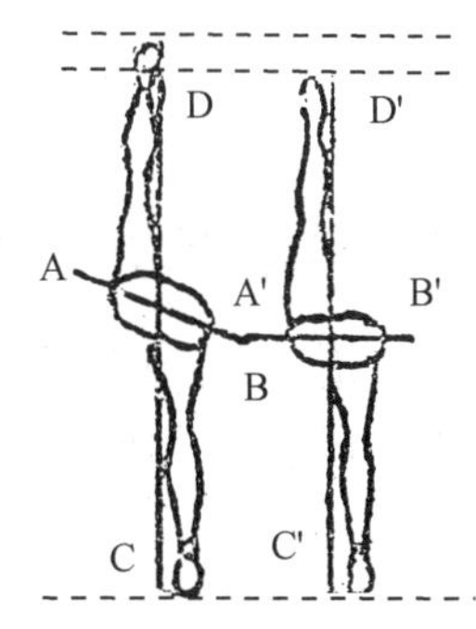

图 6-4 竞走技术

两臂的摆动应自然,轻松而有力。上臂与前臂约成 80°,以肩关节为轴作前后摆动,前摆时稍向内,并伴随以同侧肩的前送;后摆时,肘关节稍向外。大小臂的角度在摆动过程中是有些变化的。上体与两臂配合两腿的动作,沿着身体的垂直轴转动,起到维持身体平衡,加强后蹬的效果,这些动作既能减少身体重心偏离直线的程度,又有利于肌肉用力,加大步长和加快步频。

优秀竞走运动员身体重心的上下起伏和左右摇摆较小,身体重心轨迹接近直线向前移动,上下起伏的波动差约为 4cm。身体重心轨迹上下起伏,不但与技术有关,而且与速度也有关系。竞走速度慢,身体重心升降大些;竞走速度快,身体重心轨迹容易接近直线(图 6-5)。竞走中所有的动作都应力求使身体重心轨迹近似直线向前移动。

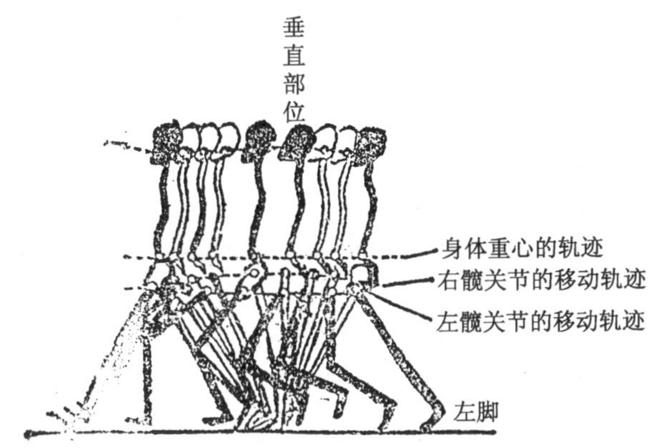

图 6-5 身体重心的运动轨迹

应根据运动员的身体形态、训练水平、技术水平等不断地改进,使步长和步频处于最佳的配合。在一定步长的基础上努力提高步频是加快竞走速度的主要因素。另外,竞走的犯规与否是根据裁判员的肉眼观察所决定的。因此,竞走运动员应该重视与掌握竞走各技术动作环节的协调配合与统一,使技术规范化。

场地弯道竞走时,运动员应注意使两脚的落地点在一条线上,以便靠近跑道内沿近些(图 6-3②)。

公路竞走时，遇到上坡应根据坡度的大小适当加大躯干的前倾程度和缩小步幅，加快步频和手臂的摆动。下坡时，根据坡度的大小，做一定程度的后倾，适当加大步长。

6.1.2 竞走的练习方法

(1) 沿直线做普通的大步走(要求脚跟先着地，逐渐加大步幅地走)。

(2) 慢速和中速竞走 100～200m(要求逐渐加大动作幅度和骨盆转动，增大步幅)。

(3) 骨盆转动与髋关节灵活性练习：① 原地交换支撑脚练习：支撑腿伸直，另一腿屈膝、放松。体重落在支撑脚一侧，两腿交替练习，练习时注意骨盆围绕垂直轴前后转动。② 两脚尽可能左右开立，以一脚的脚跟和另一脚的前脚掌撑地转髋时膝关节伸直，做左、右原地转髋交替的练习。③ 原地和前进间的交叉步练习(要求加大动作幅度。以脚跟柔和着地。动作逐渐加速)。④ 反复练习身体在垂直部位时向前迈步，髋部前送，做前腿脚跟着地和后腿脚蹬地的动作(身体成垂直部位时的正确姿势，摆动腿前迈时以骨盆带大腿，大腿带小腿，屈膝前摆，脚跟稍离地面向前摆动，以脚跟领先着地)。

(4) 变速竞走(要求步长大、小，步频快、慢交替走等)。

(5) 波浪形(～～)竞走→“S”形竞走→“8”字形竞走练习(圆圈直径 8～10m 左右)，体会与掌握弯道竞走的技术。

6.1.3 竞走的作用和意义

(1) 长时间持续走或远足：用于发展耐力素质和提高走的能力，有益于培养顽强、坚忍不拔的品质。

(2) 运动场(平地)健步走：步伐比平时走要快些，有益于身体及心理状况的改善，培养顽强的意志品质，改善人体的协调性。

(3) 公园或郊外的散步走：同学、好友或家人在空气清新、幽静的林中坚持较长时间的散步，身心得到放松，既锻炼了身体，又陶冶了情操。

(4) 定时定量走：规定限量的步行，可根据自己的身体状况来确定时间及距离，自我调节，达到健身的目的。适于工作、学习繁忙而无时间参加体育锻炼的人群，也适于肥胖、心血管疾病患者或病后恢复者。

(5) 足尖走：用于发展小腿三头肌，增强踝关节和足弓的力量。

(6) 倒步走：要求躯干伸直，双手扶后背腰部。对增强腰背肌肉，治疗腰肌劳损有很好的疗效，可增强人体的灵活性和协调性。

(7) 同心协力走：多人同时踏在两条平行的木板上，用绳或皮带固定两脚，双手放在前面同伴的肩上，迈向相同的脚前进，锻炼走的技巧，培养合作精神。可作为趣味游戏竞赛选用。

6.1.4 竞走的易犯错误动作和纠正方法

6.1.4.1 双脚离地、有腾空现象

产生原因：
(1) 竞走速度超过练习者的能力，步长过大或步频过快。
(2) 没有用脚跟先着地，着地点离身体重心投影点过近。
(3) 支撑腿屈膝蹬地，后蹬角度过大。
(4) 摆动腿后摆时过高，前摆时大腿高抬或摆臂方向过于向上，耸肩。
纠正方法：
(1) 根据个人情况，合理掌握步长、步频，保持力所能及的竞走速度。
(2) 加强摆动腿、支撑腿和摆臂的技术训练。
(3) 发展腿部力量。

6.1.4.2 支撑腿在垂直部位屈膝

产生原因：
(1) 动作概念不清，动作不正确，走速与技术训练水平不相适应。
(2) 腿部力量弱，膝关节支撑能力差。
纠正方法：
(1) 讲清竞走规则和正确的技术动作。
(2) 加强腿部力量，柔韧性和正确技术的训练。

6.1.4.3 上体过分前倾或后仰，摆臂动作不正确，肩部动作紧张

产生原因：
(1) 竞走速度过快或训练水平不够，造成动作变形。
(2) 后蹬力量弱或后蹬动作不充分，用身体前倾动作带动身体前进。
(3) 躯干力量差。
(4) 摆臂技术概念不清，摆臂时，肘关节角度太小或没有变化，肩部肌肉过分紧张。
纠正方法：
(1) 提高训练水平，合理分配体力，注意动作的正确和协调配合。
(2) 加强后蹬动作的练习，发展腰、腹、背等有关肌肉群的力量。

(3) 讲清摆臂的动作要点，做各种摆臂的练习和加强肩带肌肉与放松的练习等。

6.2 短跑与中长跑

6.2.1 短跑

短跑是一项典型的发展速度素质的运动项目。经常练习短跑，能够有效地发展学生快速奔跑的能力，增强学生的体质，并能培养学生坚毅、顽强和勇往直前的精神。

6.2.1.1 短跑技术

跑是由单脚支撑与腾空相交替，摆臂、摆腿、扒地缓冲与后蹬密切配合的周期性运动。为了便于分析，可把短跑技术分为起跑和起跑后的加速跑、途中跑及终点跑三部分。其中途中跑是最重要的部分。

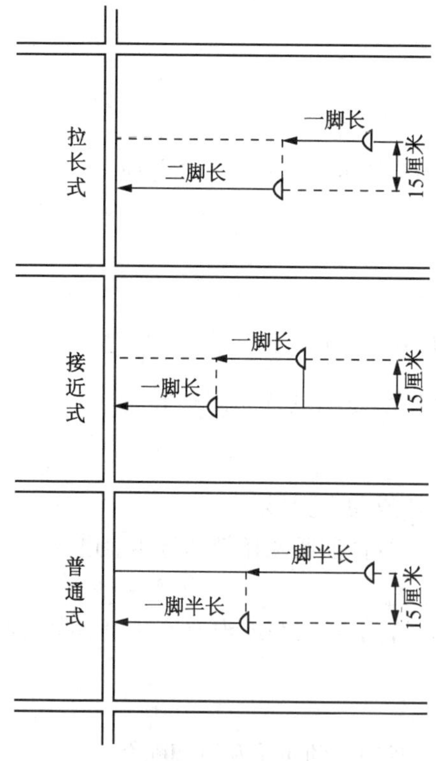

图 6-6 起跑器的安装方法

1) 起跑和起跑后的加速跑

起跑和起跑后的加速跑任务，是使身体迅速摆脱静止状态，获得向前的最大冲力，尽快地发挥速度转入途中跑。

短跑起跑，一般都采用蹲踞式起跑，并使用起跑器。常采用的起跑器安装方法有：拉长式、接近式、普通式三种（具体安装方法见图 6-6）。前起跑器抵足板与地面的夹角约为 45°，后起跑器为 70°～80°，两个起跑器之间宽约为 15cm。

这三种起跑器的安装方法各有优点，采用时可根据个人的身高、体型、训练水平和技术水平等特点来选择，找出适合个人的安装方法，并使之符合下列要求。

(1) 预备时，身体感到舒适而

放松。

(2) 蹬离起跑器时，能充分发挥腿部肌肉的最大力量。

(3) 起跑后身体能保持较大的前倾。

(4) 弯道起跑时，为了起跑后能跑一段直线，以便更好地发挥速度，起跑器应安装在跑道的右侧方(图 6-7)，正对弯道切点方向，起跑时，左手撑在起跑线后 5～10cm 处。

图 6-7　起跑器安装在跑道的右侧方

起跑过程包括："各就位"、"预备"、"鸣枪"(或"跑")三个过程。

(1) "各就位"。听到"各就位"口令后，做几次深呼吸，然后轻快地跑到起跑器前，俯身用两手撑地，两脚依次踏在前、后起跑器的抵足板上，将有力的腿放在前面，后膝跪地，然后两手收回，四指并拢，与拇指构成"八"字形，拇指相对，虎口向前，除小指外，其余各指用第一指节触地，两臂伸直，两手距离与肩同宽或稍宽。重心前移，肩与起跑线齐平或稍后，颈部自然放松，两眼看前下方，注意听"预备"口令(图 6-8①)。

(2) "预备"。听到"预备"口令后，吸一口气，然后从容地抬起臀部，使之与肩平或稍高于肩，同时身体重心前移，体重主要落在两手、臂和前腿上，两脚压紧抵足板，此时，前腿的膝角 90°～100°，后腿的膝角 110°～130°，整个人体像压紧的"弹簧"，静候枪声(如图 6-8②)。

图 6-8　蹲踞式起跑姿势

(3) "鸣枪"(或"跑")。听到枪声或"跑"的口令时，两手迅速离地面，屈肘做快速、有力、大幅度的前后摆动。同时两腿几乎同时猛蹬起跑器，以很大的前倾姿势把身体推向前方。后腿蹬离起跑器后，以膝领先，脚沿着地面，迅速有力地向前抬摆，膝关节摆至最高点后，大腿积极下压，用前脚撑着地，配合后腿的动作，前腿迅猛地蹬伸下肢三关节，当后腿膝关节摆至最高点时，前腿三关节也应蹬直，完成第一步的动作(图 6-8③)。

(4) 起跑后的加速跑。加速跑时腿要充分后蹬。摆动腿迅速向前上方摆出，髋前送，并积极用前脚掌着地。两臂摆动要有力，摆幅较大，步长要不断增加，步频要逐渐加快。此后即自然进入途中跑。加速跑的距离一般为 20～25m（以 100m 跑为例如图 6-9）。

图 6-9 起跑后的加速跑技术

图 6-10 后蹬角度

2）途中跑

途中跑的任务是继续发挥和保持最高速度跑向终点。途中跑在整个短跑中是最长的一段距离。

（1）两腿动作：当身体重心移过支点垂直面后，即开始了支撑腿的后蹬和摆动腿的前摆。后蹬时，首先伸展髋关节，当身体重心远离支点时，迅速伸展膝、踝两关节，最后用脚趾末节用力蹬离地面。此时，后蹬角度一般约为 50°（图 6-10）。在后蹬结束时，髋、膝、踝三关节迅速伸直，使后蹬的反作用力有效地通过身体重心，更快地推动身体向前运动（图 6-11）。

图 6-11 途中跑技术

（2）腿的摆动动作：腿的摆动是从后蹬腿蹬离地面时开始的。当后蹬腿离地面身体腾空时，小腿要随大腿的前摆，顺惯性自然折叠。当大腿摆至垂直面时，小腿折叠到最大限度。大腿摆过垂直部位后，继续积极主动地向前摆动，并把同侧髋关节一起带出。当摆动动作结束时，蹬地腿已完全伸直。

(3) 落地动作：当摆动腿摆至最大限度后，大腿积极下压，膝关节放松，小腿顺惯性前摆，在重心投影点前用前脚掌完成向后下方的“扒地”动作，着地点应在膝关节的垂直下方。脚着地后顺势屈膝、伸踝。

(4) 在途中跑时，头部正直，上体稍有前倾。两臂以肩关节为轴，两手半握拳，上臂带动前臂，屈肘前后摆动。摆臂要轻快有力，前摆时，稍向内，手的高度在下颌附近，并伴随同侧肩的前送；后摆时，肘关节稍向外，前摆肘角为 60°～70°，后摆至垂直部位时为 130°～150°，然后逐渐减小到 90°左右。

正确的摆臂动作，不仅能保持身体的平衡，而且有助于加快两腿动作频率和增大步长。

(5) 弯道途中跑：为了克服直线的惯性和产生向心力，身体必须改变身体的姿势和摆动，蹬地方向，弯道跑时，躯干应向左倾斜(图 6-12①)，右臂后摆时，肘稍向外，前摆时，稍向内，左臂摆动靠近体侧。右腿前摆时膝关节稍内扣，用前脚掌内侧蹬地。左腿前摆时，膝稍向外，用前脚掌外侧蹬地(图 6-12②)。

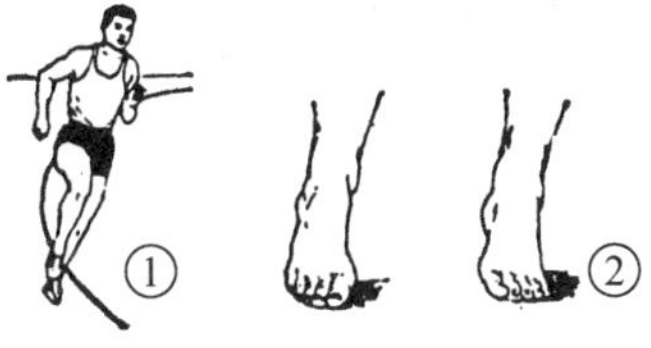

图 6-12　弯道途中跑

3) 终点跑

终点跑的任务是尽量保持高速度跑过终点，因此在跑至终点 15～20m 处，尽量保持上体前倾角度，加快两臂摆动的速度和力量。以调节下肢的频率，在跑到距终点线 1m 时，上体迅速前倾，用胸部或肩部撞终点线，并跑过终点，顺惯性逐渐降低跑的速度，慢慢停下来。

6.2.1.2　短跑练习方法

练习者主要通过学习途中跑和跑的辅助练习来发展身体素质和提高跑的能力。

1) “各就位”、“预备”的练习方法

(1) 在教师的示范下学生进行模仿练习。

(2) 在教师的统一口令下，全体同学根据“各就位”和“预备”口令进行练习。

2) 起跑和起跑后加速跑的练习方法

(1) 蹲踞式起跑 20～30m。

(2) 蹲踞式起跑 30～40m。并体会加速跑结束后，自然跑进 2～3 步进入途中跑。

(3) 弯道蹲踞式起跑 30～40m。

3) 途中跑的练习方法

(1) 原地摆臂练习。原地成弓箭步前后摆臂。摆臂时,以肩为轴,上臂带前臂屈肘前后摆动,注意摆臂的方向,肘角的变化及肩带放松。要求自然、放松、大幅度。前摆不超过下颌及人体中线。

(2) 小步跑练习。身体稍前倾,大腿半高抬,膝关节放松,然后大腿下压,小腿顺惯性自然向前摆出,接着做快速有力的“鞭打”动作,并以前脚掌积极着地,脚趾最后完成“扒地”动作,配合两腿动作,两臂前后摆动。要求大腿积极下压,“鞭打”、“扒地”迅速有力。步幅小、频率快,动作放松。

(3) 高抬腿跑练习。上体正直或稍前倾,提踵提身体重心;摆动腿高抬至水平,同时髋前送,小腿自然下垂,然后大腿积极下压用前腿掌着地,支撑腿三关节充分伸展;两臂配合两腿动作前后摆动。要求摆动腿大腿充分高抬,支撑腿三关节充分伸展,上体不后仰。

(4) 后蹬跑练习。上体稍前倾;支撑腿后蹬充分蹬直;摆动腿屈膝以髋带腿,膝关节领先向前摆出,大腿摆至与地面平行后积极下压,小腿顺惯性自然向前摆出,接着做向下方的“鞭打”动作,用前脚掌着地后,脚趾后扒;两臂配合两腿动作前后摆动。要求支撑腿三关节充分伸展;摆动腿髋关节充分前送;两大腿夹角尽量加大。

(5) 中速跑 50～80m 练习。要求跑得轻松自然,整个动作协调。在此基础上注意后蹬,摆腿和正确着地技术。要放开步子跑。

(6) 行进间跑 20～40m 练习。要求跑时一定注意保持途中跑的技术。

(7) 弯道途中跑练习。沿一个半径为 10～15m 的圆圈跑(图 6-13),体会弯道跑的技术。

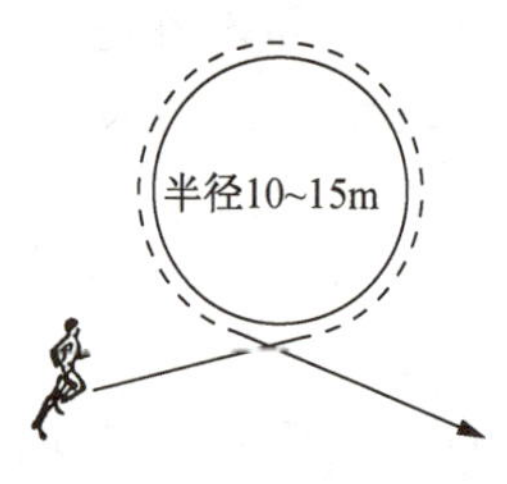

图 6-13 弯道途中跑练习

(8) 从直道进入弯道跑 40～60m 练习,要求身体逐渐向左倾斜。

(9) 从弯道转入直道跑 40～60m 练习。体会从弯道跑身体向左倾斜逐渐过渡到直道途中跑的技术。

4) 终点跑练习方法

(1) 加速跑 40～60m 练习。要求以最快速度通过终点,不做撞线动作。

(2) 中速跑 20～30m 撞线练习。要求至终点线前 1m 处上体突然前倾或前倾转肩,用胸或肩部撞线。

(3) 加速跑 40～60m 做撞线练习。

5）全程跑技术练习方法

（1）用站立式或蹲踞式起跑，跑 60～100m。

（2）计时跑或教学比赛。

6.2.1.3 短跑易犯错误及纠正方法

（1）后蹬不充分，在途中跑中形成“坐着跑”。

产生原因：后蹬动作概念不明确，后蹬尚未结束时，急于做摆腿动作；腰腹肌和腿部伸肌力量差，髋关节柔韧性差。

纠正方法：明确跑时应蹬直髋、膝、踝三关节；提高髋关节灵活性；通过各种跳跃练习，腿部负重练习，提高腿部力量；多做后蹬跑、跨步跳等练习体会蹬地动作。

（2）摆动腿前摆不够，送髋不充分。

产生原因：上体前倾过大；髂腰肌、腹肌直力量小，髋关节灵活性差。

纠正方法：明确途中跑时上体不应过多前倾；采用原地高抬腿、行进间高抬腿跑，以及各种发展髂腰肌、腹直肌的力量练习，增强向前抬腿的力量；采用两臂支撑高抬腿练习，体会送髋动作和提高髋关节的灵活性。

（3）落地动作消极，脚着地制动性大。

产生原因：技术概念不清；向前踢小腿；膝、踝关节紧张，落地时用前脚掌搓地。

纠正方法：明确落地技术要点；采用原地或两臂支撑小步跑（脚尖不离），体会膝、踝关节放松；采用行进间小步跑，体会膝、踝关节的放松和脚落地时向后下方的“扒地”动作。

（4）跑时直线性差，两脚落不到一直线上。

产生原因：两臂左右摆动，带动上体左右摇摆；跑时八字脚；摆腿方向不正。

纠正方法：多做原地摆臂练习，克服左右摆的缺点；沿直线跑，克服八字脚的缺点；做高抬腿、后蹬跑练时，注意摆腿方向。

（5）起跑时躯干抬起过早。

产生原因：“预备”时身体重心前移不够；腿部力量不够，怕跌倒。

纠正方法：做好“预备”动作，身体重心适当前移。做上体前倾跑，或用胶带套肩上做起跑练习。利用斜竹竿，限制起跑时上体过早抬起。

（6）终点跑时上体后仰。

产生原因：腿部和腹背肌肉力量不够；专项耐久力差。

纠正方法：多做两腿和腹背肌肉力量的专门练习；多做超专项距离的交复跑，提高专项耐力。

（7）跳起撞线。

产生原因：技术概念不明确。

纠正方法：明确撞线目的。明确跳起撞线会降低速度的道理，多做中速跑撞线练习。

6.2.2 中长跑

中长跑是发展耐久力的主要项目，是中距离跑和长距离跑的简称。它是长时间连续肌肉协调工作。跑时要轻松协调，步幅开阔，直线性好，节奏性强。经常从事中长跑，能改善呼吸系统和心血管系统的功能。培养学生勇敢、顽强、吃苦耐劳，勇于克服困难等优良品质。所以，国内外的人们广泛地运用中长跑为健身的有效手段。

6.2.2.1 中长跑技术

中长跑的项目较多，但跑的技术基本相同，只是由于跑的距离长短和程度不同，跑的技术细节略有差异。

1) 起跑和起跑后的加速跑

中长跑一般采用站立式起跑，800m 比赛中也有采用半蹲踞式起跑的。中长跑起跑按一个口令，一个信号进行。发令前，队员位于 3m 集合线处听候起跑口令。

图 6-14 起步和起跑后的加速跑

(1) “各就位”。队员听到“各就位”口令后，作一两次深呼吸，然后走到起跑线后，两脚前后开立，将有力的脚放在起跑线后，另一脚放在后面，用前脚掌着地，后脚尖离前脚跟距离约一脚左右，左右脚间隔约为半脚左右，两腿弯屈，上体前倾，身体重心主要落在前脚上，前脚的异侧臂在体前自然下垂，同侧臂放在体后，眼看前面 4～5m 处，颈部放松，整个身体保持稳定，集中精力听枪声(图 6-14)。

(2) 鸣枪(或“跑”)。听到枪声或“跑”的口令时，两腿用力蹬地，紧接着后腿以膝领先向前摆出，脚不要离地太高，前腿充分蹬直，同时两臂屈肘，配合两腿的蹬摆，作快速有力的前后摆动，使身体迅速向前冲出，占据有利位置，在短时间内达到预定的速度转入途中跑。起跑后的加速跑时，上体仍应保持较大的前倾。蹬、摆仍应积极有力。

半蹲踞式起跑时，前腿异侧手臂拇指与其余四指成八字形支撑于起跑线后，同侧臂位于体侧，身体重心落在前腿和支撑臂上，其他动作同站立式起跑。

2) 途中跑

途中跑时，速度要均匀，有节奏，省力和效果好。由于战术的需要，在途中也可变换跑速。

中长跑的后蹬力量比短跑小，后蹬角度比短跑大，约为50°～55°。后蹬效果的好坏，取决于蹬地的力量、速度以及摆动腿积极前摆的协调配合。中长跑脚着地时，要求柔和而有弹性，两脚要落在一条直线上。可用前脚掌，也可用全脚掌着地。摆臂的动作幅度要小于短跑，大小臂弯屈角度较小，肩关节要放松，两臂要协调地配合下肢动作前后摆动。中长跑腾空时间比短跑少(图6-15)。

图6-15 途中跑

3) 终点冲刺

终点冲刺是中长跑临近终点的一段加速跑，动作要求基本和短跑终点冲刺相同。何时开始加速冲刺，要根据训练水平、战术要求、个人体力来决定，还要根据比赛距离。总之，在最后加速度跑时，应根据对手和自己的实际情况选好时机，决定加速的早迟。

4) 中长跑的呼吸

中长跑的距离比较长，体力消耗大，人体对氧气的需要量不断增加，因此，要掌握正确的呼吸方法，对改善气体交换和血液循环具有重要意义。

中长跑时，一般可配合跑步频率有节奏地用鼻和半张的嘴同时进行呼吸。呼吸要有节奏，一般是二步一呼、二步一吸或三步一呼、三步一吸。随着疲劳的出现，呼吸频率应随之增快。由于吸气的深度决定于呼气的深度，因此，要特别注意将气呼出。

在中长跑时，会出现“极点”的现象。极点出现后，要加深呼吸的深度，适当调整跑速。

5) 中长跑比赛战术

所谓中长跑的战术，是根据对手的情况与自己的特长，在比赛时所采用的跑法。常采用的战术有以下几种：

(1) 匀速跑，即队员在赛前根据自己的体力情况，制订好速度计划。比赛时，按照预定速度跑完每圈或每段距离，匀速跑完全程。

(2) 变速跑,即匀速和突然加速交替进行跑的战术。每圈或每段距离跑速快慢的变换有一定计划,具有相对稳定性和规律性。

(3) 跟随跑,即在比赛中紧跟特定对手,最后再以较快的冲刺跑战胜对手的跑法。由于有特定的跟随对象,所以队员能做到心中有数,适用于冲刺能力较强而自我控制跑速能力较差的队员。跟随跑的战术,不应只立足于跟,而要着眼于超,在跑进中不可落后于对手过远,免得失去追赶的信心。

(4) 领先跑,即从起跑开始就先声夺人,坚持领先,占据有利位置,全力奔跑,并保持到最后冲刺。这种方法适用于专项耐力较好,而速度和冲刺能力较差的队员。

(5) 领先跑和跟随跑交替进行,即时而领先,时而跟随的跑法。采用这种战术要敢于超越领先,超越对手应在直道上进行,逆风时不宜领先,同时也不宜以全力强行领先。对手用力加速时,改为跟随跑,对手放慢速度时,又加速领先;以此反复,最后全力战胜对手。这种战术有利于创造成绩。

此外,比赛时,队员应根据风向随时调整身体姿势和跑速。顶风时,加大身体前倾,适当缩短步长,顺风时,身体立直,放开步幅。总之,中长跑比赛的战术应用不是一成不变的,应根据队员的具体情况及对手情况和场地、气候等,随机应变,灵活选用。做到知己知彼,以我为主,争取胜利。

6.2.2.2 中长跑的练习方法

中长跑的技术教学应以途中跑为主。起跑、起跑后的加速跑、呼吸方法、战术等可贯穿于途中跑教学之中。由于练习中长跑比较枯燥艰苦,在教学中应加强思想教育,培养学生吃苦耐劳的精神。

1) 发展身体素质和跑的能力的练习

(1) 重复跑 400~800m。

(2) 变速跑 1 200~2 000m。

(3) 中速跑 600~1 200m。

(4) 越野跑或自然地形跑 2 000~3 500m。

2) 途中跑的练习

练习途中跑时,以中长跑完整技术为主,在上下肢动作协调的情况下,着重注意后蹬、前摆的动作,要求跑得平稳、轻松、呼吸自然有节奏。

(1) 体会正确的上体姿势和摆臂动作的练习:① 站姿,体会正确的上体姿势。做原地摆臂练习。② 匀速慢跑 40~60m。在跑进中体会正确的上体姿势和摆臂动作。

(2) 反复跑 40~60m。用有弹性的步伐慢跑,主要体会跑的落地方法。

(3) 大步放松跑 40～60m。

(4) 加速跑 40～60m,反复进行,主要体会蹬摆动作。

(5) 变速跑(30m 快＋20m 慢＋20m 快＋30m 放松)。要求快跑与慢跑之间过渡自然,动作完整。

(6) 节奏跑 80～100m。

(7) 练习弯道跑的技术。

3) 站立式起跑的练习

(1) 上体前倾,保持上体前倾姿势顺势跑 30～40m。

(2) 反复做 30～40m 的起跑练习,体会站立式起跑和起跑后加速跑的技术。

(3) 半蹲踞式起跑和起跑后加速跑的练习。

(4) 站在跑道上按发令员口令"各就位",鸣枪或"跑"做站立式起跑和起跑后的加速跑的练习,跑 30～80m。

6.2.2.3 中长跑的常见错误与纠正方法

(1) 后蹬不充分,臂部留在后面,形成坐着跑。

产生原因:技术概念不清,蹬地脚离地过早,踝关节和腿部力量不够。

纠正方法:明确技术概念,多做后蹬跑、上坡跑和弹跳练习,注意蹬地送髋动作,加强腿部和踝关节力量练习。

(2) 跑时左右摇摆,跑的直线性差。

产生原因:八字脚,两腿力量大小不一。摆臂动作不正确,用力不一。

纠正方法:沿直线跑,注意摆腿方向和脚落地的方向,加强弱腿、弱臂的力量练习。

(3) 跑的动作紧张,呼吸配合不协调。

产生原因:肩部和腿部肌肉不会放松,身体过于前倾,柔韧性差。呼吸节奏不正确。

纠正方法:加强柔韧性练习,利用下坡跑、顺风跑、中速跑体会跑的过程中的用力与放松。利用原地摆臂,中途跑等练习呼吸节奏。

6.3 接力跑与跨栏跑

接力跑是田径比赛的集体项目。它既能发展快速奔跑能力,又能培养团结协作和集体主义精神。

接力跑的项目种类很多,根据田径规则,接力跑项目有:男、女都举行的 4×100m 和 4×400m 接力跑。此外,在教学训练中还有各种各样的接力跑,如:4×

200m 接力跑、迎面接力跑、越野接力跑，以及男女混合、异程接力跑等。在所有接力项目中，以 4×100m 接力跑的技术最复杂。

6.3.1 接力跑

6.3.1.1 接力跑技术

接力跑成绩的好坏，不仅决定于每个队员的单项跑的成绩，而且在很大程度上取决于队员之间的密切配合和传、接棒技术的好坏。

1) *起跑*

(1) 第一棒起跑方法。第一棒队员采用蹲踞式起跑，起跑技术与弯道起跑基本相同。不同点是队员手持接力棒。队员用右手的中指、无名指和小指握住接力棒的末端，用大拇指和食指分开八字形支撑在起跑线后，使接力棒不得触及起跑线和起跑线前的地面(图 6-16)。

图 6-16 起跑

图 6-17 起跑

(2) 接棒人的起跑。第二、三、四棒队员采用站立式或一手撑地的半蹲踞式起跑姿势，站在接力区后端或选定的起跑位置上，两脚前后开立，两膝弯曲，上体前倾。第二、四棒队员站在跑道外侧，左腿放在前面，右手撑地，身体重心稍向右偏，头转向左后方，目视跑来的同队队员和起动标记(图 6-17①)。第三棒队员站在跑道内侧，右腿在前，左手撑地，身体重心稍向左偏，头转向右后方，目视跑来的同队队员和起跑标记(图 6-17②)。当传棒队员跑到起动标记线时，接棒队员便迅速起跑。

2) *传、接棒的方法*

传、接棒的动作，要求既准备又要迅速。一般采用下列两种方法。

(1) 上挑式。接棒队员听到传棒队员信号后，手臂自然伸向后下方，四指并拢，拇指分开，并靠近体侧，其余指尖向外，掌心向后，传棒队员将棒由下向前上方传到接棒队员手中(图 6-18)。

图 6-18 上挑式传、接棒

这种方法的优点是：接棒队员的手臂后伸，手的动作比较自然，容易掌握。缺点是接棒队员接棒后已握在接力棒的中部，继续下去，不利于下一次传、接棒，容易掉棒。

(2) 下压式。接棒队员手臂向后下方伸直，四指并拢，虎口张开向后（四指尖向外侧方），掌心向上。传棒队员将棒的前端由上向前下方将棒传到接棒队员手中（图 6-19）。

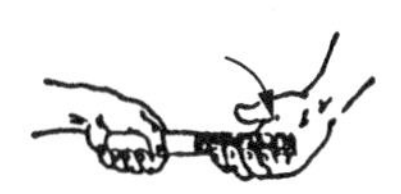

图 6-19　下压式传、接棒

这种方法的优点是：接棒不需换手仍能握在棒的末端，便于传给下一棒队员。缺点是接棒队员手臂和手腕动作较紧张，不自然。

3）标记线的确定和传接棒的时机

（1）标记线的确定。是根据传、接棒队员的速度和传接棒的技术熟练程度以及接棒队员的反应快慢来决定的。

图 6-20　传接棒

（2）传接棒的时机。接棒队员站在接力区后端或预跑线内，在传棒队员距自己 40～50m 时，用站立式或半蹲式方法做好接棒准备，当传棒队员跑到标记线时，接棒队员立即沿跑道一侧向前跑出，并加快速度。当两队员相距 1.5～2m 时，传棒队员发出信号，接棒队员立刻伸手，传棒队员迅速而准确地把棒传到接棒队员手中（图 6-20）。传棒动作要在高速度中进行，并须在接力区内完成。传棒队员完成传棒动作后，待其他道次队员跑过后离开跑道，以免造成犯规。

4）各棒队员的分配

接力跑全程是由 4 名队员团结协作，密切配合共同完成的。因此，要根据接力跑技术特点，充分发挥 4 个队员的技术特长，恰当地分配队员。应该由起跑快，加速跑技术较好，善于跑弯道的队员跑第一棒。灵敏、协调性好和速度耐力好，善于跑直道和传接棒的队员跑第二棒。速度耐力好和传接棒技术好，善于跑弯道的队员跑第三棒。绝对速度好，意志坚强，善于竞争和冲刺能力强的队员跑第四棒。

6.3.1.2　接力跑的练习方法

接力跑技术教学，应从学习传、接棒技术开始，在掌握了传、接棒技术的基础上，重点抓好速度配合和全程接力跑技术教学。

传、接捧的练习方法

(1) 原地站立,持棒摆臂做上挑式、下压式的传、接棒练习。传接棒队员前后相距约 1m 左右,异侧肩相对,听信号进行传、接棒练习。

(2) 在走步中听信号做传、接棒的练习。

(3) 在慢跑中听信号做传、接棒的练习。

(4) 在中速跑中听信号做传、接棒的练习。

(5) 用中速跑做从弯道进入直道的一二棒和三四棒的配合练习,由直道进入弯道的二三棒的配合练习。

(6) 用中速跑在接力区内做传、接棒练习。

(7) 用快速跑在接力区内做传、接棒练习。

(8) 全程接力跑练习。

(9) 合理分组进行全程接力跑练习和教学比赛。

6.3.1.3 接力跑的易犯错误与纠正方法

(1) 接棒队员起跑过早或过迟,不能在预定地点完成传接棒。

产生原因:思想紧张,受其他队员跑近的影响,距离判断不准确。

纠正方法:加强心理训练,比赛中沉着冷静,排除干扰,准确确定传接棒标志。

(2) 接棒人伸臂过早或看传棒人。

产生原因:技术概念不清,怕接不上棒。

纠正方法:明确技术概念,加强练习,提高传接棒的熟练性和准确性。

(3) 传接棒过程中掉棒

产生原因:接棒人手型不对或左右晃动。传棒人没有准确地把棒传到接棒人手中。

纠正方法:按技术要求反复练习传接棒技术。接棒人的接棒手要相对稳定。传棒人的传棒动作要正确、规范、准确。

6.3.2 跨栏跑

跨栏跑是技术比较复杂,锻炼价值较高的短距离竞赛项目;是在快速的奔跑中,连续跨过规定数量、有一定高度的栏架的径赛项目。练习跨栏,能培养勇敢、顽强、果断、机智等意志品质和不屈不挠、勇于征服困难的精神,同时能够增强内脏器官的功能,能够使速度、弹跳、柔韧、协调、灵敏、力量和速度耐力等身体素质较全面地得到发展。

跨栏跑,国际上的正式比赛项目如表 6-1 所示。

表 6-1　国际跨栏比赛相关数据

性别	项目	栏高(cm)	栏架数量(个)	起跑至第一栏距离(m)	栏间距离(m)	最后一栏至终点距离(m)
男子	110m 栏	106.7	10	13.72	9.14	14.02
	400m 栏	91.4	10	45	35	40
	110m 栏(少年)	100	10	13.7	28.9	16.18
女子	100m 栏	84	10	13	8.5	10.5
	200m 栏	76.2	10	16	19	13
	400m 栏	76.2	10	45	35	40

6.3.2.1　跨栏跑技术

1) *110m 跨栏跑技术*

(1) 起跑及起跑至第一栏的技术。起跑后正确过好第一栏是跑好全程的重要一环。起跑和起跑器的安装方法与短跑基本相同。起跑后加速跑时，身体的前倾角度比短跑小。起跑线距第一栏是 13.72m。因此，第八步一般要跑到 11.50～11.70m 处。这八步要跑准，从起跑后的头几步就要注意步点。个子矮、步幅小的队员，如果八步困难，可把起跑器适当前移一些。相反，则可把起跑器适当后移一些。起跑时，把起跨腿放在前起跑器上。也有的队员因个子高，腿长而跑七步(把摆动腿放在前起跑器上)。跑八步或七步加速跑的技术和短跑加速跑技术相同。

(2) 起跨(攻栏)。是指起跨腿踏上起跨点开始至蹬离地面这短暂时间而言。一般跨栏点距栏架约 2.10m 左右。为了迅速而准确地踏上起跨点，起跨前一步自然形成一个快速短步。目的是使身体重心很快前移，为起跨做准备。当摆动腿着地，起跨腿的大腿要积极前摆，并用前脚掌着地。随着身体的重心前移，准确地踏上起跨点。

摆动腿的大腿积极向前上方摆动，小腿随惯性与大腿形成自然折叠，用以加大前摆的速度。当身体重心移过垂直部位后，起跨腿用力蹬地，髋、膝、踝关节依次伸直，与上体形成一直线。起跨腿与地面形成的夹角比短跑要大。

两肩要正对前方，起跨腿同侧臂有力地前摆，起跨结束时便形成了一个迅猛的攻栏姿势(图 6-21)。

图 6-21　起跨

(3) 过栏。起跨腿蹬离地面后，身体处于腾空状态，身体重心沿抛物线轨迹向前移动，摆动腿大腿随惯性继续高抬，膝关节放松，小腿向前伸展，脚尖勾起，从而开始了向下向后用力的压栏动作。

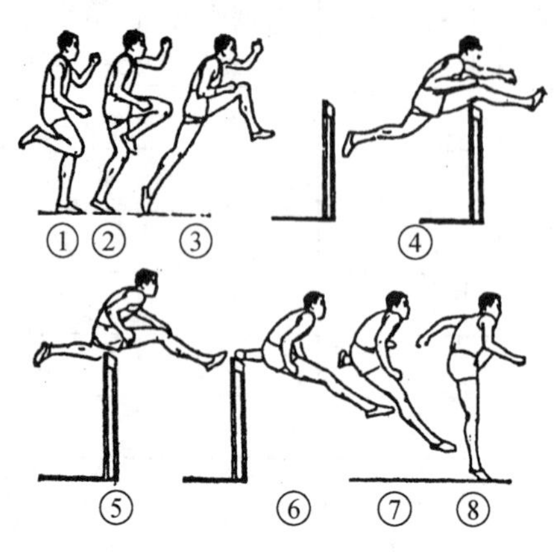

图 6-22 过栏

在摆动腿下压的同时，起跨腿屈膝外展，收紧小腿，脚尖勾起，以大腿带动小腿经体侧向前提拉。起跨腿同侧臂向后摆动，摆幅比短跑要大，这有助于起跨腿的提拉及维持身体平衡。当臀部快移过栏架的瞬间，摆动腿积极准备着地。着地时，要用前脚掌着地，上体适当前倾，髋关节前移，使着地点尽量靠近身体重心投影点，以便顺利地转入栏间跑(图 6-22)。

(4) 栏间跑。栏间用三步跑完，跑的技术基本上同短跑。但由于栏间距离是固定的，所以栏间跑应有一定的节奏感。

正确地跑出第一步是跑好栏间步点和增加速度的重要因素之一。它是借助后蹬的动力、髋关节的用力、身体重心前移，以及起跨腿大腿积极向前提拉来完成的。由于栏间跑的三步的步长不一样，其长度比例是小-大-中。在不影响栏间跑节奏的情况下，增大第一步的步长是必要的。这样能使栏间跑轻松，减小身体重心的起伏。第二步应和短跑技术一样。为了积极攻栏，第三步要略小于第二步。

由于栏间距离和步数是固定的，各步的步长也相对稳定，所以提高栏间跑速度主要是靠加快步子频率来实现。栏间跑要跑得轻松，用前脚掌着地，身体重心高，频率快，跑成直线。

(5) 终点跑。队员在下最后第二栏时，应发挥最大速度跑向最后一个栏，并用力跨过栏架。下栏的第一步不必做摆幅较大的提拉动作，以便用最高速度冲向终点。

2) 100m 跨栏跑技术

100m 栏的基本技术，与 110m 栏并无实质性的差异，但由于栏高、栏距不同而略有出入。

(1) 起跑上第一栏。步数亦为八步或七步，起跨点距栏架稍近于 110m 栏，一般在 2m 左右。

(2) 过栏。由于 100m 栏的栏高比 110m 栏低了许多，一般栏板均低于腿长和在身体重心之下，为了减少重心上下起伏过大，起跨角稍小于 110m 栏。

在动作上，摆动腿膝盖向前摆动不必摆得像 110m 栏那样高，只要小腿摆出，脚跟能够越过栏板即可。起跨腿向前提拉动作的幅度和膝外展程度也均小于

110m 栏，只要膝部不碰栏板即可，勿需一定抬平。上体不宜前倾过大。臂前伸、侧划、后摆的幅度适当减小。总之过栏时尽量达到力量集中向前以增加速度、减小动作幅度以节省体力及维持身体的平衡。

(3) 栏间跑。因为栏与栏之间的距离比 110m 栏的栏距短了半米多，加上栏架低，因此上栏起跨点和下栏点也相应改变，起跨点在栏前 2m 左右，下栏点以 110m 栏为宜。其他动作除栏间跑时躯干改变前倾角度不如 110m 栏那样显著外，其他要求均同 110m 栏。

(4) 终点跑。最后一栏到终点仅为着 10.50m，亦应提前于八九栏即开始冲刺，下第十栏后加强后蹬，加快两臂摆动，加大躯干前倾，以加快步频，竭尽全力跑过终点(图 6-23)。

图 6-23　终点跑

6.3.2.2　跨栏跑的练习方法

跨栏跑以直道栏教学为主，首先要树立不怕困难，敢于克服困难的信心。在抓好过栏技术的基础上，提高过栏与栏间跑相结合的技术。

1) 过栏(跨栏步)练习方法

(1) 摆动腿攻栏和起跨腿过栏技术练习。

摆动腿攻栏技术的练习方法：① 原地摆腿攻栏练习：原地站立，摆动腿屈膝高抬，接着积极下压，做“扒地”动作(图 6-24)。② 上步摆腿攻栏练习：行进间练习①。开始走着做，后可小步跑，速度不宜太快，每回可连续多做几次再停下来。③ 高抬腿跑做同上练习：高抬腿跑三或五步做一次攻摆动作(图 6-25)。④ 慢跑步由栏侧做摆动腿过栏练习(图 6-26)：慢跑至离栏侧 1m 左右时，起跨腿高抬落地的同时，摆动腿屈膝向前抬起，小腿迅速摆出，大腿下压落地后，继续跑进准备过下一栏。

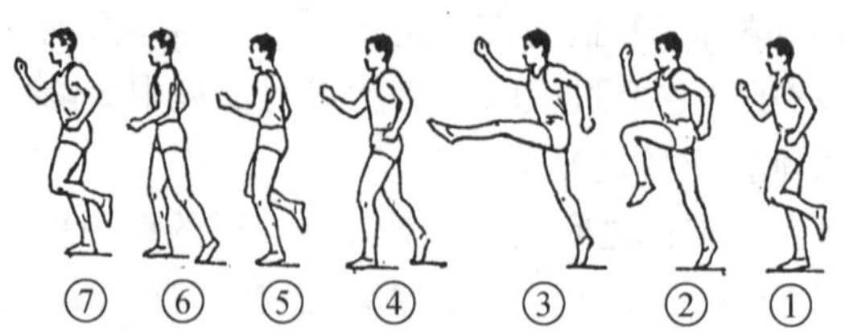

图 6-24　原地摆腿攻栏练习

图 6-25　高抬腿跑

图 6-26　慢动腿过栏练习

起跨腿过栏技术练习:① 起跨腿原地过栏练习:手扶肋木站立,体侧纵或横放一栏架,做起跨腿提拉练习。练习速度可由慢到快(图 6-27)。② 行进中徒手做同上练习、走一或三五步做起跨腿提拉练习。注意提拉幅度和经体侧时的高度(图 6-28)。

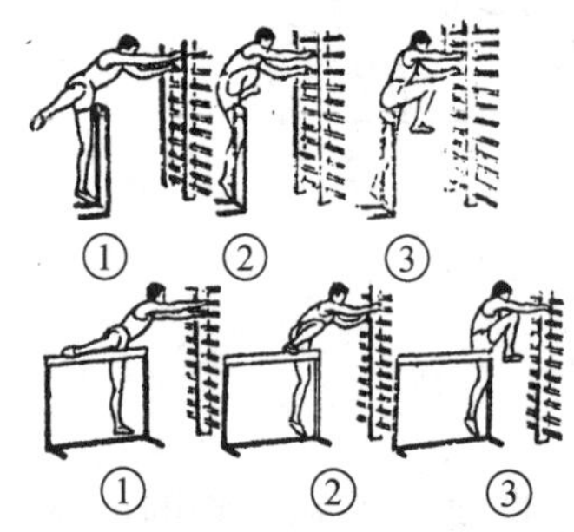

图 6-27　起跨腿原地过栏练习

图 6-28　行进中徒手练习

③ 栏侧站立做同上练习:栏侧站立,起跨腿直膝由前向后摆至最远处,屈膝由栏上做提拉练习(图 6-29)。

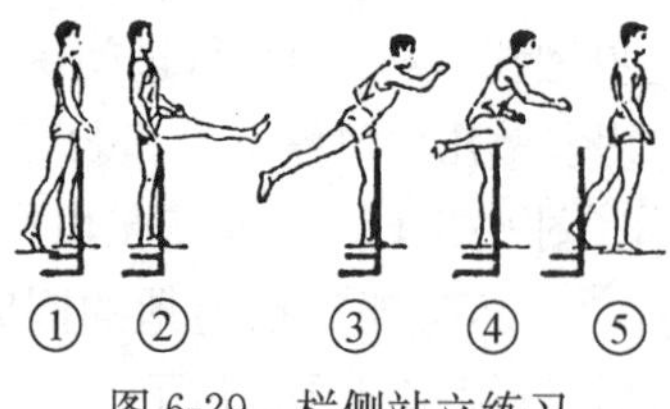

图 6-29　栏侧站立练习

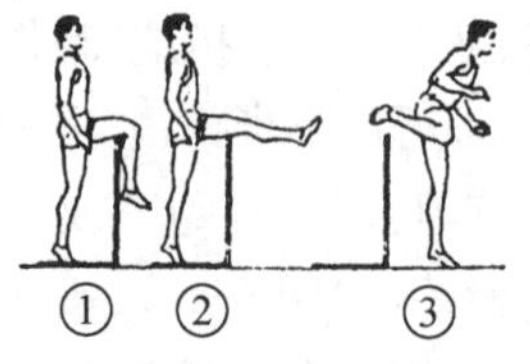

图 6-30　过栏练习

(2) 过栏练习。

原地过栏练习:上体正直,站于栏后 20～30cm 处,将摆动腿屈膝放于栏架上,起跨腿脚跟提起。摆动腿直膝向上摆起后,大腿迅速下压,用前脚掌落地的同时,起跨腿迅速提拉过栏,两腿做有力的剪绞动作(图 6-30)。

原地栏侧做攻摆过栏练习:站在栏侧后 100～150cm 处,做摆动腿攻摆和起跨腿腾空过栏练习。上体适当前倾,充分蹬、摆,用前脚掌落地(图 6-31)。

图 6-31　攻摆过栏练习

图 6-32　栏侧高抬腿练习

栏侧高抬腿跑做同上练习:两臂前后摆动,由高抬腿跑做栏侧过栏(图 6-32)。

由栏间同上练习。

放松跑栏侧做同上练习:跑时动作应自然放松,上栏以前的跑与起跨应积极、连贯。

2) 栏间跑的练习

(1) 在地上按比例划出一、二、三步的标志,练习栏间步跑。

(2) 在栏后按比例划出一、二、三步的标志。要求过一个栏之后的栏间跑踏上标记点。

(3) 跨过一个栏后,按地上的步点标志作三步栏间跑,再跨第二个“空栏”的练习。

(4) 两脚前后站立,上体前倾,顺势跑出八步跨过第一个栏,接着用三步栏间跑,跨过第二个栏(用低栏的高度)。

(5) 步点准确后,做跨过 3～5 个低栏的练习。

3) 起跑过第一栏的练习

(1) 蹲踞式起跑技术复习 2～4 次(跑 20m 左右)。

(2) 站立式起跑,以八步上第一栏。

(3) 蹲踞式起跑,以八步上第一栏。

(4) 蹲踞式起跑,以八步上第一栏后连续跨过 2～3 个栏。

4) 终点跑和全程跑练习

终点跑练习方法同短跑。

(1) 起跑(发令鸣枪或听起跑信号)过 3～5 个栏的练习。

(2) 平跑前半程跨后 5 个栏的后半程及终点跑练习，注意平跑结束后接上第六个栏前，应调整好步子，以便准确踏到起跨点上。

(3) 起跑过 10 个栏的全程练习。

(4) 计时跑或教学比赛。

6.3.2.3 易犯错误及纠正方法

(1) 跳栏。

产生原因：怕栏；起跨点太近；柔韧性差，直腿攻栏。

纠正方法：降低栏架高度，克服怕栏心理；多做屈腿攻摆练习；调整起跨距离。

(2) 下栏停顿，跑速降低。

产生原因：两腿“剪绞”动作慢，摆动腿被动下落。

纠正方法：多做“攻栏”和“过栏”的专门练习。摆动腿迅速下压后扒，起跨腿积极向前提拉。

(3) 起跨蹬地不充分，收腿早，栏上停顿。

产生原因：髋关节柔韧性和灵活性不够；怕栏，蹬伸动作不充分。

纠正方法：发展髋关节的柔韧性和灵活性；做栏侧攻摆和提拉过栏练习；做攻墙或攻肋木练习。

6.4 跳高与撑杆跳高

跳高是以单足起跳越过一定高度横杆的运动项目。通过跳高运动发展下肢力量，提高弹跳力，发展灵巧和协调性。能够培养勇敢顽强和坚定果断的意志以及勇于攀登的精神。

跳高技术是由助跑、起跳、过杆和落地几个部分的动作组成，下面介绍背越式跳高与俯卧式跳高两种技术。

6.4.1 背越式跳高

6.4.1.1 背越式跳高技术

背越式跳高的特点是采用弧线助跑，背对横杆最大限度地利用腾起高度做过杆动作。

(1) 助跑：背越式助跑路线是弧形，助跑的距离一般是 6～8 步，前段是直线助跑，后段是弧线 3～4 步，前段助跑接近普通跑法，后段跑身体向圆心倾斜，倾斜度随速度而定，其特点：身体重心高，移动快，小腿伸得不远，落地积极，步频快。最后四步的节奏为“嗒-嗒-嗒-嗒”。丈量弧线助跑的方法(图 6-33)。起跳点选择在离近侧跳高架 1m,离横杆投影点 50～80cm 处。由起跳点沿横杆平行的方向向前自然走 5 步,再向右转 90°向前走 6 步做一标记,以 5m 为半径划弧连接此点和起跳点,这段弧线即为最后 4 步的弧线,最后从标记点再向前走 7 步做标记为起跑点,作为前 4 步的助跑距离。

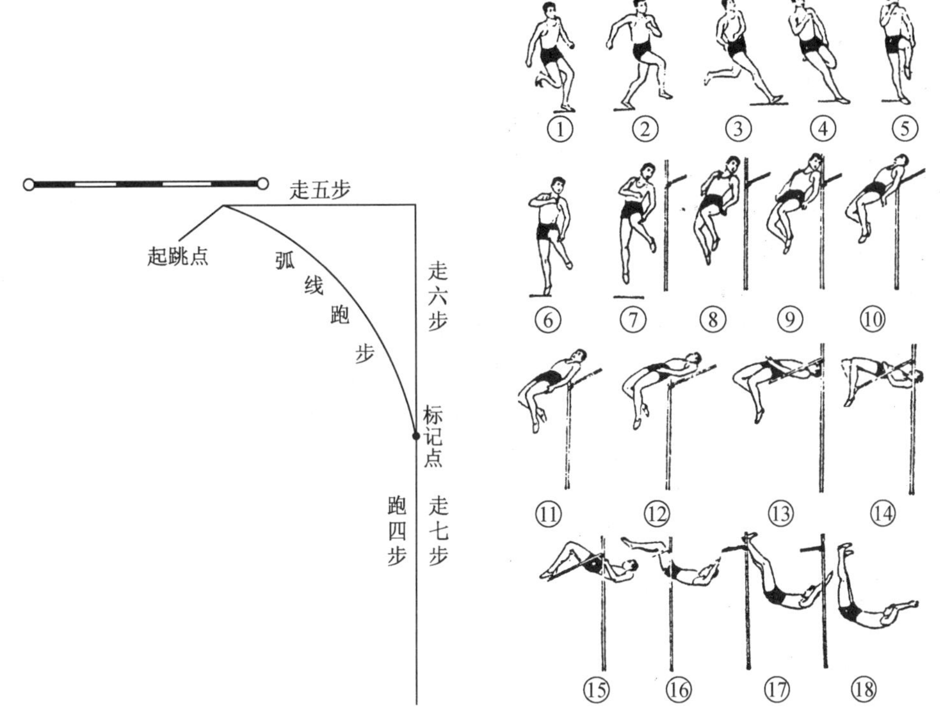

图 6-33 丈量弧线助跑方法

图 6-34 过杆和落地

(2) 起跳:起跳脚顺弧线的切线方向踏上起跳点,用脚跟先落地并迅速地滚动到前脚掌着地。起跳脚落地时摆动腿蹬离地面开始摆腿,同时重心迅速跟上,上体积极前移,使起跳腿缓冲。当身体重心移到支撑点上方时,身体由倾斜迅速转为正直,摆动腿和两臂快速有力地向上摆动,同时起跳腿积极地蹬伸,完成起跳动作。在起跳过程中摆动腿应屈腿,扣膝向起跳腿一侧肩部摆动。手臂的摆动可采用双臂交替或双臂同时上摆带动身体向上腾起。

(3) 过杆和落地:完成起跳,进入腾空。身体逐渐转向背对横杆,摆动腿的膝关节放松并自然下放,肩向后伸展,头和肩先过杆,髋部充分展开,身体成“桥”,背部与横杆成正交叉状态。当躯干、臀部飞越横杆后,随即收腹,两小腿积极地向上甩起,两腿伸直,以肩背部领先落垫(图 6-34)。

6.4.1.2 背越式跳高的练习方法

1) 学习跳高起跳技术

(1) 侧对横杆和肋木或在地上画横线，起跳脚放在前面即(左脚)迈步放脚做摆腿、送髋和起跳腿蹬伸的练习。要求摆动腿屈膝内扣向异侧肩的方向摆动，同时骨盆跟着扭转，起跳腿蹬伸并提踵。

(2) 在走动中做上述练习，接着起跳腿蹬离地面完成起跳。

2) 练习弧线助跑与起跳相结合技术

(1) 练习弧线助跑 10～15m 为直径的圆圈快跑。

(2) 沿直径 10～15m 的圆圈跑，每 4 步做一次起跳。

(3) 弧线助跑起跳后，头和手触高物(篮网、吊球等)。

(4) 弧线助跑后在横杆旁起跳。

3) 学习过杆和落地技术

(1) 在垫子上仰卧，两肩和两脚掌撑地，做向上抬臀、挺髋动作。

(2) 背对垫子站立，然后提脚跟、挺髋和仰头、挺胸，肩向后倒落在垫子上。

(3) 立定背越式跳高，此练习可站在弹跳板或低跳箱上进行，也可以在横杆和橡皮筋上练习。

(4) 4 步弧线助跑，背越式过横杆。

4) 全程助跑练习、完整技术练习

(1) 做 4 步弧线助跑过低杆练习。

(2) 做 6～8 步弧线助跑背越式过杆练习。

(3) 全程助跑越过横杆练习。

6.4.1.3 背越式跳高易犯错误及纠正方法

(1) 助跑节奏乱，助跑与起跳结合不起来。

产生原因：步点不准，拉大步或捣小步。没有按要求放起跳脚。

纠正方法：按画好的助跑标志练习助跑起跳。起跳后检查起跳脚的足迹看放脚是否正确。利用跨栏跑来练习助跑节奏。

(2) 起跳时不是向上，而是向后，向横杆。

产生原因：倒肩过早。摆动腿上摆不够。起跳时转动背部和脚，使脚跟朝向横杆。

纠正方法：在横杆前按画好的弧线助跑标志起跳，起跳后身体顺着横杆向前上方腾起，双脚落地。起跳后用手或头触高物。注意起跳时按技术要领放起跳脚。

(3) 坐着过杆，臀及大腿碰落横杆。

产生原因:起跳时身体重心没跟上,髋关节弯曲,起跳效果差,腾空高度不够。怕摔,不敢用肩背落垫。小腿太紧张,挺髋太差。

纠正方法:利用弹跳板或低跳箱,做立定背越式跳高,逐渐增加高度克服害怕心理。立定背越式跳高。臀部落在垫子垛上,保持挺髋小腿弯曲动作,以体会送髋动作。

(4) 起跳后转体不够,使身体斜着交叉过杆。

产生原因:起跳时摆动腿摆动迟缓或摆动方向不正确,使身体沿纵轴旋转不够。最后两步太大,使起跳时摆腿转髋困难。

纠正方法:多做摆腿的模仿练习并结合摆臂动作。弧线助跑起跳触高物并转体 90°。调整助跑节奏。

6.4.2 俯卧式跳高

6.4.2.1 俯卧式跳高技术

1) 助跑

俯卧式的助跑是从起跳腿靠近横杆的一侧开始,与横杆成 25°~45°角一般是跑 6~8 步。

助跑技术前段要快速,放松而自然,动作幅度逐渐加大,摆动腿屈膝前摆,支撑腿充分后蹬,上体保持前倾,两臂配合腿的动作前后摆动。助跑后段身体重心低而平稳,动作幅度大,后蹬角度小,上体正直或稍前倾,脚掌做滚动式着地,离身体重心投影点远。助跑的倒数第二步最长,助跑的最后一步(起跳步),是最后三步当中最小的一步。

步点的测量可用跑步法和走步法。

(1) 跑步法:从起跳点按所采用的起动方式、步数和速度,沿助跑路线向相反的方向跑去,最后一步起跳脚的落地点就是助跑的起跳点。

(2) 走步法:走步的步数是助跑步数的 2 倍减 2。如助跑 6 步,则 6×2-2=10,即从起跳点沿助跑路线向相反的方向自然走 10 步,然后从第 10 步的落脚点向横杆方向助跑若干次,最后确定助跑的步点。

2) 起跳

起跳点离横杆投影点一般是60~90cm。

从助跑的最后一步,摆动腿屈膝支撑时开始做起跳动作。当倒数第二步摆动腿支撑压紧后,迅速做跪膝送髋动作,使骨盆向前移动的速度超过肩的移动速度。接着,起跳腿屈膝向前以髋带动大腿向前迈伸,然后伸小腿,脚跟沿地面向前迈出,落地时膝关节要伸直。起跳腿落地以脚后跟先着地而后迅速滚动至全脚支撑时,

图 6-35 俯卧式跳高技术的全过程

摆动腿以髋带动大腿迅速向前摆出，骨盆在向前运动时，应完成围绕自身横轴的“翻转”，肩落在支撑点的后面。此时起跳腿膝关节被迫弯曲而缓冲，当摆动腿的膝盖摆至起跳腿的膝部高度后，脚尖向上钩快速踢小腿，直腿向前上方猛力摆起，同时提腰、提肩，起跳腿做起跳动作。两臂平行前摆，摆动腿最好直摆。

3) 过杆和落地

起跳结束后，在空中当摆动腿的小腿越过横杆时，摆动腿和同侧臂应沿横杆的纵轴方向向前伸和内旋，肩向内扣，接着转体成杆上的俯卧姿势。过杆时起跳腿屈膝上收，两臂靠近躯干，以加速身体的旋转。随着身体的旋转，要迅速扭转骨盆并翻转起跳腿，使身体绕着横杆转过去，过杆后，两臂和摆动腿几乎同时着地，如用海绵垫子，可以背部落在垫子上。俯卧式跳高技术的全过程(图 6-35)。

6.4.2.2 俯卧式跳高的练习方法

1) 学习和掌握起跳技术

(1) 原地摆腿练习：身体侧对肋木站立，摆动腿做前后的摆动。

(2) 做迈一步的摆腿练习。

(3) 走步中做迈步摆腿的练习。

(4) 迈一步起跳。

(5) 走几步做迈步起跳练习。

2) 学习助跑和起跳相结合的技术

(1) 做 20～30m 加速跑。前 10～20m 逐渐加速跑，后 10m 上体逐渐抬起，身体重心适当降低，加大动作幅度，缩小后蹬的角度，脚掌用滚动式着地，两臂配合两腿自然摆动。

(2) 在跑的过程中做向上起跳的动作练习。

(3) 按跑 4、6、8 步的步点助跑起跑。

(4) 正面助跑直体过杆练习。

(5) 侧面助跑起跳后，骑在高跳箱、高跳马上等。

3) 学习过杆和落地技术及完整技术练习

(1) 两手撑地，起跳腿向上收并屈膝，随之将膝向侧上方翻转。

(2) 侧面助跑 4～6 步，直体过杆，转体 180°，摆动腿落地。

(3) 侧面助跑 4 步，跳越斜放的横杆(起跳一端高)。

(4) 助跑 4、6、8 步，做完整的俯卧式过杆练习。

6.4.2.3　俯卧式跳高易犯错误及纠正方法

(1) 助跑起动不积极，跑动的节奏不明显。

产生原因：起跑时精力不集中，害怕杆，不敢跑，助跑步点不准。

纠正方法：① 要求助跑起动时精神集中，前两步要积极后蹬；② 以布带、橡皮筋等代替横杆；③ 丈量好助跑步点，反复助跑，最后确定合适步点。

(2) 起跳前冲太大，向上不够。

产生原因：助跑速度过快，来不及做起跳动作，弧线助跑时，身体内倾不够，起跳动作不对，送髋不够，摆动慢，摆动得太晚。

纠正方法：① 多做起跳练习，掌握正确的起跳技术；② 多做迈步摆腿练习，加快骨盆前送动作，不仅加快迈步速度，而且要带动摆动腿早摆、快摆；③ 反复助跑，掌握身体内倾动作，掌握好助跑节奏，在此基础上做助跑起跳练习。

(3) 起跳时摆动腿摆动的速度慢、幅度小。

产生原因：迈步时的骨盆动作缓慢；助跑最后一步摆动腿蹬地不积极；摆动腿的柔韧性差，力量不足。

纠正方法：① 多做迈步摆腿练习；② 做“摆动腿”支撑蹬地的跨跳练习；③ 做负重或不负重的摆腿练习；加强摆动腿的柔韧性和力量。两步助跑起跳，摆动腿用脚或膝触高物等。

(4) 过杆时拧腰、挺胸、身体压落横杆等(俯卧式)。

产生原因：摆动腿与同侧臂过杆时的前伸内旋动作用力不一致。

纠正方法：① 加强摆腿练习，体会前伸内旋动作；② 做过杆的模仿练习，体会摆动腿及同侧臂一致用力前伸内旋。

(5) 过杆时起跳腿碰落横杆(俯卧式)。

产生原因：过杆时，起跳腿直着向后摆动；起跳后收起的起跳腿向后蹬伸，髋关节灵活性不够。

纠正方法：俯卧在器械上，做向外展伸起跳腿的练习，结合过杆动作做一些发展髋关节灵活性的练习等。

6.5 跳远与立定跳远

6.5.1 跳远

跳远能发展人的速度、弹跳力和灵巧性，增进身体的健康。本节介绍蹲踞式和挺身式两种跳远技术。

跳远技术是由助跑、起跳、腾空和落地四个部分组成。

6.5.1.1 跳远技术

1）助跑

跳远的助跑是为了获得最快的水平速度和准确地踏上起跳板，并为迅速有力的起跳创造条件。助跑为18～24步，距离在35～45m之间，因人而异，男子比女子稍长一些，初学者25m左右也可以，总之根据个人的情况，风向的变化适当加以调整。

(1) 助跑的开始：可采用“站立式”、“半蹲式”和走步式起动的方式，初学者大多采用站立式开始助跑。

(2) 助跑的加速方式：助跑的加速一是积极加速，二是逐渐加速。逐渐加速比较自然、放松，容易掌握。其方法是，助跑一开始，后蹬就要积极、有力，髋关节积极前移，随跑速加快上体逐渐抬起。助跑时肩关节要放松，跑的节奏要明显，步子要轻松自然，富有弹性。助跑最后几步(4～6步)比较关键，是起跳的前奏，助跑的节奏有变化，最明显的是倒数第二步的步幅稍长，重心降低，最后一步比倒数第二步稍短，身体重心高而进入起跳。

(3) 助跑步点的丈量与确定：丈量步点可先在跑道上做30m左右的加速跑，经反复练习后，固定距离后移到跳远助跑道上，反复跑测定从起跳板到起跑点，再从起跑点到起跳板，用同样的速度和节奏反复测定，直到量准。

在确定助跑步点时，一般采用两个标记。第一是起跑点，第二是设在离起跳板6～8步的地方。第二标记的作用是检查助跑是否准确。

2）起跳

起跳应在尽量保持水平速度下获得最大的垂直速度，从而得到最快的腾空初速度和合理的腾起角度。

助跑最后一步摆动腿落地支撑起跳腿大腿向起跳板下压着板时，就开始起跳动作。此时起跳腿积极下压，以全脚掌踏板。经过快速支撑缓冲后，迅速过渡到前脚掌，踏板时要快速有力地攻板，上板后身体重心继续积极前移，当身体重心移至起跳腿支点的垂直部位时，摆动腿积极折叠带髋迅速前摆，起跳腿迅速全力蹬伸，使髋、膝、踝三个关节充分伸直，摆动带髋前摆至水平位置时，两臂应配合腿的动作，迅速有力地摆动。起跳腿的同侧臂屈肘向前摆起、摆动腿的手臂屈肘向侧摆起，当双臂肘关节摆至肩部应停止摆动。这时上体正直，头、肩、髋关节基本与地面垂直，眼平视前方，即完成起跳动作(图 6-36)。

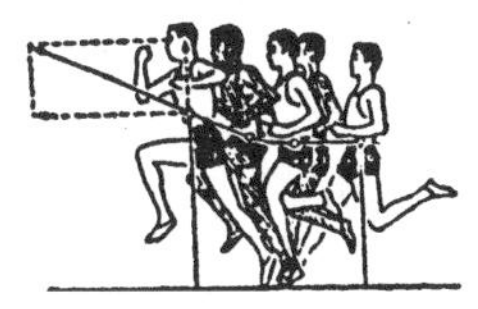

图 6-36 起跳

图 6-37 腾空

3) 腾空

腾空后起跳腿自然放松，膝关节稍屈，留在身体后面，摆动腿的大腿保持高抬，小腿放松保持在体前不动。上体正直稳定，成腾空步的姿势(图 6-37)。空中姿势一般有蹲踞式、挺身式和走步式三种。

下面介绍“蹲踞式”、“挺身式”、“步走式”三种姿势。

(1) 蹲踞式：起跳成腾空步姿势后，上体仍保持正直，摆动腿的大腿继续高抬，两臂向前挥摆，起跳腿开始向前上方提举，逐渐与摆动腿靠拢，空中形成蹲踞式的姿势，随后两腿上收。上体前倾。将要落地时，两臂由前向下、向后摆动，同时前伸小腿落地(图 6-38)。

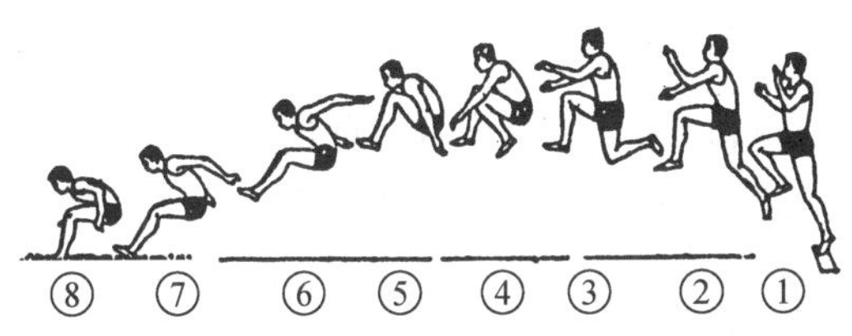

图 6-38 蹲踞式

蹲踞式比较简单，容易掌握。

(2) 挺身式：起跳后，摆动腿积极下压，小腿向前、向下、向后弧形摆动，起跳腿逐渐与摆动腿靠拢，两臂向下、侧、后上绕环，继而展髋，挺胸展腹，在空中形成挺身式的动作。接着向前收腹举大腿，两臂从上向前、下后摆动。上体前倾，前伸小腿落地(图 6-39)。

(3) 走步式：腾空步后，以髋为轴开始下放摆动腿，同时，起跳腿屈膝高抬，髋部随着两腿交换而扭转，肩轴向反方向转动、带动两臂做相应的环摆动作，在空中

图 6-39 挺身式

完成一个自然的换步动作，形成起跳腿在前，摆动腿在后的“跨步”姿势。随后摆动腿迅速屈膝前摆，向起跳腿靠拢，并向前伸出小腿，两臂摆至体前，上体前倾准备落地，完成两步半的走步动作(图 6-40)。

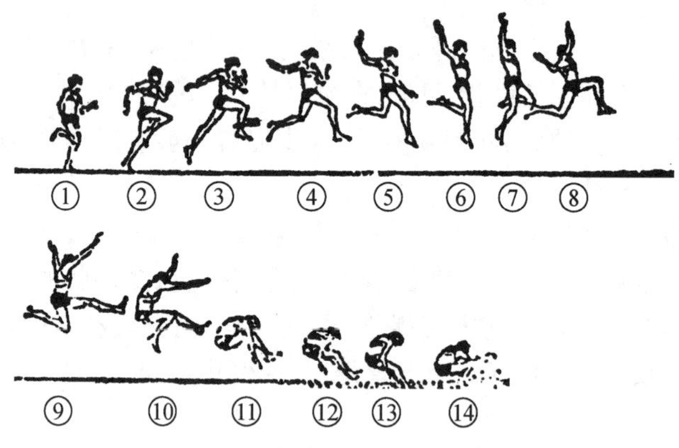

图 6-40 走步式

走步式跳远能把助跑、起跳空中动作自然地衔接起来，利于发挥助跑速度和进行快速有力的起跳，提高踏跳的效果。由于在空中有换步和两臂的“环摆”动作，有利于维持身体平衡，更有利于落地动作的完成，但要有一定的腾空高度和较长的腾空时间，才能完成比较复杂的走步式动作。

4) 落地

落地前，上体不要过于前倾，大腿要向前提举，小腿前伸，准备落地。落地时，膝关节伸直，脚尖钩起，两臂同时后摆，脚接触沙面时，两腿迅速屈膝，髋部前移，两臂屈肘时前摆，使身体迅速移过支撑点。落地可以采用前倒落地与侧倒落地两种姿势。

前倒落地法：当脚跟落地后，前脚掌下压，屈膝向前跪，上体在两臂前摆的同时，迅速移过支撑点，身体向前倒下。

侧倒落地法：脚跟落地后，一条腿紧张支撑，另一腿放松，身体迅速向放松腿的一侧倒下。落地时,最主要使两腿抬高并尽量向前伸出小腿。

6.5.1.2 跳远的练习方法

1) 学习助跑和起跳结合的技术

(1) 原地模仿练习起跳。起跳脚在后,摆动腿在前,做腾空起跳的动作。

(2) 做 3 步结合起跳的练习。

(3) 学习起跳后的腾空步动作,助跑 4～6 步起跳后成腾空步姿势,然后用摆动腿下落沙坑,继续向前跑出,体会短程助跑结合起跳的技术。要求起跳后尽量保持腾空步的时间。

(4) 助跑 12～14 步练习起跳,体会中距离跑和起跳相结合的技术,开始助跑的方式固定,助跑时要求做到快、准、稳、直、松。起跳时要求做到蹬(蹬地充分)、摆(摆腿和摆臂积极用力)、挺胸、拔腰、顶头。

(5) 全程助跑的练习。

2) 学习腾空与落地技术

(1) 蹲踞式的腾空与落地:① 助跑 4～6 步起跳成腾空步后,将起跳腿向前提举与摆动腿靠拢,收腹,两脚落地两腿尽量前伸、落地;② 中程、全程距离助跑蹲踞式跳远练习。

(2) 挺身式跳远的腾空姿势和落地动作:① 原地模仿挺身式跳远的练习。起跳腿支撑站立,摆动腿屈膝抬起,随即放下并向后摆,髋部前送,两臂配合摆动由下向上方,体会放腿和伸髋的展体动作。② 助跑 4～6 步起跳成腾空步后,摆动腿放下并向后摆,挺胸展体成挺身式。然后收腹举腿两脚落坑。③ 中程、全程助跑挺身式跳远练习。要求髋部前移,胸腰稍前挺,落地时完成收腹、举大腿、送髋、伸小腿、移重心的要求。

(3) 掌握走步式空中动作:① 原地或行进间的走步式模式练习,此练习大致与挺身式模仿练习相同,只是在放下摆动腿时,起跳腿屈膝前摆,使两腿成一前一后的"跨步"姿势。② 短中距离助跑的完整练习,强调换步后的"跨步"姿势。

3) 全程助跑的跳远练习

改进和提高助跑起跳的技术。针对每个人技术上存在的问题,采用适当方法进行改进。

6.5.1.3 易犯错误和纠正方法

(1) 助跑步点不准确。

产生原因:助跑开始姿势不固定,标记不合适。助跑技术不正确,节奏不稳定。受气候、场地和心理因素影响。

纠正方法:固定助跑的开始姿势。多作助跑练习,掌握好助跑的节奏,提高自我控制的能力。利用不同的气候条件和场地练习助跑。

(2) 助跑最后几步减速。

产生原因:助跑前段速度太快或助跑距离过长。

纠正方法:适当减慢前段的助跑速度,增加最后几步的助跑速度,进一步确定适合个人特点的助跑距离。

(3) 起跳腿蹬不直。

产生原因:起跳腿力量差,蹬地不充分,髋部没有积极前送。

纠正方法:2～4 步助跑起跳,用手或头触高物。加强起跳腿的力量练习。多做送髋练习。

(4) 腾空挺身时,上体过度后屈。

产生原因:头部后仰,上体过于紧张,胸部过于前挺。

纠正方法:短程助跑起跳,腾空后头部保持正直,下放摆动腿动作与挺身动作同时进行,胸部自然挺出,上体稍向后仰形成“挺身”姿势。支撑在器械上,模仿“挺身式”动作。

(5) 落地时没有向前伸小腿。

产生原因:腾空时上体过于前倾。腰腹肌力量差,柔韧性差。

纠正方法:做短助跑起跳,腾空后上体不要过多或过早地前倾。注意及时收腹举大腿、前伸小腿。悬垂在单杠上做收腹举大腿伸小腿的模仿练习。

6.5.2 三级跳远

三级跳远是在助跑后沿直线连续进行三次跳跃的一项运动。它要求运动员要有快速的助跑速度和良好的弹跳力以及强有力的腿部力量。

三级跳远的第一跳由起跳腿起跳,并用起跳腿落地,称为“单足跳”;第二跳仍用起跳腿跳,但用摆动腿落地,称为“跨步跳”;第三跳用摆动腿起跳,然后双腿落入沙坑,称为“跳跃”。

三级跳远的成绩取决于由助跑获得水平速度和起跳产生的垂直速度,以及每一跳的动作质量、身体平衡能力和三跳比例等。尽量减少三级跳远过程中水平速度的损失,并能获得合理的垂直速度,这是三级跳远的关键技术。

6.5.2.1 三级跳远技术

(1) 助跑:三级跳远的助跑步数一般是 18～20 步,距离长达 38～40m。它与跳远助跑的不同之处有:最后几步助跑步长更加均匀;身体的前倾度比跳远较大些;起跳脚踏板的瞬间落地点较靠近身体重心投影点。

(2) 第一跳(单足跳):三级跳远的第一跳是用有力腿做起跳腿,起跳后在空中经过交换腿的动作,再用它落地,第一跳结束。

图 6-41 第一跳(单足跳)

由于完成第一跳以后还要继续进行第二跳和第三跳,所以应尽量保持水平速度,为此,当起跳腿以直腿踩上起跳板时,脚的落点要比跳远更加接近身体重心投影点,随即以全脚掌迅速滚动着地。这时上体稍微前倾,约与地面成80°～85°。

起跳腿着地后,重心迅速前移,起跳腿膝关节稍稍放松,以便更快地使身体进入缓冲阶段。这时摆动腿大小腿折叠,快速屈腿前摆(摆动的方向比跳远更偏于身体的前下方),帮助髋部迅速前移。然后积极而快速地蹬直髋、膝、踝各关节。与此同时,两臂有力地配合上述动作向前摆出,以维持身体平衡和增加起跳力量。第一跳的蹬地角为 60°左右,这样有利于身体重心沿着长而较平的轨迹腾起(图 6-41)。

起跳腾空后,有一个短暂的腾空步时间,然后在腾空阶段约 1/2 的距离时,交换腿的动作。交换腿时要顺势连续完成。换腿时,上体要保持正直或微向前倾。起跳腿从身体后下方屈腿并带动同侧髋部向上方提摆,而摆动腿自然地向后下方做剪绞动作。两臂配合腿的动作从体前向后下方摆动。

当起跳腿前摆与地面接近平行时,后摆的两臂和在身体后下方的摆动腿也达到了最大的幅度,借助这一大幅度的反弹作用,开始做扒地式的落地动作。起跳腿大腿带动髋部积极下压并用全脚掌加速着地,落地点尽量接近身体重心投影点。起跳腿落地后,身体重心很快前移到支撑点的垂直部位,上体恢复到正直姿势。向前摆动着的两臂和摆动腿快速接近身体位置,有利于完成快速的起跳动作。

(3) 第二跳(跨步跳):第二跳起跳时,上体稍有些前倾,起跳脚离地后,仍然形成一个腾空步的姿势,动作要充分展开,不要急于下放摆动腿,要尽量加长腾空时间。在落地之前,要有一个顺势高抬大腿动作,起跳腿弯曲,继续留在身体后下方。当身体到达腾空抛物线 2/3 时,开始落地和准备第三次起跳动作。

落地前上体为了维持身体平衡,有意识地进行补偿性的向前微倾,两臂同时由体前成弧形向下、后侧的方向摆动,在即将落地的刹那,两臂已摆到身体的侧后方。摆动腿这时借反弹的回摆,开始了积极的扒地动作,随着摆动腿下压,前倾着的上体也逐渐稳定抬起，直至全脚掌着地，上体完全恢复到垂直姿势。第二跳的落地动作及着地位置和方法，与第一跳极为相似(图 6-42)。

图 6-42　第二跳(跨步跳)

(4) 第三跳(跳跃)：经过前两次的跳跃，水平速度已经下降许多。因此，第三跳要充分利用剩余的水平速度，并尽量增大向上起跳力量，以获得一个较大的腾空速度，争取第三跳取得好的成绩。

第二跳落地后，支撑腿经过短暂的缓冲，迅速蹬伸髋、膝、踝各个关节，另一腿则屈膝向前上方摆起，两臂同时配合腿的动作上摆。起跳腾空后，仍保持腾空步的姿势、腾空步中动作和跳远一样，可采用蹲踞式、挺身式或走步式落入沙坑(图 6-43)。

图 6-43　第三跳(跳跃)

(5) 三级跳远的节奏——三跳比例：在运动实践中，虽然有各种各样的三跳远度的比例关系，但对初学者来说，第一跳不宜强调过高过远。三级跳远的技术演变表明，现代三级跳远技术的发展趋势是适当减小第一跳，加大第三跳的远度，其实质是更好地利用助跑速度，减小前两跳中的制动作用，以获得快而连贯的跳跃动作和又高又远的第三跳。如原世界纪录创造者巴西的奥里维拉和现世界纪录保持者美国的班克斯的技术都体现这一特点。他们的三跳远度比例分别为 33.55%+30.08%+36.37%和 33.2%+30.3%+36.5%。

三级跳远的节奏：三级跳远中三跳应有鲜明的节奏。节奏是指动作时间和空间的比例关系。动作时间不合适，就会破坏动作节奏，如单足跳中交换腿动作的早晚，“扒地式”落地动作时间的长短，以及各跳中上、下肢动作配合不及时等。三级跳远三跳的正确节奏应是比较均匀地嗒-嗒-嗒-。

6.5.2.2 三级跳远练习方法

1）学习第一跳和第二跳结合的技术

（1）连续做跨步跳练习。

（2）用4～6步助跑，连续做多次跨步跳，注意腿的正确落地及两臂的配合动作。

（3）做行进间单足跳和跨步跳练习。

2）学习和掌握起跳技术（重点是第二、三跳）

（1）原地模仿扒地动作：一手扶肋木侧向站立，远离肋木的腿屈膝向前上方摆，当大腿摆至与地面平行时，大腿带动小腿积极下压并用全脚掌在身前30cm处扒地。

（2）在场地上连续做跨步跳练习，要求蹬地后身体充分向前，用两臂摆动，腿前摆时幅度要大，落地时扒地要积极，各跳间的衔接要紧密。

（3）从20～30cm高处（如跳箱盖上）向下跨，做扒地式起跳动作，以另一腿摆动落入沙坑。

3）学习掌握第二跳和第三跳空中动作以及两跳结合的技术

（1）4～6步助跑起跳跨入沙坑，以摆动腿着地后继续向前跑进。要求起跳后腾空时间要长，在空中要保持跨步姿势，注意维持身体平衡。

（2）4～6步助跑完成跨步跳以后，用摆动腿落地并接着起跳，要求动作紧密衔接，最后两脚落入沙坑。

（3）短距离助跑三级跳远，在第二跳的落地处放一个纵跳箱（跳箱高40cm左右），要求第二跳用积极有力的扒地动作踏上跳箱。

（4）短距离助跑三级跳远，单足跳后在跨步跳中越过实心球，然后在第三跳中越过低高度的横杆，最后两脚落入沙坑。要求第一跳"平"第二跳"远"，第三跳"高"，三跳动作要连贯。

（5）短距离助跑三级跳远，按标志进行跨步跳和跳跃练习，着重掌握第二、三跳结合的技术。

4）掌握和提高三级跳远技术

（1）短中距离助跑完整三级跳远技术练习。

（2）全程助跑完整三级跳远技术练习。

6.5.2.3 三级跳远易犯错误及纠正方法

（1）助跑节奏紊乱。

纠正方法：反复做跑的练习，掌握跑的技术；作直道上跨栏跑练习，掌握跑的节奏；学会自然放松跑、跑时肩、颈部肌肉要放松。

(2) 落地不积极。

纠正方法：反复做“扒地式”落地的技术练习。

(3) 第一跳交换腿过早。

纠正方法：在踏跳板或低器械上起跳，要求较晚的做交换腿的动作，然后落地；在第一跳长度 1/3 和 2/3 处各放置一实心球做标志，要求在腾空后，过第一个实心球时向下放摆动腿，同时要求起跳腿跨过第二个实心球落地，继续跳跃。

(4) 第二跳跳不起来，高度不够，步长太小。

纠正方法：加强腿部力量的练习；改进第一跳的技术，限制第一跳远度，可在第一跳落点划出标志，要求踏上标志处起跳；短距离助跑三级跳远，在第二跳 1/2 处放置器械，要求跨越器械后，继续跳跃。

(5) 三跳节奏不好。

纠正方法：改进第二跳技术，调整各跳长度；注意空中动作，维持空中的平衡。

6.6 标枪、铁饼和铅球

6.6.1 标枪

标枪是古代猎取食物的工具和武器。是古代奥运会比赛项目之一。经常参加投掷标枪运动，可以发展人的快速力量、柔韧、灵敏、协调等身体素质。

6.6.1.1 标枪投掷技术

1) 握枪

握枪方法有两种：

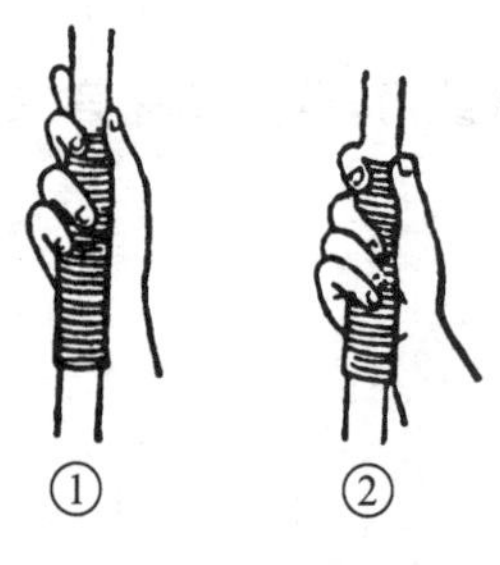

图 6-44 现代式握抢方法

(1) 现代式握法：即拇指和中指握法。标枪斜放在掌心上，拇指和中指握在标枪缠绳把手末端第一圈的上沿，食指自然弯曲斜握在枪杆上，无名指和小指自然握在缠线把手上(图 6-44①)。这种握法手腕自然放松，便于控制出枪角度，出手时中指和食指一起拨枪，加速了标枪沿纵轴转动，增加标枪飞进时的稳定性，是当前普遍采用的一种握法。

(2) 普通式握法：即拇指和食指的握法。标枪斜放于掌心上，拇指和食指握在标枪缠绳把手末端的上沿，其余的手指按顺序握在缠绳把手上(图 6-44②)。这种握法手腕比较紧张，不利于控制标枪的出手角度。这种方法目前很少有人采用。

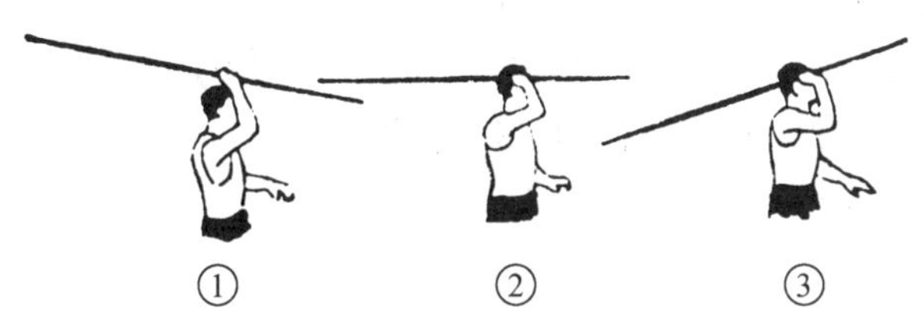

图 6-45　肩上持枪法

2）持枪

合理的持枪方法应做到便于发挥助跑速度，便于引枪，使投掷臂和手腕放松。目前多数人采用肩上持枪的方法(图 6-45)。

肩上持枪法：有的持枪于右耳旁，枪身与地面平行(图 6-45②)；有的持枪于头的右上侧，枪头稍向上(图 6-45③)；但采用最广的是持枪于右肩稍高于头，枪头稍低于枪尾(图 6-45①)。这种方法手腕较放松，便于向后引枪。

3）助跑

助跑与投手榴弹基本相同，但由于器械较长，投掷时多采用直接向后引枪的方法。预跑阶段，持枪臂可配合跑的节奏作前后不大的摆动，但不要做上下摆动。

投掷步也多采用五步。其形式有两种：

(1) 跑步式：用跑一样的步子完成投掷步。它易于保持速度，适宜于腿部力量较弱的初学者采用。

(2) 跳跃式：它像弹跳步，腾空时间较长，有利于加大后蹬力量和完成引枪超越器械的动作，动作放松自然。但不要跳得过高而造成上下起伏。

投掷步的动作：

第一步：左脚踏上第二标志线，右脚前迈开始了第一步，上体开始向右转动，左臂稍屈摆向体前，右臂开始向后引枪，眼向前看，右脚掌落地的部位稍偏右(图 6-46)。

第二步：当右脚落地，左脚前迈开始了第二步。左腿前迈的同时，髋轴向右转动，形成侧对投掷方向的姿势。这时持枪臂继续后引，左肩靠近标枪并稍含胸，以防右臂下降。左脚掌落地与投掷方向成 40°，左臂摆至身体左侧眼向前看(图 6-46)。

第三步：为交叉步。第二步落地，接着右腿自然屈膝，大腿带动小腿快速向前迈出，左腿用力蹬伸，促使右腿加速前迈超过上体而积极落地(脚外侧先着地)，投掷臂充分伸直后引，支撑点在身体前面，而标枪又远远落在身体的后面，形成良好的“超越器械”动作。此时投掷臂不低于肩轴水平，枪尖不高于头部，右脚掌与投掷方向约成 45°角。左臂摆至胸前。

第四步：这一步是由助跑过渡到最后用力的衔接步，要保持超越器械的姿势，不停顿地转入最后用力。

当第三步还未落地，左腿就积极前迈，开始了第四步。左腿前迈时抬起较低，以脚内侧或脚跟先着地，脚尖稍内扣，脚的着地点应偏于助跑线左侧约 25cm 处。此时侧对投掷方向，身体向右侧斜与地面约成 45°角。这一步的步长要适当，不要过大，但其速度是四步中最快的一步。

第五步：缓冲步。

4）最后用力与缓冲

第四步未着地前就开始了最后用力。左脚落地后形成了左侧支撑，右腿加速蹬地，转送右髋，使髋轴超过肩轴，从而拉紧了胸部和腹部的肌肉。当上体转至正对投掷方向时，投掷臂已翻到肩上，形成"满弓"姿势(图 6-46)，这时胸部继续向前，以胸带动臂做快速"鞭打"动作，蹬直左腿，挥臂甩腕，使标枪从右肩前上方沿 30～35°角向前飞出。

图 6-46 "满弓"姿势

标枪出手后，因惯性身体必须向前运动，这时右脚及时向前跨出一大步即为第五步(缓冲步)，身体稍向左转，降低重心以保持平衡(图 6-47)。

6.6.1.2 标枪练习方法

(1) 原地正面插枪：体会通过枪纵轴用力。两脚前后站立，身体重心落于后脚，持枪与右侧后方，枪尖稍低于枪尾，并使枪尖指向 10m 以内的地方或目标。插枪时，蹬后腿，重心移至前边腿上，同时把枪插向目标处。若插地后，枪尾指向自己，说明通过纵轴用力是正确的。

(2) 正面上一步掷枪：持枪于右侧头后方，右腿微屈支撑身体重心，左腿于右腿后。投掷时，右腿蹬伸，左脚上一步，使身向前，以胸带臂向稍远处掷枪。

(3) 助跑引枪练习。

(4) 全程助跑掷标枪。

(5) 双手由头后向前上方掷实心球。

(6) 用掷标枪的方法掷轻器械或小石子。提高挥臂速度。

6.6.1.3 掷标枪易犯错误及纠正方法

(1) 最后用力不能通过标枪纵轴。

产生原因：引枪后枪尖偏高或偏右，造成在"满弓"时标枪与小臂之间角度太

图 6-47　第五步

大。最后用力时,重心前移过早,翻肩不充分。柔韧性差。

纠正方法:多做原地和慢跑中的引枪练习,特别注意引枪和投掷步的结合,提高控制枪的能力。多做原地插枪、短距离助跑掷枪练习,体会沿标枪纵轴用力。多做发展肩关节柔韧性的练习。

(2) 只用手臂力量掷枪,没有用上躯干和下肢力量。

产生原因:不明确用力顺序。最后用力前身体重心过早前移,未做出超越器械的动作。助跑过快,造成动作忙乱。

纠正方法:明确用力顺序,可采用实心球做最后用力动作,体会用力顺序。一人拉着枪尾,或本人左手握住枪头,做蹬转送髋动作,体会用力顺序。反做上两、三步掷枪,要求下肢明显超越上肢。持枪连续做交叉步练习,体会超越器械。

(3) 标枪出手后平落在地上。

产生原因:标枪出手角度太高。出手时没有做甩腕动作。没有做转肩、臂外旋动作,枪从侧面投出。

纠正方法:多做正面原地插枪和轻掷练习,体会甩腕动作。加强肩关节柔韧性练习。出枪前做好满弓动作,提高控制枪的能力。

(4) 投掷步的第三、四步减速。投掷步和最后用力不能紧密衔接。

产生原因:预跑段速度过快。第三步右腿前迈时,左腿蹬伸力量不足。第四步左腿前迈时抬腿过高而落地晚,造成在最后用力时停顿现象。

纠正方法:调整预跑段的速度。反复做交叉步练习,强调第三、四步的节奏。短距离助跑做投掷步练习,注意投掷步的加速。第一、二步引枪时,上体保持正直,不要后倒,以防减速。

6.6.2 铁饼

掷铁饼是一项古老的体育运动,在古希腊的奥林匹克运动会上已被列为比赛项目。通过练习可以发展上肢、躯干、下肢的力量。

6.6.2.1 原地掷铁饼技术

1) 握法

握饼时,五指自然分开,拇指和手掌平靠铁饼,其余四指的最末指节扣住铁饼的边沿,铁饼的重心在食指和中指之间,手腕微屈,铁饼的上沿微靠在前臂上,这时持铁饼的手臂自然下垂于体侧(图 6-48)。

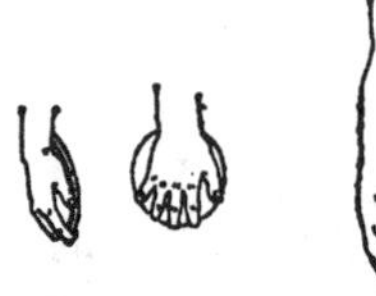

图 6-48 铁饼握法

2) 摆饼与原地掷饼

在原地投掷中摆饼的任务是增加工作距离,加快投掷速度,使铁饼掷得更远。所以摆饼是个很重要的动作。

常见的摆饼方法有两种:

(1) 左上右后摆饼。动作要领:左肩对准投掷方向,两脚开立(两脚之间距离为一脚半或两脚远)右手握饼,右臂下垂靠近右大腿,右膝稍弯屈,上体稍向右倾倒,重心移在右脚上。然后右臂从右后摆至左肩上,饼面向地,这时左手在下面托饼,以免铁饼落下。在铁饼摆起时,重心移至左脚,体稍左转,右脚成脚尖点地,接着右臂又向右后方摆动,同时身体重心又移回右脚,身体也向右转,左脚尖点地,当铁饼摆至最大限度时,两膝弯曲,身体向右扭

图 6-49 左上右后摆饼

紧,重心落在右腿上,上体稍前倾,左臂自然微屈于胸前,两眼平视,头随上体的转动而转动。当铁饼回摆到最大限度时,约与肩同高或稍高于右肩。这时要特别注意持饼臂的放松和拉长,这种方法简单易学(图 6-49)。

(2) 身体前后摆饼。动作要领:开始摆饼时持饼臂在体侧前后自然摆动,然后使铁饼向体前至体前左方,这时手掌应逐渐向上翻转,而右肩自然稍向前倾,重心靠近左腿。接着铁饼回摆到体后时,这时手掌逐渐翻转向下,重心由左侧向右移动。并使上体向右后方充分转动,使身体扭转拉紧。

这种方法的特点是动作放松、幅度大。目前已被大多数人采用(图 6-50)。

图 6-50 身体前后摆饼

图 6-51 原地投掷铁饼

3) 原地投掷铁饼

动作要领:原地投掷铁饼的动作从摆饼开始,当铁饼摆到右后方(这时右腿弯曲,身体重心落在右腿上,面向投掷的反方向,铁饼远远地在后面差不多和肩一样高,右臂和两肩几乎成一条斜的直线)。左脚跟随即落地,右脚立刻用力蹬地,右膝向里转动使身体伸直,面和上体也转向投掷方向,带动右臂向前摆出当右臂摆至约成侧平举的姿势时,手腕稍向右屈,使铁饼开始旋转。铁饼出手的角度约 30°～35°掷出(图 6-51)。

6.6.2.2 预摆和旋转掷铁饼

(1) 预摆姿势:背对投掷方向,站立投掷圈内靠后沿处投掷中线的两侧,两脚左右开立(一脚半至两脚的距离)两脚平行或左脚稍后,脚尖与右脚心齐平,持饼臂自然放松下垂于体侧,眼平视。

(2) 预摆:预摆的目的是为了获得旋转前的预先速度,并使身体处于扭紧状态，为旋转创造有利条件。预摆方法前面已叙。

(3) 旋转：旋转是从预摆结束，身体形成扭转拉紧状态之后开始的。旋转时应由慢到快，向着投掷方向，并顺着投掷圈的直径来转。旋转时，腿和髋起主导作用，右腿绕着左腿做大幅度摆动，髋向逆时针方向转动，以骨盆的中线为轴转动稍前倾的上体，随着重心向左腿的移动，转为左侧为轴，从左脚蹬离地面，到右脚着地后，身体又以右侧为轴，左脚着地后，随着重心左移，又形成左侧为轴，铁饼在运行中远远地留在右后面，直到最后用力开始。

(4) 最后用力和维持平衡：最后用力从左脚着地，右脚的蹬转，髋关节向投掷方向转动和前送，并带动铁饼以最大的弧线向投掷方向以爆发式的快速用力挺胸挥饼。同时左肩制动，形成稳固的左侧支撑，铁饼离手一刹那，由小指到食指依次用力拨饼，使铁饼顺时针方向转动向前飞进。角度约 35°左右。铁饼出手后，要降低身体重心，维持身体平衡。掷铁饼技术的全过程(图 6-52)。

图 6-52 掷铁饼技术的全过程

6.6.2.3 侧向(背向)旋转掷铁饼

1) 侧向旋转掷铁饼

(1) 徒手做两支撑旋转动作：侧对投掷方向，两脚开立稍比肩宽，预摆一结束，两脚开始做进入旋转动作。即以右脚掌为轴向左转动(要点同旋转部分)。

(2) 徒手做单支撑旋转动作：即从①的动作过渡到单脚支撑，然后做正面旋转动作。

2) 背向旋转投掷铁饼

这一练习方法同旋转部分。练习时可多做几次分解练习然后再做连贯动作。先在投掷圈外做，然后再到投掷圈内做。

(1) 握饼：要点同前面。握饼后做体前、体后摆动。幅度由小到大，培养学生控制铁饼的能力。

(2) 拨饼：铁饼放在左手掌上，右手握住铁饼，由小指到食指依次用力拨饼，使铁饼按顺时针方向转动。

6.6.2.4　掷铁饼练习方法

(1) 滚饼：两脚前后站立，左脚在前，两腿微屈握饼前后摆动，摆到体前时，重心移至右腿，随之由小指到食指依次用力，最后用食指将铁饼拨出。使铁饼平稳地向前滚动(图 6-53)。铁饼出手后着地点，应限制在 1m 左右，铁饼着地后直线向前滚动。

图 6-53　滚饼

(2) 持饼摆动：先学习左上右后摆饼法，然后学习身体前后摆饼的方法。要点同前面。

(3) 原地正面掷饼：两脚左右开立约一脚半至两脚距离，上体带动投掷臂向右后方扭转，重心靠近右腿，两腿微屈。然后蹬伸两腿和转动右髋，挺胸挥臂掷饼。

(4) 原地侧向掷饼：侧对投掷方向，两脚开立约一脚半至两脚距离，预摆后将饼掷出。动作顺序和要点同前面。

(5) 学习正面旋转投掷的技术：① 徒手做左腿支撑、右髋向前转扣的动作：两脚前后站立，左脚在前，重心在右腿上。然后右脚蹬地，重心移向左腿，以左脚前脚掌为轴向投掷方向转动，右腿以大腿带动小腿，右脚靠近地面，围绕左腿以大弧线向前转扣，右脚以前脚掌着地后，身体右侧(右髋、右肩)迅速转向投掷方向。② 徒手做右腿支撑旋转，接练习①的动作，左脚一着地，右腿做积极蹬转动作，右臂做掷饼动作。

(6) 学习侧向旋转掷饼：身体侧对投掷方向，两脚左右开立约一脚半至两脚的距离，两腿稍弯屈，预摆后，进入以左侧为轴旋转，左膝转向投掷方向，成正面旋转姿势，随后连接正面旋转到最后铁饼出手。

(7) 学习背向旋转掷饼：① 徒手做开始旋转的动作(预摆结束到重心移向左腿)：背对投掷方向，两脚开立一脚半至两脚宽，预摆结束进入旋转时，以左脚前脚掌为轴向左转动(要点同前面)。② 徒手做由背向进入单腿支撑的旋转(即与正面旋转的练习结合起来)。③ 背向旋转掷铁饼：动作同前面，练习时，可先在圈外，然后再在投掷圈内做。

6.6.2.5 易犯错误及纠正方法

(1) 预摆的节奏不好，摆动过快，幅度小。

纠正方法：预摆时，上体略微向右倾斜，肩部放松，以躯干带动投掷臂，大幅度向右后方摆动，动作要自然，放松而有节奏。

(2) 只用手臂力量投掷。

纠正方法：徒手多做用力顺序的模仿练习，体会下肢用力的肌肉感觉；右手扶肋木或拉同伴的臂，做出正确的预备姿势，然后右腿做迅速蹬转和送髋的动作；增强腿和腰、腹的力量。

(3) 原地投掷时，左肩后拉或左倒。

纠正方法：画出两脚站立的标志，要求学生站在标志上投掷；原地投掷时，要求左腿支撑用力和左肩制动；左肩高右肩低，右臂充分向外伸展，不要过早过多地向左侧转动。徒手练习时教师用手抵挡学生的左肩，使学生体会右肩向前的动作。

(4) 旋转时，向投掷方向移动过小。

纠正方法：进入旋转时，重心要移到左腿上，左腿主动转动和蹬地、右腿、右髋积极向前转扣。在地面上做标志，要求旋转后两脚落在标志上，以体会旋转向前相结合的肌肉感觉。

(5) 旋转中不是沿着投掷中线前进，落地部位偏向投掷中线的左侧或右侧。

纠正方法：背对肋木或墙相距 1.20m，预摆后以左侧为轴旋转，当左膝向肋木或墙方向时，右腿、右髋积极向前转扣，两手扶撑肋木或墙。画出标志，要求沿一直线进行旋转后两脚在标志上。

(6) 旋转过程中超越器械不够。

纠正方法：投掷臂摆向后方，及时把重心移向左腿开始旋转，以左脚蹬地的力量推动身体向投掷方向移动。两脚前后开立(左脚在前)，右脚前迈时，以左脚蹬地的力量推动身体向前，右脚落地时强调脚跟不着地，重心在右腿上，要不停顿地继续旋转，左髋、左腿积极转向投掷方向。两手持木棍或竹竿做旋转模仿练习，体会上肢放松的肌肉感觉，加强腰、肩的柔韧性练习。

(7) 旋转后，上体后仰，左脚落地过于偏左。

纠正方法：徒手或用带套的铁饼，预摆后进入以左侧为轴的旋转，待左膝转向投掷方向时，重心压在左腿上，旋转成单腿支撑时，强调左肩内扣，微收腹，两眼俯视投掷方向。

6.6.3 铅球

推铅球对增强体质，发展躯干、上肢、下肢力量效果明显。该项目在我国是学校体育教学和体育锻炼标准的主要内容之一。

6.6.3.1 背向滑步推铅球的技术

1) 握球和持球

握球时五指自然分开，手腕背曲。把球放在食指、中指和无名指根处，大、小拇指自然地扶在球的两侧，握球要稳。

握好球后把球放在肩上锁骨窝处，贴着颈部，手稍外转，掌心向前，右臂屈肘。持球和握球的方法，要根据个人的情况在实践中确定调整(图 6-54)。

图 6-54 握球方法

2) 预备姿势

背向滑步推铅球的技术有高姿势和低姿势两种。

(1) 高姿势。持球后，背对投掷方向，两脚前后开立，右脚在前，脚尖贴近投掷圈后沿，体重落在右腿上，左脚稍后，放松而自然弯曲，脚尖点地，距右脚 15～20cm。上体正直放松，持球臂肘低于肩，左臂自然上举微屈，形成左肩高、右肩低的姿势。两眼注视前方 5m 左右。

(2) 低姿势。持球后，背对投掷方向，两脚前后开立，右脚在前，脚尖贴近投掷圈后沿，左脚在后，前脚掌或脚尖着地，与右脚相距 50～60cm。上体屈，左臂自然下垂并稍向内，重心落在右腿上，两眼看前下方。

3) 滑步

滑步的目的是为了使器械获得一定的速度，并为最后用力创造良好的条件。

(1) 背向滑步技术。背向滑步前先做一两次预摆(根据个人的情况，有的不做预摆)，预摆时左脚离地左腿向后上方摆出，上体自然前俯，左臂自然前伸，然后左腿回收，同时弯曲右腿，上体前俯，当左膝回收靠近右膝时，身体重心略向后移，右腿用力蹬伸，右腿向抵趾板中间偏右方摆出。

右腿蹬离地面的方法有两种：一是右腿蹬直，以脚跟蹬离地面。这种方法对两腿的力量要求较高，蹬地力量大，效果比较好。二是右腿不完全蹬直，用前脚掌蹬离地面。这种方法较为省力、简单，初学者采用为适宜。

由于右腿的蹬伸和左腿的后摆，使身体向投掷方向移动，这时迅速收回到右腿的重心下面，右前脚掌在圆心处着地，与投掷方向成 90°～130°角移动中，右脚、右膝和右髋要向投掷方向转动，右脚的落地，左脚内侧支撑稍向外转，落地在抵趾板中线靠右处，两脚落地时间几乎同时。

滑步结束时，上体前倾左肩向右扣成扭转，重心落右腿上。铅球的投影点在右脚掌外侧。

(2) 侧向滑步的技术。滑步前预摆一两次(也可以不预摆)，预摆的方法是左膝微屈，大腿用力向投掷方向摆动，上体向右倾，当身体平衡后，左腿回摆靠近右腿。接着左大腿用力向投掷方向摆出，同时右腿用力蹬伸。当右腿蹬直后，迅速将小腿向投掷方向收拉，脚尖稍向内转动，并用前脚掌落在圆心附近。在收腿过程中，左腿积极下落，以前脚掌内侧落在中线稍偏左处，形成推球前的动作。

4) 最后用力和维持身体平衡

最后用力是推铅球的主要环节，当滑步结束时，左脚着地的一刹那开始的最后用力，在拉收右小腿的过程中，右膝和右脚向投掷方向转动，右脚着地后还要不停地蹬转，并推动右髋向投掷方向转动。由于右脚的蹬转，重心开始向左腿移动上体迅速向投掷方向抬起，加快了铅球的运行速度。此时身体和头转到几乎面对投掷方向，上体向右侧倾斜，左肩高于右肩，右腿继续蹬转，头和胸部快速转向投掷方向，重心移至左腿，迫使左腿微屈压紧支撑，并不停蹬伸支撑，快速将球推出，球从手指外翻拨出(图 6-55)。

图 6-55　推铅球

6.6.3.2　铅球的练习方法

1) 学习原地推铅球的技术

(1) 原地徒手做最后用力的模仿练习，可持轻重量实心球练习。

(2) 正面轻推铅球练习，体会下肢协调用力，结合上肢推球的动作，两脚平开与肩宽。

(3) 侧向原地推铅球,左侧正对投掷方向。

(4) 原地背向推铅球。

2) 学习滑步推铅球

(1) 圈外徒手滑步:① 摆动腿摆动练习,这个练习可拉住同伴的手和肋木练习,两脚前后开立,成预备姿势,摆动腿后摆,带动身体向投掷方向移动;② 在摆动腿摆动的同时(左),右腿蹬伸练习,注意蹬摆结合;③ 收拉右小腿,蹬摆结束,迅速收拉右小腿,形成最后用力;④ 徒手连续滑步,要求动作协调。

(2) 持球滑步。持球滑步从预备姿势开始做预摆和团身。

(3) 滑步推铅球和最后用力结合,反复练习。

3) 完整技术练习

在练习中既要注意动作的连贯,又要注意技术的细节。

6.6.3.3 易犯错误和纠正方法

(1) 滑步后身体重心不是置于右脚上,而是位于两脚之间。

产生原因:滑步时上体参与用力,没有保持适当前倾。右腿蹬地后收拉小腿不及时。

纠正方法:同伴拉住练习者的左手,做滑步练习。多做各种滑步练习。

(2) 推铅球时左肩后撤或上体左倒。

产生原因:左髋前送不充分。上体向前不够,左臂摆动路线不对。

纠正方法:推球时同伴在他的左后方一手顶其左肩,另一手推其右臀部。徒手做推铅球模仿练习,注意纠正左手的摆动路线。

(3) 球的出手角度过低。

产生原因:左腿支撑无力,推球时低头。

纠正方法:徒手模仿,要求练习者的推球手触到头前上方的标志。左脚踏稍高处推球,要求在体重移向左腿后,左腿蹬直。推球时抬头挺胸,将球推过一定高度的横杆。加强腿部力量练习。

(4) 滑步后动作停顿。

产生原因:左脚落地不积极,右脚不能迅速蹬转送髋,腿部力量差。

纠正方法:练习者直立后上体前俯,同时右腿弯曲,左脚后撤一步,左脚着地时右脚立即蹬转送髋。发展下肢力量。

(5) 推球时只用手臂力量,不能充分发挥下肢和腰背肌的力量。

产生原因:用力顺序不明确,身体各部分动作不协调。最后用力前的动作不正确。想很快地做推球动作,造成投掷臂过早用力。

纠正方法：明确用力顺序。做分解练习，保证在最后用力前姿势正确。同伴在练习者前面用左手推住其右手，让其先蹬地转髋再抬起身体做推球动作，防止过早用手臂推球。

6.7 运动规则与赛事

6.7.1 场地器械

国际国内比赛使用标准场地是 400m。一般有 8 条跑道，每条道宽 1.22～1.25m，两条道之间为 5cm 宽的分道线。比赛是按逆时针方向进行。

田赛场地的布局，一般是跳高区在北曲端；跳远、三级跳远、撑杆跳高的助跑道及沙坑(海绵坑)尽可能设置在东、西跑道以外；铅球区设在南曲端；铁饼和标枪的投掷方向从南向北或从北向南均可。

成人比赛使用器械的重量如下：男子铅球 7.26kg，女子铅球 4kg；男子标枪 800g，女子标枪 600g；男子铁饼 2kg，女子铁饼为 1kg；男子链球为 7.26kg。

6.7.2 成绩的计量

6.7.2.1 田赛成绩的计量

田赛成绩是以米(m)、厘米(cm)为计量单位计量的。跳高、撑杆跳高、跳远、三级跳远、推铅球等项目是以 1cm 为最小计量单位。铁饼、链球、标枪等项目是以 2cm 为最小计量单位。跳高、撑杆跳高成绩的丈量应从地面到横杆上沿的最低点垂直丈量。跳远、三级跳远是从起跳线和起跳线的延长线成直角丈量至身体任何部分着地的最近点。铅球、铁饼、链球、标枪成绩的丈量，要从器械着地的最近点至圆心直线丈量，以最近点到投掷圈内沿(或抵趾板内沿，起掷弧内沿)之间的距离为有效成绩。

6.7.2.2 径赛成绩的计量

径赛成绩是以小时、分、秒、十分之一秒、百分之一秒计量的，人工计时的最小计量单位是十分之一秒。电动计时是以百分之一秒计算，径赛成绩的计量是从发令员鸣枪开始到运动员的躯干触及终点线后沿垂直面为止。

6.7.2.3 全能运动成绩的计量

全能运动的成绩是按各单项比赛的最优成绩，查全能评分表按各项得分之和计算成绩。

6.7.2.4 成绩相等时的裁判

(1) 径赛中出现成绩相等，如关系到是否能进入下一赛次，应尽可能将成绩相等的运动员编入下一赛次，否则，应令其重赛。决赛中出现第一名成绩相等，裁判长有权决定安排这些成绩相等的运动员重新比赛。如不重赛，原成绩有效。其他各次成绩相等时，则并列。

(2) 田赛项目中的成绩相等，如在跳高和撑杆跳高中出现成绩相等时，在出现成绩相等的高度中，试跳次数较少者名次列前；如仍相等，在包括最后高度在内的全部试跳，试跳次数较少者名次列前；如仍然相等并涉及第一名时，则令成绩相等的运动员在其共同失败的高度上，每人再跳一次。如果仍不能判定时，则将横杆升或降：跳高为 2cm，撑跳为 5cm，成绩相等的运动员在每个高度上试跳一次，直到决出名次为准。如在远度项目中成绩相等时，应以次优成绩判定名次。如次优成绩仍相等，则以第三优成绩判定，余类推。如仍相等并涉及第一名时，则令成绩相等的运动员进行新的一轮试跳、试掷直到决出名次为准。

(3) 在全能运动比赛中成绩相等，如在全能比赛中出现成绩相等，则以在较多单项中得分多者为优胜。如仍不能决出名次，则以任何一个单项得分高者为胜。

6.7.3 比赛中犯规

6.7.3.1 田赛中的犯规

在田赛比赛中运动员必须按时检录，按规定佩戴号码布，还必须按规定的时间内完成试跳或掷。在跳远和三级跳远比赛中出现下列情况，则判运动员试跳失败。助跑或起跳时身体任何部分触及起跳线以外地面，从起跳板两端以外起跳；落地过程中触及落地区以外地面，而落地区外的触及点较落地区落地点离起跳线近；完成试跳后向后走出沙坑；采用任何空翻姿势。跳高比赛中运动员碰落横杆，或在越过横杆之前，身体任何部分触及立柱之间，横杆延长线垂直面以外的地面或落地区，判为试跳失败。在撑杆跳高比赛中，运动员试跳时碰落横杆。越过横杆以前，运动员身体和撑杆触及插斗前臂上沿垂直面以外的地面，包括落地区。起跳后，将原来握在下方的手移握到上方的手上或原来握在上方的手更向上移握，都判为试跳失败。在铅球、铁饼、链球比赛中，如触及投掷圈上沿(抵趾板上沿)，或触圈外地面。器械落在落地区角度线以外或压在角度线上。完成投掷后从前半圆退出圈外。采用不符合规定的方法将器械掷出，都判为犯规。在投掷标枪时，运动员触及起掷弧或起掷弧以外的地面。标枪落在落地区角度线以外或落在角度线上，标枪落地时枪身的其他部分先于枪尖落地，旋转助跑，或助跑时没有持枪在肩上将标枪掷出，均为犯规。

6.7.3.2 径赛中的犯规

在发令员鸣枪前或鸣枪的同时起跑，判为起跑犯规。第二次起跑犯规，即取消比赛资格；全能项目为三次。在分道跑或部分分道跑中，运动员跑出自己的跑道，影响其他运动员或获利，判为犯规。

在跨栏跑中有意识推倒或踢倒栏架，或腿从栏外跨过，判为犯规。在接力跑比赛中掉棒后不是自己捡起；没有在接力区内完成交接棒（以接力棒的位置为准）；交接棒时有抛掷现象；交完棒退出现跑道时影响其他运动员，均判为犯规。另外运动员参加竞赛时必须按时记录，按规定佩戴号码布。

7 球类运动

7.1 篮球

7.1.1 篮球运动简介

篮球是指用球向悬在高处目标进行投准比赛的球类运动，由于最初是用装水果的篮筐作投掷目标，故称“篮球”。

篮球是用皮、橡皮或合成物质制成、内装皮胆、圆周 75～78cm、重 600～650g。球场长 28m，宽 15m，两端中央设置篮架，架上装有篮板，板上安一金属圈，离地 3.05m，圈上挂网，作球篮。比赛分两队，每队五人，前锋，中锋，后卫各尽其责。运动员按一定规则运用传球、运球、投篮及抢截等技术和战术，相互攻守，以全场得分多者为胜。篮球技术战术比较复杂多样，要求积极主动，勇猛顽强，快速灵活，全面准确，有高度的协作精神。

7.1.2 篮球运动发展概况

篮球是 1891 年由美国马萨诸塞州普林尔德(春田)市基督教青年会训练学校教师奈史密斯博士创造的。起初他将两只桃篮分别钉在健身房内看台的栏杆上，桃篮口沿距离地面 3.05m，用足球作比赛工具，向篮投掷。投球入篮得 1 分，按得分多少决定胜负。每次投球进篮后，要爬梯子将球取出重新开始比赛。以后逐步将栏改为活底的铁篮，再改为铁圈下面挂网。到 1893 年，形成近似现代的篮板、篮圈和篮网。

最初的篮球比赛，对上场人数，场地大小，比赛时间均无严格限制，只规定双方参加比赛的人数必须相等。比赛开始，双方队员分别站在两端线外，裁判员鸣哨并将球掷向球场中间，双方跑向场内抢球，开始比赛。持球者可以抱着球跑向篮下投篮，首先达到预定分数者为胜。1892 年，奈史密斯制定了 13 条比赛规则，主要规定是不准持球跑，不准有粗野动作，不准用拳击球，否则即判犯规。连续三次犯规判负一分；比赛时间规定为上、下半时，各 15min；对场地大小做了规定。上场比赛人数逐步缩减为每队 10 人、9 人、7 人，1893 年为每队上场人数为 5 人。1904 年美国制定了全国统一的篮球规则，并用多种文字出版，发行于全世界，这样，篮球运动逐渐传遍了美洲、欧洲和亚洲，成为世界性运动项目。

篮球运动于1896年前后传入我国，先在天津、北京、上海、广州等地的基督教青年学会中传播，后来逐渐扩大到支委会学校和一般学校。

1910年在南京举行的首届全国运动会上，男子篮球被列为表演项目，参加表演的有天津、北京联队和上海队。1913年华北体育联合会把篮球列为正式比赛项目，同年，由中国、日本和菲律宾组织的远东运动会也把篮球列为正式比赛项目，从而开始了国际交流活动。1930年第四届全国运动会上，女子篮球被列为正式比赛项目。1933年，上海两江女子体育学校篮球队去日本访问比赛，这是旧中国女子篮球唯一的一次国际交流活动。

1896～1948年全国没有举行过大规模的专门篮球比赛活动。参加国际比赛共12次(10次远东运动会，2次奥运会)。那时候，我国篮球运动的水平低，技术发展缓慢，打法单调，一场比赛经常只有二三十分。

新中国成立后，篮球运动的发展比较迅速，广泛在工厂、学校、机关、部队和广大农村都开展了篮球运动。1951年起举行全国比赛。1954年建立了全国联赛的竞赛制度。1956年改为甲、乙两级的升降级制度，1957年试行了运动员、教练员和裁判员的等级制度，在这期间还通过加强国际交往来促进中国篮球技术的提高。到1959年举行第一届全国运动会，当时中国男、女篮球队已接近世界水平。1959年后，中国国家男、女队，解放军队和一些省、市强队，先后战胜过处于世界水平的青年女队，解放军队分别于1960年、1961年、1966年社会主义国家友军和公安军篮球比赛中获冠军。在十年动乱停滞几年后，重新开始组织和训练青少年运动员，1976年以后全国的训练和比赛活动逐渐全面恢复，除每年举行全国联赛外，还加强了国家队和青年队的训练工作以及国际交往，在1977年世界大学生运动会篮球赛获第五名，男队连续在第8、9、11届和12届亚洲篮球锦标赛上获得冠军，取得了代表亚洲参加奥运会和世界篮球锦标赛的资格。1978年，中国男队第一次代表亚洲参加第八届世界男子篮球锦标赛获第11名。1982年，中国女队获世界女子篮球锦标赛亚军，1984年23届奥运会，中国女队荣获第三名，成为世界强队之一。

篮球运动是由跑、跳、投等动作所组成的一项快速、激烈、综合性的运动。经常参加篮球运动，能促进学生速度、灵敏、力量、耐力、柔软性等身体素质的发展。提高中枢神经系统的灵活性，增强心脏、血管、呼吸、消化系统的功能，促进肌肉和骨骼的生长发育，使身体得到全面发展。

篮球运动是个集体项目，并具有强烈的竞赛性和对抗性，要在瞬息万变的情况下激烈地争夺。因此，能培养人们团结协作，互相配合的集体主义精神和勇敢顽强、机智果断等优良品质。

综上所述，在高等学校广泛、经常地开展篮球运动，对学生锻炼身体，增强身心健康，活跃课余生活，提高学习效率起着良好的作用。

7.1.3 篮球基本技术

篮球技术分进攻与防守两大部分。进攻技术有传接球、投篮、运球、持球突破等；防守技术有防守对手、抢、打、断球等。无论进攻与防守技术，都含脚步移动和抢篮板球技术。

7.1.3.1 移动

移动技术是通过各种快速、突然的脚步动作，达到进攻时摆脱防守，防守时防住对手，以争取攻守主动的一种手段。移动技术包括走、跑、跳、急停、转身、滑步等动作。

掌握运用好移动技术的关键在于控制好身体重心的平衡和变化，以便及时、快速、突然地改变身体的方向和位置。

1）基本站立姿势

基本站立姿势是队员在球场上经常保持的一种既稳定又能突然起动的站立姿势。

动作要领：两脚前后或左右开立，距离与肩同宽，膝稍屈，身体重心支撑点落在两脚前脚掌，上体稍前倾，抬头、收腹、含胸、两臂稍屈肘自然置于体侧，目视前方。

2）跑

跑是队员在场上改变位置，加快速度的重要方法。要经常变换速度，改变方向，并做出急停、起跳、转身或支配球的动作。

（1）侧身跑：跑动时为了观察场上情况，并随时准备接侧后方传来的球而经常采用的跑动方法。

动作要领：脚尖朝着跑动方向，头部和上体向球的方向扭转，侧身，上体和两臂放松，随时观察场上情况。

（2）变向跑：是队员在跑动中突然改变方向的一种脚步动作。

动作要领：以右向左变向跑为例，队员跑动中最后一步用右脚前脚掌制动，同时脚内侧蹬地、屈膝、脚尖稍向内扣、腰部随之左转，重心左移，上体稍前倾，同时左脚向左前方跨出一小步，右脚再迅速向左腿的侧前方跨出一大步，加速跑动。

（3）变速跑：它是队员在跑动中利用速度变换来完成攻守任务的一种方法。动作要突然、衔接、紧凑、自然。

动作要领：加速时上体稍前倾，前脚掌短促有力地蹬地，前两三步短小急速。减速时上体稍直立，步幅稍大，前脚掌用力抵地，减缓重心前移，从而降低跑速。

3）跑的练习方法

(1) 分两组同时听、看信号徒手做全场侧身跑练习。

(2) 利用篮球场内三个圆圈做侧身跑练习。

(3) 两人一组，一攻一守，徒手练习变向跑，防守者积极防守，提高攻守移动技术。

(4) 根据教师的手势或其他信号，做变速跑、变向跑。

(5) 做后退跑——加速跑——侧身跑——变向跑等跑动的综合练习。

4）急停

急停是队员在跑动中突然制动速度的一种动作方法，是衔接其他技术动作和摆脱对手的有效方法。急停包括：跨步急停和跳步急停两种。

(1) 跨步急停。动作要领：在快速跑动急停时，先向前跨出一大步，用脚跟先着地并过渡到全脚抵住地面，屈膝，同时身体稍后仰，后移重心。然后跨出第二步，身体稍侧转，屈膝，脚尖稍向内转，用脚前掌内侧着地，上体稍前倾，重心放在两脚之间，两臂屈肘自然张开帮助控制身体平衡。

(2) 跳步急停。动作要领：急停时用单脚或双脚起跳，上体稍后仰，两脚平行或前后同时着地，略比肩宽。屈膝，重心在两脚之间，两臂屈肘时微张，保持身体平衡。

(3) 急停的练习方法：① 慢跑或中速跑中做跨步急停和跳步急停。② 直线快跑中做跨步急停和跳步急停。③ 快跑中听信号或看信号做跨步急停。④ 运球中急停后传球、急停急起、急停跳起传球。⑤ 运球急停跳起投篮。

5）转身

转身是利用身体的转动，来改变站立的位置和方向，以利进攻或防守的方法。转身有前转身和后转身两种。

(1) 前转身：移动脚向中枢脚前的方向跨步，使身体改变方向的叫前转身。

动作要领：转身时，身体重心移到中枢脚上，以前脚掌用力辗地，用移动脚的脚前掌内侧蹬地，以肩带腰转动，使身体向中枢脚(脚尖方向)移动，降低重心保持身体平衡。

(2) 后转身：移动脚向中枢脚后的方向跨步，使身体改变方向的叫后转身。

动作要领：转身时，身体重心移到中枢脚上，以脚前掌用力辗地，用移动脚的脚前掌内侧蹬地，同时用力向后方向转髋转肩。脚蹬地后，迅速从脚后面跨步落地。

(3) 转身的练习方法：① 原地持球或不持球做跨步、前后转身练习。② 跑动中急停或接球急停做转身后继续跑进或运球练习。③ 跑动中或运球中连续做后转身练习。④ 助跑起跳落地做前、后转身 180°起动跑练习。⑤ 结合侧掩护做抢位后的后转身练习。

7.1.3.2 传、接球

传、接球是篮球运动的重要技术之一。全面地、熟练地掌握传、接球技术，能充分发挥集体力量，是实现战术配合的具体手段。

1）传、接球的分类

（1）双手胸前传球。

动作要领：身体成基本站立姿势。两手五指自然分开，拇指相对成八字形，用指根以上部位传球，手心空出。两肘自然弯曲，将球置于胸前。传球时后脚蹬地，身体重心前移的同时，小臂迅速向传球方向前伸，拇指用力，手腕外翻，用拇指、食指、中指力量将球传出（图 7-1）。

图 7-1 双手胸前传球动作要领

接球时，两眼注视来球，两臂伸出迎球，手指自然分开，两拇指成八字形，手指向前上方，两手成一个半圆形。当手指触球后，两臂随球后引缓冲来球的力量，两手握球于胸腹之间。保持身体的平衡，做好传球、投篮或突破的准备。

（2）单手肩上传球。

动作要领：以右手传球为例。双手持球于胸前，两脚前后站立，左脚在前，左肩对着传球方向，将球引至右肩，右手执球，肘关节外展，右手腕后仰，右手托球，重心落在右脚上。传球时，右脚蹬地，转体，前臂迅速向前挥摆，手腕前屈，通过食指、中指拨球将球传出。球出手后身体重心随之移到左脚上（图 7-2）。

图 7-2 单手肩上传球动作要领

(3) 单手体侧传球。

动作要领:以右手传球为例。两脚开立,两腿微屈,双手持球于胸前,传球时,右手持球后引,经体侧向前作弧线摆动,手腕前屈,用食指、中指的力量拨球,将球传出(图 7-3)。

图 7-3 单手体侧传球要领

2) 传、接球的练习方法

(1) 原地做双手胸前或单手肩上传球模仿练习。

(2) 两人一组一球,相距 5m,原地对面做双手胸前传球练习。

(3) 两人一组一球,相距 6m,做单手肩上传球练习。

(4) 对墙做传接球练习。

(5) 两人一组一球,一人持球向另一人前、后、左、右方向传球,另一人移动接球,两人交替进行。

(6) 队员成二路纵队,迎面站立,排头队员做传接球后,迎面跑动练习,依次进行。

(7) 半场或全场三角、四角、五角形做传接球练习。

(8) 两人一组一球做行进间双手胸前传球练习。

(9) 全场移动传、接、投练习。

(10) 三对三、四对四半场攻防传接球练习。

7.1.3.3 投篮

投篮是进攻队员将球投入篮圈而采用的各种动作方法的总称。

1) 投篮技术

投篮技术是由多个环节组合而成的,主要包括:持球方法、瞄准点、出手的力量、速度与角度、球的旋转、抛物线。各环节必须正确连贯。其中出手的力量、速度与角度,是投篮技术的关键。

投篮技术动作很多,但按手法可分单手和双手两种,它们可以在原地、行进间和跳起空中完成;也可以按手型手法分高(上)手、低(下)手、反手、勾手投篮。无论运用哪种投篮方法,除技术动作正确外,还要善于捕捉投篮时机,并具备良好的心理素质。

(1) 双手胸前投篮。

动作要领:双手持球于胸前,肘关节自然下垂,两脚前后或左右开立,两膝微屈,重心落在两脚上,眼睛注视瞄准点。投篮时,两脚蹬地,两臂随着身体向前上方伸展,前臂内旋,手腕前屈,食、中指用力拨球,通过指端将球投出,脚跟稍提起(图 7-4)。

图 7-4 双手胸前投篮

(2) 原地单手肩上投篮。

动作要领:以右手投篮为例。右手五指自然分开,手腕后翻,用手指指根以上部位持球,手心空出,左手扶球的左侧,右臂屈肘,置球于右肩上。前臂与地面接近垂直,两脚左右或前后开立,两腿微屈,重心落在两脚上。投篮时,下肢蹬地发力,右臂向前上方伸直,手腕前屈、食、中指用力拨球,通过指端将球投出。球出手时身体随着投篮方向自然伸展,两脚跟微提起(图 7-5)。

图 7-5 原地单手肩上投篮要领

(3) 行进时单手低手投篮。

动作要领:以右手投篮为例。右脚跨出一大步的同时,双手接球置于右侧保护，接着左脚跨出一小步用力蹬地起跳，右腿屈膝上抬，双手向前上方举球，当身体接近最高点时，左手离球，右手外旋，掌心向上托球，尽量伸向篮筐，用挺肘压腕的柔和动作，靠食、中指用力拨球，通过指端将球投出(图 7-6)。

图 7-6　行进时单手低手投篮要领

(4) 原地跳起单手肩上投篮。

动作要领：以右手投篮为例。两手持球于胸前，两脚前后或左右开立，两腿微屈，重心落在两脚上。起跳时，前脚掌迅速有力蹬地向上起跳，双手举球于右前上方，右手托球，左手扶球的左侧方，当身体腾空接近最高点时，左手离球，右臂向前上方伸展，手腕前屈，食、中指拨球，通过指端将球投出，落地时屈膝缓冲。

2) 投篮的练习方法

(1) 徒手做投篮模仿性练习。体会动作，掌握正确的技术动作。

(2) 持球练习。两人一组，相距 4m，面对面站立，做单手肩上投篮或双手胸前投篮动作练习。互相可以纠正错误动作。

(3) 定点投篮练习。队员排成一路纵队，站在罚球线后做原地单、双手投篮练习。

(4) 两人一组跳投，自投自抢，抢篮板球后，将球传给同伴投篮，自己跑到投篮地点。

(5) 两人一组，做 4～6m 不同角度的投篮练习。

(6) 运球急停跳投或行进间单手低手投篮练习。

(7) 行进间传接球跳投或单手低手投篮。

(8) 规定次数、时间、距离的运、传、投练习。

(9) 多球投篮练习。

(10) 利用传切、突分、掩护、策应等配合的投篮练习。

7.1.3.4　运球

运球是指球队员在原地或移动中，用手连续拍借助地面反弹起来的球的动作。

运球是控制支配球、组织进攻、突破防守、发动战术配合的一项重要技术。运球技术的关键是手对球的控制能力，脚步移动的熟练程度以及手脚的协调配合。

1）运球技术

（1）高运球。

动作要领：运球时，两腿微屈，目平视，手用力向前下方推按球，把球的落点控制在身体侧前方，使球的反弹高度在胸腹之间，手脚要协调配合，使球有节奏地向前运行。

（2）低运球。

动作要领：运球中遇到防守时，两腿迅速弯屈，重心降低，上体稍前倾，用手短促地按拍球，使球反弹的高度在膝关节以下，用上体和腿保护球，以便更好地控制球和摆脱防守继续前进。

（3）运球急停急起。

动作要领：运球急停时，降低重心，运球要低，拍按球的上方，使球垂直反弹，注意保护球。突然起动时，重心前移，运球手同侧脚的前脚掌偏内侧用力蹬地，拍按球的后上方，利用起动速度超越防守。

（4）体前变向换手运球。

运球队员从对手右侧突破时，先向对手左侧变向运球，当对手向左侧移动时运球队员突然向他的右侧变向。变向时，右手按拍球的右后上方，使球从自己身体的右侧拍向左侧前方，同时，右脚向左前方跨出，上体向左转，用肩挡住对手，然后换左手按拍球的后上方，左脚跨出，从对手的右侧突破。换手时，球要压低，动作要快。

（5）运球转身。

动作要领：以右手运球为例。当对方靠近自己的右侧时，左脚在前做中枢脚，右手向后拉球转身，将球拍至左侧，同时撤右脚，并贴近防守者落地，脚尖指向前进方向，换左手运球继续加速前进。

2）运球练习方法

（1）一人或两人一球，在原地做高运球或低运球。熟悉球性，体会基本动作。

（2）一人或两人一球，抬头看前方做原地运球；听哨音或看信号交替做高运球、低运球。

（3）原地做前、后、左、右运球练习，增强手对球的感应和控制能力。

（4）离墙 0.5m 左右，用左、右手对墙做拍球练习。

（5）全场行进间直线或曲线运球练习。

（6）听、看信号做急停急起运球练习。

（7）场地上划 3～5 条线，快速运球到标志线急停，原地拍球三次，突然起动，到下一线再急停急起，依次进行。

(8) 两人一组,一运一防,攻守对抗性练习。

(9) 全场设障碍物 6～8 个,运球到障碍物时做后转身运球练习。

(10) 运球、传球、投篮综合练习。

7.1.3.5 持球突破

持球突破是持球队员运用脚步动作同运球相结合的快速超越防守人的一项攻击性很强的技术。它由蹬跨、转体探肩、放球、加速几个技术环节组成。

1) 篮球持球突破技术

(1) 交叉步突破。动作要领:以右脚为中枢脚为例。两脚左右开立,两腿弯曲,身体重心降低,持球于胸腹之间。突破前先瞄篮或做向左晃的假动作,诱使防守者左移,然后用左脚前掌内侧用力蹬地,并迅速向右前方迈出一大步,上体右转,左肩前探下压,把球置于右侧,中枢脚用力蹬跨,右手运球超越对手。

(2) 同侧步突破。动作要领:以左脚为中枢脚为例。突破前的姿势和要求与交叉步相同。突破时右脚向右前方跨出一大步,向右转体探肩,重心前移,右手运球,左脚前脚掌蹬地,向右前方跨出,突破防守,加速前进。

2) 突破的练习方法

(1) 原地持球突破练习,掌握交叉步和同侧步突破的动作方法,以及在突破时身体各部的协同配合。

(2) 向前、侧方抛球,然后跳步接球急停突破练习。

(3) 两人一组,一对一持球突破练习。

(4) 二攻二,三攻三,运、传、突破综合练习。

7.1.3.6 防守对手

1) 防守

(1) 防无球队员:在一场比赛中,防守队员 70%～80%防的是无球队员。因此,防好无球队员,不让或少让其在有效攻击区接球,破坏阻挠其进攻路线,干扰、抢断传向自己所防队员及传越自己防区的球,是整体防守成功的关键。

动作要领:首先要抢占人球兼顾的位置。站在对手与球篮之间偏向有球一侧的位置上。做到近球者紧,远球者松,松紧结合。防离球近(强侧)的对手,采用面向对手,侧向球的站法。前脚一侧的手臂扬起来封锁接球路线,异侧脚堵截对手摆脱移动的路线。防离球远(弱侧)的对手,采用面向球、侧向对手的平行站立姿势。两臂张开,尽量扩大防守面积,随时准备断球和协防。防移动队员(空切)时,要注意观察进攻者的意图,积极移动、抢占有利位置,堵截其摆脱路线,不让其在有利位置上接球,还要果断协防,破坏对方的战术配合。

(2) 防有球队员:防有球队员的任务是干扰、破坏其投篮,堵截运球突破路线,封锁助攻传球路线,抢、打、断球,获得控球权。

动作要领:当对手接到球后,防守位置要立即调整到对手和球篮之间。对手离球篮近防守者离对手也近,对手离球篮远则远;并根据对手的技术特点和意图,以及防守战术的需要而有所调整。

面对善于切入的队员,防守要两脚平行站立,两臂侧伸挥摆。对手若长于投篮,则要斜前站立,一手向斜上方伸,另一手侧伸。无论防守什么技术特长的有球队员,都要及时抢占持球者与球篮之间一线的位置,善于判断对手的假动作和真实意图,决不要轻易跳动,同时伺机进行抢、打、断球,及时组织反攻。

2) 防守的练习方法

(1) 防无球队员:① 半场或全场徒手一防一练习;② 固定球的位置,进行防无球队员的各种脚步动作练习(防纵切、横切、溜底线、策应);③ 一防二练习。两进攻队员互相传球,防守者随球的转移练习防无球队员的位置和距离的选择变化;④ 半场或全场的二防二练习。防守者随球的转移,练习防无球队员的方法及两人协作的配合;⑤ 三防三练习。在接近比赛的条件下,练习防无球队员的方法及战术配合意识,培养队员的防守能力。

(2) 防有球队员:① 半场或全场一对一攻防练习。有球队员运用各种进攻动作,防守队员随之前、后、左、右移动,进行选择防守位置和距离练习;② 一对一防运球和突破练习。防守队员要防住进攻队员的进攻,并合理利用抢、打、断球技术;③ 一防二练习。主要练习防守有球队员时的位置与距离的选择与调整;④ 二防二、三防二练习。练习防守有球队员时的选位及平步、斜步防守动作;⑤ 在教学比赛中结合训练,练习防守有球队员的方法,并与防守无球队员的方法结合进行。

7.1.4 基本战术

篮球战术是比赛中队员个人技术的合理运用,并能根据对方的具体情况,有组织地充分发挥全队智慧和协同配合的特定的组织形式。任何战术目的都是为了制约对方,力争主动,以己之长攻彼之短,争取胜利。

篮球战术包括进攻与防守两大部分。

7.1.4.1 进攻战术介绍

1) 快攻

快攻是由守转攻时,以最快的速度、最短的时间争取人数上造成以多打少的优势,或趁对方立足未稳时,果断地进行攻击的一种速决战术。快攻有长传快攻、短传结合运球推进快攻两种类型。

(1) 长传快攻:这种快攻形式通常称为长传偷袭快攻。当队员在后场获球后,由一、两个快下突击队员迅速摆脱对手,接同伴的长传球上篮(图 7-7),当中锋⑤获球后,用一次长传球给快下的前锋⑥和④。

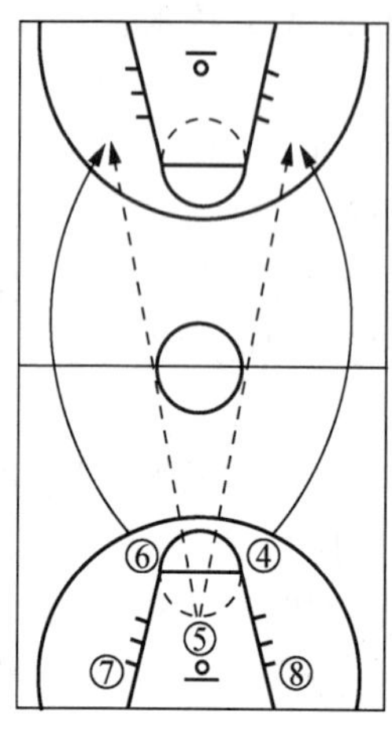

图 7-7 长传快攻

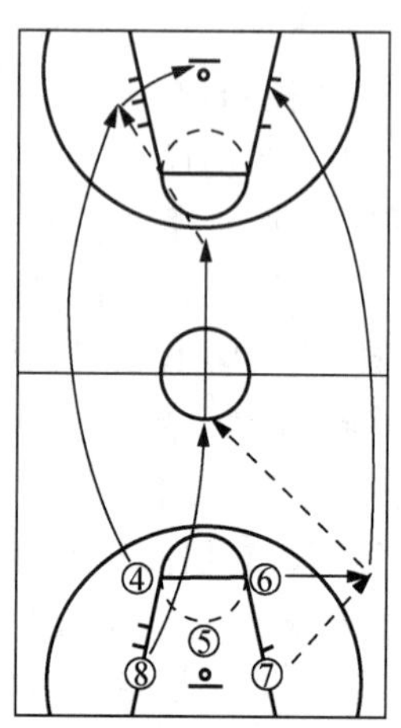

图 7-8 短传结合运球推进的快攻

o为进攻队员;△为防守队员;→为队员移动路线;……为传球路线;→为运球移动;→为投篮

(2) 短传结合运球推进的快攻:这种快攻形式是在队员获球后,通过队员间有组织的快速移动和运用短距离传球、运球,逼近对方篮下进行攻击的一种配合(图 7-8),当队员⑦获球后,⑥拉向边线接应第一传,然后传给插上的⑧,⑧从中路运球推进,并传球给快速冲向篮下的④上篮。

2) 进攻战术基础配合

进攻战术基础配合是两三个进攻队员之间有目的、有组织协调行动的方法。它包括传切配合、突分配合、掩护配合、策应配合等形式。

(1) 传切配合:是进攻队员之间利用传球和切入技术组成的简单配合(图7-9),④传球给⑤后,立即摆脱对手△4向篮下切入,接⑤的回传球投篮。

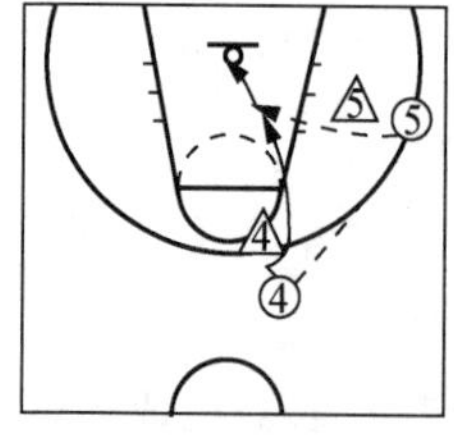

图 7-9 传切配合

图 7-10 突分配合

(2) 突分配合:是持球队员突破时,利用传球与同伴配合的方法(图 7-10),⑤从防守者的左侧突破,并吸引⚠上来和⚠"关门"防守。此时⑦及时跑到有利的进攻位置上去接⑤传来的球投篮。

(3) 掩护配合:是指进攻队员选择合理的位置,用自己的身体以合理的技术动作,挡住同伴的防守队员的移动路线,使同伴借以摆脱防守而获得进攻机会的一种配合方法。掩护配合由于掩护位置和方向的不同,可分为前、侧和后掩护三种。下面主要介绍侧掩护。

做俺护的队员站在同伴的防守者的侧面(稍偏后一些),用身体挡住他的移动路线,使同伴得以摆脱,叫侧掩护(图 7-11),⑤传球给④后路到⚠的侧后方做掩护,④利用这一机会,持球突破上篮。⑤掩护后利用后转身跟进篮下抢篮板球。

(4) 策应配合:是指处于内线的队员背对或侧对球篮接球,由他作枢纽,与外线队员的空切相配合而形成的一种里应外合的方法(图 7-12),⑤将球传给④后,向底线做切入的假动作,突然摆脱⚠跑到罚球线后接④的传球做策应。④传球后立即摆脱⚠跑到⑤面前接球跳投或上篮。

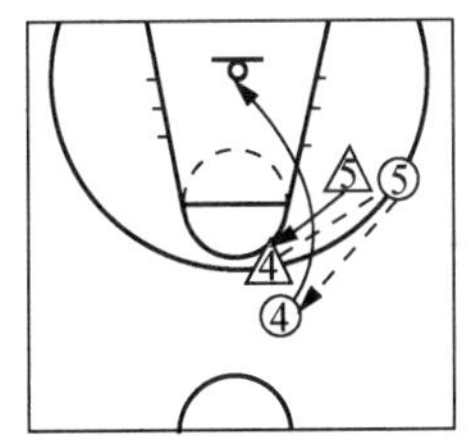

图 7-11 侧掩护

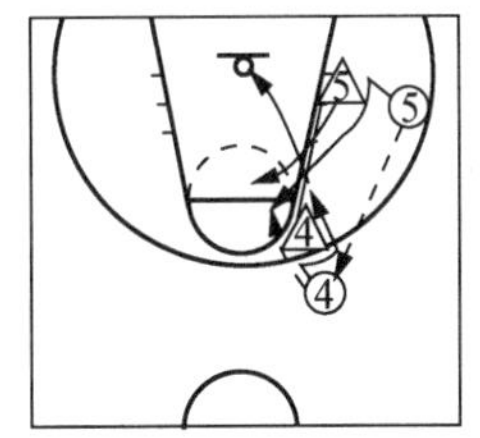

图 7-12 策应配合

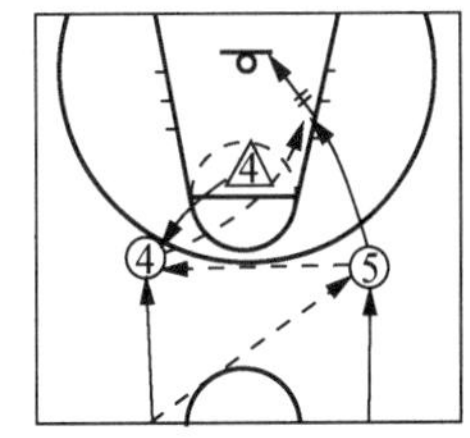

图 7-13 攻一 配合

(5) 二攻一配合:是快攻推进到前场,最后完成攻击的配合方法之一(图7-13),④、⑤利用快传球吸引防守者⚠,当⚠向接球队员④身前移动进行阻挠时,④可迅速传球给向篮下切入的⑤投篮。

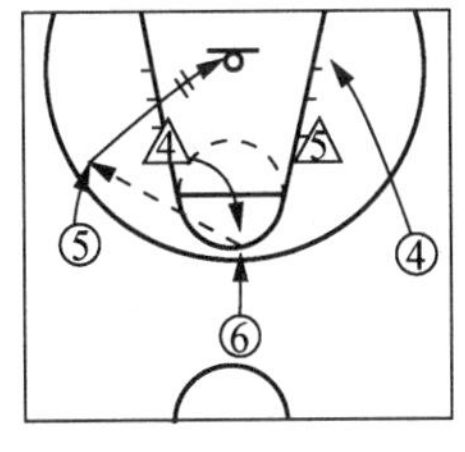

图 7-14 三攻二配合

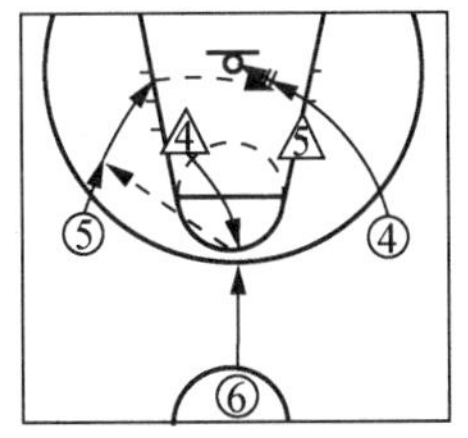

图 7-15 切入接应

(6) 三攻二配合:是快攻结束阶段配合方法之一(图 7-14),⑧中间运球突破时,如⚠向前堵截,则将球传给左侧的⑤上篮,④从右侧切入接应(图 7-15),如⚠退回补防⑤，则⑤将球传给④上篮。

3）进攻区域联防

应根据联防的特点和规律，尽量避免成一对一阵形，针对其薄弱环节，在局部地区创造以多打少的局面。并结合本队具体情况，确定进攻重点，组织针对性的进攻战术。常采用"1—3—1"、"1—2—2"、"2—1—2"、"2—3"等进攻队形。

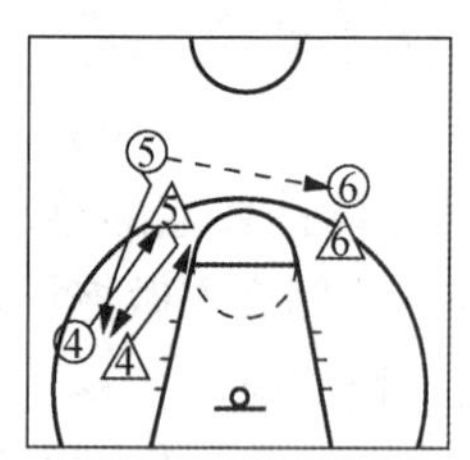

图 7-16 进攻队形

"1—3—1"进攻队形是进行联防最基本的队形。这种队形队员分布面广，攻击点多，便于内外联系，左右配合，有利于组织抢篮板球和保持攻守平衡。以进攻"2—1—2"区域联防为例，图 7-16 中④、⑤、⑥和⑧占据了防守的薄弱区域，在正面或两侧形成以多打少的有利局面。如果组织三角攻势的配合，⑥传球给④，同时中锋⑤移动到右侧内中锋位置。这就与④和⑦形成三角攻势。⑤的移动起着中区策应的作用。要求快速移动攻击，扩大攻击区，球动人动，提高中、远距离投篮命中率，大胆灵活地运用中区策应、传切、突破、掩护或插入等进攻配合进行攻击。

7.1.4.2 防守战术介绍

1）防快攻

防守快攻的宗旨应该是采用一切手段制约对方的进攻速度，为本队防守争取时间。防守快攻的方法很多，常采用努力提高进攻成功率，拼抢前场篮板球，尽量减少失误来降低对方发动快攻次数。封第一传，堵接应点，乃是制止对方发动快攻的关键，退守时，控制对方推进速度，堵截中路运球突破，卡住两边快下队员，同时注意提高以少防多的能力，破坏对方快攻的成功率。

2）防守战术基础配合

这是两三个防守队员之间利用合理的站位和移动，抢占有利的防守位置，防住对手所采用的协调防守方法。它包括挤过、穿过、绕过、交换、关门、夹击防守和补防等配合。

（1）挤过配合：是当对方进行掩护时，防守者在掩护队员临近自己的一刹那，积极前跨一步，靠近自己防守的对手，并从两个进攻队员之间侧身挤过，继续防住自己的对手的方法。如图 7-17 所示，当④传球给⑤去给⑥做掩护时，△4应及时提醒△6，△6在掩护者临近的一刹那，迅速前跨一步靠近⑥，并从⑥和④之间侧身挤过去，继续防住⑥。此时△4应向后撤，以便△6漏人时及时补防。

（2）穿过配合：当进攻队员进行掩护时，防守掩护的队员主动后撤一步，让同伴及时从自己和掩护队员之间穿过去，以便继续防守自己的对手。如图 7-18 所示,⑤传球给⑥,④上来给⑤做掩护,△5发现不便于挤过时,应后撤一步并用滑步从④和△4中间穿过继续防守⑤。此时△4要主动后撤半步,以增大与④的距离,保证△5能顺利地穿过。

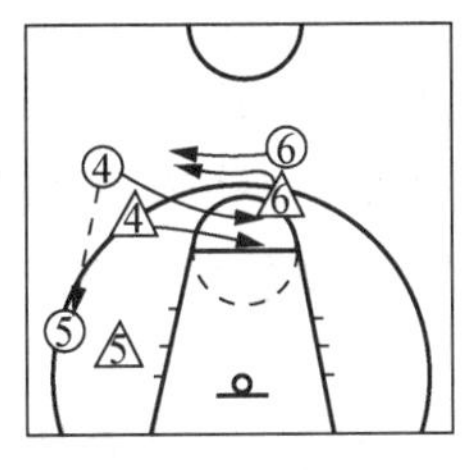

图 7-17　挤过配合

图 7-18　穿过配合

图 7-19　绕过配合

(3) 绕过配合:是当进攻队员进行掩护时,防守掩护者的队员主动贴近对手,让同伴从自己身后绕过,继续防守其对手。如图 7-19 所示,④传球给⑥后,去给⑤做掩护,⑤切入。△5发现不便于挤过与穿过时,就暂时放松⑤,撤步迅速从△4身后绕过去防住⑤,当△5绕过时,△4应主动贴近对手,给△5让路,让他更快地通过。

(4) 交换防守配合:是为了破坏进攻队员的掩护配合,防守队员及时交换自己所防守的对手的一种配合方法。如图 7-20 所示,④持球,⑤去给④做掩护,△5要预示同伴,△4被挡住时,△5主动招呼同伴换防,并堵住④运球切向篮下的路线。此时△4应迅速调整自己的防守位置,防止⑤掩护向篮下切入。

(5) "关门"配合:是当对方运球突破时,临近的两个防守队员,用合理的移动和站位方法,堵住突破者行动路线的一种协同防守的配合方法。如图 7-21 所示,当④从正面突破时,△4和△6进行"关门"配合。如④从边线突破,则△4和△5进行"关门"配合。

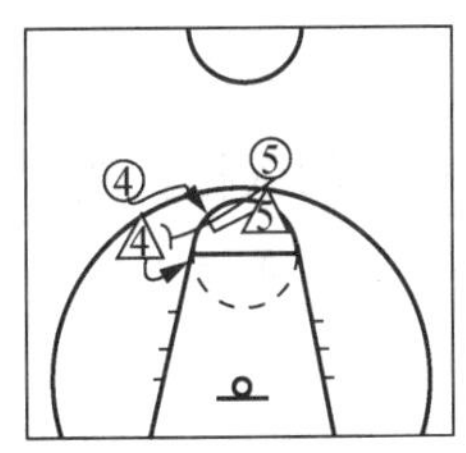

图 7-20　交换防守配合

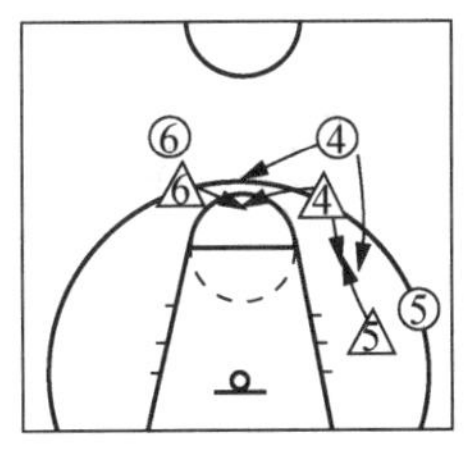

图 7-21　"关门"配合

图 7-22　夹击配合

(6) 夹击配合:是两个防守队员运用合理的防守技术,积极防守一个进攻队员的配合方法。如图 7-22 所示,④在后场端线外发球,△4主动放弃发球的④去协助△5夹击接球的⑤。△4面向⑤并积极影响他从正面接球,△5在⑤的身后控制其快下的路线，并准备断④的高吊球。△4△5互相配合，防止⑤接到球。

图 7-23 补防配合

(7) 补防配合：是两三个防守队员之间的一种协同防守的配合，当同伴被进攻者突破时，临近的其他防守队员，要主动放弃自己的对手，去防守那个威胁最大的进攻者。如图 7-23 所示，△7被⑦运球突破后，△6放弃自己防守的对手⑥，迅速去补防⑦，阻挠其运球前进或投篮。△7被⑦突破后应积极追跟，当发现△6补防时，迅速向篮下跑去防守⑥。

3）区域联防

这是防守队员由攻转守迅速退回半场后，每人负责一定的区域，严密防守进入该区的球和进攻队员，并与同伴协同防守而构成的一种集体防守战术。常采用“2-1-2”、“2-3”、“3-2”、“1-3-1”等区域联防队形。

区域联防的形式虽然是多种多样，但基本上是以“2-1-2”队形为主，因为这种站位队形，队员分布均衡，容易联系协作，并且能根据临场比赛时进攻队的特点，改变队员的防守位置和守区。

图 7-24 区域联防

“2-1-2”区域联防的方法：如图 7-24 所示，进攻队员⑦在外线弧顶处持球时，第一线防守队员△7△6应根据对方的进攻布局和对方中锋的站位来决定两人的协作。进攻队员多部署在左侧时，第一线防守者△7应集中力量防守外线的进攻队员⑦，△6可适当向前移动防守在同侧接近边线的⑥和兼顾防守篮下，△4和△5可控制篮下的活动，△5并负责防守进攻中锋⑧，第一线防守队员△8要稍下移帮助防守中锋，和准备堵截⑦的持球突破。

7.1.5 篮球规则简介

篮球竞赛规则是篮球比赛的法规，是比赛中裁判员行使权力的依据。随着篮球运动的发展，篮球规则经过了多次修改。每次修改，都使篮球比赛更加精彩激烈，扣人心弦，推动了篮球运动不断向更高水平发展。

篮球裁判工作是开展群众性篮球活动和篮球竞赛的重要组成部分，要执法好一场比赛，裁判员必须要精通规则和裁判法，准确地掌握裁判尺度，做到严肃、认真、公正、准确。篮球比赛是由两队参加的，每队出场 5 名队员比赛目的是将球尽可能多地投入对方球篮。并阻止对方获得球或得分。比赛中可将球向任何地方传、投、拍、滚或运。但应受篮球规则的限制。

7.1.5.1 比赛通则

(1) 比赛时间。比赛分上、下两半时,每半时 20min,两半时中间休息 10min 或 15min。国家和地方篮球机构可允许将一场比赛定为 4 节,每节 12min,第一、二节,第三、四节之间的休息时间分别为 2min。

(2) 比赛开始。比赛由中圈跳球开始,主裁判员在双方跳球队员之间抛球。如某队上场比赛不足 5 人,则比赛不能开始。比赛开始时间超过 15min 后,某队仍未到场或上场队员不足 5 人,即判该队弃权。对方获胜。

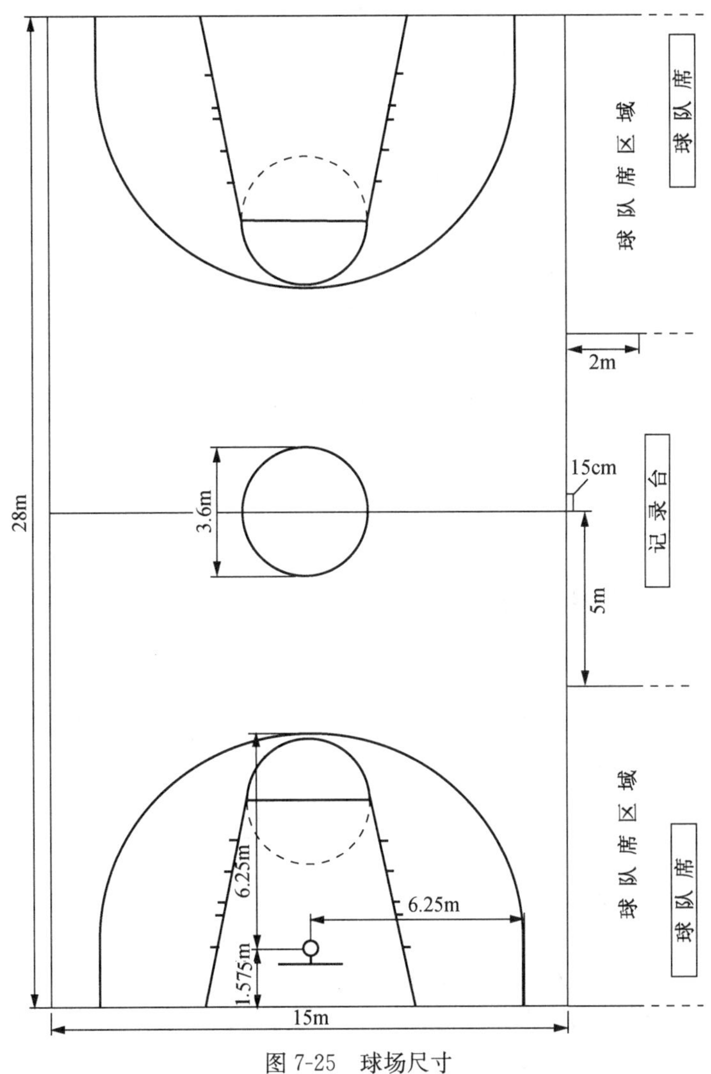

图 7-25 球场尺寸

(3) 要登记的暂停。对于2×20min的比赛,每队每半时允许暂停2次,每一决胜期1次。4×12min的比赛,每队每半时(两节)允许3次,每一决胜期1次,未用的暂停不可挪到下半时或决胜期。

(4) 决胜期。下半时比赛终了时,比分相等,应延长5min决胜期继续比赛。必要时可以延长几个决胜期,直至分出比赛胜负为止。

(5) 在3分投篮区投中得3分,非3分投篮区投中得2分,罚球中篮得1分。如果某队无意地将球投入自己的球篮,得分记录在对方队长名下,如某队有意将球投入自己的球篮,这是违反规则精神的。并且应判:① 不得分;② 登记违例队教练员一次技术犯规。

(6) 球队。2×20min的比赛,不超过10名合格参赛球员;4×12min的比赛,或竞赛中一个队超过3场比赛时,不超过12名合格参赛球员;一名教练员,如球队需要,可配备一名助理教练员;其中一名合格参赛的球员是队长。

同队队员必须穿前后相同颜色单一的背心,和前后相同颜色单一的短裤,必须使用4~15号的号码。

(7) 球场尺寸。球场长28m,宽15m,丈量从界线内沿量起,长边的界线叫边线,短边的界线叫端线。场内有中圈、限制区和3分投篮区。这些线从外沿量起,场地上所有的线宽均为5cm。球场尺寸见图7-25。

正式球场所有线宽5cm,颜色相同,球队席区域应画在记录台和球队席同侧的场外。每队区域,应由端线向外延伸2m长的线,和另一个离中线5m且垂直于边线2m的线所限定。

7.1.5.2 违例及其罚则

违例是违犯规则的行为,罚则是发生违例的队失去球的处罚原则。

1) 带球走

(1) 定义:① 当持球的队员用同一脚向任何方向踏出一次或数次,另一脚(中枢脚)保持不离开地面的接触点时出现了旋转;② 带球走或持球移动(在场地内)是持球队中枢脚或双脚向任一方向移动超出规则所述的限制。

(2) 确定中枢脚:① 队员双脚着地接到球,可以用任何一脚作中枢脚。一脚抬起的一刹那,另一脚就成为中枢脚。② 队员在移动或运球中接到球,若两脚同时着地,可用任何一脚做中枢脚;若分先后着地,先落地的脚为中枢脚;若一脚着地,再跳起另一只脚,两脚同时着地,则哪只脚都不是中枢脚。

(3) 持球移动:① 确定了中枢脚后,传球或投篮中,中枢脚可抬起,但在球离手前不可以落回地面;运球开始时,球离手前中枢脚不可以抬起。② 停步后,哪只脚都不是中枢脚;传球或投篮中,一脚或两脚均可抬起,但在球离手前不可落回地面;

运球开始时，球离手前，哪只脚都不可以抬起。违反本条规则是违例。

罚则：将球判给对方队员在违例地点最近的边线掷界外球。

2）非法运球

队员控制球后将球掷、拍或滚在地面上，并在球接触另一队员前再次触球为运球。队员运球后，队员双手同时触球，或使球在一手或两手中停留的瞬间运球即完毕。第一次运球结束后，不能再次运球。如再次运球，则为非法运球。下列情况不是运球。

（1）连续投篮。

（2）接球不稳失掉球的球后，再恢复控制球（漏接）。

（3）与对方抢球时用连续挑拍以图控制球。

（4）拍去另一队员控制的球。

（5）拦截传接并获得该球。

罚则：将球判给对方队员违例地点最近的边线掷界外球。

3）拳击球和脚踢球

篮球是用手进行的运动项目，凡踢球或用拳击球均属违例，但比赛中脚或腿无意中偶然地碰球不算违例。

罚则：将球判给对方队员在违例地点最近的边线掷界外球。

4）球回后场

控制球队的队员在前场不能使球回后场，判断球是否回场，须看如下三个条件：

（1）队在前场控制球。

（2）球回后场前，谁最后触球。

（3）球回后场后，谁最先触球。

若一个队同时满足以上三个条件，则判为球回后场。

罚则：将球判给对方队员在违例地点最近边线掷界外球。

5）干扰球

在比赛时间内：

（1）在投篮的时候，当球在飞行中下落，并完全在篮圈水平面上时，进攻或防守的队员不可以触球。

（2）当球在篮中时，防守队员不得触球或篮圈。

（3）当投篮的球触及篮圈时，进攻或防守队员不得触及球篮或篮板。

罚则：进攻队员违例，不得分。并将球判给对方队员在罚球线的延长部分掷界外球；若防守队员违例，判给投篮队员得 2 分或 3 分，然后在端线后掷界外球，重新开始比赛。

6）掷界外球违例

队员掷界外球时不得违反下列规定：

(1) 在球接触另一队员前，掷界外球队员不能在场内与球接触；不能在球离手时踏场地，球离手前不超过5秒钟。

(2) 掷界外球队员在球离手前，不得从裁判指定地点沿边线移动超过正常的一步。

(3) 掷界外球离手后，在球接触场上队员前，球触及界外或停留在篮圈支颈上，或进入球篮。

(4) 在球掷过界线前，任何其他队员不可以使身体的任何部分超过界线。

(5) 掷界外球队员掷球不能越过篮板传给场上另一队员。

违犯上述规则的为违例。

罚则：将球判给对方队员在原掷界外球地点的边线掷界外球。

7）罚球违例

当罚球队员在罚球线后半圈内就位，并在裁判员将球置于他可处理时：

(1) 他应在5秒钟内投篮球离手。

(2) 在球触及篮圈前不能触及罚球线及罚球线前的地面。

(3) 不得做假动作罚球。

(4) 当球在飞向球篮的途中不能触及球，在球与篮圈接触时不能触及球篮或篮板。

罚则：

(1) 如果仅罚球队员违例，罚中无效，球成死球，将球判给对方在罚球线的边线掷界外球。

(2) 当罚球队的队员违反第4款，则罚中无效，按上述罚则处理。

若双方违反此款，则罚中无效，在罚球线跳球重新开始比赛。在执行最末一次罚球或仅有一次的罚球中，如果罚球时，对方队员在球触及篮圈之前触及了球，则判为该罚球成功，并登记构成该违例的队员一次技术犯规。

(3) 在位置区的队员，如罚球队的队员违例，并罚球成功，则得分有效违例不究；若罚球不成功，则判给对方队员在罚球线的边线掷界外球。如对方队员违例，罚球成功则得分有效，违例不究；若罚球不成功，则由罚球队员重罚一次。如双方违例，罚球成功则得分有效，违例不纠；若罚球不成功，则应在罚球线跳球继续比赛。

8）时间规则上违例

(1) 3秒违例：控制球队的队员在对方限制区内不能停留3秒钟。

(2) 5秒违例：有三种情况：①罚球队员在5秒钟内未把球投出；②掷界外球队

员未在5秒钟内把球掷进场内;③ 持球队员被严密防守5秒内未能处理球。

(3) 10秒违例:一个队从后场控制球开始必须在10秒内使球进入前场,否则违例。

(4) 30秒违例:一个队在场上控制一个活球时,该队必须在30秒钟内完成投篮。

7.1.5.3　侵人犯规、技术犯规及处理

1) 侵人犯规

侵人犯规是在活球、球进入比赛状态或死球时涉及与对方队员接触的队员犯规。

队员不准通过伸展臂、肩、髋、脚或弯曲身体或不正常姿势以阻挡、拦、推、撞、伴等动作来阻碍对方行进;也不准使用任何粗野动作。

罚则:在所有情况下,都登记犯规队员一次侵人犯规,并按下列情况处理:

(1) 如果被侵犯的队未做投篮动作,应由被侵犯队在犯规地点最近的边线掷界外球。

(2) 如果被侵犯的队员在做投篮动作,则投中得分有效,再判给罚球一次;如2分投篮未成功,则判给两次罚球,如3分投篮未成功,判给三次罚球。

(3) 控制球队的队员犯规,由对方在发生犯规地点最近的界外掷界外球。

(4) 每半时全队犯规累计超过七次时,对未做投篮动作的队员发生犯规均执行两次罚球。

2) 队员的技术犯规

队员的技术犯规是指所有不包括与对方队员接触的犯规。

队员漠视裁判员的劝告或运用不正当行为,如:

(1) 同裁判员接触或讲话语言没有礼貌。

(2) 使用可能引起冒犯的语言或行动。

(3) 戏弄对方或在对方眼前摆手,妨碍其视线。

(4) 妨碍对方迅速掷界外球等延误比赛。

(5) 被判犯规后,裁判员要求举手时,不按规则要求举手。

(6) 没有报告记录员和主裁判员即擅自更换比赛号码。

(7) 没有报告记录员及没有得到裁判员招呼的替补队员进入场地。

(8) 离开场地去获得不正当的利益。

(9) 队员抓住篮圈并把整个身体悬挂在篮上。

罚则:登记一次犯规,判给对方罚球两次(队长指定罚球队员)。

7.1.5.4 名次排列

球队的名次排列要按胜负记录的积分来定，胜一场得 2 分，负一场得 1 分(包括比赛因缺少队员告负)弃权得 0 分。

(1) 如果排列中两个队积分相同，则以两个有关队之间的比赛成绩来确定名次。

(2) 如果两个队之间比赛总得分和总失分相同，则考虑两个队在组内所有比赛成绩的得失分率并以此确定名次。

(3) 如果两个以上的队积分相等，再次排列中只考虑积分相等队之间的比赛成绩。如果再次排列后仍相等，则只考虑仍相等的队之间比赛成绩的得失分率，并以此来确定名次。如仍相等，则用这些队在组内所有比赛成绩的得失分率来确定名次。

得失分率＝总得分/总失分

7.2 足球

7.2.1 概述

古代足球运动起源于中国。据大量的史料记载，我国早在战国时期就开始有了足球游戏，叫“蹴鞠”或“踏鞠”。唐朝是我国古代足球运动发展的鼎盛时期。“充气的毬”和“设立毬门”是在场地器材方面的两大创造。同时，女子“蹴鞠”游戏也很盛行，而且传到了日本。现代足球运动于 1863 年起源于英国，并得到迅速发展。从 1900 年足球被列为奥运会的正式比赛项目，到 1904 年国际足球联合会(FIFA)成立，迄今已接纳了 170 多个国家和地区为会员国，是国际上最大的单项体育组织之一。国际大型的足球比赛主要有世界杯足球赛(1930～1994 年，15 届)、奥运会足球赛(1900～1992 年，24 届)、世界杯女子足球赛(1991～1995 年，2 届)。其中，世界杯足球赛反映了世界足球最高水平和发展方向，对世界足球运动发展起到积极的推动作用。当今，足球运动在世界范围内得到进一步的普及与提高，不少国家视足球为“国球”。以欧洲的意大利、德国、英国和南美洲的巴西、阿根廷等国家的足球运动水平最高。

现代足球运动在 19 世纪末从西方传入中国。旧中国曾多次参加远东运动会足球赛和两次参加奥运会(11、14 届)足球赛。新中国成立后，党和政府高度重视我国足球运动的普及与提高，特别是当前足球被列为体育改革的突破口，实行了从体制到赛制的一系列改革措施，初步建立的职业化足球，为中国足球的腾飞奠定了基础。同时，我国女子足球运动也迅猛开展，并多年称雄亚洲，走向世界。

足球运动既具有激烈性、惊险性、刺激性的比赛特性，也具有难度大、场地大、运动量大等运动特征。因而具有极高的健身价值和观赏价值。

经常参加足球运动，能有效地发展身体素质，增强体质，提高人体各器官系统的功能。长期参加足球运动，还有助于培养勇敢顽强、机智果断、勇于克服困难和团结互助、热爱集体、遵守纪律等优良品质。

7.2.2 足球基本技术

足球技术是指运动员在规则规范下所采取的合理动作方法的总称，是足球运动的基础。主要有：踢球、接停球、运控球、头顶球、抢截球、掷界外球和守门员技术等。

7.2.2.1 踢球

踢球是指运动员有目的地用脚的某一部位把球击向预定目标的动作方法。踢球主要用于传球和射门。

1）踢球方法

（1）脚内侧踢球：脚接触球的面积大，出球平稳准确，适用于短传、踢地滚球或射门。

动作要领：踢球时，直线助跑，支撑脚踏在球的侧方 15cm 左右，膝关节微屈，踢球腿以髋关节为轴屈膝后摆，前摆时膝外展，脚尖微翘，脚掌与地面平行，以脚内侧正对出球方向，击球的后中部，击球后，脚随球前摆（图 7-26、图 7-27）。

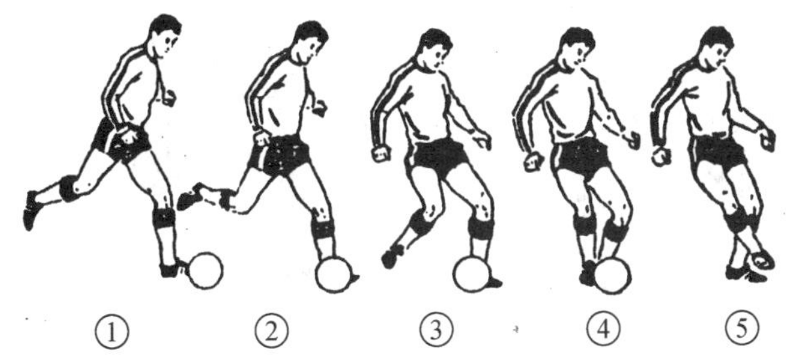

图 7-26 脚内侧踢球

图 7-27 脚内侧踢球

（2）脚背正面踢球：踢球腿的摆幅大、摆速快，动作自如，击球强劲有力，适用于中、远距离的传球和射门。

动作要领：直线助跑，最后一步较大，支撑脚踏在球的侧方约 15cm，脚尖正对出球方向并微屈膝；踢球脚在支撑脚前跨的同时屈膝后摆，在支撑脚落地的同时，踢球腿以髋关节为轴，大腿带动小腿前摆，当膝关节摆到接近球的正上方时，小腿爆发式前摆，脚跟提起，脚背绷直，脚趾扣紧，以脚背正面击球的后中部，踢球腿随球继续提膝前摆。此脚法主要踢定位球、反弹球、空中球及倒勾球等(图 7-28、图 7-29)。

图 7-28 脚背正面踢球

图 7-29 脚背正面踢球

(3) 脚背内侧踢球：助跑与支撑脚选位灵活，摆幅大、摆速快、出球平稳且富于变化。常用于中、长、短距离传球和射门。

动作要领：斜线助跑，助跑方向与出球方向一般呈 45°角。支撑脚踏在球的侧后方约 25cm 处，脚尖指向出球方向，身体稍向支撑脚一侧倾斜。在支撑脚着地同时，踢球腿以髋关节为轴屈膝前摆。当身体转向出球方向、膝关节摆到球的内侧正上方的刹那，小腿加速前摆，脚尖稍外转，脚面绷直，脚趾扣紧，脚尖斜下指，以脚背内侧踢球的后中部。击球后踢球腿随势前摆(图 7-30、图 7-31)。

图 7-30 脚背内侧踢球

图 7-31 脚背内侧踢球

(4) 脚背外侧踢球：具有突然性和隐蔽性，富于变化。常用于踢定位球、弧线球或弹拨球进行传球或射门。

动作要领：基本上与脚背正面踢球相同。只是触球时，脚尖内斜下指，以脚背外侧踢球的后中部(图 7-32、图 7-33)。

(5) 脚尖踢球：它是用脚尖部位接触球的踢球方法。常用于搓球和捅球。

(6) 脚后跟踢球：它是用脚跟部位将球踢到身后面的踢球方法。一是踢支撑脚内侧的球，二是踢支撑脚外侧的球。

图 7-32　脚背外侧踢球

图 7-33　脚背外侧踢球

2）踢球的练习方法

(1) 根据动作要领徒手模仿各种踢球动作，注意助跑、放脚支撑和摆踢动作要协调，形成正确的踢球姿势和脚型。

(2) 踢固定球，一人踩球，另一人助跑上前踢球（不踢出），练习支撑脚落地选位、踢球腿的摆动与触球部位。练习各种脚法的完整踢球动作。

(3) 踢墙练习，用不同脚法对墙进行踢准练习。距墙由近到远，力量逐渐加大。

(4) 两人之间踢定位球练习。

(5) 三人三角形踢球练习。提高踢活动球和不同方位球的踢准能力。

(6) 用各种脚法进行射门练习。

7.2.2.2　接停球

接停球是指运动员有目的地用身体的合理部位，把运行中的球停挡在所需要的控制范围内的动作方法。是为传球、运球、过人和射门服务的。

1）常用的停球方法

(1) 脚内侧接球：接球动作自然，触球面积大，易停稳，便于改变方向和结合下一个动作。常用来接地滚球、反弹球、空中球。

动作要领：接球时，判断好来球的速度，方向与落点，支撑脚正对来球，膝微屈；停球腿屈膝外转并前迎，脚尖微翘。当脚与球接触前的刹那开始做相应的引撤缓冲或推、切压变向动作，将球控制在衔接下一个动作所需要的位置上（图 7-34、图 7-35、图 7-36）。

图 7-34　常用停球方法

(2) 脚底停球：触球面积大，易将球停稳。常用于接地滚球和反弹球。

图 7-35 常用停球方法

图 7-36 常用停球方法

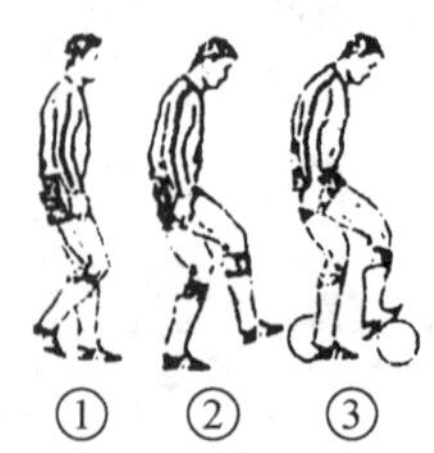

图 7-37 脚底停球

图 7-38 脚底停球

动作要领：支撑脚站位于球的侧后方，屈膝，脚尖正对来球；停球脚提起，脚尖勾翘略高于球，脚后跟低于前脚掌，踝关节自然放松，用脚前掌触压球的中上部（图 7-37、图 7-38）。

（3）脚背正面接球：简便易学，掌握动作快，常用于接空中下落的球。

动作要领：接球前判断好球的落点，正对来球，停球脚提起迎球，以脚背正面触球的底部。当脚背触球的刹那，下撤缓冲，使球落在体前需要的位置上（图 7-39）。

图 7-39 脚背正面接球

（4）大腿停球：接球动作简便，接球面大，控球平稳，适于接人腿高度的平直球或弧度高的来球。

动作要领：接球时要面对来球，接球腿屈膝上抬，以大腿中部对准迎球，触球刹那，大腿迅速引撤缓冲，将球控制在所需要的位置上。

（5）胸部停球：胸部面积大，有弹性，位置高。常用于接齐胸球和高球。胸部停球有收胸停球与挺胸停球两种。

动作要领：齐胸的平直球多用于收胸接球，即面对来球，两脚前后开立，两臂自然张开挺胸迎球，当胸部触球的刹那，迅速收胸收腹缓冲来球力量。高于胸部的弧线来球多用挺胸接法，其准备姿势同收胸法，只是重心稍偏后，上体略有后抑,当胸部触球的刹那,展腹挺胸、蹬地上挺,使球上弹落在所需要的位置上(图7-40、图7-41)。

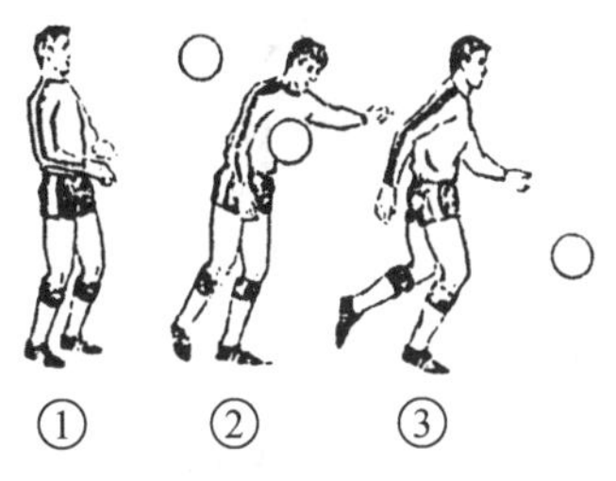

图 7-40　收胸停球

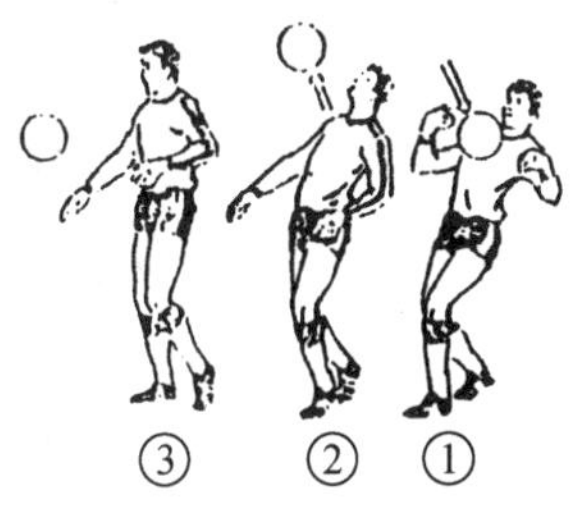

图 7-41　挺胸停球

2) 接停球的练习方法

(1) 徒手模仿练习。有意识地设想出不同的来球,并做出相应的停球动作。

(2) 自抛自接练习。用不同的部位接空中球或反弹球。

(3) 两人抛接停练习。要求同(2)。

(4) 对墙踢球,而后迅速接反弹回来的球。

(5) 接球转身控球练习。三人一字排开相距 8m,中间一人接两端的来球并转身控球。

(6) 接多球练习。将学生围成半径 10m 的圆,中间站一位同学,接不同方向、不同高度的踢球或抛球。

(7) 两人一组相距 15～20m 对传球并接停各种来球的练习。

7.2.2.3　运控球

运控球是运动员在跑动中用脚连续推拨球,使球始终处于自己控制范围之内的触球动作。

1) 常用的运球方法

(1) 脚背正面运球:多用于前方纵深距离较长、快速直线运球时。

动作要领:跑动自然放松,上体稍前倾,步幅不易大。运球脚提起时,膝关节弯曲、脚跟提起,脚尖下指,在迈步前伸着地前,用脚背正面推拨球的后中部。推球后自然落步。

(2) 脚背外侧运球:运球变化灵活,常用于直线快速运球和向外变向时。

动作要领:与脚背正面运球相近,只是运球脚提起时,脚尖稍内转,用脚背外侧推拨球前进(图 7-42)。

(3) 脚内侧运球:脚内侧运球,多在改变方向并需要用身体掩护球时使用。

图 7-42　脚背外侧运球

图 7-43　脚内侧运球

动作要领：运球时，支撑脚踏在球的侧前方，上体稍前倾并向有球一侧转身，运球脚提起脚尖外转，用脚内侧推球前进(图 7-43)。

运球和控球时常用的动作有：拨球、拉球，扣球、挑球和捅球等。在熟练掌握运球方法的基础上，配以控球动作便可进行运球过人。

2）运控球的练习方法

(1) 球性练习：① 推挡球，即用两脚内侧部位在胯下连续地推触球。可原地做，也可行进间做。② 左右脚后拖球，即以脚前掌触球顶部，右脚前脚掌触球，左支撑脚站在球的侧后方约 30cm，左支撑脚向后跳跃时，右脚将球向后拖。两脚交替做。③ 脚背颠球，即颠球脚的膝、踝关节适当放松，脚尖微翘，以脚背蹉踢球的底部。可单脚做，也可双脚交替做。④ 拉球，即用前脚掌踩在球的顶部，将球由前向后、由左向右拉球。⑤ 扣球，即利用身体的突然转动和脚踝的急转扣压动作使球变向。可用脚背内、外侧交替做。

(2) 运球练习：① 慢跑中用各种脚法运球。熟练掌握各种运球脚法的触球部位。② 两人一组，一人任意改变方向走动，另一人用不同的脚法运球并跟随变向。③ 绕圆或“∞”字运球。④ 运球躲闪练习。学生在 10m 半径的圆内，一组随意走动，另一组做运球躲闪。交换练习。⑤ 运球过杆练习：将杆等距或不等距地插成一排，学生依次做绕杆运球练习。⑥ 教学比赛实践。

7.2.2.4　头顶球

这是指运动员用头的合理部位，有目的地顶击空中球的动作方法。常用的顶球方法有：原地顶球、跳起顶球、鱼跃顶球。顶球时头的部位一般在前额正面和前额侧面。

1）不同部位的头顶球

(1) 原地前额正面顶球。

动作要领:身体正对来球,两腿前后开立,微屈膝,上体稍后仰,重心落在后脚上,两臂自然张开,收紧下颌,注视来球。当球运行到身体垂直部位前的刹那,蹬地、前摆上体,收腹、甩头,用前额正面顶球的后中部。顶球后身体应随球前移(图 7-44)。

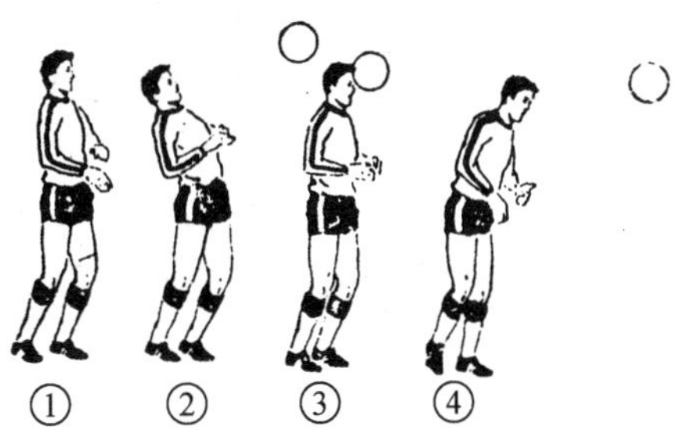

图 7-44 原地前额顶球

(2) 跳起前额正面顶球。

动作要领:起跳前判断准来球的落点,用双脚或单脚奋力向上跳起,跳起后身体后抑成背弓形。当球与身体垂直时,迅速收腹折体,前屈甩头,在最高点将球顶出。顶球后应屈膝降重心缓冲落地(图 7-45、图 7-46)。

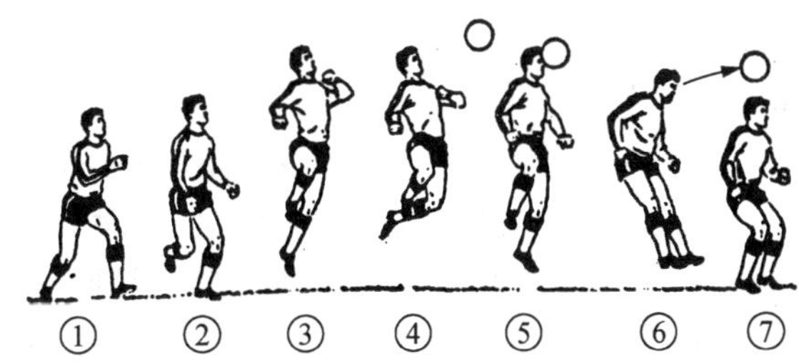

图 7-45 单脚跳起前额正面顶球

图 7-46 双脚跳起前额正面顶球

2）顶球的练习方法

（1）徒手模仿原地、跳起顶球动作。

（2）用吊球做顶固定球练习。体会顶球用力顺序和触球部位。

（3）自抛自顶练习。体会顶球部位和动作要领。

（4）两人一球，相距 6m，互相抛顶，做原地或跳起顶球。

（5）两人一球，相距 5m 对顶练习。尽量不让球落地。

（6）两人争顶练习。三人一球，一人抛球，另两人争顶，提高对抗能力。

（7）两人一球，一人传中，一人顶球射门，交换进行。

7.2.2.5 抢截球

抢截球是指用规则允许的条件和动作，把对方控制的球抢过来、堵截住或破坏掉的动作方法。

1）常用的截击球技术

（1）正面抢球。

动作要领：当接近有球队员时，要先判断准对方的运球路线。当对方控球脚离球的刹那，迅速果断地以脚内侧对球，挡住来球或触球后顺势向上提拉把球带出。然后调整重心控制住球。

（2）侧面抢球（合理冲撞）。

动作要领：当与对方控球队员并肩跑动时，身体重心稍下降，同对手接触一侧的手臂须紧贴身体。当对手靠近自己一侧的脚离地时，用肘关节以上肩部以下的部位，冲撞对方相应部位，使其失去平衡而离球，乘机将球控制住。

（3）侧后抢球。通常是以铲球来实现的。铲球有同侧铲球和异侧铲球两种（图 7-47、图 7-48）。

图 7-47 同侧铲球

（4）截球：就是把对方队员相互间的战术性传球堵截住或破坏掉。截球的方法有：堵截、顶截、铲截等。截球技术已成为现代足球运动中最积极的防守战术行为。

图 7-48 异侧铲球

2）抢截球的练习方法

(1) 原地模仿练习正面跨步抢截球动作。

(2) 抢定位球练习。两人相距 1m 左右，听信号后做抢截练习。

(3) 两人一球，一人做正面运球，另一人上前做抢截球。开始运球人可被动。

(4) 合理冲撞练习。两人并肩慢跑中体会冲撞的部位和冲撞时机。

(5) 两人一组，分别站在教师左、右，教师将球传出，两人同时跑动争抢球。

(6) 分组进行传、抢练习。在规定的区域内，一组进行传、控球，另一组进行抢截球。抢到球后交换练习。

7.2.2.6 掷界外球

这是指将越出边线的球，通过规定动作用手掷入场内恢复比赛的一种方式，常用的有原地和助跑两种掷法。

动作要领：面对出球方向，两脚开离，双手持球置于脑后。掷球时，蹬地、收腹、振胸、甩臂，将球一次性用力掷入场内。掷球时可沿地面滑动，但双脚均不得离地(图 7-49)。助跑掷界外球的动作要领与原地相同。借助助跑的速度掷界外球是为了掷球更远。

① ② ③

图 7-49 掷界外球

掷界外球的练习方法：

(1) 原地徒手模仿掷球动作。

(2) 两人一组相距 10m，做原地或助跑掷球练习或掷实心球练习。

(3) 掷远比赛。

7.2.2.7 守门员技术

守门员是全队防守的核心，其主要任务是不让球射入本方球门。守门员技术包括：准备姿势和移动、选位、接球、扑球、托击球、发球等。

图 7-50　准备姿势

1）准备姿势、移动、选位

两腿屈膝，重心前移，左右开立，两臂在胸前自然弯曲，并注视来球。移动则主要采取滑步、交叉步以及跑。选位是守门员的站位应在球与两球门柱所形成的分角线上，以扩大防守面积（图 7-50）。

2）接球

（1）低手接球：主要接地滚球、低于胸部的平直球。

动作要领：接球时，成准备姿势，正对来球，两臂并肘前迎，两手小指靠近，掌心朝前上方。在手触球的刹那，随球后引并屈肘，屈腕，两臂夹紧将球抱于胸前（图 7-51、图 7-52、图 7-53）。

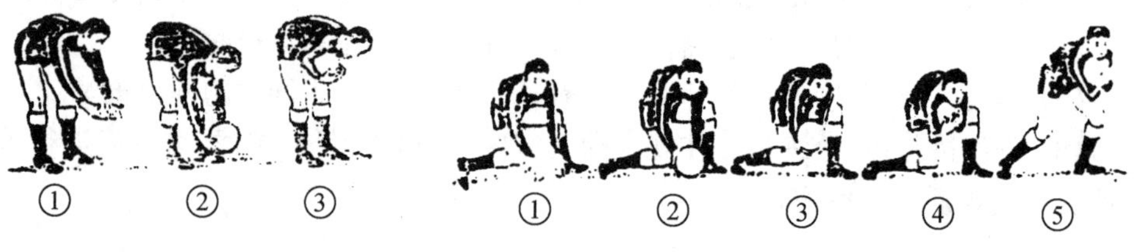

图 7-51　接低平球　　图 7-52　接地滚球

图 7-53　接胸部球

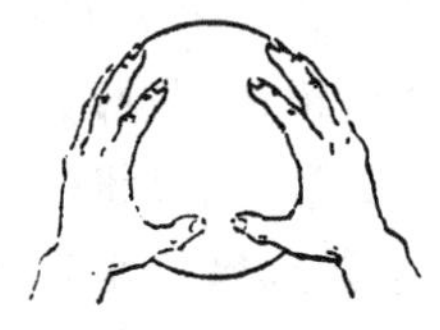

图 7-54　双手接球姿势

（2）高手接球：用于接胸部以上的来球。

动作要领：身体正对来球，两臂上伸迎球，两手拇指相对成“八”字，手指自然张开，手掌对球做包球状（图 7-54）。当手触球时，手腕和手指适当用力将球接住，并顺势屈肘，回收下引，迅速转腕将球抱于胸前（图 7-55）。

图 7-55　高手接球

（3）扑球。守门员来不及移动正对来球时，常采用扑球动作接球。常用的有倒地扑侧面的低球、鱼跃扑球等。

(4) 托击球。在守门员没有把握接住球或有对方猛烈冲门情况下,为了避免接球脱手造成被动,常采用拳击球或用手将球托出界的方法,以避免球入球门。拳击球有单拳或双拳;托球也有单掌或双掌托球。

(5) 发球。发球是守门员接球后组织进攻的手段。它常用的方法有手抛球和脚踢球两种。无论采用哪种,都要求及时、准确、战术目的明确。

3) 守门员技术的练习方法

(1) 封堵移动练习。按教师手势做左、右、前、后的移动练习。

(2) 接球练习。对墙抛球然后接反弹回的球,注意检查接球手型。

(3) 原地接球。接教师抛、踢不同高度的来球。

(4) 距墙 2m,面对墙,接教师从身后抛向墙的反弹球。练习接球反应。

(5) 守门员接教师抛、踢向球门两侧的球或在守门员前面不到位的平或高球。练习移动按球。

(6) 扑球练习。在沙坑或垫子上,呈跪姿接两侧的固定球;半蹲姿接抛向两侧的来球。注意倒地的顺序和姿势。

(7) 守门员在球门区内接不同角度射门的练习。

7.2.3 基本战术

足球比赛攻防过程中,为了战胜对手,根据主客观的实际所采取的个人行动和集体配合,总称为足球战术。它主要包括进攻战术、防守战术、比赛阵形、定位球战术等。

7.2.3.1 比赛阵形

比赛阵形是场上队员位置的基本布局,是球队攻守力量配备和职责分工的形式。目前,常用的阵形有“四四二”、“五三二”等。

(1) “四四二”阵形:它是由四个后卫,四个前卫,二个前锋组成的站位形式。主要特点是加强中场,稳固后防;进攻则靠前卫的积极插上和后卫的助攻;防守则快速回撤、区域紧逼以达到攻守平衡(图 7-56)。

(2) “五三二”阵形:它是由五个后卫、三个前卫、二个前锋所组成的站位形式。主要特点是打防守反击。五个后卫组成强大的防守体系,选派 1~2 个后卫盯死对方的核心人物,先稳固防守,再伺机反攻的典型阵形(图 7-57)。

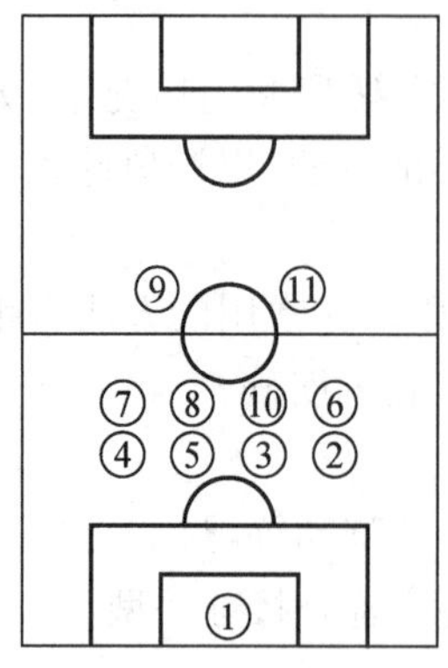

图 7-56 “四四二”阵形

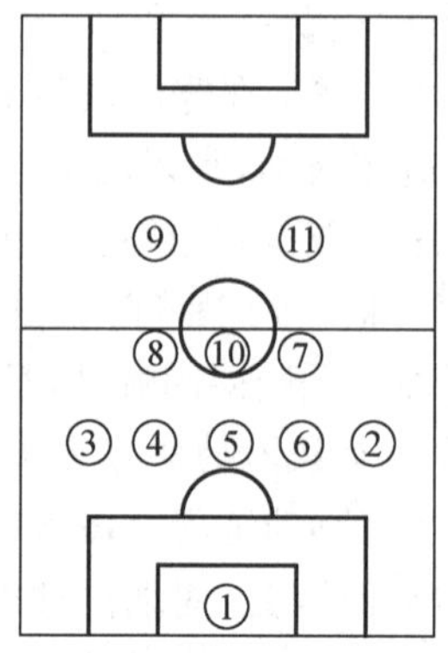

图 7-57 “五三二”阵形

7.2.3.2 进攻战术

(1) 摆脱与跑位。无球队员利用突然起动快速奔跑，有目的、有意识地去接应同伴或制造场上的空当。

(2) 局部进攻战术。是全队战术的基础。主要以二三个人配合为主，常采用斜传直插二过一(图 7-58)、直传斜插二过一配合(图 7-59)。

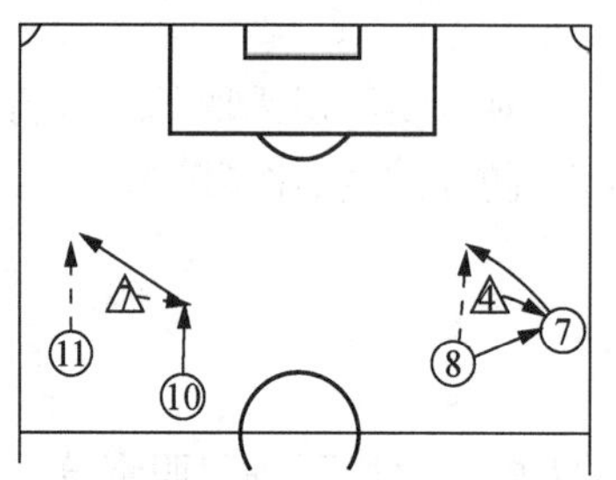

图 7-58 斜传直插二过一

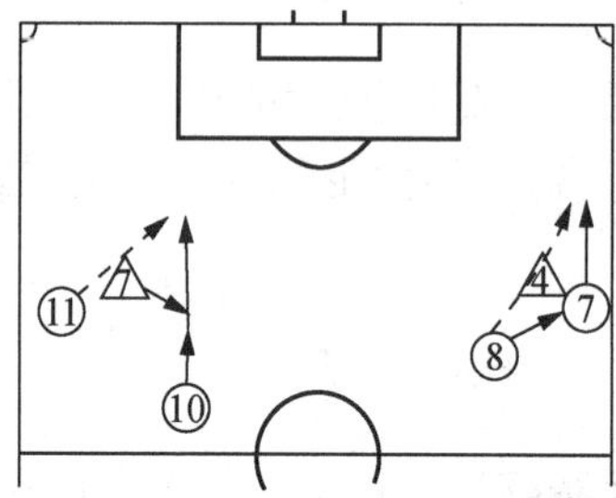

图 7-59 直传斜插二过一配合

…→为进攻队员跑动；—→为传球路线；→为运球路线；○为进攻队员；△为防守队员

(3) 整体进攻战术。常用的有中路进攻和边路进攻：① 边路进攻：进攻的基本形式是从对方场地两侧发动的进攻称为边路进攻。它的目的在于调动对方的防守重心偏移，再将进攻转向中路或另一侧的同伴，抢点射门，造成对方的防守被动。常用的方法有：外围传中、下底传中、切底迂回传中等。② 中路进攻：进攻的基本形式是从对方中间地带发动进攻，通过个人突破、各种传切配合从中路渗透突破，创造射门良机。常用的方法有长传对方后卫身后、个人带球突破分球、传切二过一等。

7.2.3.3　防守战术

1）防守基础战术

（1）选位与盯人：选位是指运动员通过移动、判断、跑动、选择占据有利的防守位置。一般应选位于对手与本方球门中心所构成的直线上。

盯人是指贴近进攻队员，对其进攻行动进行有效的控制。首先力争断球，其次贴身堵防，不让对手转向进攻方向，伺机抢截破坏。

（2）保护与补位：保护是通过防守队员相互间合理的位置关系所形成的。有了保护才能进行有效的补位，补位是防守队员间协同配合相互帮助的一种方法。补位一般是在邻近队员间进行的互换位置，能有效地保证后防线的整体结构不遭破坏。

2）整体防守战术

防守战术主要有人盯人防守、区域紧逼防守、混合防守、造越位战术等。其中混合防守在当今足球比赛中运用最多。

混合防守集中了前者的优点，把两者结合起来。对重点人、重点地区和持球队员进行紧逼盯人，在其他地区实行区域防守，以阻止或延缓进攻的发展。

7.2.4　足球规则简介

7.2.4.1　足球比赛场地

国际比赛的球场长 100～110m，宽 64～75m（图 7-60）。

7.2.4.2　足球比赛用球

正式比赛，球应为圆形，它的外壳应用皮革或其他许可的材料制成。球的圆周长为 68～71cm，在比赛开始的重量为 396～453g，充气后的压力为 0.6～1.1atm（大气压）。未经裁判员许可不得更换比赛用球。

7.2.4.3　队员人数

（1）足球比赛上场队员不得多于 11 人或少于 7 人，其中必须有一名是守门员。

（2）场上其他队员可以与守门员互换位置，但必须事先报告裁判员，并在成死球时互换。

（3）正式比赛，每队只能有 3 名替补队员。被替补下场的队员，不得再次上场参加该场比赛。

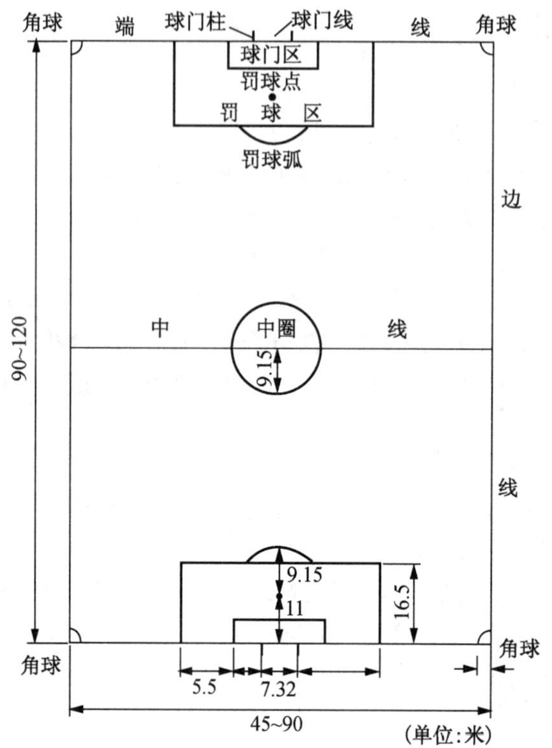

图 7-60 足球比赛场地

7.2.4.4 比赛时间和比赛开始

正式比赛时间为 90min,分上下两半场(各 45min),中间休息 15min,每半场意外损失的时间应补足,多少由裁判员根据比赛实际确定。比赛是由攻方在中圈开球,球向前滚动到它自己的周长距离时,计时开始。

7.2.4.5 死球和恢复比赛

球的整体全部越过边线或端线(包括在空中),以及裁判鸣哨停止比赛均为死球。这时分别以掷界外球、踢球门球、角球、任意球及坠球等重新恢复比赛。

7.2.4.6 计胜方法

凡球的整体从门柱间及横木下越过球门线,而并非攻方队员用手掷入、带入,均为攻方队胜一球。胜球较多的一方为得胜队;如双方均未胜球或胜球数相等,则为"平局"。

7.2.4.7 越位

1）越位位置

构成越位位置的条件：

（1）进攻队员在对方半场内。

（2）攻方队员在球的前边。

（3）在他与对方端线之间对方队员不足两人时，站平行时不算越位。三者缺一不可。

2）判罚越位

判罚越位的条件是：

（1）当同队队员踢或触及球的一瞬间。

（2）队员处于越位位置。

（3）正在干扰比赛或干扰对方，并企图从越位位置上获得利益。

三个条件必须同时存在方可判罚越位。

3）不应判罚越位的情况

（1）该队员仅仅处在越位位置。

（2）他直接接得球门球、角球、掷界外球。

7.2.4.8 犯规与不正当行为

1）直接任意球

队员故意违反下列九项中的任何一项者，都应判罚由对方队员在犯规地点踢直接任意球。

（1）踢或企图踢对方队员。

（2）绊摔对方队员，即在对方身前或身后，伸腿或屈体绊摔或企图绊摔对方。

（3）跳向对方队员。

（4）带有暴力和危险性冲撞对方队员。

（5）除对方正在阻挡外，从背后冲撞对方队员。

（6）打或企图打对方队员，或向他吐唾沫。

（7）拉扯对方队员。

（8）推对方队员。

（9）用手或臂部携带、推击球。

2）间接任意球

队员犯有下列五项犯规中的任何一项者，都应由对方队员在犯规地点踢间接任意球。

(1) 裁判员认为其动作有危险者,例如企图去踢已被守门员接住的球。

(2) 当球并不在有关队员控制范围之内时,目的不是为了争球而用肩部去做所谓的合理冲撞。

(3) 队员不去踢球而故意阻挡对方者。例如,在球与对方之间跑动或将身体插在中间阻挡者。

(4) 冲撞守门员。对球门区内手中无球,又无阻挡行为的守门员进行冲撞。

(5) 守门员违例:守门员接稳球后,行走四步以上,未使球进入比赛状态,守门员接稳球后未经攻方队员触及而再次用手拿球;守门员用手接同队队员用脚故意踢的回传球。

3) 警告(黄牌)

队员有下列情况之一者,应被警告。并由对方队员在犯规地点罚间接任意球恢复比赛。如遇第一种情况应在暂停比赛时球所在的位置上由对方罚间接任意球。

(1) 比赛开始后,队员进场或重新进场,或比赛进行中离场,事先未经裁判员示意允许者。

(2) 队员连续违反规则者。

(3) 用言语或行动对裁判员的判罚表示不满者。

(4) 有不正当行为者。

4) 罚令出场(红牌)

裁判员认为队员有下列情况之一者,应罚令出场。

(1) 犯有暴力行为。

(2) 严重犯规。

(3) 用污言秽语或进行辱骂。

(4) 经黄牌警告后因犯规又被给予第二次黄牌警告。

7.2.4.9 任意球

任意球分两种:

(1) 直接任意球,可以直接射入犯规队球门得分。

(2) 间接任意球,踢球队员不能直接射门得分,除非在进入球门前曾被其他队员踢或触及。

队员在踢罚任意球时,守方队员必须退至距球 9.15m 处。除非他已经站在了球门线上。这个距离指的是球的前后、左右。

7.3 排球

7.3.1 排球运动概述

排球运动是1895年美国麻省霍利奥克城青年会干事威廉·莫根(Willian Morgan)发明的。开始是用篮球胆在室内的网球网两边拍来拍去、使球不落地的一种游戏,游戏者前后成排站位,故称为排球。人数和击球次数都不限。随着技术水平的不断提高、规则也逐步完善。1900年传到亚洲时是16人制排球,1905年传入中国,曾采用过16人制、12人制、9人制。早在20世纪40年代6人制排球作为一种民间活动形式就已在我国出现。后来我国又成为亚洲最早改为6人制排球运动的国家。

1947年,在法国巴黎成立了国际排球联合会。世界排球锦标赛、奥运会排球赛、世界杯排球赛为世界排球运动最高级别的比赛。中国女排曾在三大杯比赛中荣获"五连冠"的优异成绩。

排球运动是两队各6名队员在长18m、宽9m的场地上,从中间隔开的球网(男子网高2.43m、女子网高2.24m)上面,运用发球、垫球、扣球、拦网等技术,进行攻防对抗,不使球在本方场内落地的一种球类运动。

排球比赛是由后排的队员在发球区内,用一只手将球直接发过网开始。每方最多击球3次(拦网除外)就要过网,不能连击和持球,不能触网和越过网下的中线。由胜球的队发球,发球队胜球时才能得分,否则换对方发球,得发球权的队要先轮转一个位置再发球。比赛时先得15分的队为胜一局,前四局最高限制17分,决胜局采用每球得分制必须净胜2分,正式比赛采用五局三胜制。排球运动有以下几个特点:

(1) 广泛的群众性。由于排球场地设备简单,比赛规则容易掌握,既可在球场比赛和训练,亦可在一般空地上打来打去。排球运动量可大可小,适合于不同年龄、不同性别、不同体质、不同训练程度的人。

(2) 技术的全面性。规则规定,每个队员都要进行位置轮转,既要到前排扣球与拦网,又要到后排防守与接应。要求每个队员必须全面地掌握各种技术,促进人体全面发展。

(3) 激烈的对抗性。排球比赛中,从发球→接发球;从扣球→拦网、防守;从进攻→防守、反击,都是在激烈的对抗中进行的。水平越高对抗竞争也越激烈。

(4) 高度的技巧性。根据规则规定,比赛中,球不能落地,也不能在手中停留,不得连击;每方击球不得超过三次。因此它对时间性、技巧性要求很高。

(5) 严密的集体性。在排球比赛中,除发球外,都是在集体配合中进行的。如果没有严密的集体配合,就无法发挥技术、战术的作用。因此水平越高,集体配合就越严密。

(6) 攻防技术的两重性。排球比赛中各项技术,除发球不失分外(决胜局除外),其他绝大多数技术都能既得分,又能失分,所以说每项技术大多具有攻防的两重性。攻中有防,防中有攻,相互转化,相互制约。

7.3.2 排球基本技术

排球的基本技术是指在规则允许的条件下所采用的各种合理的击球动作。可分为五大类,即发球、垫球、传球、扣球、拦网等,它主要由步法和手法两部分组成。步法是指快速灵活的脚步移动和起跳动作,保持好人与球的合理位置关系。手法是指击球时手指、手腕、手臂用力和控制球的动作方法。

排球技术的指导思想:现代排球要求队员掌握技术要全面、熟练、准确、实用。这八个字的技术指导思想是完整统一的,它们相互影响互相促进、互相制约,不可偏废。它全面地指导着技术教学和训练工作。

7.3.2.1 准备姿势和移动

准备姿势和移动是排球运动中运用最多的两项基本技术,是完成发球、垫球、传球、扣球、拦网等各项击球技术的前提和基础,并对各项击球技术动作的运用起串联作用。

1) *准备姿势*

排球运动具有球类运动的共同特点,来球情况千变万化,随时要准备做各种不同的动作,因此必须做好准备姿势,以便应付各种情况。

准备姿势按身体重心的高低分为稍蹲、半蹲和低蹲三种。半蹲准备姿势运用较多,其动作要领是:

(1) 下肢姿势:两脚左右开立应比肩宽,一脚稍前,两脚尖适当内收,脚跟稍抬起,两膝半屈。

(2) 身体姿势:上体前倾,重心靠前,膝部的垂直线应在脚尖前面。

(3) 手臂的位置:两臂放松,自然弯曲双手置于胸腹之间。

(4) 全身动作要求:全身肌肉,应适当放松,两眼注视来球,两脚始终保持微动。

2) *移动*

移动的目的主要是及时接近球,保持好人与球的位置关系以便击球,同时也为了迅速占据场上的合理位置。常用的步法有以下几种:

(1) 并步与滑步：当来球距身体一步左右时可采用并步移动。如向前移动，则后脚蹬地、前脚向来球方向跨出一步，后脚迅速跟上做好击球前的准备姿势。主要用于传球、垫球、拦网等技术。当来球在体侧稍远，并步不能接近球时，可采用快速连续并步。连续并步称为滑步。

(2) 跨步与跨跳步：当来球较低、离身体 2m 左右时采用。如向前移动，则后脚用力蹬地，前脚向前跨出一大步，膝部弯曲，上体前倾，身体重心移至前腿上。当来球低而远，跨步尚不能接近球时，可采用跨跳步。

(3) 交叉步：当来球在体侧约 3m 左右时，可采用交叉步移动。特点是步子大、动作快，便于制动，主要用于拦网、二传和防守。如向右交叉步：上体稍向右转，左脚从右脚前面向右交叉迈出一步，然后右脚再向右跨出一大步同时身体转向来球方向，保持击球前的姿势。

(4) 跑步：来球远时须用跑步。采用跑步时，两臂要配合摆动，球在侧方或后方时，应边转身边跑。

(5) 综合步法：以上各种移动步法可以综合运用，如跑步之后接侧滑步，滑步之后接交叉步或跨步等。

3) 移动的练习方法

(1) 排好队形，先做好准备姿势，让学生听口令或看手势做各种移动步法(前、后、左、右)，重复练习 3～5 次或更多次。

(2) 排好队形，徒手结合垫球、发球、拦网和防守等动作做各种移动步法，做 3～5 次或更多次。

(3) 两人一组面对面站立，做各种移动步法，以便相互学习与纠正。

7.3.2.2　发球

发球是比赛的开始，也是进攻的开始。发球可以直接得分，可以破坏对方的战术组成，以起到先发制人的作用。

发球技术可分为：正面上手发球：上手飘球、勾手大力发球、勾手飘球；正面下手发球：侧面下手发球和高吊球、跳发球等。

1) 正面下手发球

这种发球动作简单，容易掌握，准确性大。但球速慢、力量小、攻击性不强，适用于初学者。

动作要领：以右手发球为例(图 7-61)。

(1) 准备姿势：正对球网(站在发球区内)，两脚前后开立，左脚在前，两膝微屈，上体稍向前倾，重心偏后脚，左手持球于腹前。

(2) 抛球：左手将球轻轻抛起在体前右侧，离手高约 20cm。抛球之前，右臂伸

图 7-61 排球发球

直，肩为轴向后摆动。

(3) 击球：借右脚蹬地力量，身体重心随着右手向前摆动击球而移至前脚上。在腹前利用虎口、掌根或握拳击球的后中下部。击球后，随着击球动作重心前移，迅速进入场地比赛。

图 7-62 正面上手发球

2) 正面上手发球

这种发球便于观察对方场上情况，发球准确性大，易于控制落点和加大力量速度。

动作要领：以右手为例，见图 7-62 所示。

(1) 准备姿势：面对球网，两脚自然开立，左脚在前，左手托球，上身前倾。

(2) 抛球：用抬臂和手掌的平托上送，将球平稳的垂直抛于右肩的前上方，高度适中。

(3) 挥臂击球：在左手抛球的同时，右臂抬起，屈肘后引，肘与肩平，上体稍向右转动，击球时，利用蹬地，使上体向左转动，同时收腹，带动手臂挥动。在右肩上方伸直手臂至最高点，用全手掌击球的中下部。击球时，手指自然张开吻合球(图 7-63)手腕要迅速主动做推压动作，使击出的球呈上旋飞行，击球后，随着重心前移，迅速进场比赛。

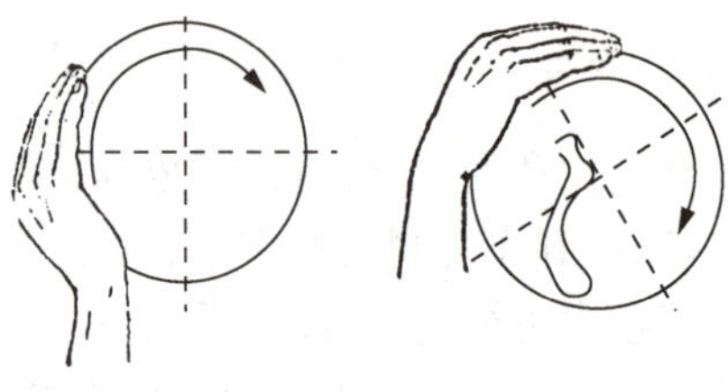

图 7-63 挥臂击球

3) 发球的练习方法

(1) 徒手模仿发球动作，反复多次。

(2) 击固定的吊球，练习发球动作，体会挥臂与击球动作。

(3) 持球做抛球练习，提高抛球的稳定性。反复练习数次。

(4) 两人一组相距 5～7m，做发球练习。

(5) 两人一组隔网，做发球练习。

(6) 两人一组站在发球区内，进行发球练习。

(7) 发定位球练习。先进行区域性发球，再进行落点发球。

7.3.2.3　垫球

垫球动作是排球运动中运用最多、最基本的技术之一，它主要用于接发球、接扣球、接拦回球，有时也用来组织进攻。垫球简单易学，便于初学者掌握。它可分为：正面双手垫球、跨步垫球、体侧垫球、低姿垫球、背垫、单手垫球、前扑垫球、侧卧垫球、滚翻垫球、鱼跃垫球，以及挡球等。

1) 正面双手垫球

这是最基本的垫球方法，是各项垫球技术的基本，适用于接各种发球、扣球和拦回球等。

动作要领(图 7-64)：

图 7-64　正面双手垫球

(1) 准备姿势：对正来球，成半蹲姿势站立。

(2) 手型：当球接近腹前时，两手掌根紧靠，两手手指重叠后合掌互握，两拇指平行，手腕下压，两臂外翻形成一个平面(图 7-65)。

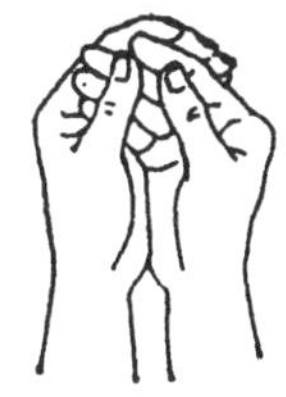

图 7-65　手型

图 7-66　击球部位

(3) 击球：当球飞到腹前一臂距离时，两臂夹紧前伸，插到球下，向前上方蹬地抬臂，迎击来球，垫击球的后下部，身体重心随击球的动作前移。

(4) 击球点：应保持在腹前击球。

(5) 用力：利用手臂上抬的力量同时配合蹬地，使重心向前上方移动。整个手臂要适当放松，便于灵活控制垫球的方向和力量。

(6) 击球部位：用前臂腕关节以上 10cm 左右桡骨内侧平面为宜(图 7-66)。

(7) 手臂角度：要根据来球的角度和要求垫出的方向，调整手臂与地面的角度和左右转动手臂平面来控制垫球方向。

2) 跨步垫球

这是队员向前或向侧跨一步垫球的动作。它在接发球和防守中广泛运用，又是做滚翻等倒地垫球的基础。

动作要领：看准来球落点，及时向前或向侧跨出一步，屈膝制动，重心落在跨出腿上；上体前倾，臀部下降，两臂插入球下，用前臂击球的后下部，利用抬腕的动作向前上方将球垫起。

3) 垫球的练习方法

(1) 结合移动步法，徒手做垫球动作练习，重复数次。

(2) 两人一组，一人持球于腹前，另一人垫固定球，按动作要领做垫球动作并体会用力、方向和击球部位等。重复数次然后交换。

(3) 两人一组，一抛一垫练习垫球。

(4) 距墙 2～3m，练习垫球。

(5) 自垫球练习。

(6) 两人一组相距 3m 左右，一人定位并抛球，另一人移动垫球，然后互换。

(7) 两人或数人隔网对垫练习。

7.3.2.4 传球

传球是组织战术的基础，主要用于衔接防守和进攻。

传球是用手指手腕的动作来完成击球的。它可分为正传、背传、侧传和跳起传球四种。

1) 正面传球要领(图 7-67)

(1) 准备姿势：看清来球后，迅速移动到球的落点上对正来球。采用稍蹲准备姿势，上体适当挺起看球，双手自然抬起放松置于脸前。

(2) 迎球：当来球接近额前时，开始蹬地、伸膝、伸臂，两手微张从脸前向前上方迎球。

(3) 击球：击球点在额前上方约一球距离处。

图 7-67 正面传球

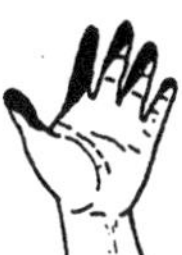

图 7-68 手型

(4) 手型:当手触球时,两手应自然张开成半球形,使手指与球吻合(图 7-68),手腕稍后仰,以拇指、食指和中指托住球的后下部,手指手腕保持适当的紧张,以承担球的压力。两拇指相对,接近"一"字型,用拇指内侧、食指全部、中指的二三指关节触球,无名指和小指在球两侧辅助控制传球方向。两肘适当分开,两臂之间成90°角。

(5) 用力:传球动作是由多种力量合成。如伸臂力量;手指手腕的反弹力;伸腿蹬地的力量;主动屈指屈肘的力量,以及球的弹力等。而正面传球主要靠伸臂的力量,配合蹬地的力量,通过球压在手上使手指手腕所产生的反弹力将球传出。

传球时要根据来球力量的大小和传出的远近而适当地控制伸臂速度和手指手腕等的张度并有意识地运用手指手腕缓冲来球的压力,通过这个缓冲过程,加强对球的控制,使之柔和而准确地将球传到所需要位置。

2) 传球的练习方法

(1) 徒手模仿传球动作,反复多次练习体会动作。

(2) 两人一组,一人持球有节奏地由上往对方额前上方挥动球,另一人做传球动作,体会手型、用力等。

(3) 自传练习。

(4) 距离 2～3m 对墙传球练习。

(5) 两人一组,相距 3m 左右一抛一传练习。

(6) 相距 3m 排成两列纵队,进行跑动传球练习。

(7) 三人一组,三角传球练习。

(8) 接发球后再传球练习。

7.3.2.5 扣球

排球运动中的扣球是得分、得权的主要手段,也是进攻中最积极有效的武器。按扣球技术可分为正面扣球、调整扣球、勾手扣球、扣快球和自我掩护扣球等。

1) 正面扣球

这是扣球中的一种基本方法。由于面对球网,便于观察,准确性高,可根据对方拦网情况，随时改变扣球路线和力量，便于控制球的落点。

动作要领（均以右手扣球为例，图 7-69）：

图 7-69 扣球动作要领

（1）准备姿势：助跑前采用稍蹲姿势，两臂自然下垂，离网 3m 左右，观察来球方向，做好随时向各个方向起跳的准备。

（2）助跑：助跑步数根据球的远近和个人的习惯采用一步、两步、三步或多步法，最常用的是二步、三步助跑。以两步助跑为例：助跑时，左脚先向前迈出一步，接着右脚再迅速跨出一大步，左脚及时并上，踏在右脚之前，两脚尖稍向内扣。助跑时第一步要小，便于寻找和对正球的方向；第二步要大，便于接近球，使支撑点落在身体重心之前，重心自然后移和降低，从而有利制动，并且要以右脚的脚根先着地过渡到全脚掌着地，有利于制动身体的冲力，增加腿部肌肉的张力，提高弹跳高度。

（3）起跳：在助跑跨出最后一步的同时，两臂绕体侧向后引，左脚在并上踏地制动的过程中，两臂自后积极向前上摆动，随着双腿蹬地向上起跳，两臂也配合起跳，有力地向上摆动。

（4）空中击球：起跳后，挺胸展腹，上体稍右转，右臂向后上方抬起，身体成反弓形，挥臂时，迅速转体、收腹发力，依次带动肩、肘、腕各部关节成鞭甩动作向前上方挥动，五指微张呈勺形，以全手掌包满球，掌心为击球中心，击球的后中部，同时主动用力屈腕屈指向前推压，使扣出的球加速上旋。

（5）落地：落地时，以前脚掌先着地再过渡到全脚掌着地，同时屈膝、收腹，以缓冲下落力量。

2）快球

快球是我国的传统打法。它速度快、时间短、突然性强、牵制性大。可分为：背快、短平快、近体快、背平快、平拉开、调整快、远网快、半快球、快抹和单脚快等。无论采用哪种快球，都应注意以下两点：

（1）助跑起跳，步伐要轻松，快灵、有节奏，起跳时间要准确。

(2) 对击球动作，上体和挥臂动作幅度要小，挥臂时间早，俗称“下手快”。

3) 扣球的练习方法

(1) 按动作方法徒手做助跑、起跳、挥臂击球、落地的动作。

(2) 两人一组，一人托球，另一人做挥臂击球动作。

(3) 利用吊球进行助跑、起跳、挥臂扣球、落地动作练习。

(4) 对墙做自抛自扣练习。

(5) 两人一组，一传一扣互换练习。

(6) 接发球后经二传再扣球练习，即“一攻”。

(7) 接扣球后经二传再扣球练习，即“反攻”。

(8) 在 2、3、4 号位连续扣球练习。

(9) 配合单人或双人拦网的情况下进行 2、3、4 号位的扣球练习。

7.3.2.6　拦网

拦网是防守的第一道防线。它不只是消极阻拦和被动防守，而是有一定的攻击性，也是争取得分权的一种有效手段，可以削弱对方进攻的锐气并动摇信心。拦网有单人拦和集体拦两种。单人拦网是集体拦网的基础，而集体拦网应注意相互间的协作与配合。

1) 动作要领

(1) 准备姿势：面对球网，两脚平行开立，约与肩同宽，距网 30～40cm 为宜，两膝微屈，两臂在胸前自然屈肘。

(2) 移动：拦网时可采用并步、交叉步、跑步、向前或斜前移动等步法及时对准扣球。

(3) 起跳：起跳时机必须掌握好。应根据二传球的高低、远近，扣球人的起跳时间和动作特点，来确定拦网起跳的时间。一般应稍晚于扣球队员起跳。起跳时重心降低，两膝弯曲，用力蹬地，使身体垂直起跳。屈膝下蹲的深度，可因人而异，以发挥最高弹跳力为原则。拦快球起跳时机，应根据二传球的弧度和速度、扣球人的起跳快慢、动作幅度大小、挥臂节奏快慢，以及扣球人的特点来定。可与扣球队员同时或提前起跳。

(4) 空中击球：起跳时，两手从额前贴近平行球网向网上沿的前上方伸出，两臂伸直，两肩尽量上提，两臂保持平行。两臂尽力过网伸向对方上空，两手接近球并自然张开，屈指屈腕呈勺型，当手触球时，两手要突然张开，手腕用力下压盖住球的前上方。

(5) 落地：拦网后应屈膝缓冲，双脚落地应尽量保持垂直下落，同时随时注意场上情况，做好下一个动作的准备。

2) 拦网的练习方法

(1) 列队利用各种步法从网的一端移动拦网至另一端。

(2) 两人一组,隔网面对而站,进行同(1)的练习,并在网上做屈腕动作。

(3) 两人一组,隔网面对而立,一人做扣球动作,另一人做拦网动作。

(4) 结合扣球,进行单人、双人、三人拦网练习。

(5) 在接近比赛情况下,提高拦网技术。

7.3.3 排球基本战术

排球战术是队员在比赛中根据排球规则、排球运动的规律,及对方的具体情况和场上的变化情况,选用适宜的、合理的,有目的、有计划地采用一些攻防配合,争取主动取得胜利的一些方法,统称之为战术。

7.3.3.1 场上队员阵容配备及换位战术

1) 场上队员阵容配备

这是合理、有效地使用本队队员的一种组织手段,把全队的力量组织起来,充分发挥每个队员的作用及特长。常用的配备阵容有"四,二"配备、"五,一"配备两种(图 7-70)。

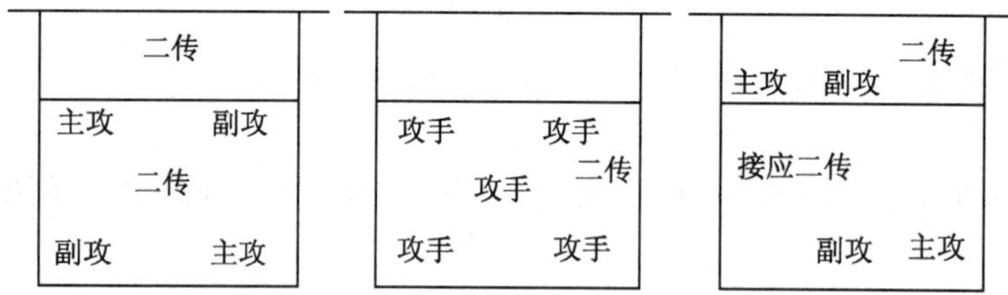

图 7-70 队员阵容配备

2) 交换位置

在规则允许的范围内,为了最大限度的发挥每个队员的特长,调动一切积极因素,加强攻防力量,以及弥补由于队员身体、技术发展不平衡所带来的缺陷,比赛中常采用交换位置的办法。一般有下列两种情况:

(1) 前排队员之间交换位置,这也有两种情况:一是比赛中为了加强进攻力量,把强攻力量最强的队员换到最便于扣球的位置上,如把擅长扣背快球的队员换到 2 号位,把善于扣快球的队员换到 3 号位上。把右手扣球的队员换到 4 号位,把左手扣球的队员换到 2 号位。把二传换到 2、3 号位等。另一种情况是:为了加强拦网力量,把身材高大、弹跳力强、拦网好的队员,换到 3 号位或对方主攻队员相对应的区域。

(2) 后排队员之间换位,也有两种情况:一是比赛中为了加强后排防守,发挥个人专长,可把队员互换到各自擅长的防守区域,采用专位防守。二是为了比赛中能够连续组成插上战术,可以把二传队员换到1号或6号位上。

7.3.3.2 排球进攻战术

在比赛中,接对方发、扣、吊过网的球所组织的进攻形式统称为进攻战术。最常用的有“中一二”、“边一二”、“插上”和“二次球”等进攻战术。

(1) “中一二”战术形式:利用3号位作二传,把来球传给2号位或4号位队员扣球的进攻方法。二传可传出集中、拉开、背快、背平快、平拉开等各种球,扣球队员采用斜线、直线助跑起跳扣出各种线、点变化的球。

(2) “边一二”战术形式:利用2号位作二传,将球传给3号位或4号位队员进攻的战术方法。若3号位队员是左手进攻,也可采用4号位作二传,将球传给3号或2号位队员扣球,这种则叫“反边一二”进攻战术。这种战术除了组织两名前排队员定位、定点扣球外,还可以组织快球抢扩拉开,“前交叉”、“梯次”、“时间差”等。

7.3.3.3 排球防守战术

在排球比赛中,为了不使球在本方场区落地或造成本方失误而采取的一切合法手段,统称之为防守战术。拦网是第一道防线,也是阻击对方最积极有效的手段。因此必须加强拦网和保护两个环节。

(1) 单人拦网的防守形式:比赛中若对方技术水平较低,扣球变化不多,力量不大且常用吊球时,可以采用单人拦网,以加强后排防守,便于组织进攻。

(2) 双人拦网“边跟进”、“心跟进”的防守形式:比赛中对方技术水平较高,战术变化多端,扣球凶狠,吊球较少时,则可采用“边跟进”防守形式;若对方采用打吊结合的办法,本方拦网能力强,能封住后排中场,而6号位或某个队员又善于防吊球时,可采用“心跟进”防守阵容。

(3) 集体拦网(三人拦网)形式:比赛中如对方扣球队员技术好,力量大,攻击性强,扣球线路变化多端,吊球较少时,则宜采用三人拦网形式。其优点是加强了第一道防线(前排区域),弱点是后排空隙太大,不易防吊球。

7.3.4 排球竞赛规则简介

7.3.4.1 排球场地

排球运动比赛场地呈长方形,长18m为边线,宽9m为端线,垂直于网下面的线为中线,距中线的中心线3m与边线连接的平行线叫进攻线。中线与进攻线以

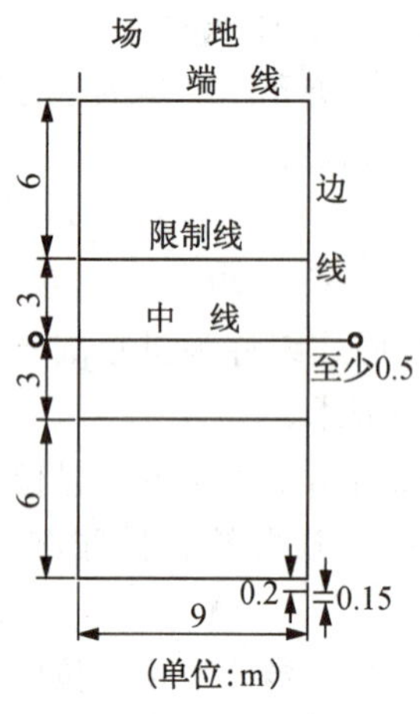

图 7-71 排球场地

内的地区为前场区。进攻线向边线以外无限延长的又叫限制线。场地的两端各画两条长 15cm,垂直并距离端线 20cm 的短线叫发球线,发球线的一条画在右侧边线的延长线上,另一条画在左侧边线的延长线上。发球线与端线间的区域为发球区。它向端线外是无限延长的(图 7-71)。

球网长 9.50m,宽 1m,网孔 10cm²,网上沿缝有 5cm 宽的双层白帆布,用一根柔软的钢丝从中穿过,拉紧球网的上沿,将网设在中线的中心线的垂直面上空,球网下沿用绳子穿起并拉紧,固定在网柱上。网两端分别垂直于边线和中线的交接处设有两条宽 5cm、长 1m 的白色带子为标志带,它是球网的一部分。标志杆是两根由玻璃纤维或类似质料制成的有韧性的杆子,长 1.80m,直径为 10mm,每 10cm 应涂有红白相间的颜色。它分别设在标志带的外沿球网的不同侧,高出球网 80cm,是球网的一部分,并作为球网两端界限的标志。球网高度:男子 2.43m,女子 2.24m。

球是圆形的、由柔软的皮革制成外壳、内装橡皮或类似质料制成的球胆,应是一色的浅色。圆周 65~67cm,重量 260~280g,atm 0.40~0.45kg/cm²。

7.3.4.2 规则的执行与判断方法

1) 发球犯规的判断

正确的发球要求是:在比赛中,某队获得发球权后,全队队员向顺时针方向轮转,由轮转到后排右的队员发球。他应站在本区端线后的发球区内发球。球必须抛起,使球明显离手后,用一只手或手臂任何部位将球击出,待球击出后,即可踏进场区。

遇下列任何一种情况应判为发球犯规:

(1) 未按发球次序发球。

(2) 双手击球或单手将球抛出、推出。

(3) 未将球抛起,或未使球清晰离手即击球。

(4) 击球时,无论是跳起发球的队员还是原地发球的队员,脚踏端线或踏越端线发球。

(5) 发球队员用手臂以外的任何部分击球。

(6) 发球时,第一裁判员鸣哨后发球队员 5 秒钟之内仍未将球发出。

(7) 发球队员利用个人掩护或集体掩护形成屏障,阻挡对方观察球的飞行路线。

遇下列任何一种情况时，应判为发球击球后犯规：

(1) 球抛起后，发球队员未击球，而球从空中落下时触及该队员的身体任何部分。

(2) 球未发过网或过网时触及球网、标志杆，或未从过网区域越过。

(3) 球过网以前触及本队其他队员或任何物体。

遇下列情况时，应判重发球：

(1) 第一裁判员未鸣哨前，发球队员已将球发出。

(2) 第一次试图。

(3) 遇特殊情况必须停止比赛时(如运动员受伤、球滚入场内等)，根据第一裁判员的决定可重发球。

2) 发球次序错误的判断和处理

某队未按照记录表上所登记的发球次序进行发球，称为发球次序错误。

发球次序错误的处理方式：

(1) 记录员发现发球队发球次序错误时，应在比赛间断时报告第二裁判员。这时第一裁判员应判发球次序错误的队“失误”，并令该队恢复正确的位置。若在发球队员发球前发现发球次序错误时，裁判员应先纠正，等恢复正确位置后再进行发球，不给予判罚。

(2) 记录员必须准确地确定其发球次序错误从何时发生，从而取消该队在误发过程中所有的得分。对方得分仍然有效。

(3) 如已得分而不能确定发球次序从何时发生，马上恢复正确位置，则仅给予一次犯规的判罚。若连续得分至一局结束或全场结束，在未交换场区(或退场)前发觉时，应按上述有关规定处理，如果已交换好场地已退场，则分数、局数均有效。

3) 位置错误的判断及处理

位置错误是指发球队员在击球的一刹那，双方任何一队队员未站在规则中规定的位置上，而造成位置错误犯规。但发球队员击球以前或以后，两队队员可以在本场区任意移动位置。

(1) 队员在场上的位置应根据脚的着地部分来确定。同列队员前后的关系是：每一名前排队员必须有一只脚的任何一部分比其相应同列后排队员的双脚距离中线更近(图 7-72)；同排队员左右的关系是：每一名左边或右边的队员(前排或后排队员)的一只脚的任何一部分，必须比同排中间队员的双脚距离其同侧的边线更近(图 7-73)。

(2) 位置错误处理的方法：发球时，裁判员发现某队位置错误。应立即鸣哨停止比赛，判该队犯规。如为发球队，应判“失误”，换对方发球；如为接发球队，则判

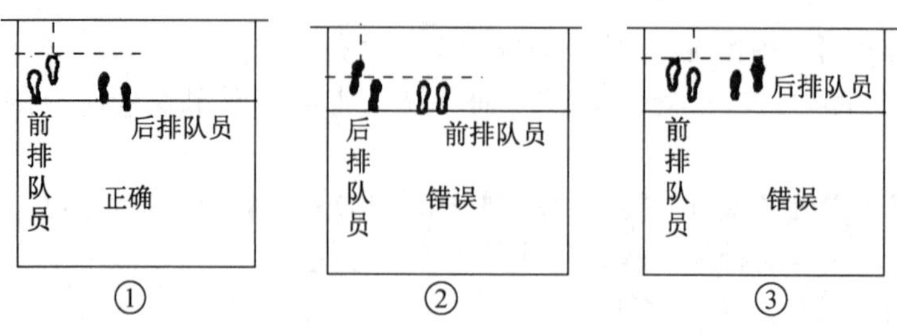

图 7-72 位置错误的判断

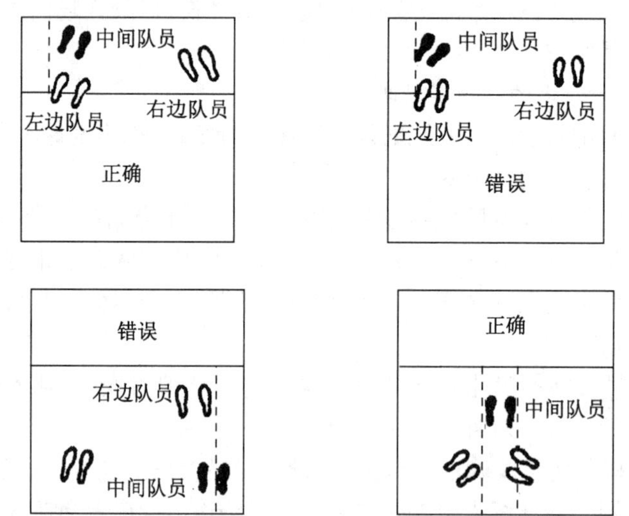

图 7-73 队员在场上的位置确定

对方“得分”，然后恢复正确位置继续比赛。发球时，第一裁判员观察发球队一方；第二裁判员观察接发球队一方。判断的依据应是发球队员击球的一刹那队员身体着地部分。

4）持球和连击的判断

（1）对持球的判断。规则规定，如一名队员没有将球清晰地击出，或接触球有较长时间的停留，则造成持球犯规。判断持球可从三个方面来考虑：一是停留时间；二是击球是否清晰；三是几种击球动作。

（2）连击的判断。如一名队员有明显的连续两次触球，而在这两次之间其他队员没有触球，则造成的犯规叫连击（第一次击球队员和拦网队员除外）。

5）网上球的判断

（1）过网犯规：包括过网拦网和过网击球两种犯规。过网拦网犯规是指在对方进行进攻性击球前或击球时，进入对方空间拦网主动触球；过网击球犯规是指扣球时击球点越过球网上沿的垂直面。

（2）触网犯规：比赛进行中，队员身体任何部分触及9.50m以内的球网和标志杆，则判为触网犯规。在比赛成死球后触网、球被用力击入球网而造成球网触及对方队员时、在室外有风的情况下由刮风使球网触及了队员都不算犯规。双方同时触及球网，应判双方犯规，重新发球。

6）队员进入对方场区的判断

比赛进行中队员身体的任何部位都不允许越过中线接触对方场区。但队员的一只或两只脚在接触对方场区的同时，脚的一部分还接触中线或置于中线上空，不判为犯规。双方同时过中线，应判双方犯规。

7）后排队员犯规的判断

（1）后排队员进攻性击球违例：后排队员在前场区或踏及进攻线及其延长线时，将整个球体高于球网上沿的球直接击入对方场区，则判为后排队员进攻性击球违例。

造成后排队员进攻性击球违例有三个条件，缺少任何一个条件都不能造成违例：队员击球时整个球体高于球网上沿；队员击出的球，使球的整体直接由过网区通过球网的垂直面；队员击球时，踏及或踏越进攻线。

（2）后排队员拦网犯规：构成这种犯规也必须具备三个条件：后排队员在球网附近；后排队员的手高于球网上沿；阻拦并触及从对方场区飞过来的球。

8）界外球的判断

遇下列情况均应判为界外球：

（1）球落在某场区外或触及球场以外的任何物体。

（2）球触及标志杆或标志杆以外的球网。

（3）球从非过网区过网。

（4）整个球体从空中越过中线及其延长线的垂直面。

9）暂停和换人的处理

（1）比赛成死球时，教练员或场上队长可以向裁判员请求暂停或换人。每局比赛中，每队可请求暂停两次，每次暂停时间在30s以内。时间从裁判员鸣哨开始计算。

（2）第一裁判员鸣哨发球即是比赛开始，不允许再请求暂停或换人。

（3）每一局每队最多可替换六人次。换人时，可换一人次也可多人次。如有队员受伤，应立即进行合法的换人，如遇不可能进行合法换人时，应允许进行特殊的不合法换人。

7.4 网球

7.4.1 网球概述

7.4.1.1 网球的起源

网球运动起源于法国。早在12～13世纪,法国传教士用手掌击打一种小球来娱乐,当时,这种游戏被称作“掌球戏”。14世纪中叶,这种游戏传入英国,当时球的表面是用绒布做的,英国人将这种球称为“tennis”(网球),并流传下来。

15世纪,人们发明了用线编制的网球拍,场地也已成雏形,并制订了相应的比赛规则。1873年,英国的菲茨德尔少校改进了早期的网球打法,规定了球网的大小和高低,创造了简易的草地网球比赛。1875年,英国板球俱乐部修订了网球的比赛规则后,于1877年7月举办了第一届温布尔登草地网球锦标赛。至此,现代网球正式形成,并很快在欧美盛行起来,成为一项深受欢迎的室外体育运动。1885年左右,网球运动传入我国上海、广州等地,并首先在教会学校中开展。

7.4.1.2 网球的发展

最早成立的网球运动组织是全英棒球和草地网球总会,并于1877年举行了第一届温布尔顿网球冠军赛,揭开了现代网球运动的帷幕。国际网联成立于1912年,总部设在英国伦敦,推动了网球运动飞速发展。目前,在国际性的大赛中,比较盛名的重大比赛有:温布尔顿网球锦标赛、法国网球公开赛、美国网球公开赛和澳大利亚网球公开赛。以国家为单位参加的网球团体赛有戴维斯杯男子网球赛和联合杯女子网球赛。为了适应网球运动的发展,1972年、1973年相继组织了国际男子和女子职业网球协会。

网球运动在技术方面发展的一个突出特点就是从防御转为进攻,即由底线型打转向上网型打法和综合型打法。过去典型的打法是正手进攻,反手击球只是防御性的下旋击法。现在正反手大多采用同进攻性较强的上旋击法。同时加强反手击球的力量,不少优秀选手采用双手握拍反手击球技术。发球技术也采用了大角度的切削发球,注重力量和速度,加强了进攻的威力。网球技术的发展,使比赛中双方攻守技术又提高了一个新的水平:各种打法都力求技术全面;发球讲究力量大,速度快,落点准并旋转多变;正手、反手技术日趋平衡;网前进攻和底线破网技术讲求质量;每个优秀选手都能灵活运用几套攻守战术。因此,网球技术正朝着综合型打法发展。

7.4.2　网球基本知识

7.4.2.1　网球场地、器材

1）场地

网球场地可分为草地、土地、硬地和塑胶场地。网球场地呈长方形，球网将球场分隔成相等的两个区域。全场除端线可宽至 10cm 外，其他各线的宽度应在 2.5～5cm 之间(图 7-74)。网球场的各线长度分别为：

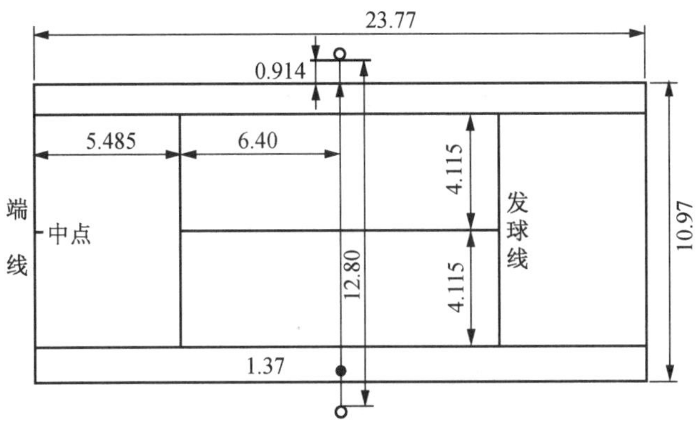

图 7-74　网球场地

边线长：23.77m。

端线长：单打为 8.23m；双打为 10.97m。

发球线：至端线的距离为 5.485m，至球网 6.40m。

发球区：每半场有左右两个发球区，长 6.40m，宽 4.115m。

端线外至少有 6.40m，边线外至少要有 3.60m 空地。

2）器材

网球相关器材包括网球、球网、网柱、中心带及单打支柱。球为白或黄色，直径为 6.35～6.67cm，重量为 56.7～58.5g；弹力为从 2.54m 的高处自由落下时，能弹起 1.35～1.47m；网柱高 1.07m，直径不超过 15cm；球网单打长 10.06m，双打长 12.80m，网高为 91.4cm(以网子中央标志带处为准)。

7.4.2.2　网球握拍方法

1）东方式握法(图 7-75)

(1) 东方式正手握拍法，亦称“握手式”握拍法。具体要求，拍面与地面垂直，用右手掌根与拍柄右上斜面贴紧,拇指垫贴于手柄的左垂直面,五指紧握拍柄,食指稍离中指,食指下关节压住拍柄垂直面。

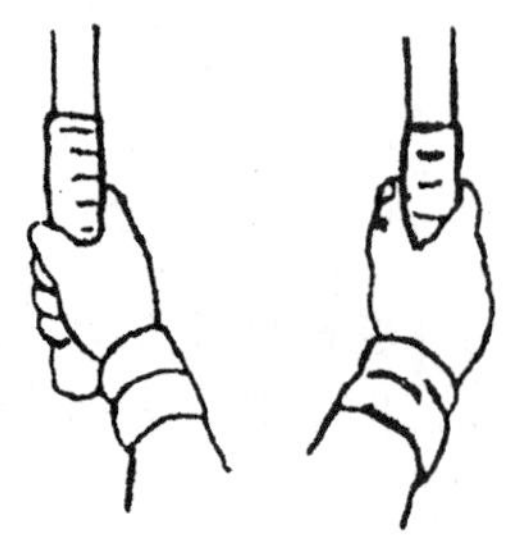

图 7-75 东方式握法

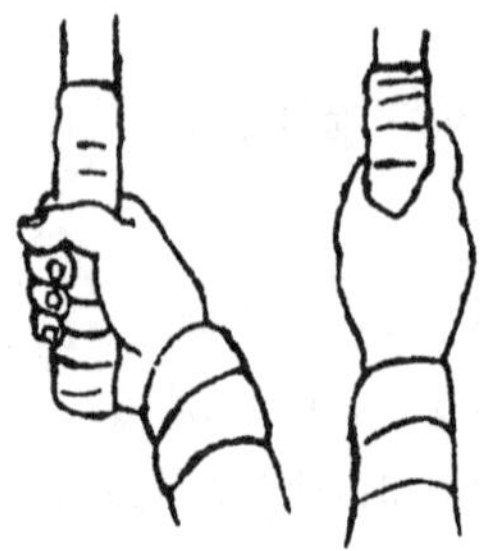

图 7-76 西方式握法

(2) 东方式反手握拍法。从正手握法位置向左转动四分之一(即拍柄向右转动1/4)。

2) 大陆式握法

大陆式握法对正、反击球都无须变换握拍。此种握法对于低球很适宜,但对于高球效果较差。

3) 西方式握法(图 7-76)

(1) 西方式正手握法。将球拍平放于地上,用手抓起后,手掌根贴在拍柄右下斜面,拇指压在拍柄上部平面,食指下关节握住拍柄的右下斜面。

(2) 反手握法。即正手握拍后,把球拍上下颠倒过来,用同一拍面击球。

西方式握法是目前广泛采用的一种握法,此种握法击球时用力方便,灵活机动,攻击性强。

7.4.2.3 击球感

为了尽快地培养良好的球感,掌握击球技术,首先对初学者进行一些基本的球感练习,当拍击球时,球拍没有震动,手感最舒服,这就是拍面上的最佳击球位置,此点一般在拍面中心点的下方(图 7-77)。

(1) 接反弹球。抛向地面,使球弹起,然后用相同手接住。熟练后,换手练习。

(2) 接对手反弹球。当一人以反弹球的方式传向另一人时,另一人用单手接住,左右手轮换接球。

(3) 托垫球。手持球拍原地托球,高度可由低到高,达到左右手或双手用拍正面、反面托,熟悉后,转换做移动托垫,正、反拍移动托垫。

(4) 击反弹球。使球落到地面反弹起之后,用球拍击向铁丝网式墙面。

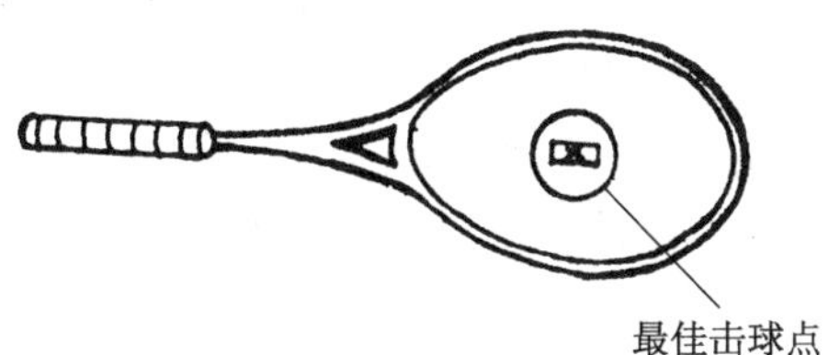

图 7-77 寻找最佳击球位置

7.4.2.4 脚步移动方式(为右手持拍者为例)

1) 步法

(1) 正手击球步法。由准备姿势开始,向右转 90°,同时转体转肩,右脚向右前方跨出,与端线约成 45°,使左肩对着网。

(2) 反手击球步法。准备姿势,以左脚为轴,左转 90°,同时转体转肩,右脚向左前方跨出,使右肩对着网。还可转过一些,使右肩甲骨对着球网。

(3) 左右交叉步。由准备姿势向右移动时,左脚先向右前跨一步,交叉于右前;然后移动右脚,交替进行;向左移时,方法与右移方法相同,唯方向相反。

(4) 滑步。由准备姿势向左移动时,应先移动左脚,后即跟右脚;向右移动时,方法相同,唯方向相反。

2) 步法练习要求

(1) 持拍练习时,应着重练习脚步动作。

(2) 持拍练习时,应结合挥拍动作。

(3) 适时进行综合性练习。

7.4.3 网球技术练习

7.4.3.1 正手击球

正手击球是网球运动中主要的击球方法,也是最可靠的进攻手段,这是因为不仅正手击球的机会较多,而且击球有力量、速度快,具有较强的进攻性与杀伤力。

1) 技术要点

(1) 准备姿势。正确的正手击球,应提前进入准备状态。身体前倾,双膝微蹲,全身放松,左手扶拍颈部,右手采用东方式握法。同时,准备迅速起动。

(2) 挥拍。当判定球朝着正手方向来时,左手辅助推动球拍同时,应迅速采取正手击球步法,同时,右手后伸引拍,做好击球准备。

后伸引拍有两种方式:一是直线式,即由准备姿势沿直线直接向后引摆,其特点是引拍快且平稳,易掌握;二是环绕式,即准备姿势经身体侧后上方绕环引拍,其特点是挥拍快,节奏感强,但费时间。

(3) 击球。向前挥拍击球时,要握紧球拍,手腕绷紧,球拍从低于腰部处开始,做弧线轨迹运动,逐步上升,向前挥动,约在齐腰处或稍低处击球,同时左转体,以发挥更大击球力量。

(4) 随球挥拍。击球后,球拍应继续沿弧线挥拍向上,把球拍带到身体左侧肩上部。这样一来可加强球的上旋和速度,而且还能控制球的方向。

2) 练习要求

(1) 挥拍击球时,应转体,运用身体的力量,将球击出。

(2) 注意体会在拍的最佳点击球。

(3) 根据球的远近和高低情况,应调整身体在最适的位置击球。

3) 方法变换

(1) 一人隔网用于抛向击球者,击球者用中等力量正手击球。

(2) 自己将球抛起,等球反弹后,进行正手击球。

4) 打法变换

(1) 上旋球。球的弧度高、下降快。上旋球是由于拍面向上摩擦整个球体而产生的,具有很强的攻击性。

(2) 下旋球。拍面后仰,球拍自上而下挥动,拍击球的后下部而产生的一种下旋转。主要用于拦截或打乱对方的节奏。

(3) 侧旋球。拍击球的侧部,做横向移动,便可击出侧旋球。此球运动路线是弧线,难以判断其路线。

7.4.3.2 反手击球

反手击球是防御和进攻对方必须掌握的一项基本技术。与正手击球相比,反手击球动作较难掌握,但经过反复练习,就会运用自如。反手击球动作分反手上旋球、反手下旋球和双手反击球。

1) 反手上旋球

(1) 练习方法:① 原地或移动做挥拍练习;② 对墙做自抛击球练习;③ 对墙连续做反手上旋球练习(图 7-78)。

(2) 技术要点:① 准备姿势同正手;② 引拍,判断来球,调整身体位置,做反手击球步法,同时左转体,准备击球;③ 击球,挥拍击球时,身体右转,带动右臂挥拍击球,同进左手做简短的推送动作。击球点在右膝前方;④ 随球挥拍,同正手击球,唯方向相反。

(3) 练习要求:① 挥臂击球与右转体协调配合;② 反手击球应做到早引拍。

图 7-78 反手上旋球练习方法

(4) 变换方法:① 自抛反弹后对墙做反手上旋球练习;② 一个人隔网抛球,另一人做反手上旋球练习。

2) 反手下旋球

(1) 练习方法:对墙原地或在移动中做手挥空拍练习,对墙练习。

(2) 技术要点:① 准备姿势同正手击球;② 引拍同反手上旋球;③ 击球时,身体右转带动右臂向斜下做切削动作,拍击球的后下方,击出反手下旋球。

(3) 练习要求:① 引拍时采用东方式反拍握法。② 击球时应注意调节拍面的角度。

(4) 变换方法:① 自抛反弹后,对墙做反手下旋球练习;② 对墙反手击球后,让球跳两次后再击球,然后对墙连续做反手下旋击球。

3) 双手反击球

(1) 练习方法:做双手挥空拍练习,对墙做自抛双手反击球练习(图 7-79)。

图 7-79 对墙做自抛双手反击球练习

(2) 技术要点:① 准备姿势同正手击球;② 引拍时,由于左手臂的束缚,后伸时有些拉不开,所以应尽量转体。左手为正握法,右手为反握法;③ 挥拍击球时,身体右转,同时左手推动右手一起向前挥拍击球;④ 随球挥拍(略)。

(3) 练习要求:① 引拍时头不偏转,左右手应协调用力;② 利用上体和腰部力量,加大随挥动作的幅度,球拍的运动路线要长。

7.4.3.3 网前截击

截击球是指在落地之前便将球在网前击回对方场区。它通常速度快，力量大，具有较大的威胁性，在高水平的比赛中，常以主动上网截击控制对手。网前截击又分为正手截击和反手截击。

1）正手截击

（1）练习方法：空拍做正手截击练习，近距离对墙做正手截击练习（图 7-80）。

图 7-80 近距离对墙做正手截击练习

（2）技术要点：① 网前准备姿势。身体姿势和正、反手击球相同。一般应站在发球区边线与球网间的中央位置上；② 移动、击球。判断来球，迅速移动位置，同时转肩带动手臂向后作简短的引拍。引拍完成时保持拍头上翘；击球时，后脚蹬伸，重心前移，伸臂微向下推送球拍击球。

（3）练习要求：① 判明来球方向后，动作应简洁明快；② 击低球时应降低重心。

（4）变换方法：① 正手将球击向墙面，截击弹回的网球；② 一人正手击球，两人网前做截击动作。

2）反手截击

除转肩、侧移和封堵路线方向相反，练习方法、技术要点、练习要求、方法变换均与正手截击相同（图 7-81）。

图 7-81 反手截击练习

7.4.3.4　高压球

针对比较高的球进行扣杀还击的一种技术，根据球的高低程度和距离，可采取原地高压、跳起高压和后退高压。

(1) 练习方法：空拍练习，自抛高球向铁丝网击球。

(2) 技术要点：① 准备姿势。及时移动到位后，直接将球拍引向脑后，自由手(未持拍手)上举，抬时翘起手腕使拍头下垂，两眼注视来球。② 挥拍击球。击球时转体，挥臂，扣腕一气呵成，击球点保持在右肩上方。③ 随球挥拍。击球后应继续扣腕，完成随跟进动作。

(3) 练习要求：① 准备姿势时，应尽早举拍，及时移动。② 扣杀发力时，应做出“鞭打”动作。

(4) 变换方法：① 自抛自扣练习；② 一人网前高抛球，另一人做高压扣球。

7.4.3.5　高挑球

高挑球是指把球挑过对方头顶的一种防御性或进攻性的击球方式。

(1) 练习方法：原地空拍高挑、或移动空拍高拍、或自抛高挑(图 7-82)。

图 7-82　高挑球练习方法

(2) 技术要点：① 在移动中使球拍充分后摆，并使身体侧向来球飞行路线；② 击球时，拍面应击在球后下部；③ 击球后，完成随球挥拍动作。

(3) 练习要求：采用高挑球，应使球落在对方场地的端线附近。

(4) 变换方法：转移到排球场地隔网进行高挑球练习。

7.4.3.6　发球

发球是现代网球运动中最重要的技术之一，在比赛中，高质量的发球可直接得分。根据速度、旋转、落点变化不同，可分为切削发球、平击发球和旋转发球。根据实际情况仅介绍平击发球。

(1) 练习方法:空拍练习,自抛对墙练习。

(2) 技术要求:① 准备姿势。侧对球网站立。一手持球,另一手持拍,身体放松,自然站立。② 抛球。将球轻轻抛在前侧肩的上方在约 2m 左右,同时大弧度地向后拉拍。③ 击球。击球时,利用缩胸、收腹、重心跟进的力量,去拍击球的后部。④ 随球挥拍(略)。

(3) 练习要求:① 初学发球时,击球点不宜太高,力量也要适中;② 抛球的位置要稳。

(4) 变换方法:① 对墙上目标进行发球练习;② 在发球区作出标志,练习者将球发向规定的目标。

7.4.4 网球实战对抗

7.4.4.1 教学比赛

1) 比赛方法

教学比赛中,可限定在发球和接发球两个技术动作的比赛,按单打比赛中一局的计分方法计分,采取 3 局 2 胜制。

2) 比赛规则(单打)

(1) 双方应站在各自的半场内。发球者应站在端线后中点和边线的假定延长线之间的区域,用手将球向空中任何方向抛起,在球接触地面以前,凡用球拍触球,即算完成球的发送。

(2) 发球时,不得通过行走或跑动改变原来站的位置,两脚只准站在规定位置,不得触及其他区域。

(3) 每局开始,先从后区端线后发球,得 1 分或失 1 分后,座换到左区发球;发出的球应从网上越过,落到对方的发球区内或其周围的线上。

(4) 发出的球在落地前触及固定物(球网、中心带和网边白布除外),违反发球和发球位置,未击中球,则属发球失误。

(5) 第一次发球失误,应在原发球位置进行第二次发球,第一局比赛结束,则互换发球权,以后以此类推,直至比赛结束。

(6) 每胜 1 球得 1 分,先胜 4 分者胜 1 局;双方各得 3 分时为"平分",平分后须净胜 2 分为胜 1 局。

(7) 一方先胜 6 局为胜 1 盘,双方各胜 5 局时,一方须将胜两局为胜一盘。

(8) 双方应在每盘的第 1、3、5 等单数局结束后,以及每盘结束,对方局数之和为单数时,则交换场地。

(9) 凡在球第二次着地之前未能还击过网,还击的球触及对方地区界线以外地面,固定物或其他物件;故意用球拍触球不止一次;身体、球拍在发球期间触及球网;过网击甩拍击球或还击空中球失败,均判失分。

7.4.4.2 正式比赛

1) 比赛方法

(1) 选择势均力敌的同伴,按单打比赛规则进行正式比赛。

(2) 组成实力相近的两对选手,按双打比赛规则进行比赛。

2) 比赛规则(双打)

(1) 每盘第一局开始,由发球决定人选首先发球,第二局则改由对方决定,第三局由第一局发球方的另一人发球,第四局由第二局发球方的另一球员发球,以此类推。

(2) 先接球方应在第一局开始时,决定先接发球的人选,并在这一盘的单数局继续先接发球。对方在第二局开始,同样依法决定先接发球,并在这一盘双数局继续先接发球,他们的同伴则在每局中轮流接发球。

7.4.4.3 战术介绍

网球战术是运用各种基本技术组织进攻和防守的策略性方法。网球比赛不仅要求具备一定的技术水平外,还要灵活运动战术,以便充分发挥优势。

1) 单打战术

(1) 发球战术。第一次发球一般要狠,第二次发球要稳,发球后立即上网,进攻型、防守型、综合型运动员,都必须掌握变化旋转,不同落点的稳健发球。

(2) 接发球战术。接对方的大力发球首先做到少失误,力争将球击回过网,其次做到打落点;接对方软球时,要有较强的进攻意识,要将球打对方深区。

(3) 底线对面战术。耐心对打,采用长短结合、斜线和直线相结合、上旋和下旋相结合的打法,等待时机。

2) 双打战术

(1) 配合默契,分工明确。发球队员站在中点和单打线的中间,准备发球后直接上网;同伴站在发球线与球网之间,稍偏向单打线,做到只向两侧各移动一步,即能封住单打与双打之间的狭道及球场中央;接发球队员站在靠近边线的端线后,在接左区发球时应稍靠中间站,其同伴站在靠近发球线的前面,且偏近中线处,以便防守中路球。

(2) 相互鼓励,取长补短。"好球"应祝贺,"失误"不埋怨,相互鼓励。根据两人的技术特点来确定位置或分工,发球好的先发球,技术全面的或拍强的站在左边(右手持拍),对方将球打到中央时,由正拍者回击,或由技术全面者回击。

7.5 乒乓球

7.5.1 乒乓球运动发展概述

7.5.1.1 乒乓球运动的起源

乒乓球最早发源于英格兰，是从网球演变过来的。在19世纪后半期，大约1880年，由于网球在当时欧美上层社会中相当流行，后来就把网球搬进室内，欧洲人称之为“室内网球”，以后都在桌上打，起名叫“桌上网球”(table tennis)。后传入日本，日本人称为“桌球”，在我国开展最早的上海，称为“台球”。

起初，英国有一些大学生在室内以餐桌为球台，用书或两把高背椅子挂上一根线当作球网，采用软木或橡胶做成的球，以羔皮纸贴在长柄椭圆形空心球拍上，在台子上打来打去，最初这种游戏叫“弗利姆-弗拉姆”(flim-flam)，又称为“主西玛”。当时有着各种各样的名称，球台大小和球网的高低均无统一规定，记分采用10分、20分、50分或100分一局的方法。发球的方法也无严格限制，可以把球先击到本方台面再落到对方台面。也可将球直接发到对方台面规定的地方或任何地方，只是要在本方球台后方、台面以上高度。

1890年左右，开始使用赛璐珞球。由于当时普遍使用一羔皮纸球拍击到球和球碰台发出“乒乓”声音，于是就将这项运动称之为“乒乓球”。

在20世纪20年代以前乒乓球始终是停留在游戏阶段。直到20年代，举行了多次乒乓球邀请赛，才逐渐引起人们的重视，并列为运动竞赛项目。但当时主要是在知识分子、学生和职员中间开展。

7.5.1.2 乒乓球运动的特点与意义

乒乓球运动的特点是球小、速度快、旋转性强、变化多。乒乓球运动的设备比较简单，在室内外都可以进行。运动量可大可小，不同年龄、不同性别、不同身体条件的人均可参加此项活动。它可由两人组成单打比赛，四人组成双打比赛，也可由不同性别组成男女混合双打比赛。因此，乒乓球运动是我国广大人民群众和少年儿童所喜爱的体育项目之一。它具有广泛的群众性。

经常参加乒乓球运动，可增强体质，促进身体的全面发展。

打乒乓球时，球在空中飞行的速度是很快的，一般把球从本方台面打到对方台面不到0.5秒。在这样短暂的时间内，要求运动员对来球的方向、速度、旋转、落点等全面进行观察，迅速作出判断，并立即决定对策，迅速移动步法，调整击球的位置与拍面角度，进行挥拍击球，为了适应各种复杂的变化，运动员必须经常从一个动作、战术转变到另一个动作、战术，这就要求打乒乓球时思想集中，反应快，神经系统特别是视觉神经要处于良好的兴奋状态。因此，经常参加乒乓球运动，能有效地提高中枢神经系统的反应能力，提高人的机智灵活性、动作迅速和促进人体各方面的协调和灵敏性。

乒乓球运动对增强体质，改善心血管系统都有很重要的作用。在紧张的乒乓球比赛中，运动员一天挥拍击球可达上万次，两腿移动距离可达千米左右，心脏跳动的次数比赛前可增加几十次。因此，经常参加乒乓球运动可以增强练习者的上肢、下肢、腰部、腹部等肌肉群的力量，还可锻炼和提高耐久力以及增强内脏器官和心血管的功能，促进身体的全面发展。

7.5.2 乒乓球运动技术

7.5.2.1 基本技术

1）握拍法

目前世界上流行的握拍法不外两种：一是直握拍；二是横握拍。不同的握拍法，各有不同的优缺点，从而产生了各种不同的打法。

（1）直拍握拍法。这种握拍法的优点是：正手攻球有力，变线时有隐蔽性；有利于进攻，能从速度、球路和力量上取得主动。缺点是：反手击球时，受身体阻碍不易起拍，反手不能用腕力提拉球，攻、削结合困难；防守是照顾范围小。

常用的直拍握拍法有三种：① 快攻型握拍法：以食指的第二指节和拇指第一指节在拍的前面呈钳形指，两间距离 1～2cm，拍柄贴住虎口，拍后三指弯曲贴于拍的 1/3 上端(图 7-83 右)。② 弧圈型握拍法：在球拍前面，拇指紧贴拍柄左侧，食指扣住拍柄成环状；其余三指在球拍后面自然弯屈，抵住球拍中部(图 7-83 左)。③ 直拍削球型握拍法：大拇指弯屈，紧贴拍柄的左侧，用力下压，其余四指自然分开托住拍的后面。正手削球时，尽量使球拍后仰，减少来球冲力；反手削球时，拍后四指灵活地把球拍兜起，使拍柄向下(图 7-83 中)。

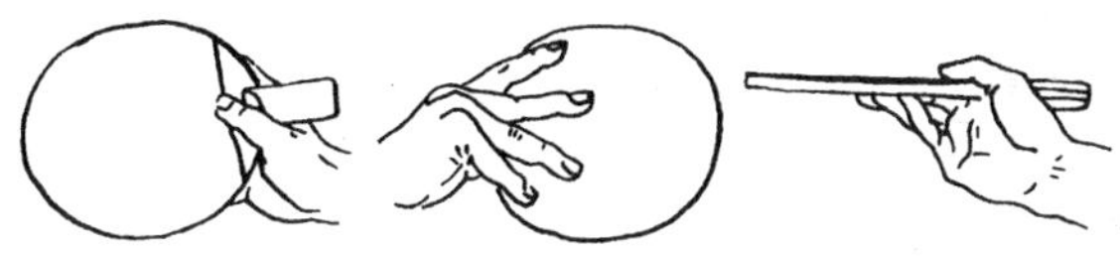

图 7-83 直拍握拍法

（2）横握拍法。这种握拍法的优点是：照顾面广，可攻可削；反手攻、削时手腕容易着力，威胁比直拍反手大。这种握拍法有利于削球。

横拍的基本握法是：虎口贴拍，食指在拍前，拇指在拍后。正手攻球时，食指稍向上移动；反手攻球时，拇指稍向上移动（图 7-84、图 7-85）。

图 7-84 横握拍法

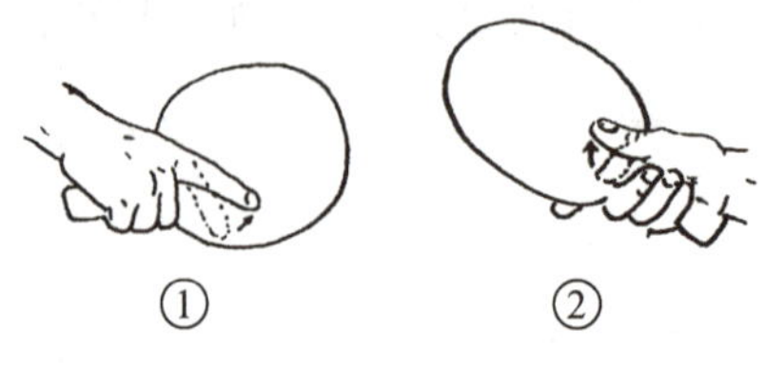

图 7-85 横握拍法

(3) 握拍时应该注意的问题：① 握拍不能过大、过小或太深、太浅，以影响手腕动作的灵活性和击球的发力。② 不论直握或横握，在准备击球时或把球击出后，手指不要过分用力握拍。这样，一方面便于使拍形恢复准备击球的状态；另一方面也可使手的各部分肌肉及时放松，以免由于始终握拍过紧而造成手腕、前臂的僵硬。

2) 准备姿势与站位

(1) 准备姿势：击球时，合理的准备姿势便于迅速移动步法，选择恰当的位置，及时准确地击球。准备姿势要做到：① 两脚平行站立与肩同宽或稍宽，保持身体平衡；② 后脚跟稍稍提起，前脚掌内侧着地；③ 两膝微屈内扣；④ 稍含胸收腹，上体略前倾；⑤ 持拍手臂自然弯屈，直握拍时肘部稍外张，手腕放松，球拍置于腹部左侧前面 20～30cm 处；横握球拍时，肘向下，前臂自然平举。

(2) 站位：由于乒乓球的类型打法不同，基本站位也略有区别：① 左推右攻打法基本站位在近台中间偏左；两面攻打法基本站位在近中间（图 7-86）；② 弧圈球为主打法基本站位在中台偏左的位置（图 7-87）；③ 横拍攻削结合基本站位在中台附近（图 7-88）；④ 以削为主打法基本站位在中远台附近（图 7-89）。

图 7-86 站位　图 7-87 站位　图 7-88 站位　图 7-89 站位

3）基本步法

（1）常用的步法有。① 单步：击球时，以一脚的前脚掌为轴，另一脚向前、后或同侧移动一步，以取得合理的击球位置（图 7-90）。② 换步：击球时，与来球同一侧

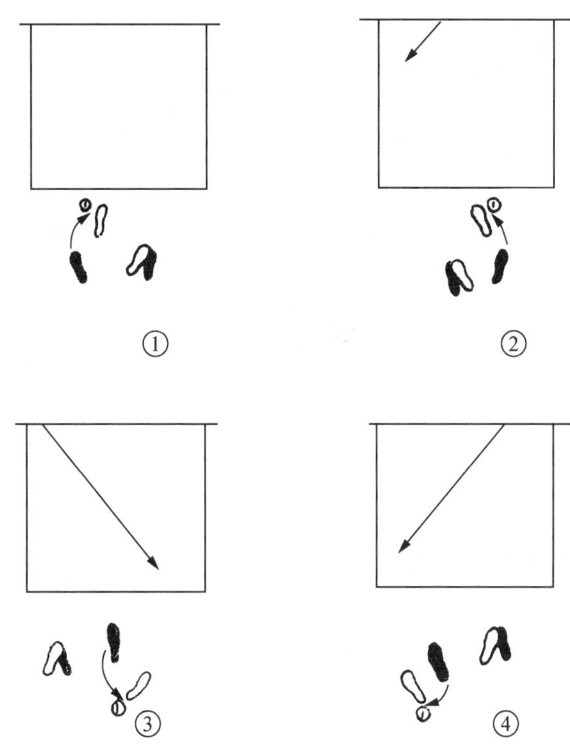

图 7-90　单步

的脚先跨一步，另一脚跟着移动一步，以取得合理的击球位置（图 7-91）。③ 跳步：击球时，与来球异侧的脚用力蹬地后，双脚同时跳起向来球一侧移动，蹬地脚先落地后，另一脚也跟着落地后站稳，以取得合理的击球位置（图 7-92（a）（b））。④ 跨步：击球时，先以来球同方向的脚向侧跨一大步，另一脚再跟着移动，以取得合理的击球位置（图 7-93）。⑤ 侧身步：击球时，左脚先向左跨出一步，然后右脚随即向左后方移动，另一种可以用左脚先向前插上，右脚向左后移动，以取得合理的击球位置（图 7-94）。⑥ 交叉步：击球时，先以来球反方向的脚向来球方向移动，并超过另一脚，然后

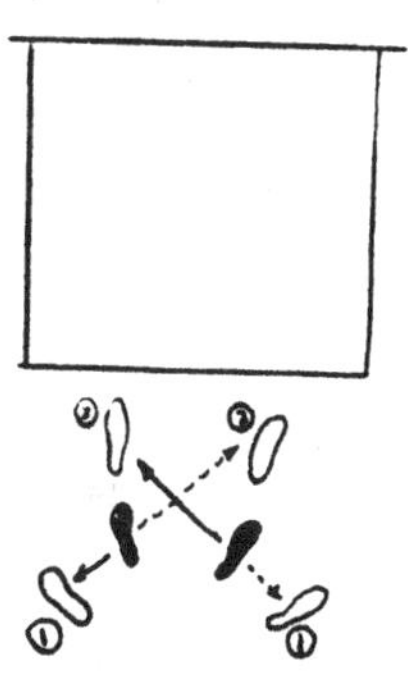

图 7-91　换步

另一脚即向来球方向移动，以取得合理的击球位置(图 7-95)。

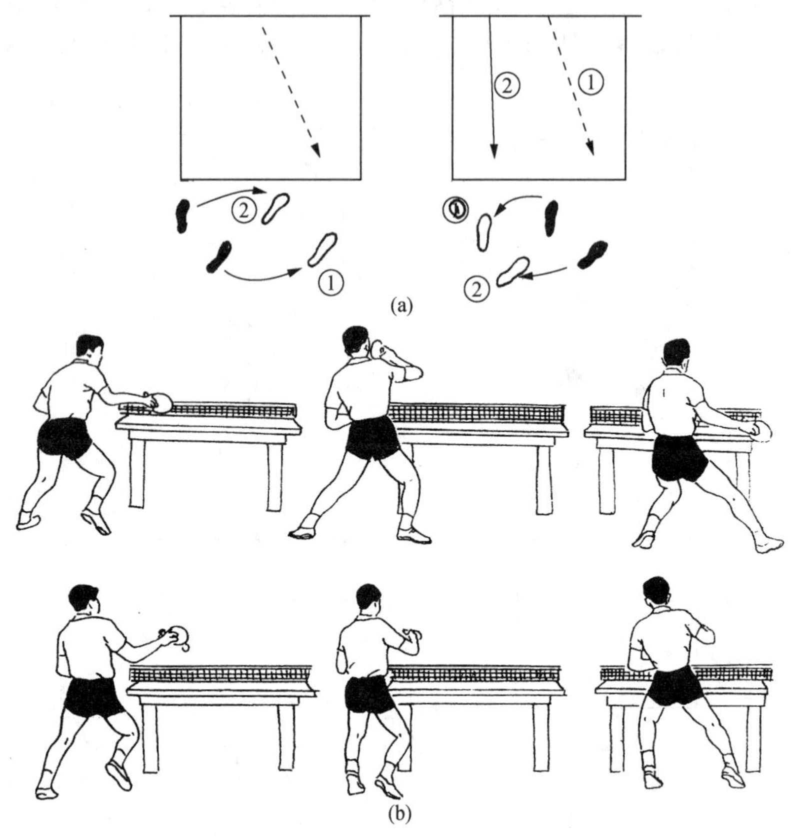

图 7-92　跳步

(2) 各种类型打法的主要步法。① 快攻型：打左推右攻的，站位近台偏左，常左脚在前，右脚稍后。以左右小范围快速移动为主，配合较大范围的移动和前后移动，常用的是换步和跳步，两面攻打时，站位近台，双脚平等站立，常用单步小侧身，左右开弓击球。步法以小范围的换步和跳步相结合，配以其他步法。② 弧圈型：站位稍离台，挥臂击球动作大，常需身体发力击球，照顾范围较大，要求重心稳定。步法以交叉步移动为主，配以其他步法。③ 削球型：防守时，以交叉步为主，一旦转入进攻，常采用换步和跳步。

4) 发球和接发球

(1) 发球：发球是力争主动先发制人的第一个环节。比赛中每人都有轮换发五分球的权利，发球能否得分，能否会打开局面获得优势同发球技术好坏有密切关系。因此，发球时，要求出手快，要能用相似的手法发出不同旋转，不同落点和不同

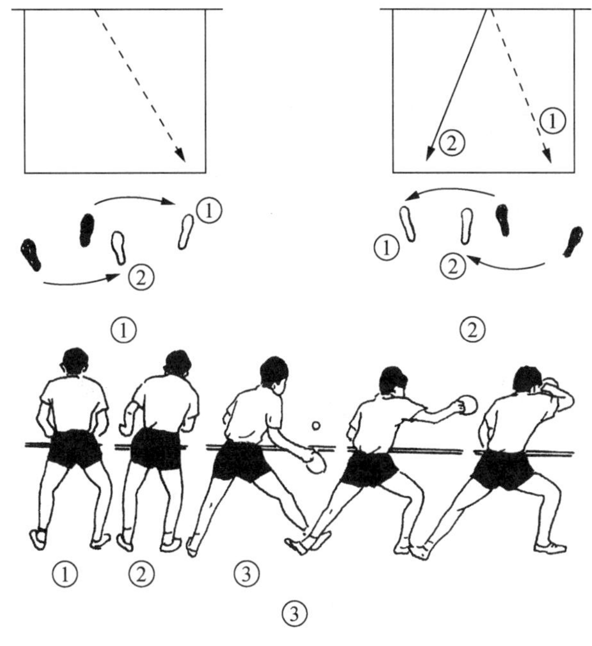

图 7-93　跨步

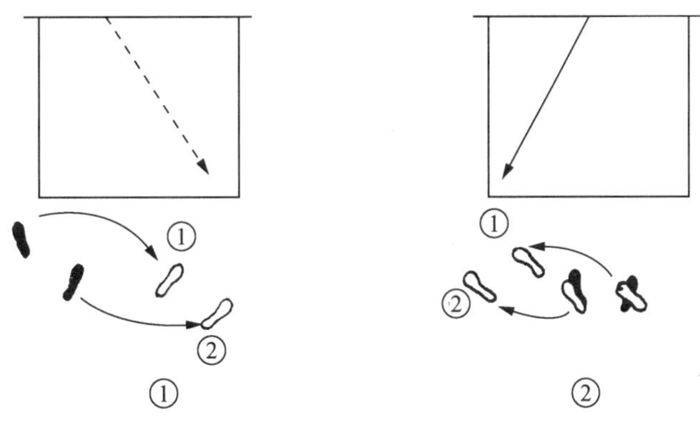

图 7-94　侧身步

速度的球。发球后要积极抢攻，抢位。抢攻好又可以使发球有更大的威胁，从而打乱对方的战略意图，掌握主动权。所以发球好不但可以直接得分，还可以为进攻创造机会，争取胜利。

发球主要是由抛球和挥拍击球两个动作组成。抛球是前提，击球部位和挥位方向是决定发球性质的关键，用力大小和第一落点的远近是发球变化的条件。

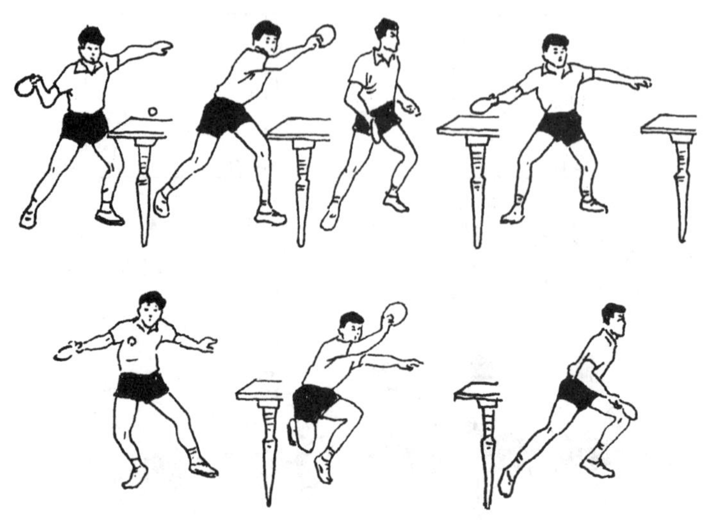

图 7-95　交叉步

① 平击发球。特点:平击发球一般不带旋转,它是初学者最基本的发球方法,也是掌握其他复杂发球的基础。动作方法:正手发球,左脚在前,身体稍向右转。左手掌心托球,置于身体右侧,右手持拍也置于身体右侧。发球开始时,持球手将球向上抛起,同时右臂稍向后引拍,在球略低于网时,持拍手从身体右后方向前挥拍,拍形稍前倾,击球的中上部,击球后,前臂和手腕继续随势向前挥动,身体重心移至前脚。

反手发球,右脚在前,球向上抛起后,右手持拍是从身体左后方向前挥动,拍形稍前倾,击球中上部(图 7-96)。

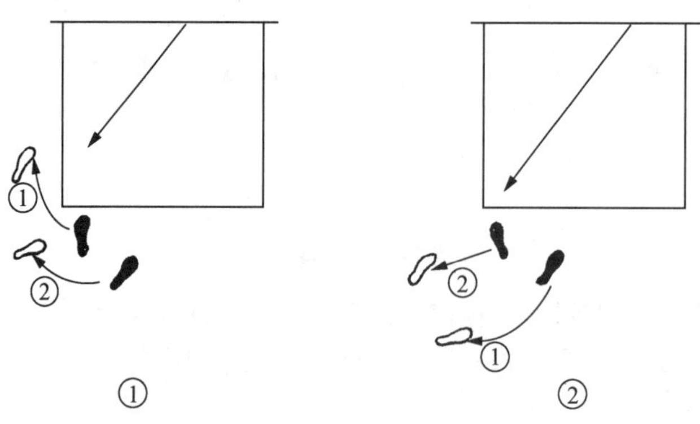

图 7-96　反手发球

② 反手发急球。特点:球速快,弧线低,前冲力大。以攻为主的运动员用这种发球易发挥速度上的优势,能迫使削球运动员后退接球,利于加强攻势。动作方法:右脚稍前,持拍手位于身前左侧。在持球手将球轻轻向上抛起的同时,持拍手向左后方引拍,拍形稍前倾,用前臂和手腕发力,击球中上部,击球点应与网同高或比网稍低,第一落点靠近本台端线(图 7-97)。

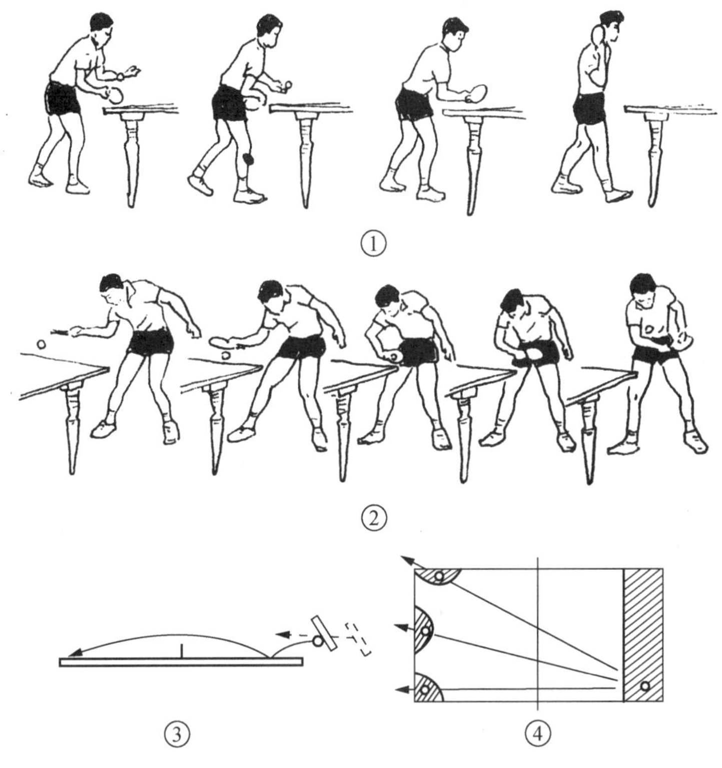

图 7-97　反手发急球

③ 正手发左侧上(下)旋转。特点:球速一般不很急,左侧上(下)旋转力较强,对方提球后,向其右侧上(下)反弹。动作方法:发左侧上旋球,左脚在前。抛球时,持拍手向右上方引拍,手腕略向外展,球回落时,手臂迅速向左下方挥动,食指压迫,拍面略向左偏斜,约与网等高时击球,前臂和手腕用力向左挥动。同时前臂略向外旋,使拍从球的正中部向左侧上摩擦,球的第一落点靠近端线约 20cm 处,越网落到对方左角(图 7-98)。

④ 反手发右侧上(下)旋球。特点:右侧上(下)旋转力强,对方拉球后,向其左侧上(下)反弹。动作方法:反手发右侧上旋球,右脚稍前,持拍手位于身前,持球手

图 7-98　正手发左侧上(下)旋转

(a)

(b)

(c)

图 7-99　反手发右侧上(下)旋球

位于身体左侧。发球时，拍与球接触的刹那间，拇指压拍，使拍面逐渐向左倾斜，从球的正中部向右上方摩擦，球的第一落点靠近端线约 20cm 处，越网落到对方左角(图 7-99(a)(b))。反手发右侧下旋与发右侧上旋球的区别在于触球的一刹那，拍面略微后仰，拍从球的中下部向右侧下摩擦，球从本方台面弹起后，越网落到对方左角(图 7-99(c))。

⑤ 正(反)手发转与不转球。特点：球速较慢，前冲力小，主要是发球手法近似，以旋转变化迷惑对方，使其回接困难。发下旋短球能控制对方攻势，发不转球易使对方接出高球或出界，为进攻创造机会。动作方法：发下旋短球时，左脚稍前，抛球时将拍引至肩高，手腕略向外展，拍面稍后仰，球回落时，手腕和前臂迅速向前下方发力，摩擦球的中下部。拍触球时手腕的发力要大于前臂的发力，这样才能发出比较强烈的下旋球。

发不转球与发转球动作上区别，使作用力线接近球心，从而形成不转球(图 7-100①②)。

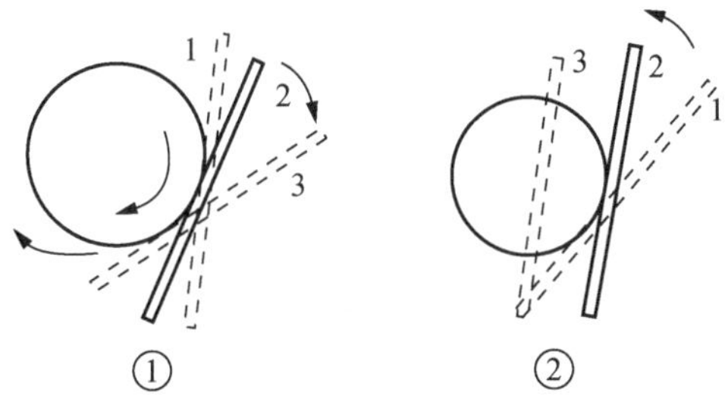

图 7-100　发不转球与发转球动作上的区别

反手发球转与不转球多用于横拍选手，发球时，拍触球的刹那间拍形稍躺平，从球的中下部向底部摩擦，手腕的发力要大于前臂的发力。

反手发不转球时，拍触球的刹那间拍形稍立起，击球的中下部，手臂迅速向前方稍加推的力量将球发出，以前臂的发力为主。

⑥ 发短球。特点：击球动作小，出手快，球落到对方球台的第二跳不出台，发短球可以牵制对方，使对方不易发力还击。动作方法：发短球主要靠手腕和前臂的摩擦发力，往前的用力不要太多，可以加上回收的力量。这样就能发出旋转比较强的短球。摩擦球的部位同发侧上(下)旋和下旋长球相同，只是要求第一弹跳在本方球台中段，这样才能以短球控制对方(图 7-101)。

⑦ 正手高抛发球。特点：把球高抛可以迷惑对方。发球时，利用球下降的速度可使发出的球速度快，变化多，旋转强。动作方法：发球时，左脚在前，右脚斜后，持球手将球用力平稳地往上抛直，球离头部 1.5m 左右，同时腰和腿顺势向上稍挺

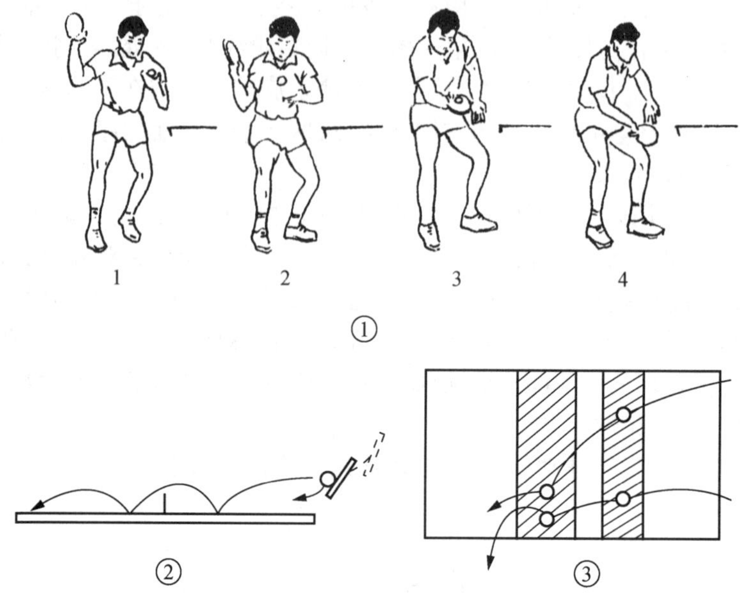

图 7-101 发短球

伸，重心在左脚上，待球下降在接近腰部偏右处（离身体约 15cm），持拍手臂由腰部右后方向左前方挥拍击球，身体重心顺势移到右脚，以便为下板做好准备。击球瞬间，手臂和身体其他部位集中发力摩擦球，其中手腕的发力是最主要的。

发侧上旋球时，球拍接触球的刹那，手腕迅速上勾，摩擦球的中部或中下部，食指发力多些。发侧下旋时，集中摩擦球的中下部，球拍由左下方往右上方摩擦。发力时，后面三个手指顶住球拍，拇指用力稍多些（图 7-102）。

⑧ 下蹲式发球。特点：利用下蹲动作发出旋转多变的球，使对方难以正确判断，为进攻创造机会。这种发球多用于横板选手。动作方法：下蹲发球基本上有两种：一种是先由站立姿势将球抛起然后身体成半蹲姿势击球；另一种是身体先由半蹲姿势将球抛起，然后击球，但发球动作可以是相同的。

发右侧上（下）旋转球时，将球抛起后，持拍手向上举起，比肩稍高，拍柄向下侧面稍朝左倾斜，同时做下蹲或半蹲姿势，等球下降到比网稍高时，球拍由右向左前方做半圆形动作，用手腕和手臂的力量快速摩擦球的右侧上部和右侧下部，这样就产生了比较强烈的右侧上（下）旋转球。

发左侧上（下）旋转球的准备姿势与发右侧上（下）旋转球的准备姿势相同，只是拍形有所不同。将球抛起后，持拍手向上举起，比肩稍高，前臂内旋，拍柄向下，拍面朝前，使拍形立起。等球下降到比网稍高时，球拍由右向左前下方做半圆形动

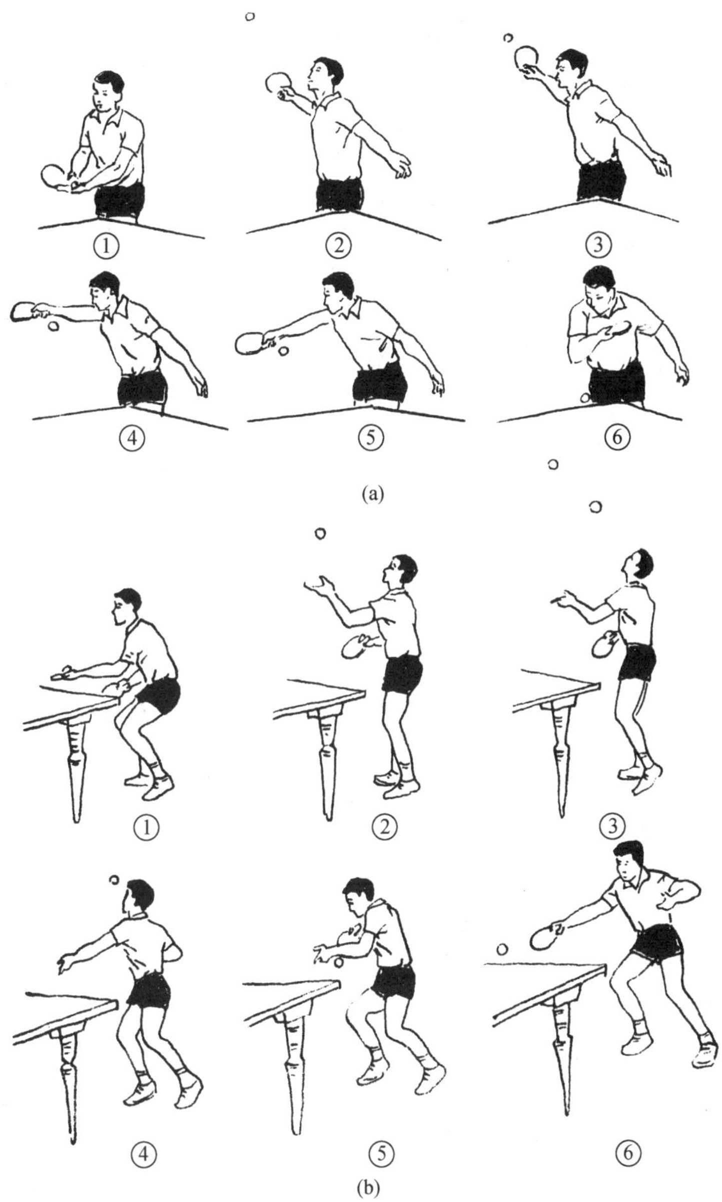

图 7-102　发侧上旋球

作，用手腕和前臂的力量快速摩擦球的左侧中上部和中下部，这样就形成了左侧上（下）旋转球（图 7-103）。

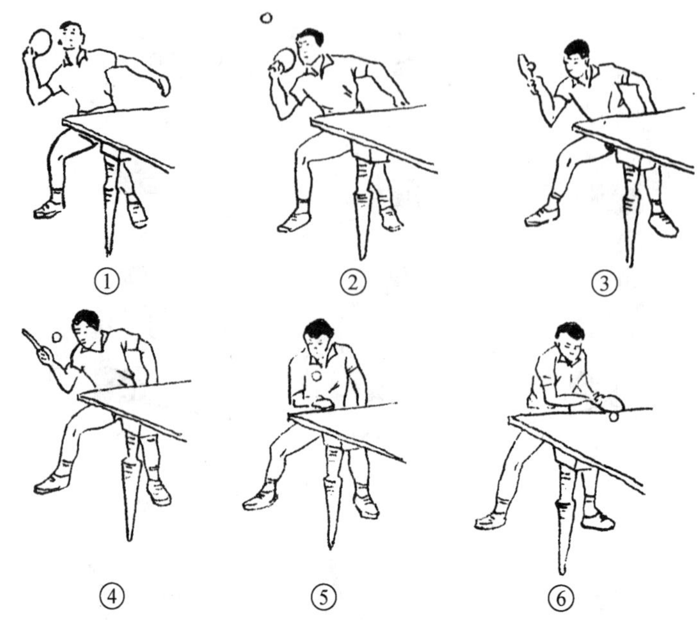

图 7-103　发左侧上(下)旋转球的准备姿势

球拍由右直接向左下方,以手腕的发力为主,快速地击球的中下部时,就可以产生比较强烈的下旋球。

(2) 接发球:随着发球技术的不断发展,对接发球技术提出了越来越高的要求。接发球,应根据自己的打法特点和来球性能,决定用推、搓、削、拉、攻等技术。接发球时,应选择好站位,判断来球的性能和落点。基本的接球方法是,向对方球拍开始运动的方向回击。比如,对方球拍由左向右触球,就应向对方球台的左方回击;对方球拍由上往下触球,那就应向上回击。

5) 单项技术(右手握拍)

(1) 攻球:具有速度快,力量大等特点,是一项重要的基本技术。攻球可分为正手攻球与反手攻球。按站位的远近又可分近台、中台和远台攻球;按击球点、击球时间可分为抽、拉、扣和杀高球等。

① 正手近台攻球:站位近,出手快,动作幅度小,可直接得分,也可为扣球创造条件。直拍击球前,引拍至身体右侧,球从台面弹起时,手臂由右侧向左前上方迅速挥动,以前臂发力为主。击球时,食指放松,拇指压拍使拍面前倾,结合手腕内转动作,在球上升期击球的中上部。

② 正手拉球:是回击下旋球的主要攻球技术,能为扣球创造条件。当球从最高点开始下降时,上臂和前臂由后向前上方挥动,前臂迅速内收结合手腕转动,使

球拍摩擦球的中下部。

③ 正手扣球：动作幅度大，力量重，是得分的主要技术。击球时，上臂带动前臂由后向前用力挥击，结合右腿蹬地和转腰力量在高点期击球。击上旋球时，拍面稍前倾，击球中上部；击下旋球时，球拍略低于来球，击球中部。

④ 侧身正手攻球：移动脚步，使身体左侧对着球台，左脚在前，右脚稍后，上体略前倾并稍收腹，根据来球情况，在侧身位打近台、中台、台内攻球，拉球或扣球。

⑤ 正手攻弧圈球：回击加转弧圈球时，在来球快着台时拉开手臂，球刚弹起即挥臂向前下方迎击，拍面前倾与台面成 60°夹角，击球的中上部。回击前冲弧圈球时，球刚弹起就立即回击，拍一触球前臂迅速内旋。击球时，拍与台面成 70°夹角，击球的中上部，发力以向前为主。

⑥ 正手滑板球：是声东击西的辅助进攻技术，回球角度大，带有左侧旋，有时可直接得分。在高点期触球右侧面，触球瞬间顺势向左滑拍使球左侧旋。

⑦ 杀高球：动作大，力量重，是回击高球的一项有效的技术，击球时上臂从下向上做环形挥动，拍面前倾，前臂和手腕同时下压，在头与肩之间的高度击球中上部。

⑧ 放短球：回球快，落点近网，常作为拉攻的辅助技术，以调动对方。击球前做攻球姿势，当球从台面弹起时，手臂前伸迎球。来球如下旋狠转，拍面应后仰触球中下部，快搓过网；来球如不转，拍面与台面几乎垂直，常借力或减力触球的中部，不要求主动发力。反手攻球时，常用的有近台攻球、反手台内攻球、反手快拨和反手近台攻(快拨)弧圈球。

(2) 推挡球：是左推右攻打法的主要技术之一。特点是站位近，动作小，球速快。常用其速度、落点和旋转的变化争取主动，发挥近台快攻的作用。推挡球分为平挡、减力挡、快推、加力推、推下旋和推挡弧圈球等。

① 挡球。特点：球速慢，力量轻，动作简单，容易掌握，它是初学者入门的技术。反复练习挡球可以熟悉球性，体会击球时的拍形变化，提高控球的能力，在对方攻击时，挡球还能作为一种防御的手段。动作方法：两脚平行或左脚稍前，身体离球台约 50cm。击球前，前臂与台面平行伸向来球。拍触球时，前臂和手腕稍向前移动，主要是借助对方来球的反弹力将球挡回。在上升期，击球的中部，拍形与台面接近垂直。击球后，迅速收回球拍，还原成击球前的准备姿势。

② 推球(快推)。特点：借力还击，回球速度快，力量较大。在发挥出速度上的优势时能起到助攻作用；落点变化好，能袭击对方空当。动作方法：左脚稍前，或两脚平行，自然开立，身体离台约 50cm。持拍手上臂和肘关节内收，前臂略向外旋。击球时，前臂开始向前推击，同时手腕外旋，食指压拍，拇指放松使拍形前倾，在上升期，击球中上部，将球快推回去。击球后，手臂继续前送，手腕配合外旋使球拍

下压。

(3) 搓球:还击台内下旋球的一种技术。搓球回球稳健,旋转和落点变化较多,因此,常作为进攻的过渡手段。搓球分正、反手搓球,根据击球的时间又分为快搓和慢搓。在来球上升期,拍面稍后仰摩擦球的中下部为快搓球;来球下降时,拍面后仰摩擦球的中下部为慢搓球。搓球时可运用转与不转迷惑对方,转球用拍面摩擦球,不转则用拍面把球托出。

对初学者来说,首先应学习反手搓球,再学正手搓球。先练习慢搓再练习快搓。在基本上熟练以上技术之后,再研究搓转与不转的球。

慢搓球特点:动作幅度较大,回球速度稍慢。旋转变化运用得好,可以为进攻创造条件或直接得分。

动作方法:反手慢搓球的站位是右脚稍前,身体离球台约 50cm,持拍手臂向左上引拍。击球时,前臂和手腕向前下方用力,同时配合内旋转腕的动作,拍形后仰,在下降期后段击球中下部。击球后,前臂随势前送。横拍搓球时,拍形略竖一些,击球后前臂向右下方挥摆,击球时间、部位和拍形,与直拍基本相同。

正手慢搓的站位是左脚稍前,身体稍向右转。击球前,手臂向右上方引拍。然后前臂和手腕向左前下方用力搓球,在下降期击球中下部。

(4) 削球:削球是一项重要的防守技术。削球时,通过球的旋转和落点的变化调动对方,伺机反攻得分,削球得分。

① 正(反)手近削:击球动作小,回球速度快。击球时身体离球台稍近,拍面稍后仰,前臂用力向左(右)前下方切削,手腕配合下压,拍面稍后仰,前臂用力向左(右)前下方切削,手腕配合下压。一般是在来球高点期摩擦球的中部或中下部。

② 正(反)手远削:击球的动作大,球速较慢,弧线较长,出球较稳,利于旋转的变化和防守对方的扣球,身体离台 1m 之外。击球时,手臂向左(右)前下方挥动,拍面后仰,手腕在拍与球接触的瞬间转动,在来球下降期摩擦球的中下部。

(5) 弧圈球:20 世纪 60 年代出现的一种技术,现已有很大发展,为各国运动员广泛采用。

① 正手加转弧圈球:击出的球弧线较高,球速较慢,上旋很强,着台后向下滑落快。打法是当球从台面弹起时,手臂向前上方挥动,前臂在上臂带动下很快收缩,拍面与台面约成 80°角,在球下降期摩擦球的中部或中上部。

② 正手前冲弧圈球:击出的球弧线较低,球速快,前冲力大。打法是当球从台面弹起时,腰部由右向左转动。前臂在上臂带动下发力,手腕略转动,拍面同与台面约成 50°角,在高点期摩擦球的中上部。

此外,还有正手侧上旋弧圈球、反手弧圈球和正胶小弧圈球。

7.5.2.2 基本战术

1) 发球抢攻战术

发球抢攻是一种先发制人的战术,特别是以攻为主的选手,常以此作为一种重要的得分手段。常用的发球抢攻战术有:

(1) 反手发右侧上、下旋球后抢攻。

(2) 反手发急上、下旋球后抢攻。

(3) 正手或侧身发转与不转球后抢攻。

(4) 正手发右侧上旋球后抢攻。

(5) 下蹲式正、反手发左、右侧上、下旋球后抢攻。

2) 对攻战术

对攻战术是对攻型打法互相对垒时常用的一项重要战术。常用的对攻战术有:

(1) 紧压反手,结合变线,伺机抢攻。

(2) 调右压左,伺机抢攻。

(3) 连续压中路及正手,伺机抢攻。

(4) 轻重力量变化,伺机抢攻。

(5) 近台打(拉)回头和远台对攻。

3) 拉攻战术

拉攻战术是以攻为主打法对付削球类打法的主要战术。其主要战术有:

(1) 以拉反手为主,侧身突击斜线后,进行扣杀或加力拉冲。

(2) 拉两角,突击(或拉冲)中路或直线后,扣杀或拉冲两角。

(3) 拉中路,突击(或拉冲)两角,再扣杀或拉冲空挡。

(4) 拉正手伺机突击(或拉冲)后,连续扣杀或拉冲。

(5) 长拉短吊,伺机突击或拉冲。

4) 搓攻战术

搓攻战术是进攻型选手的一项辅助战术,而削球类选手则以此作为进行反攻的一项重要手段。其主要战术有:

(1) 以快搓短球为主,伺机进攻。

(2) 搓转与不转球至不同落点;伺机进攻。

(3) 以稳搓防守为主,伺机进攻。

5) 削中反攻战术

削中反攻战术是削球类打法赖以得分的主要战术。其主要战术有:

(1) 以削加转球至对方左角为主,配合削不转球至对方右角后进行反攻。

(2) 连削对方正手，突变反手，迫使对方用搓回接，伺机用反手或正手反攻。

(3) 连续削加转球至不同落点，伺机削不转球后进行反攻。

(4) 中近台逼角反攻。

6) 接发球战术

接发球战术是与发球抢攻战术相抗衡的一项战术，其目的在于破坏对方发球抢攻战术的运用，争取形成相持或主动的局面。其主要战术有：

(1) 用拉球、快拨或推拉回接，争取形成对攻的相持局面，这是比较主动的接发球方法。

(2) 用快搓短球回接，使对方难以发力抢攻(拉)，力争下一板抢先进攻，但切忌连续搓球，以免造成被动。

(3) 用削球或搓球的旋转、落点变化来控制对方，以造成对方击球失误或形成相持局面，这是削球手常用的接发球方法。

(4) 接发球抢攻，这是比较积极、凶狠的回接方法。

7.5.3 乒乓球运动竞赛规则简介

乒乓球竞赛项目，分为团体和单项比赛两大类，团体赛有男子团体和女子团体两项，单项比赛有男子单打、女子单打、男子双打、女子双打和混合双打 5 项。上述 7 个项目为世界乒乓球锦标赛正式比赛项目，各个项目均设有一个流动奖杯，分别为：

(1) 男子团体冠军——斯韦思林杯。

(2) 女子团体冠军——考比伦杯。

(3) 男子单打冠军——勃来德杯。

(4) 女子单打冠军——盖斯特杯。

(5) 男子双打冠军——伊朗杯。

(6) 女子双打冠军——盖波普杯。

(7) 混合双打冠军——赫杜塞普杯。

7.5.3.1 竞赛方法

乒乓球竞赛的基本方法有淘汰赛和循环赛两种。

7.5.3.2 世界乒乓球的竞赛制度

(1) 世界乒乓球锦标赛：这是国际乒乓球联合会举办的一项最高水平的比赛，任何会员协会均可派选手参加任何项目的比赛。每两年举行一次。第一届世界乒乓球锦标赛于 1962 年举办，至今举行了 44 届。

(2) 世界杯(埃文斯杯)乒乓球比赛:由国际乒联举办,每年一次,参加这项比赛的选手,必须是国际乒联公布的世界优秀选手名次名单中排列在最前面的部分选手和各大洲单打冠军,以及举办单位的单打冠军。同一协会选手最多不超过两名,世界杯比赛目前只有男子单打。1980 年在香港特区举行第一届世界杯乒乓球比赛。第六届在我国广东省佛山市举行。

(3) 其他世界性的乒乓球锦标赛:亚洲、欧洲、非洲、拉丁美洲等各大洲,每两年举行一次洲级锦标赛,在不举行世界锦标赛的年份进行。一些欧洲或非洲国家乒协每年或隔年举行一次国际公开锦标赛。我国从 1973 年开始举办了包括了各大洲几十个国家和地区参加的亚、非、拉乒乓球邀请赛。

7.5.3.3 乒乓球规则

(1) 决定每场比赛的胜负:通常采用 7 局 4 胜制。

(2) 决定 1 局比赛的结果:每局比赛以先得 11 分者为胜方。如比分打到 10 平时,则以 10 平后先得 2 分者为胜方。

(3) 决定比赛 1 分的得失:当一方不能进行合法发球、合法还击,而导致结束比赛状态时,就判对方得 1 分;任何一方选手的不执拍手触及比赛台面,或身体、穿戴物触及球网,或移动台面,即导致结束比赛状态,判对方得 1 分。

(4) 重发球:在比赛中,裁判员由于要开始执行轮换发球法;警告有怀疑的发球;比赛受到干扰;出现意外事故;纠正方位或发球,接发球次序错误;发球触网后落以对方台面或被对方拦击或阻碍;以及接发球员尚未准备好,发球员已将球发出等情况而中断比赛时,均判重发球。

(5) 选择方位和发球权:每场比赛开始前,双方用抽签的方法来选定方位和发球权(或接发球权,由抽签胜方先选择或要求对方先选)。

(6) 发球与接发球次序:1 局比赛中,双方共得 2 分后,即交换发球权。比分打到 10 平或执行轮换发球法时,任何一方得 1 分后,即交换发球权,前局先发球的一方,下局称为接发球。发现发球、接发球次序错误时,裁判员应立即中断比赛,对错误前所得的比分加以纠正,按正确的次序继续比赛,错误前所得的比分一律有效,由于错误所造成的机会不均等,不作补偿。

(7) 交换方位:1 场比赛中,1 局比赛结束后,下 1 局应交换方位。决胜局一方先得 5 分时,应交换方位。比赛中发球方位错误时,处理原则和方法与发现发球、接发球次序错误时相同。

(8) 合法发球:发球时球应放在不执拍手伸平的手掌上,抛球前手掌应静止,并从此时起应始终高于台面;抛球时不得使球旋转,不得偏离垂直 45°以上;当球从最高点下降时才能击球;击球瞬间球的整体应在台面端线及其延长线垂直平面之后；击球后，球应先触及发球方比赛台面，然后越过或绕过球网落到对方比赛台面。对不合法的发球，判对方得 1 分，裁判员对发球有怀疑时，应进行警告，但在一场比赛中，对任何选手的发球，只能警告 1 次，以后再有怀疑（不管是什么原因），即判对方得 1 分。

（9）轮换发球法：当 1 局比赛进行 15min 尚未结束，或在 1 场比赛的任何时间双方要求采用轮换发球法时，即开始执行轮换发球法，直到该场比赛全部结束。执行轮换发球法时，发球方必须在 13 次击球（包括发球的一击）中，迫使对方失误，如对方完成 13 次合法还击，即判接发球方得 1 分。

7.5.3.4 乒乓球比赛的器材

（1）球台：球台台面可用任何材料制成。应具有一致的弹性，上层表面叫比赛台面，长 2.74m，宽 1.525m，离地面 76cm，与水平面平行。台面为暗色，无光泽。各边有 2cm 宽的白线，台面中央有一条 3mm 宽的白线，称为中线，将两个台区各分成左右两个半区，供双打发球时作用。

（2）球网：网高 15.25cm。网应与网柱、台面紧贴，网应柔软，呈暗绿色，网柱应为单一颜色，其表面应无光泽。

（3）球：用赛璐珞或类似的塑材制成，呈白色或黄色，重 2.40～2.53g，圆形，直径为 37.2～38.2mm。

（4）球拍：球拍拍身为木料制成，厚度均匀，平整而坚硬，大小、重量、形状不限，拍面不管是否用来击球，应一律为暗色而无光泽。

7.5.3.5 乒乓球团体赛

（1）男子团体赛各单位可报 5 名选手参加比赛，每次比赛双方可以从中挑选出场。比赛采用 9 场 5 胜（每场比赛采用 3 局 2 胜制）以先赢得 5 场者为胜方。比赛前，双方用抽签的方法选定主、客队。

主队 3 名选手定为 A、B、C。

客队 3 名选手定为 X、Y、Z。

9 场比赛的次序为：

A：1.5.9　X：1.4.8

B：2.4.7　Y：2.6.9

C：3.6.8　Z：3.5.7

（2）女子团体赛各单位可报 4 名选手参加比赛，每次比赛双方可以从中挑选出 2 名选手参加单打，再从 4 名选手中任选 2 名选手配对参加排在第 3 场的双打。比赛采用 5 场 3 胜，赛前，双方用抽签的方法选定主、客队。主队 2 名单打选手定为 A、B；客队 2 名单打选手定为 X、Y。

5 场比赛的次序为：

A：1.4　X：1.5　B：2.5　Y：2.4

7.5.3.6　乒乓球双打

乒乓球双打是指由比赛双方各出 2 名运动员按规则规定的顺序轮流击球的比赛项目。双打比赛时，右半区为发球区。发球时，球必须先落到本方的发球区或中线上，然后落到对方的发球区或中线上，否则判为发球方失分。双打第 1 局发球的一方，应先确定的第 1 发球员，而接发球的一方，可任意确定第 1 接球员，然后按规定的次序，轮流交换发球和接发球。此后各局先发球一方，可以任意确定第 1 发球员，而接发的胜一方，则必须由前 1 局与之相对应的发球员来接发球。决胜局交换方位时，发球次序不变，但接发球一方应交换接球员的次序。

双打的技术是以单打技术为基础。然而，双打又有其本身的特点，两名最优秀的单打运动员中并不一定就能成为最理想的双打配对。双打配对要求同伴之间合作默契，并能互相鼓励，彼此谅解。在技术上要能互为补充，共同发挥特长。

双打对步法的移动有特殊的要求，运动员要在移动中既不能妨碍同伴的动作和视线，又要利于自己回击下一次来球，双打的发球应尽量为同伴抢攻创造条件。接发球应以抢攻、抢拉为主。同时，运动员还要掌握较好的连续扣杀技术。

战术在双打比赛中所起的作用，比在单打中更大，为了协同作战，加强配合，双打运动员在发球时可用手势相互暗示发球意图，力争发球抢得主动，发球或接发球后，可运用紧盯一角的战术，迫使对方两人在一角匆忙换位，再突袭另一角，亦可运用交叉攻两角或长短结合的战术，打乱对方两人的基本站位和基本走位的方法，从中创造进攻机会。

7.6　羽毛球

7.6.1　概述

7.6.1.1　羽毛球运动起源

相传羽毛球最早出现于 14～15 世纪的日本，球是用樱桃核插上羽毛制成。这便是羽毛球运动的雏形。大约到了 18 世纪时，印度的普那出现了一种与早年日本的羽毛球极相似的游戏，球用直径约 6cm 的圆形硬纸板（中间）插羽毛制成（类似我国的毽子），板是木质的，玩法是两人对立来回拍击。

现代羽毛球运动起源于英国,1873 年在英国格拉斯哥郡的伯明顿镇进行了一次羽毛球游戏。于是,羽毛球运动便逐渐风行起来。“伯明顿”(Badminton)也即成了羽毛球的英文名称。

7.6.1.2 羽毛球运动的发展

英国羽毛球协会成立最早(1893 年),并于 1899 年举办了首届全英羽毛球锦标赛。1934 年成立了国际羽毛球联合协会。1948～1949 年举行了首届男子羽毛球团体锦标赛——“汤姆斯杯”赛。1956 年举行了世界女子羽毛球团体锦标赛——“尤伯杯”赛。1978 年 2 月,世界羽毛球联合会于香港成立。1981 年,国际羽毛球联合会和世界羽毛球联合会正式合并。1992 年,羽毛球运动被列为奥运会正式比赛项目,至此,羽毛球运动进入了一个新的发展时期,受到了各体育强国的重视。

从 20 世纪 80 年代开始,中国开始参加各种世界大赛,并多次获汤姆斯杯及尤伯杯等世界大赛冠军,在世界羽坛显示了强大的实力。

当前,世界上羽毛球技术打法种类很多,各具特点,难分高低。若就技术流派或风格来说,概括起来主要有三种类型。即欧洲式——强调重心稳、落点准、以稳为主。亚洲式——在稳准的前提下强调快速进攻。中国式——特点是“快、狠、准、活”。羽毛球技术风格不是固定不变的,随着羽毛球运动的发展,将会不断发展创新。

7.6.1.3 羽毛球运动的价值

羽毛球运动器材设备简便,十分便于开展,而且,简单的基本技术也较易掌握,运动量可大可小,不同性别、年龄和身体状况的人都可以从事这项活动。经常参加羽毛球活动不仅可以发展灵敏性和协调性,提高动作的速度和上、下肢活动的能力,改善内脏器官的功能,使身体得到全面发展,还能锻炼和培养机智、沉着、勇敢顽强等心理素质。

7.6.2 羽毛球基础知识

7.6.2.1 羽毛球场地、器材

羽毛球场地长 13.40m,单打场地的宽度为 5.18m,双打场地的宽度为 6.10m。球场上各条线的宽度均为 4cm,丈量时要从线的外沿算起。球场的界线应为白色或其他易于识别的颜色。球场上空 12m 和球场四周 2m 以内不得有障碍物。标准的球网长 6.10m,宽 76cm。正式比赛时,球网中部上沿离地面 1.524m,两端高为

1.55m,网柱高1.55m。

球拍的框为椭圆形,长25～25.5cm,宽20～20.5cm(包括两边拍框在内),中间用羊肠线或尼龙线穿织而成。球拍的握把长39.5～40cm,手握处的直径最多不得超过2.8cm。

球重4.73～5.5g,用14～16根羽毛插在半球形的软木托上。木托的直径为2.5～2.8cm,托外包有一层薄皮。羽毛从托面至羽尖长6.4～7cm。羽毛上端围成圆形,直径为5.4～6.4cm。在托上1.25和2.5cm处,用线将羽毛编结牢固。

7.6.2.2　握拍方法

握拍法分为正手握拍和反手握拍两种。

(1) 正手握拍:虎口对着柄窄面内侧小棱边,拇指和食指贴在拍柄的两个宽面上,食指和中指稍分开,中指、无名指和小指并拢握住拍柄,掌心不要紧贴,拍柄端与手腕部的小鱼际肌平。拍面基本上与地面垂直。

(2) 反手握拍:在正手握拍的基础上,拇指和食指将拍柄稍外转,拇指顶贴在拍柄内侧的宽面上或内侧棱上。

7.6.2.3　步法

脚步移动按移动方向分为上网步法、后退步法和两侧移动步法等。

(1) 上网步法。根据来球的远近,可采用两步、三步或一步上网击球。最后一步要求与持拍那只手同侧的脚在前,身体重心落在前脚上。上网步法可分跨步上网、垫步上网和蹬步上网等。

(2) 后退步法。不论采用哪种后退步法,后退时都要求先迈右脚,最后一步右脚在后,重心在右脚上。按后退以后的击球方法,后退分为正手后退(侧身并步后退和交叉步后退)、头顶交叉步后退和反手后退等。

(3) 两侧移动步法。为了接对方击向身体左右两半侧的球,要掌握两半侧移动步法。向右侧移动时,左脚掌内侧用力起,右脚同时向右侧转跨步,向左侧移动时则反之。

7.6.3　羽毛球技术练习

7.6.3.1　发球与接发球

发球是组织进攻的开始,其质量的好坏,直接关系到比赛的主动或被动,以至赢球得分或丧失发球权。发球有正手发球和反手发球两种发式。按球在空中飞行的弧线可分为发高远球、平高球、平球和网前小球四种。

接发球是克敌制胜的重要环节。接发球时，高远球、平高球，用平高球、吊球或杀球还击；网前球，用平高球、高远球、放网前球、平推球还击；平快球用平推球、平高球还击，以快制快。

(1) 练习方法：持拍按正、反手发球的动作要领，进行练习。

(2) 技术要点：① 正手发球时，拍面与地面垂直，虎口对准拍柄侧面内沿，拍柄末端与小鱼际肌平齐(图 7-104)。② 反手发球时，在正手握拍的基础上拍柄稍为外转(图 7-105)。

图 7-104　正手发球

图 7-105　反手发球

(3) 练习要求：重心前移，球拍快速回复至发球前位置。

(4) 变换方法：① 反复作持拍的模仿练习；② 击吊线球(球高度与腰齐)作各种发球挥拍练习；③ 两人面对网站在底线附近，做直线、对角线练习。

7.6.3.2　击球

击球是羽毛球运动的一项重要技术，只有熟练地掌握击球技术，才能积极主动地控制球速和落点，充分发挥击球的威力。

按各种击球动作要领，反复作持拍的模仿练习、两人对网站于两底线附近处，原地或跑动中相互作各种击球练习。

(1) 高手击球。

技术要点:① 正手高远球击球时,举拍手向后拉引,肘弯曲比肩略低,当球落到一定高度时,手臂迅速向上挥拍,手腕充分后屈,以肩为轴,上臂带动前臂快速向

图 7-106 正手高远击球技术

前甩动手腕(图 7-106)。② 头顶击高远球的击球点在左肩上方,击球时,侧身对网并后仰,球拍绕过头顶从左上方向前挥动。主要靠前臂带动手腕的快速闪动力量。③ 吊球时用力较轻,球速较慢,落点离网较近(图 7-107)。④ 正手扣杀球时身体稍向后倾,选择最高击球点。当击球的刹那间,要充分伸直手臂紧握球拍,用前臂带动手腕向下猛扣(图 7-108)。

图 7-107 吊球技术

练习要求:① 击球之前握拍要放松自然,击球时肘关节要先行,击球点要高,动作要小,小臂与手腕闪动要快。爆发力要强。② 吊球时,击球点要高,控制好击球的力量,注意手腕的快速闪动和切削的角度。

(2) 网前击球。

技术要点:① 搓球时击球点较高,利用“搓”、“切”、“挑”的动作,摩擦球托底

图 7-108 正手扣杀球技术

部，使球沿横轴翻滚超过网顶（图 7-109）；② 推球应将球快速推到对方的底线，球的飞行路线较低较平（图 7-110）；③ 钩球应在击球的刹那，拍面斜向对方的网前（图 7-111）；④ 扑球是在球刚越网顶便迅速上网向斜下压前（图 7-112）。

图 7-109 “搓”、“切”、“挑”动作

图 7-110 推球

练习要求：① 网前击球时要注意灵活地用手腕发力；② 击球点要高，步法要快，搓、推、钩的动作一致性要强。

（3）低手击球。

技术要点：① 抽球击球点在肩以下，以躯干为纵轴发力，作半圆式的挥拍击球

图 7-111　钩球

图 7-112　扑球

动作(图 7-113);② 挡直线球时,拍面朝正前方;挡对角线球时,拍面朝对角方向(图 7-114)。

图 7-113　半圆式挥拍击球动作

图 7-114　挡直线球时,拍面方向

练习要求：接杀球时击球点应在身体前方或侧方附近；击球前的预挥拍动作要小。

7.6.3.3 几种重要打法

（1）压后场底线。压后场底线是通过平高球压对方于后场底线，待对方回球靠前时，则大力扣杀或吊网前空当。

（2）快拉快吊控制网前。它是一种积极主动、快速进攻的打法。以快速准确的平高球或吊球控制后场两底角，迫使对方四处奔跑，消耗体力，而后伺机突击杀球或吊球引对方上网，从而创造中后场大力扣杀的机会。

（3）防守反攻。其特点是在防守中通过控制落点和球路，迫使对方在移动中勉强进攻而出现失误，为自己创造攻击对方的机会。

7.6.4 实战对抗

通过实战对抗，检验、巩固和提高所学技术，使其在实战中得到充分发挥。

7.6.4.1 教学比赛

教学比赛是进行实战对抗练习的最好方法。具体形式有：

（1）一对一的教学比赛。

（2）一对二的教学比赛。

（3）二对二的教学比赛。

比赛方法：规定比分（如3～5分）、场地范围（如扩大或缩小场地），分组采用淘汰赛，然后各组胜者再进行淘汰赛，决出全班冠军。

7.6.4.2 战术介绍

战术是根据对手的技术、打法、体力等实际情况，从发挥自己的长处、弥补自己的短处出发，为争取比赛胜利而采取的各种对策。包括单打战术（压后场、发球抢攻等）和双打战术（攻人、攻中路等）。

（1）发球抢攻。采用发网前低球结合平快球、平高球的方法，迫使对方挑高球或勉强进攻，以便乘机发动抢攻、强攻，或守中反击。

（2）压后场。采用高远球或平高球反复攻对方后场底线，造成对方被动，然后伺机扣杀或吊球攻击对方空当位置。

（3）攻人（“二打一”，避强击弱战术）。集中力量攻击对方较弱的一个，尽量使对方的特长得不到发挥，从而使其弱点暴露得更加充分。

（4）攻中路。当对方采用分边或前后站位时，可将球尽可能地回击到两人之间的空隙区，造成对方击球时犹豫不决而漏接失误。

7.6.4.3　羽毛球比赛规则

（1）球场、网柱、球网：① 球场应是一个长方形（图 7-115）。根据图中所示尺寸，用宽 40mm 的线画出。② 网柱从球场地面起，网柱高 1.55m。网柱必须稳固同地面垂直，并使球网保持紧拉状态。网柱应放置在双打的边线上。③ 球网上下宽 760mm。球场中央网高 1.524m，双打边线处网高 1.55m。

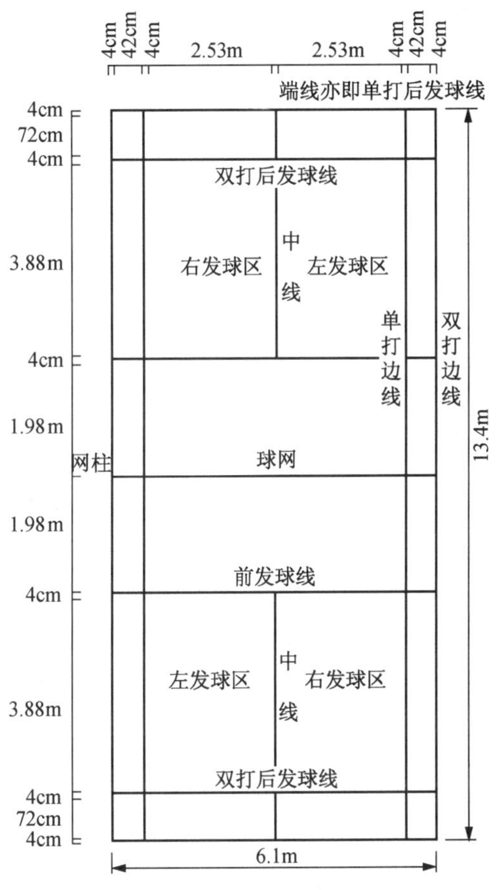

图 7-115　羽毛球球场

（2）计分：① 比赛以三局两胜定胜负；② 只有发球方才能得分；③ 双打和男子单打先得 15 分的一方胜一局；④ 女子单打先得 11 分的一方胜一局；⑤ 13 平或 14 平（女子单打 9 平或 10 平）时，先获 13 分或 14 分（女子单打 9 分或 10 分）的一方，可以选择“再赛”或“不再赛”；⑥ 这一选择只能在规定分数第一次出现，下一次发球前作出;⑦ 选择“再赛”后从“0 比 0”开始报分,先获再赛分数的一方胜该局;⑧ 13 平再赛 5 分;14 平再赛 3 分;9 平再赛 3 分;10 平再赛 2 分;⑨ 下一局开始由上一局的胜方先发球。

(3) 单打:① 发球员的分数为 0 或双数时,双方运动员均应在各自的右发球区发球或接发球;② 发球员的分数为单数时,双方运动员均应在各自的左发球区发球或接发球。

(4) 双打:① 一局比赛开始和每次获得发球权的一方,都应从右发球区发球;② 只有接发球员才能接发球;如果他的同伴去接球或被球触及,发球方得一分;③ 任何一局的首先发球员失去发球权后,由该局首先接发球球员发球,然后首先接发球员的同伴发球,接着由他们的对手之一发球,再由另一对手发球,如此传递发球权。

7.7 其他球类

7.7.1 手球

手球是综合篮球的特点而发展起来的一种运用手传、接球与运球等技术和队员之间相互配合的组成战术,以将球射入对方球门为取胜手段的一项球类运动的项目。

手球运动起源于欧洲 1917 年,德国首次组织手球比赛。1936 年,手球(11 人制)被列为第 11 届奥运会正式比赛项目,但实际上并未进行比赛。1972 年,在德国慕尼黑举行第 20 届奥运会上,男子 7 人制手球被列为正式比赛项目;在 1976 年的第 21 届加拿大蒙特利尔奥运会上,女子 7 人制手球也被列为正式比赛项目。

手球运动锻炼价值较大,它包括跑、跳、投、搓等综合技术,经常参加手球运动,能使人体的各个器官得到改善和增强,能使身体素质全面提高。在手球比赛中,双方对抗激烈,队员要不断进行奔跑、跳跃、闪避、倒地和有力地挥臂搓球等动作,所以手球运动可以锻炼勇敢、顽强的战斗作风。培养刻苦耐劳的精神,并有助于培养集体思想,增强组织性和纪律性。

由于手球运动对抗性强,比赛紧张激烈,攻守转换频繁,情况千变万化,如凌厉的快攻反击,灵活多变的射门技术,都被人们所喜爱。目前手球已成为国际上比较盛行的体育运动项目了。

7.7.1.1 手球基本技术

手球和其他球类运动一样,基本技术是提高运动水平的基础,只有掌握了全面熟练、准确、实用的技术，在比赛中才能提高个人的攻击和防守能力，才能更好地组织机动，灵活的战术。手球的基本技术包括持球、移动、射门、传球、运球，突破防守的守门员的技术等。

1）持球

（1）单手持球：五指自然分开，依靠手指和手腕的力量拿住球，单手持球时，掌心不能贴住球，拇指不能张得过大。单手持球比较灵活，便于进行下一个动作，射、传动作多用单手完成。

（2）双手持球：双手五指自然分开，两拇指成八字形，握球的两侧偏后，用手指及手掌的挠侧持球，双手持球较牢固，持球突破时不易被对方打掉。

2）移动

移动指比赛中的脚步动作。打好手球必须掌握各种跑动技术，而且要跑得快，变向灵、停得稳、变换动作灵活，这样才能适应快速、激烈的对抗。

（1）两三步的快速急切步：在防线前快速切进的步法，是突破防守、急切到球门区前射门时经常采用的步法。面对球门，直接切向球门区的快速移动方法称斜切。

（2）侧身跑：在快速移动中，头部和上体向后面或侧面来球方向扭动的跑法。

（3）变速、变向跑：在快速的跑动中，用变换速度和突然改变方法来摆脱防守的方法。

（4）快速的弧形跑：球门区前。沿弧线跑动的方法，跑动时上体稍向球方向倾斜，两手自然置于胸前，身体重心不要太高，步幅不要太大，步频快，眼睛看着球，注意不要踩线。

（5）急停：在快速移动移动中突然停止，借以甩开防守的方法，急停分跨步急停或跳步急停两种，跳步急停是徒手或接球突破防守前常采用的急停的方法。

（6）转身：摆脱防守或必变身体方向进行传接球或射门时采用的方法，转身时，以一脚为轴，另一脚向前后移动，改变原来的方位，移动原来的方位，移动脚前跨为前转身，绕过作轴的脚后跨为后转身。

3）射门

射门是比赛得分唯一的手段，一切技术、战术的运用都是为了获得良好的射门机会，射门从动作上可分为原地、跑动、跳起和倒地射门四种，从射门的球出手部位又可分为肩上、高手、体侧和低手等射门的方式。

图 7-116 肩上射门

（1）原地射门：多用于罚 7m 球和突然性射门方法的基础。肩上射门（图 7-116）能用上半身的力量；

体侧射门(图 7-117)的动作的特点是挥臂幅度小,以肘腕关节用力为主,动作变换快。突然从对方臂下射出;低手射门(图 7-118)是在防守者严密封锁上面和侧面时,从对方体侧将球射出,如果防守者偏向投掷臂,完全封锁了右侧射门路线时,可采用向左侧屈射门的方法(图 7-119)从对对方体身体右侧将球射出。

图 7-117 体侧射门

图 7-118 低手射门

图 7-119 左侧屈射门

(2) 跑动射门:从球场各位置和角度向球门区前跑动,在跑动中接球或运球中进行的射门方法,跑动射门分跑动中射门和交叉射门两种,前者具有速度快、动作突然的特点,后者可借助身体的惯性冲力,充分发挥身体各部位的力量,适于中远距离的射门。

(3) 跳起射门:多用于防线外或切入防线时射门。① 向前跳起射门:向前跳起射门是切入射门效果最好的方法。切入后身前起跳射门可以甩开防守者的阻拦,跳入球门区上空,缩短射门距离,由于动作连贯快速,故守门员不易封堵。② 向上跳起高手射门:适于外围进攻队员在防线前行的中远距离的射门。这一射法出手点高,能避开防守者的封堵,可改变出球部位,身体跳起,体侧射门,在对方手臂下出球。③ 快板射门:特点快速,突然。乘防守者不注意,突然跳起腾空,在射门区上空接同伴来球射门,命中率很高。④ 同侧脚跳起射门,右侧射门的队员从左侧切入,右脚蹬地向左前方跳起,与防守拉开一定的距离,使投掷顺利伸展、射门。

(4) 倒地射门:内线队员切入防线后,为摆脱防守者的阻挠所采用的射门方法,难度较大,技巧性较高。① 原地倒地射门:内线队员在球门区线前获得球时采用的射门方法,也用于罚 7m 球。这一射法能避开防守者的阻拦。缩短与球门的距离,提高命中率。② 鱼跃倒地射门:适合正面攻击,威胁大,应用范围广,由小角度向 7m 线方向跃起倒地射门,可扩大射门的范围。

4) 传、接球

传接球是组织全队进攻配合的纽带,增强攻击力的保证,提高战术的质量的主要环节。

(1) 传球。传球和射门有密切的关系,传球和射门的方法基本相同,比赛中,传射动作灵活变换使用，能起诱惑对方的作用，原地、跳起、交叉步、跑动中射门等，都可作为传球方法，最基本的传球方法是原地肩上传球和跑动中传球。此外，还有跳起单手肩上传球，单手背后传球，单手体前甩传和反弹传球等。

(2) 接球。比赛中，传、接球大多在跑动中进行，由于场地大、传球距离长、球体小、速度快，力量大，接球技术要求很高，接球有单手接球和双手接球两种，双手接球又有双上手接球、双手下手接球和接地滚球等方法。

5) 运球

运球是进攻队员个人推进时的技术，手球比赛中不提倡过多的使用运球，不必要的运球会影响进攻的速度，而且容易造成失误，但合理的运球能创造良好的进攻的机会，给防守造成一定威胁，运球用于自己可以绕过防守者直接射门时、为缩短与球门射门时、同伴被对方盯住无法传球时和为调整位置进行战术配合时。

运球时，运球手的五指要自然分开，掌心向下，以肘关节为轴前臂上下摆动，指、腕用力柔和。比赛中常用的运球方法有直线运球和变向运球两种。

6) 突破

突破是具有进攻性的进攻技术，是个人进攻的主要手段，突破以脚步动作为基础，有时结合运球一起进行，规则允许持球走三步，充分利用三步，以灵活多样的步法伴以巧妙的假动作，就容易突破防守，达到进攻的目的。

(1) 徒手突破：不持球的进攻队员，运用灵活的脚步动作，改变速度、方向，并利用转身的假动作，摆脱和突破对手的防守，徒手突破包括变速突破、变身突破和转身突破等。

(2) 持球突破：持球突破不像篮球有中枢脚的限制，可充分利用走三步的规则，突破防守时，应持球快速蹬跨三步从对手身边切过，切进时，身体有倾斜幅度不要过大，切肩动作要小，步幅也不宜过大，三步动作短促、快捷，最后一步着地的同时开始引球，并迅速进行下一动作，持球突破的步法可分为原地持球突破和移动中接球突破两种。

(3) 运球突破：一般情况下不用，多见于运球进攻队员位置距球门较远，需要突破后继续运球前进时，运球突破采用变向运球动作。

7) 防守

比赛中的进攻与防守相互制约，相互促进，相互转化。没有较好的防守能力，等于给对方进攻提供方便，所防守与进攻同样的重要，规则“允许身体合理的接触”，所以在防守中应选择正确防守的位置，大胆贴近对方，用身体堵截对方移动和接球路线，并积极采用封、打、断球技术，破坏对方进攻配合，创造较多的反击机会。

8）守门员的技术

守门员是全队最后的一道防线，守门员的好坏，直接影响比赛的胜负和本队的士气，一个优秀的守门员，除了守好球门外，还要在得球后迅速准确的发动快攻，起到助攻作用。因此应根据球的活动方向与位置，不断调整自己的防守位置，守门员一般站在球门线前，使自己始终保持在球与球门柱构成的夹角的分角线上，并能保持迅速、准确的做出挡球动作的准备姿势，调整站位时，常采用滑步、跨步和上步等脚步动作。

挡球是守门员的主要防守技术。挡球包括手挡球(双手挡球、单手挡球、单臂前臂挡球、双臂前臂挡球、单手撩体侧高球)，脚挡球，手脚并用挡球和正面冲出挡球等。

传球是守门员的助攻技术，守门员使球从端线出界，由守门员掷球门球。因此，守门员发动快攻的次数占全场快攻发动总次数的一半以上，所以守门员应熟练掌握远距离传球技术，使球不仅有速度，而且有理想的弧度和准确的落点。

7.7.1.2 手球的基本战术

1）进攻战术

(1) 传切点战术配合：传切点战术是进攻队员利用传球和切入的简单元配合(图 7-120)。

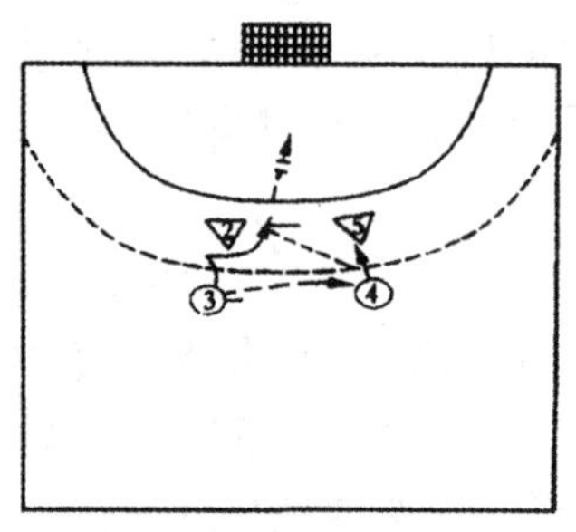

图 7-120 手球传切战术

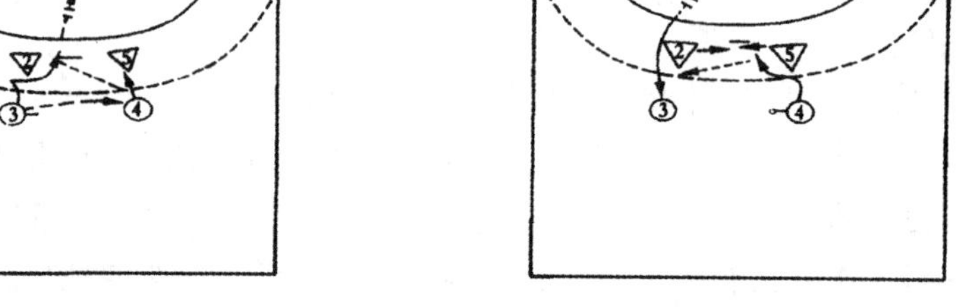

图 7-121 突分战术的配合

(2) 突分战术的配合：突分战术是进攻持球队员利用个人突破技术影响、吸引防守队员，给同伴创造机会，并及时地将球给同伴射门的一种简单配合(图 7-121)。

(3) 交叉换位战术的配合：两个或两个以上进攻队员的在对方防线前做交叉跑动，互换位置，借以打乱对方防守的部署，使其防守在衔接上出现漏洞，以达到进攻的目的(图 7-122)。

(4) 掩护配合：掩护配合是指进攻队员选择合理的位置，用自己的身体以合理的动作，挡住同伴的防守队员的移动路线，使同伴借以摆脱防守而获得进攻机会的一种配合方法(图 7-123)。

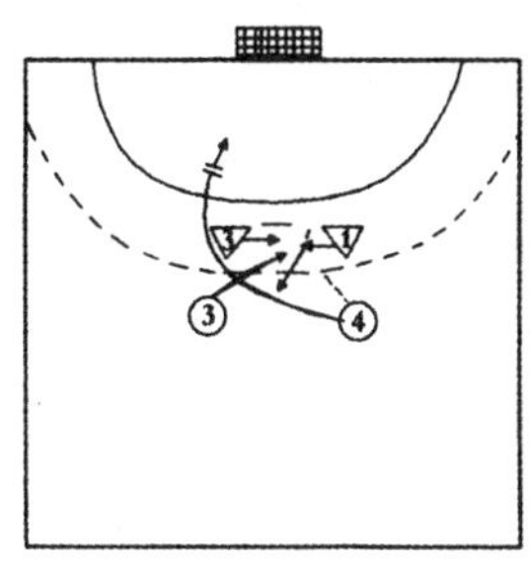

图 7-122 交叉换位战术的配合

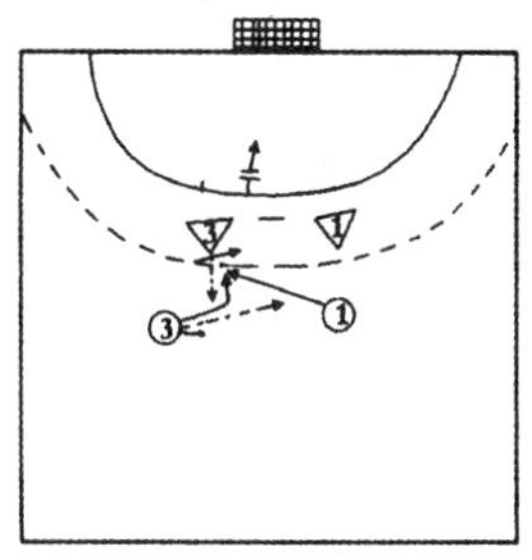

图 7-123 掩护配合

2) 防守战术

防守基本战术主要有：换防、补防等配合。防守基本战术动用得如何，主要取决于个人防守能力和协同防守的意识。

(1) 换防战术的配合：换防是指防守队员之间相互交换自己的防守对象的一种配合方法，防守队员为了对付进攻队员连续不断的交叉和掩护而及时采用交换对象来破坏对方企图摆脱防守的目的(图 7-124)。

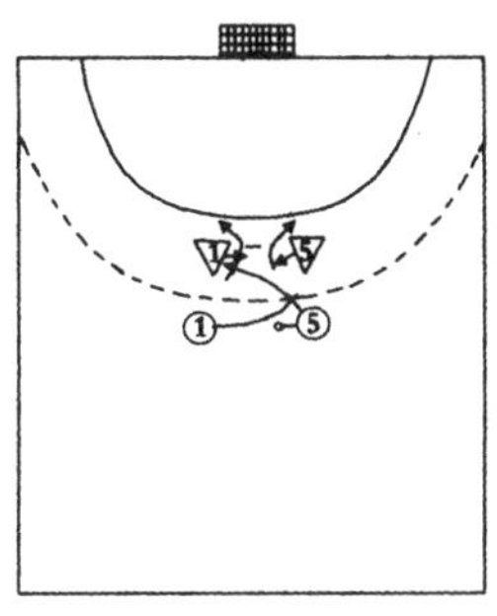

图 7-124 换防战术的配合

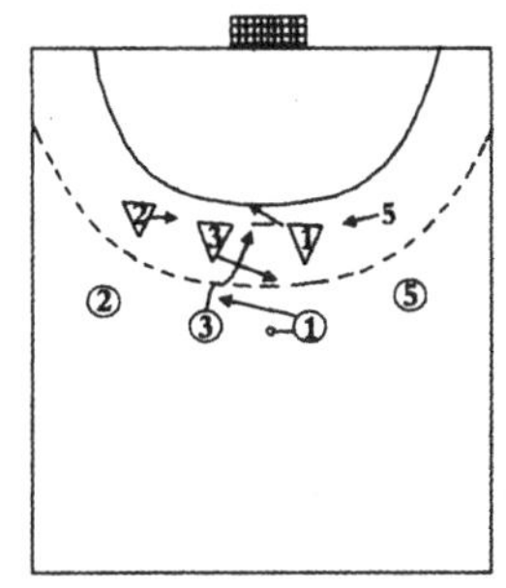

图 7-125 补防战术的配合

(2) 补防战术的配合：当某一防守队员被对方持球者突破，并构成严重威胁时，邻近的防守队员立即放弃自己的防守对象，补防突破者，以弥补本方线上的缺口，在比赛中主动积极的进行相互间的补位，才能更好地完成防守任务(图 7-125)。

7.7.2 棒球

19 世纪七八十年代，美国出现职业棒球队，先后成立了全国联盟(National league)和全美联盟(American league)两大联盟。由于棒球运动具有个人英雄主义与集体主义完美结合的特点，深受美国人民喜爱，被定为美国的“国球”。

随着世界交流的增强与美国影响力的提高，棒球运动在世界其他国家和地区也得到发展。首先是作为美国后院的拉丁美洲各国，其中古巴水平较高，多次夺得世界锦标赛冠军，号称五强之一；其次是亚洲的日本、韩国与中国台湾地区，其中日本的发展最为迅速，现有中央联盟(Central league)和太平洋联盟(Pacific league)两大联盟，拥有14个大联赛队伍，号称五强之一，为亚洲之最；欧洲各国水平低于美洲和亚洲；棒球运动在非洲几乎是个空白，这主要是因经济原因。到目前为止，棒球运动已在全世界五大洲100多个国家和地区开展，国际棒球联盟(International Baseball Association)是世界业余棒球运动的最高领导机构，总部设在美国，会员国有103个。国际奥委会在1992年第25届奥运会上把棒球列入正式比赛项目。

7.7.2.1 棒球运动的特点

(1) 棒球运动是比意识的运动。棒球规则十分复杂，局面多变，一攻一守、一投一击、一传一接、一跑一杀都因局面不同而发生变化，这就需要运动员随时开动脑筋，既要对眼前局面清清楚楚，还要对可能出现的情况有所预见。

(2) 棒球运动是比心理素质的运动。击球员面对好投手，投手面对强打手，接手失误造成失分或对方上垒，比赛打得紧张激烈，裁判员的误判和喜好……凡此种种都要求运动员有过硬的心理素质。只有具备好的心理素质的运动员才能成为球星。

(3) 棒球运动是一项高消费的运动。棒球的高消费是棒球运动在经济不发达国家发展缓慢的主要原因。棒球场占地面积相当于两个足球场，棒球设备繁多且昂贵，球棒与球的高损耗也是一般单位无法承受的。

(4) 棒球运动是一项非常有趣的运动。棒球运动既要求个人能力超强，如明星投手、强打手等，也要求集体的协调一致，如防守时的传杀。运动的多样性带来了运动的趣味性，人人可以玩，人人能找到合适的位置。

7.7.2.2 棒球基本技术及锻炼方法

棒球运动分传球、接球、击球、跑垒和滑垒等五大部分。传球和接球，是属于防守方面的；击球、跑垒和滑垒，是属于进攻方面的。

1) 传、接球技术及锻炼方法

(1) 握球的方法。动作要领：拇指和食指、中指相对，食指和中指用力必须相等，且两指之间不要分得太开，否则会影响传球的速度；将食指与中指的指头，贴在球的缝线上，在“虎口”处需留出相当的空隙；无名指和小指轻轻地支持球的平衡，保持球体稳定(图 7-126)。

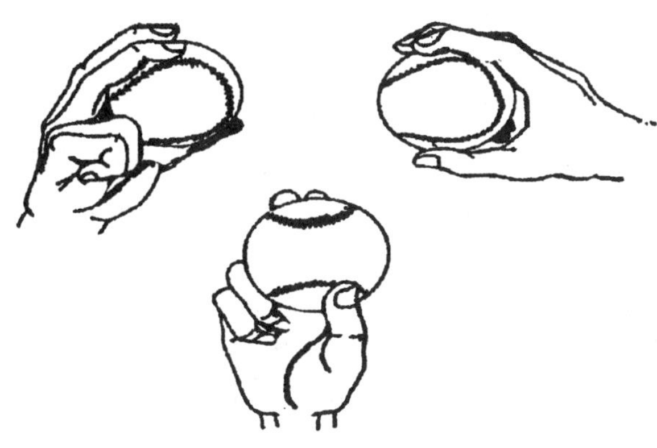

图 7-126 棒球握球方法

(2) 传球的姿势。传球的姿势很多,角度也各不相同,一般可分为三种:① 上传法。以右手传球为例,拇指在球之下,食指和中指在球之上,无名指和小指在球之右;传球时身体直立,手臂提高,把球由上向下传出;球离手的瞬间,掌心向下(图 7-127)。② 横传法。以右手传球为例,拇指在球之左,食指和中指在球之右,无名指和小指在球之下;传球时肩部自然,手臂放平,球由体侧向前传出,手臂挥动与地面平行,球离手的瞬间,掌心向左(图 7-127)。③ 下传法。以右手传球为例,拇指在球之上,食指和中指在球之下,无名指和小指在球之左;传球时弯腰屈背,把球由下向上传出,球离手的瞬间,掌心向上(图 7-127)。

图 7-127 传球的姿势

注意事项:球离手的瞬间,不得任意扭转手腕,否则手背转变方向,就会形成不健全的传球法。例如,上传法,球离手的瞬间,手背应向上,但如手腕一扭,则手背就向右了;横传法,球离手的瞬间,手背应向右,但如手腕一扭,则手背就向下了。这些扭转不仅不能把球传的快、远、直、准,且易伤及肌肉,应注意避免。

(3) 接球时手套的运用法。一般来说，来球在腰部以上者，手套手指应朝天；在腰部或腰部以下者，手指应该向下；离身体左边较远的来球，手指应向左；右边较远的来球，手指应向右，这是运用手套的正确方法。① 接身前腰部以上至肩部的来球时，用普通接球的站立姿势，左右拇指相靠，十指朝天，掌心向前，在胸前接球。切不可将右手放在手套之下，手指向前，掌心朝天，这样容易触伤右手手指。② 接身前肩部以上的来球时，接球前的站立姿势为双膝略伸直，接球的方法和上述一样。如果来球在面部时，不可将头左右避开，应斜视来球。尤其要注意的是，两眼看球须在手套之上，切勿在手套之下。如果来球刚好在头上，必须双手伸直，能够接到的话，就不必跳起来接，若不应跳而跳，则会很难接到球；若双手向上伸直，仍不能接着的，需将身体稍稍蹲下，球到头上时，跳起来单手接球；当球入手套的一刹那，五指必须紧握着球，不让球反弹出手，避免得而复失。起跳要适时，不可球未到而先跳或球到后才起跳。③ 接身前腰部或者腰部以下至膝部的来球时，左右小指相靠，十指斜向前下方，掌心向前与来球垂直。右手的掌心向下，像狮子开口似的接球。切不可将右手放在手套之上，这样也很容易触伤右手手指。④ 接身前膝部以下的来球时，双膝比普通接球前的站立姿势更要弯曲，双手放下，左右小指相靠，食指向下，掌心向前接球。当球入手套时，马上将左右手指又下向上兜起，使掌心朝天。⑤ 接过于偏右的来球时，如果站在原来的位置，双手仍然来不及接球时，就把重心先移在左脚之上，立即把右脚移到左脚的内侧(这时重心在右脚)，马上再把左脚尽量向左伸踏，单手接球。如果来球更偏于左方，以左脚支持身体的重心，左脚向右跨出去接球。⑥ 接过于偏右的来球时，如果站在原来的位置，双手仍然来不及接时，就把重心先放在右脚之上，立即把左脚移动到右脚的内侧(这时重心在左脚)，马上再把右脚尽量向右伸踏，单手接球。如果来球更偏于右方，再以右脚支持重心，左脚向右跨出去接球。

(4) 传、接球的锻炼方法。① 抛、接球练习；② 接地滚球练习；③ 接高飞球练习；④ 接—弹—抛球及各种抛球练习；⑤ 原地传、接球练习；⑥ 跑动中传、接球练习，等等。

2) 投球技术及锻炼方法

(1) 投球姿势：正面投球就是投手应正面向着击球队员站力投球；侧身投球就是投手应侧身向着击球员站力投球。两者差别在于前者便于投球，后者便于牵制球。因此，在垒上没有跑垒员时，一般都采用正面投球姿势；但垒上有跑垒员时，一般都采取侧身投球姿势。

(2) 投球方法：投手根据投球出手时，投球臂的角度和出球点的高低，有三种不同的投球方法。① 上投法(或叫 3/4 投法)。投球方法：投臂在投球出手时，肘关节不低于肩，小臂弯成 90°左右。出球点在身体前侧上方，即体侧线 45°的地方

(所以有人称这种投法为 3/4 投法)。这种投法在身体动作的运用上比侧投法或下投法都较为合理,也易于发力,易出球速,便于控制投点,不易损伤肩臂。因为,这是投手最基本、最常用也是最重要的投球法,对少年棒球投手更宜采用。② 侧投法。投球方法:投臂在投球出手时向体侧平伸,肘关节和腕关节与肩齐平或略低于肩,握球手的手指朝向体侧,出球点在身体侧前方。这种投球方向发力和控制球都不如上投法,特别是左右两侧不易控制。因此,初学棒球投手不要从侧投法开始练习。③ 下投法。投球方法:投球臂在投球出手时位于体侧一方,肘关节明显低于肩,小臂又明显低于大臂,握球手的手指朝下,出球点在体侧前下方,上身稍右倒,略收腹。这种投发力和牵制球不如上投法,在训练少年棒球投手时,也不要从下投法开始。

每个棒球投手都要从上投法学起。在初步掌握上投法之后,可以试用侧投法或下投法,或者对上投法掌握得不够好的投手可以试用侧投法或下投法。如果发现用侧投法或下投法投得比较好时,可以改用侧投法或下投法。

一个队的投手阵容,最好拥有右投法投手、左投法投手、上投法投手和个别侧投法投手。

(3) 锻炼方法。① 正面投球练习;② 侧面投球练习;③ 各种投法练习;④ 投垒上牵制球练习。

3) 击球技术及锻炼方法

(1) 握棒方法和站位。① 握棒方法(以右手击球为例,下同):双手握棒,左手(击球时前导臂)在下,右手(击球时的用力臂)在上,把棒放在右手指关节根部、左手手指第三指节上,然后合手拧紧,不用虎口深处的肌肉接触球棒。所以采用这种方法是因为在球棒受到投球冲击时,要用握棒手的指节(这部分较硬)顶住球棒。一般来说,握棒时,左手(前导臂)小指离球棒末端 2~3cm,但是,如果球棒稍轻,可顶棒端;如果棒较长、稍重,则可离棒端 3~5cm,甚至更多些。② 站位:击球员进入击球员区后应正对本垒板,两脚分开与肩同宽,两膝微屈,双手握棒,如持雨伞那样,持棒利于右肩前,前导臂横放于胸前,离胸部约一拳头的距离,头部转向投手,注视手投球动作。这时全身不要紧张。

(2) 挥击技术。

动作要领:

① 前导脚伸踏。身体后引、前导脚伸踏是发力挥棒前的必要动作,其目的是为了便于发力和下棒。从投手踏板、看完接手暗号的准备投球开始,击球员就要把全部注意力集中到投手。这时,前导脚的膝部和左髋稍内扣或前导脚向后收一小步,这是身体后收和前导脚伸踏前的准备动作。投手手一前送,就要迅速伸踏前导脚,与此同时,身体稍后收,持棒手亦随之稍后引,到投手球一出手,身体再略后收,

但身体中轴不变，同时前导脚向前伸踏一步，形成准备发力下棒、箭在弦上、一触即发的姿势。这时击球员的面颊贴在前肩锁骨上，双眼平视，紧盯投球。

注意事项：不论是前导脚膝部和左髋内扣或前导脚后收或伸踏，身体稍作内转还是棒子后引，都要以身体中轴为中心，保持身体重心的稳定，不增加发力下棒时的可变因素。

② 发力下棒和把球盯到底。当投球运行到一半的时候，击球员要迅速做出下棒打还是收棒不打的决断。一决定打，就要迅速用力挥棒，眼不离球，对准来球用力把球击出去。下棒时，身体重心由作轴的后脚迅速转到前脚（前导脚）。这时前脚基本站直，不能成为弓字形；后脚脚尖作轴内转，膝屈，用脚尖撑地便于发力；双臂则在棒中球是挺直成 V 字形。

(3) 锻炼方法：① 挥空棒练习；② 下蹲击球练习；③ 抛击；④ 斜抛击；⑤ 近击、轻击与对棒；⑥ 击投手球。

8 体操与健美

8.1 形体练习

8.1.1 形体练习的基本术语

术语是指说明该项动作、技术的专项用语。正确地运用术语,能够使教学、训练工作顺利进行,有助于正确表达、理解和快速掌握动作技术,有利于积累和交流经验。

由于形体练习兼有芭蕾、舞蹈和体操的特性,因此,这些项目中的一些徒手动作的术语都适用于形体练习,通过提炼和归纳,把以下动作术语作为形体练习的基本术语:

(1) 举:指手臂或腿以肩关节或髋关节为轴,由低向高抬起,停止在一定位置的动作(其活动范围不超过180°)。例如,左腿前举、两臂侧平举等。

(2) 摆动:指以身体某一关节为轴,以相连的自由肢体为半径所作的钟摆式弧形动作。

(3) 屈:通过关节的弯曲运动使身体某部位形成一定角度的动作。例如,屈膝、体前屈等。

(4) 伸:指弯曲关节伸直的动作。例如,伸臂和伸髋。

(5) 绕:身体某一部位移动范围在180°以上、360°以下的弧形动作。例如,两臂经前向上绕至后上举。

(6) 绕环:身体某一部位移动范围在360°或360°以上的圆形动作。

(7) 弹动(性):身体某一部位的关节有节奏地连续完成屈和伸的动作。例如,腿部弹动和腰部的弹动。

(8) 波浪:身体某部位各关节按顺序做依次、柔和、连贯的屈伸动作。波浪动作有手臂波浪和身体波浪。

(9) 平衡:指用单脚、单膝或臀部支撑在地上,身体保持某一静止的姿势。平衡动作有很多,例如,俯平衡、跪平衡、侧平衡等。

(10) 转体:指围绕身体纵轴转动的动作。转体动作的名称是由转体时的身体姿势决定的。例如,单腿站立转体、蹲转、坐转、平转等。

(11) 跳跃：指用单脚或双脚蹬离地面使身体腾空的动作。动作名称是由身体腾空时腿和躯干的姿势决定的。例如，向前大跨跳、挺身跳、向前屈膝交换腿跳等；根据跳的高度和空中动作幅度的不同，还可分为小跳、中跳和大跳。

(12) 步法：指有特有节奏的脚步移动的方法。包括各种走、跑及舞步等。

8.1.2 形体练习的基本技术

8.1.2.1 基本站立姿势

头正，稍抬，目视前方，两肩放松下沉，两臂自然伸直于体侧，挺胸，立腰，收腹，提胯，夹臀，两腿肌肉夹紧内收(图 8-1)。

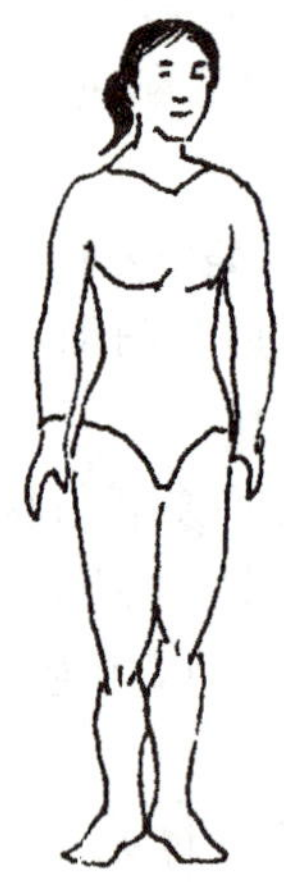

图 8-1 基本站立姿势

要点：站立要挺拔，眼睛看前方并富有神态。

8.1.2.2 手位和脚位

(1) 手位(图 8-2)。

一位：两臂体前自然下垂，指尖相对，掌心稍向内，两手间距约为一拳。

二位：两臂保持一位姿态至前举，稍低于肩，掌心相对。

三位：两臂保持一位姿态至上举(略偏前)，掌心向下。

四位：一臂前举，一臂上举。

五位：一臂侧举，一臂上举。

六位：一臂侧举，一臂前举。

七位：两臂侧举，稍低于肩，掌心向前下方。

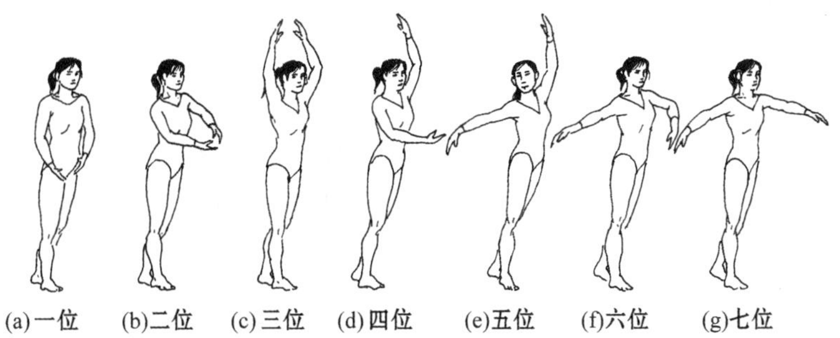

图 8-2 手位

要点：肩部放松，肘、腕自然微屈，手臂成弧形。

(2) 脚位(图 8-3)。

一位：两脚跟靠拢，脚尖向两侧，两脚成一直线。

二位：两脚跟间距约一脚，脚尖向两侧，两脚成一直线。

三位：两脚跟在脚弓处相叠，脚尖向两侧，两脚平行横立。

四位：两脚前后平行站立，间距约一脚，脚尖向两侧。

五位：两脚前后平行相靠，脚尖向两侧。

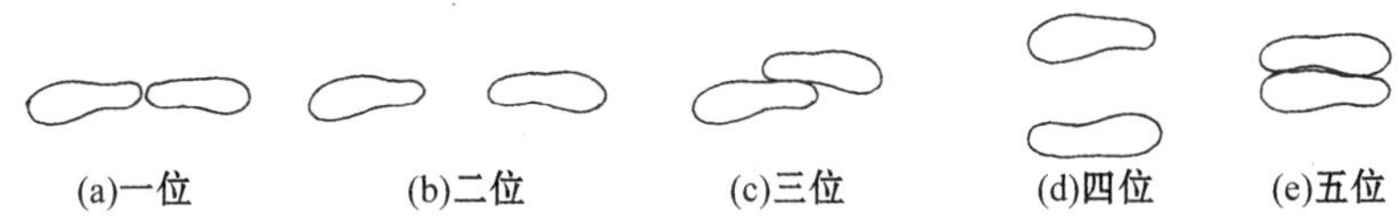

图 8-3 脚位

要点：髋、膝关节充分向外打开，身体重心在两脚上。

8.1.2.3 基本步法

(1) 柔软步：从自然站立开始，左腿伸直向前下方伸出，脚面绷直向外，由脚尖过渡到全脚掌落地，重心前移，换右脚做，两腿交替进行，两臂前后自然摆动(图 8-4)。

要点：由脚尖过渡到全脚掌落地，重心前移，抬头挺胸，收腹立腰。

图 8-4 柔软步

(2) 足尖步：从并立提踵开始，左腿伸直向前下方伸出，脚面绷直向外，由脚尖过渡到前脚掌落地，重心前移，再换右脚做，两腿交替进行，两手叉腰(图 8-5)。

要点:步幅均匀,重心平稳,充分立踵。

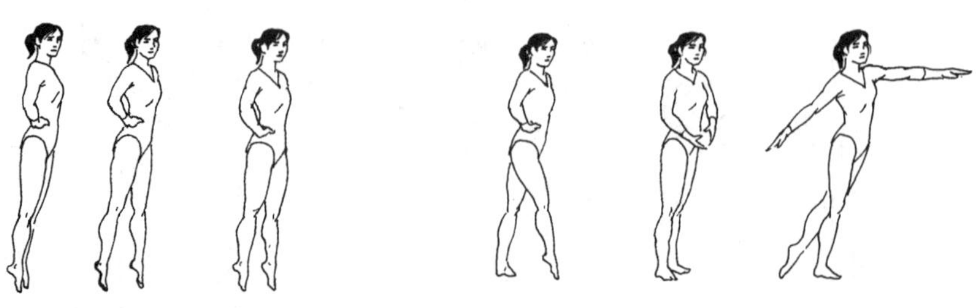

图 8-5　足尖步

图 8-6　变换步

(3) 变换步:以普通变换步为例。从自然站立两臂侧举开始,右脚向前一步柔软步,重心移至右腿,两臂落至体前下举,左脚并右脚。右脚向前做柔软步,右脚站立,左腿伸直后点地。两臂由下摆至左臂前举,右臂侧举(图 8-6)。

要点:步幅均匀不宜太大,站立时两腿外开,上体正直,重心移动连贯(变换步还可以向后、向侧、举腿、屈膝做)。

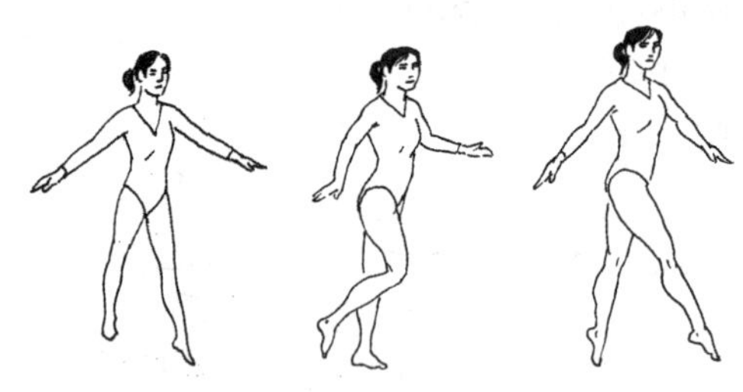

图 8-7　弹簧步

(4) 弹簧步:以普通弹簧步为例,从并立起踵、两手叉腰开始。左脚向前一步,同时稍屈膝半蹲,重心移至左腿。左腿伸直提踵,同时右腿向前下伸,膝与脚面绷直,然后,换右腿做(图 8-7)。

要点:出脚时由脚尖过渡到全脚掌柔和落地,有控制地依次弯曲踝、膝关节,接着依次充分伸直膝、踝,重心向上成提踵立。上体正直,收腹立腰,步幅不宜过大。

(5) 华尔兹步:以向前华尔兹为例。从并立提踵,两臂侧举开始。左腿向前做

图 8-8　华尔兹步

一次柔软步，落地稍屈膝，重心随之前移，右腿左腿再先后做一次足尖步，左臂随之做一次波浪(图 8-8)。

要点：步幅均等，不宜过大。身体稍有起伏，上体随之稍向左右屈(华尔兹步还有向侧、向后、转体等动作形式)。

(6) 跑跳步：以向前跑跳步为例。节拍前，左脚蹬地跳起，同时右腿屈膝抬起低于 90°。第 1 拍上半拍，右脚向前落地，下半拍，右脚随即蹬地跳起，同时左腿屈膝抬起低于 90°。换另一脚做，两臂自然摆动(图 8-9)。

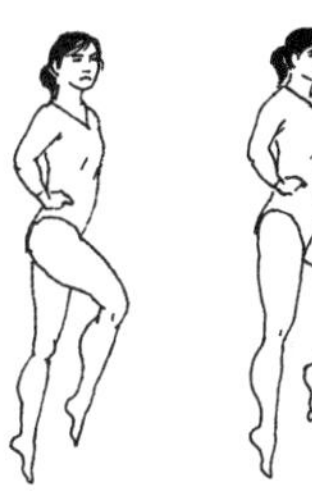

图 8-9 跑跳步

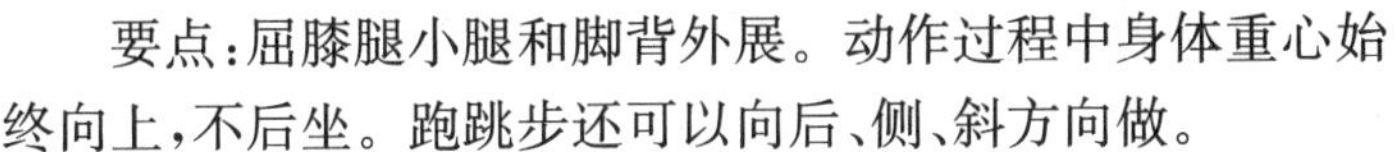

要点：屈膝腿小腿和脚背外展。动作过程中身体重心始终向上，不后坐。跑跳步还可以向后、侧、斜方向做。

8.1.2.4 转体

(1) 双脚转体：以双脚直腿 180°转体为例。右脚向左脚前交叉提踵，两臂侧举，向左转体 180°，成左脚在前的提踵立(图 8-10)。

图 8-10 双脚转体

要点：转体时重心上提，收腹立腰，摆臂领肩带动转体(双脚转体度数可大可小，还可从屈膝开始做)。

(2) 单脚转体：以吸腿向前转体 360°为例，从左腿站立，右脚前点地，左臂侧举，右臂胸前平屈开始。左脚蹬地，右脚提踵立，左腿旁吸，向右转体 180°，两臂上举(图 8-11)。

图 8-11 单脚转体

要点：身体正直，收腹立腰，重心上提。右臂带动身体转动，转体时以主力腿前脚掌为轴(此动作转体度数可大可小，也可向后转体，或做前后举腿转体)。

8.1.2.5 平衡

平衡动作是指身体某部分支撑于地上，控制身体重心，表现出某种动作姿态造型的静止动作。平衡动作很多，下面列举 3 种。

(1) 跪撑平衡：以左腿支撑为例，左腿屈膝跪撑，右腿向后上方用力伸直，抬头，挺胸，塌腰，静止不动(图 8-12)。

要点：右腿充分伸直，并向后上方摆起，支撑时手臂伸直。

(2) 屈膝前举腿平衡：以左腿支撑为例，左腿站立，右腿屈膝前举，膝关节高于髋部，大小腿成钝角，膝盖脚面外展，两手臂五位，静止不动(图 8-13)。

要点：左腿充分伸直，重心在左脚，收腹立腰，上体正直。

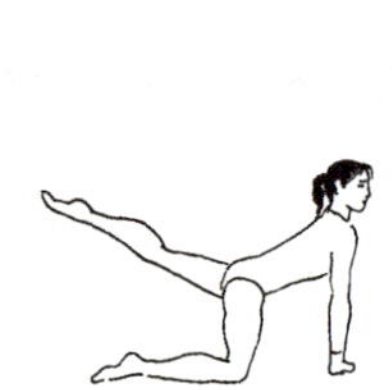

图 8-12 跪撑平衡

图 8-13 屈膝前举腿平衡

图 8-14 俯平衡

(3) 俯平衡：以左腿支撑为例，左腿站立，右腿伸直向后上方举起，同时上体前俯，抬头，挺胸，一臂前举，一臂后上举(图 8-14)。

要点：腰、背、腹肌协调用力，使身体重心的垂直投影线落在支撑面内。

8.1.2.6 波浪

1) 手臂波浪

从自然站立，两臂侧举开始，肩部下沉，接着肘、腕、指关节依次弯曲再伸直还原为侧举(图 8-15)。

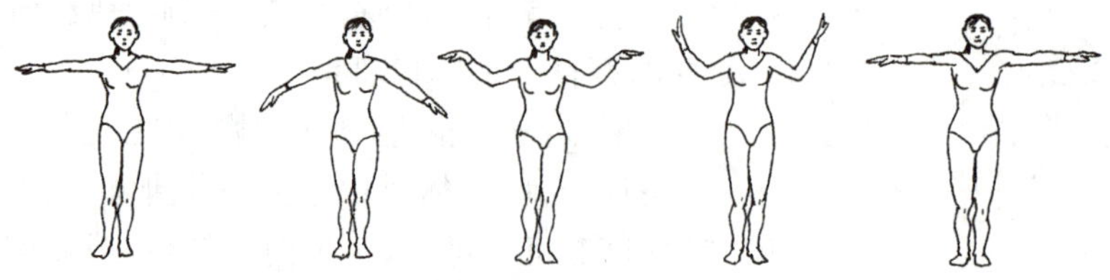

图 8-15 手臂波浪

要点：由肩部开始发力，肘、腕、指依次屈伸，形成连贯的波浪形动作（此动作亦可前后做，两臂上下举时做）。

2）全身波浪

（1）向前波浪：由身体前屈开始，踝、膝、髋、腹、胸、颈依次向前上方挺伸，经上体后屈，伸直还原成直立，手臂经下向后绕至上举（图 8-16）。

要点：身体各部位依次屈、伸，波峰在体前由下向上推移。

图 8-16　向前波浪

（2）向后波浪：由身体后屈开始，依次屈髋、收腹、含胸、低头至上体前屈，两臂向后绕至上举（图 8-17）。

要点：身体各部位依次向后拱起，波峰在体后由下向上推移。

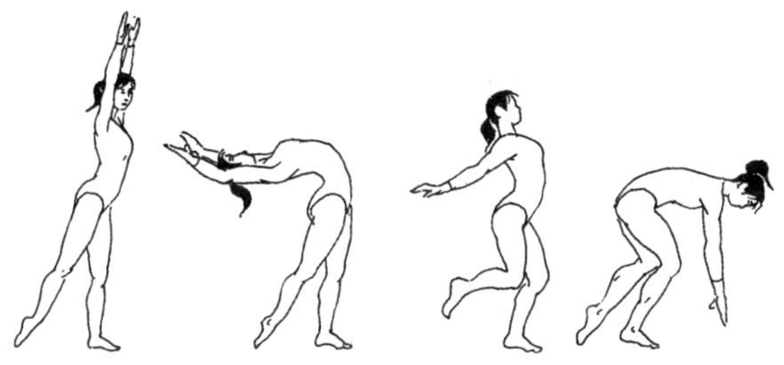

图 8-17　向后波浪

（3）向侧波浪：由上体左侧屈开始，右腿屈膝，经两腿屈膝向左顶髋，两腿依次蹬直，向左挺胸、抬头至上体右侧屈（图 8-18）。

要点：重心从右腿移至左腿，身体依次向右侧上方伸展。

图 8-18　向侧波浪

8.1.2.7 把杆练习

1) 擦地

以三位擦地、右脚为例,预备时双手(或单手)扶把,三位站立。右脚向侧擦出至脚尖点地;再擦地收回三位(图 8-19)。

要点:

(1) 擦地时支撑腿外开,伸直,立腰顶髋。重心在支撑腿上,身体正直。

(2) 向前、侧擦出时脚跟主动前顶,向后擦出时脚尖主动后伸,至点地位置时踝关节和脚面充分绷直。

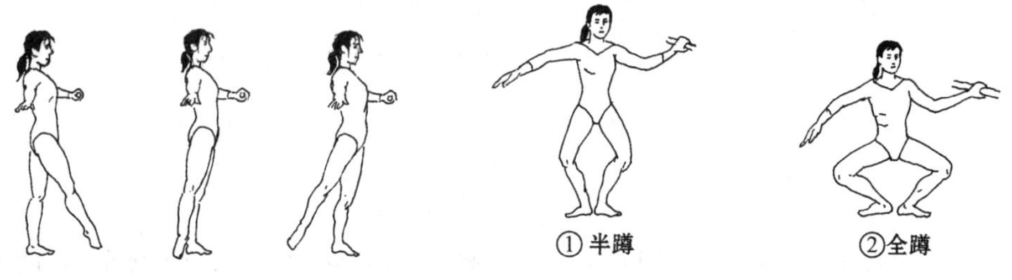

图 8-19 三位擦地　　图 8-20 蹲

2) 蹲

(1) 半蹲:预备时两脚站立成一位(二位、五位)。屈膝下蹲至膝关节角度大于 90°;再用同样缓慢的速度起立至两腿伸直(图 8-20①)。

(2) 全蹲:在半蹲基础上继续下蹲,直至臀部触及被迫抬起的脚跟,膝关节弯曲小于 90°;再用同样的速度起立,直至两腿伸直(图 8-20②)。

要点:

(1) 蹲、起时保证脚位正确,膝盖、脚尖外开向侧;上体正直,重心始终在垂直部位。

(2) 速度缓慢、均衡,动作连贯、柔和。下蹲时被动屈膝,起立时主动伸腿。

3) 划圈

以右腿为例,预备时左手扶把,右手七位,右脚前五位站立,直腿划圈时右脚向前擦地伸出至前点地;侧划至后点地;再向侧、向前划圈,经擦地收回五位。屈腿划圈时主力腿半蹲,同时右臂由七位至三位,最后一拍还原至一位(图 8-21)。要点:

(1) 上体保持正直,动作时身体不能晃动,重心在支撑腿上。

(2) 立腰开胯,两膝外展,划圈幅度大。

图 8-21 划圈

4) 压腿

(1) 前压腿:预备时面对把杆站立,右腿绷直旋外放在把杆上,手臂上举成三位手。1~2 拍立腰向前屈髋,以腹、胸、下颚依次贴右腿,手臂伸向脚尖前方,3~4 拍还原成预备势(图 8-22)。

图 8-22 前压腿

图 8-23 侧压腿

(2) 侧压腿:预备时左侧对把杆,左腿伸直放于把杆上,脚面向上,两臂侧举成七位手。1~2拍右臂向上成三位手,上体拉长向左侧屈,左肩对左腿,3~4 拍立腰还原(图 8-23)。

(3) 后压腿:预备时右侧对把杆,左腿后举,将脚背置于把杆上,两腿伸直,上体正直,手臂上举成三位手,挺胸抬头,1~2 拍上体后屈,同时支撑腿屈膝下蹲,3~4 拍还原成预备势(图 8-24)。

图 8-24 后压腿

要点:压腿时两腿绷直(后压腿支撑腿弯曲)外开,肩、胸、髋对正。

5) 踢腿

(1) 小踢腿:以右腿为例,预备时单(双)手扶把,右脚前五位站立。右腿绷直经擦地快速有力向前(侧、后)踢出至 25°位置急停;右脚尖下落点地,经擦地收回五位(图 8-25)。

图 8-25 小踢腿

要点:踢出和收回时先要经过擦地过程;身体不能晃动,腿部保持伸直。

(2) 大踢腿:预备时左侧对把杆,左手扶把,起踵立,右腿直膝擦地用力向前(侧、后)上方踢起 135°以上,右腿轻落至点地,右脚擦地收回(图 8-26)。

要点:基本同小踢腿,但是踢腿幅度要大于 90°。

图 8-26 大踢腿

6) 压肩

两脚开立,面对把杆上体前倾,两手臂伸直放在把杆上,上体用力向前压,将肩关节拉开,压至最大限度时,腰部振动一次,如此反复(图 8-27)。

要点:压肩时必须抬头、挺胸、塌腰,两臂伸直。

图 8-27 压肩

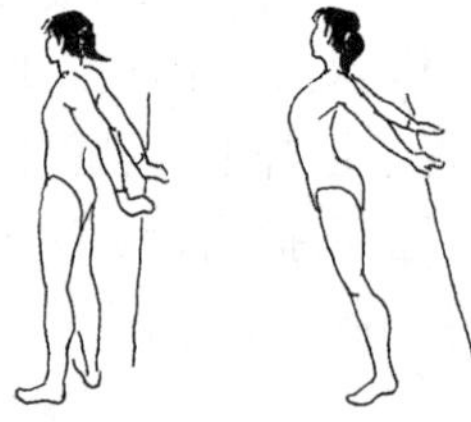

图 8-28 下拉肩

7) 下拉肩

背对把杆站立,距把杆约 30cm,两手体后握把杆。1 拍手拉把杆,上体向前倾,2 拍控制不动,3~4 拍重复 1~2 拍动作(图 8-28)。

要点:练习时下肢不动,上体前倾,抬头挺胸,充分拉开肩关节。

8.1.2.8　垫上练习

(1) 跪坐压脚背:预备时跪立,两腿两脚靠拢夹紧,脚面绷直贴于地面上,收腹,立腰,两手放在大腿两侧,接着臀部慢慢下坐至踝关节,同时用力压脚踝(图 8-29)。此动作也可两膝打开做。

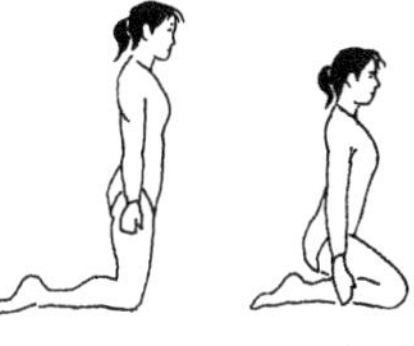

图 8-29　跪坐压脚背

要点:脚面绷直,收腹,上、下压踝时动作柔和,有控制。

(2) 跪坐半劈腿压腿:预备时左腿后伸,右腿大小腿折叠跪坐,上体正直,两手分别置于体侧,指尖扶地。两手臂带动上体后振,接着身体向前回呈低头含胸势,两手臂摆至体前(图 8-30)。

图 8-30　跪坐半劈腿压腿

要点:上体后振时保持抬头、挺胸、立腰、立背,后腿伸直。

(3) 开胯练习:两腿屈膝,脚心相对,俯撑于地面。提臀,收腹,拱背,含胸低头,然后压胯,塌腰,挺腹,抬头(图 8-31)。

要点:做动作时,一直保持直臂支撑,向下压胯压膝时,臀部下沉,两脚心紧贴,大腿开度尽量大。

图 8-31　开胯练习

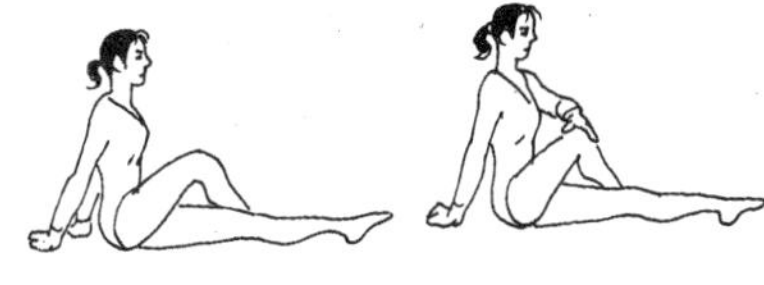

图 8-32　坐姿伸背

(4) 坐姿伸背:挺胸,收腹,直背坐立于地,两手分别放在两侧地上,屈右膝,右脚平踩在左腿旁地上。右手微屈置于体后,尽量靠近身体,左手放在右膝外侧。右膝慢慢向上体靠拢,头和上半身向右扭转至极限,换方向做(图 8-32)。

要点:做动作时头部和脊椎保持一直线,头略抬。

(5) 向侧吊胸腰练习:上体正直,双臂呈三位手,并腿跪立。左腿向侧直膝点地,右腿跪立,向侧下腰,左手臂向侧伸展。换方向做(图 8-33)。

要点：做动作时，髋部要正，不能前倾后仰。手臂伸展时，要尽量伸向远方。

图 8-33 向侧吊胸腰练习

8.1.3 组合练习

8.1.3.1 基本姿态组合范例

预备：正对前方，自然站立，两臂自然下垂，目视左前方(图 8-34)。

图 8-34 预备动作

(1) 第 1 个八拍(图 8-35)

1～2 右腿站立，左脚向前擦出，脚尖点地，两臂成二位，头略左传，目视左前方。

图 8-35 第 1 个八拍

3～4 左腿向侧后划弧至脚尖点地，同时右腿屈膝成右弓步，两手臂向两侧打开至左臂上举(掌心斜向后)，右臂平举，头右转，眼看右前方。

5～6 左腿向前摆至直腿脚尖前点地，右腿不动，重心后移，两手臂经侧向后向前绕至上举(掌心向下)，带动身体做一次波浪。头略抬，眼视左前方。

7～8 两腿直立提踵向后小碎步至右腿在前，两手臂向右斜上前做小波浪一次，头左传，眼视左前方。

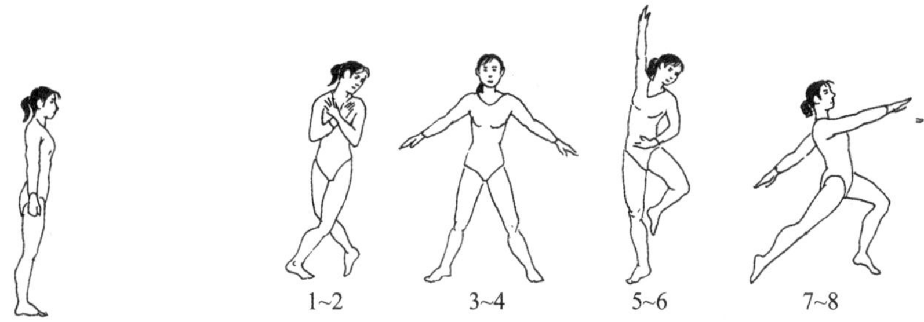

图 8-36 第 2 个八拍　　图 8-37 第 3 个八拍

(2) 第 2 个八拍：动作同第 1 个八拍，方向相反，且第 8 拍的后半拍时呈立正势，两臂下摆置于体侧(图 8-36)。

(3) 第 3 个八拍(图 8-37)

1～2 左腿向右前方一步，屈膝半蹲，右腿在后屈膝点地，两臂向内摆至屈臂体前交叉(掌心向后)，头左传，眼看左前方。

3～4 左腿向左侧点地一次，右腿跟着点地一次，成分腿直立，两臂向两侧打开至侧平举。

5～6 左腿屈膝外展旁吸于右小腿旁，右腿提踵直立，左手置于腹前，右手上举，下旁腰，头左传。

7～8 右腿向前迈步成右弓步，左手前举，右手侧平举。

(4) 第 4 个八拍：动作同第 3 个八拍，方向相反。

(5) 第 5 个八拍(图 8-38)

1～2 右脚向左前上步，同时向前踢左腿，右臂前摆，左臂后摆。

3～4 左腿落下屈膝支撑，右腿后踢，左臂斜前摆，右臂斜后摆。

5～6 右脚向右后一步，同时右臂经体前向外绕环，左脚并右脚半蹲，两臂下垂。

7～8 右脚侧出，身体向右做侧波浪一次，两臂侧下举。

(6) 第 6 个八拍：动作同第 5 个八拍，方向相反。

(7) 第 7 个八拍(图 8-39)

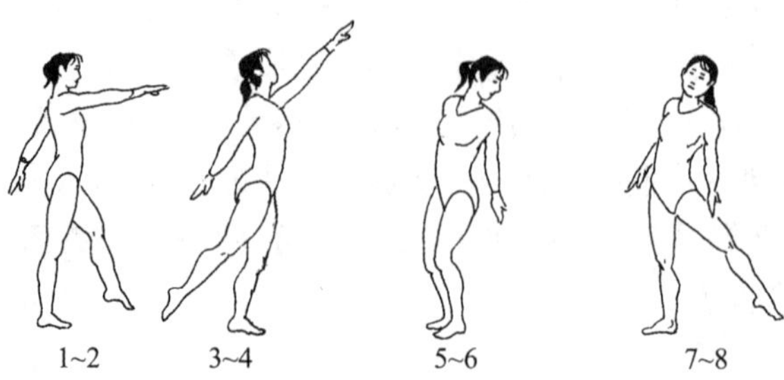

图 8-38 第 5 个八拍

1～2 右腿向左腿收至两腿并立起踵，两臂经侧摆至上举，两掌心相对，头左转。

3～4 左腿向左侧出一步，脚尖点地，两手臂小臂向内交叉绕环至左臂侧下举，右臂侧上举，向侧下旁腰。

5～8 左腿向前迈步成左弓步右手臂向后、向前，左手臂向前、向后绕至右臂前举，左臂后举，抬头挺胸。

图 8-39 第 7 个八拍　　图 8-40 第 9 个八拍

(8) 第 8 个八拍：动作同第 7 个八拍动作，方向相反。

图 8-41 第 11 个八拍

(9) 第 9 个八拍(图 8-40)

1～2 左腿向右腿收至屈膝半蹲，左手搭右肩。

3～8 两腿原地直膝小碎步向左转体 180°，左手臂缓缓打开至斜上举(掌心向外)。

(10) 第 10 个八拍：动作同第 9 个八拍，方向相反。

(11) 第 11 个八拍：1～8 右脚向左前上步，重心前移至右脚站立，左脚后点，同时左臂经体侧向前摆至前举，右臂置于体侧(图 8-41)。

8.1.3.2 练习方法

形体练习从其内容来看是十分丰富的，所以在练习时，方法也是多种多样的：它既可以徒手练习，也可以利用器械进行练习；既可以单人做，也可以双人或多人做；既可以进行单个动作的练习，也可以练习组合动作，但是，无论选择什么样的练习方式，若想达到比较好的效果，都必须注意以下几点：

(1) 每次进行形体练习时，都要重视准备部分和放松部分的练习，不能只进行基本部分的练习。

(2) 在进行形体练习时，既要重视基本姿态的练习，又不能忽视身体的柔韧、力量、控制力等基本功的训练。

(3) 要克服学会动作就满足的心理。学会动作之后一定要反复练习，认真体会肌肉和位置的感觉，因为形体练习的目的不是学会动作，而是要培养优美、健康的体态，并能在日常生活中体现出来。

(4) 要配以适合的音乐进行练习，从而更好地提高表现力。

(5) 必须遵循由易到难、从简单到复杂的练习原则。

8.1.3.3 练习提示

(1) 形体练习的动作变化较多，练习时要重点掌握动作规律，了解动作的结构、特点，再掌握学习方法。

(2) 先学单个动作，分上肢和下肢动作，再连接上下肢动作，再学组合动作，最后连接完整动作并配音乐练习。

(3) 练习动作时，要学会观察同伴的练习，善于发现问题，并且互相帮助，共同提高。

(4) 形体练习特别注重姿态的优美和动作的表现力，要做到这一点，要加强身体基本姿态的练习，并敢于在同学面前表演。

(5) 平时多听音乐，多看表演，也是自我提高的很好方式。

8.2 健美运动与健美操

8.2.1 健美运动

8.2.1.1 健美运动简介

健美运动起源于18世纪德国。1946年在加拿大人本·魏特和乔·魏特的努力下，创建了国际健美、健身联合会(IFBB)，至今已拥有 167 个会员国。我国约于 20 世纪 30 年代开展健美运动。1985 年，我国正式加入国际健美协会。随着社会的发展，健美运动得以迅速的发展，日益成为人们生活中一个行之有效的锻炼方法。健美训练不仅可以改变自己的体形，而且增强体质，陶冶情操，美化身心，真正把体育与美育，把外在美与内在美有机融合在一起。大学生还处在长身体的发育阶段，非常适合进行健美训练和练习，只要掌握健美活动的科学方法，是可以达到健美的理想效果的。

健美体型的标准(男子)一般可认为肌肉发达匀称，双肩宽而对称，胸廓隆起，背面略成倒放的三角形，腹肌隐现垒起，大、小腿结实，有肌肉感(表 8-1)。

表 8-1　中国大学生健美体型指数标准

指标	上等	中等	下等	指标	上等	中等	下等
坐高/身高＊100	52.34	53.00	53.40	骨盆宽/身高＊100	17.20	16.47	16.46
体重/身高＊1 000	385.45	368.08	357.36	体重/胸围＊100	91.92	89.15	87.45
胸围/身高＊100	54.47	53.06	52.16	骨盆宽/肩宽＊100	76.76	74.54	73.17
肩高/身高＊100	24.07	53.06	52.16				

8.2.1.2　健美竞赛基本知识

健美竞赛是一项展示人体健壮、匀称和表演技艺很强的运动，它通过运动造型、表演技巧与音乐密切结合的体姿和神态显示出它的无穷魅力。

1) 赛台

健美比赛在舞台衬有幕布的场上进行。赛台高 0.6m，长 9m，宽 15m。幕布高 6m，宽 15m，呈深颜色。光线充足，表演时无阴影。

2) 服饰与级别

(1) 服饰：男、女运动员必须穿单色三角裤和三点式泳装。比赛时人体可用人工色剂，但不能用任何色画。

(2) 组别：健美比赛分青年组(21 周岁以下)、成年组(21 周岁以上)、元老组(45 周岁以上)。健美小姐分青年组(35 周岁以下)、成年组(35 周岁以上)。

注：健美小姐以身高 1.60m 以上级与 1.60m 以下级。

3) 比赛项目与规定动作

(1) 项目：健美比赛有男子个人、女子个人、混合双人和集体造型表演赛。健身小姐由健美形体、健美操和健身知识问答三部分组成。

(2) 规定动作：男子 7 个，女子与混双各 5 个。

① 男子:前展肱二头肌;前展背阔肌;侧展胸部;后展肱二头肌;后展背阔肌;侧展肱二头肌;前展腹部和腿部。

② 女子、混合双人:比男子少前、后展背阔肌动作。

(3) 自由造型:应从前、后、左、右四个面展示体形和肌肉。

① 男子:1min 不得少于 15 个动作。

② 女子:1.5min 不得少于 20 个动作。

4) 比赛程序和名次评分

(1) 预赛:① 5 人 1 组做 4 个动作:前展肱二头肌、后展肱二头肌、侧展胸部、前展腹部和腿部。② 裁判从所有运动员中选出 15 名运动员打"X"号,多者为胜,确定前 15 名参加半决赛。

(2) 半决赛:① 3 人 1 组,做全部 7 个规定动作;② 5 名或 7 名裁判打分,去掉 1 个最高分,再去掉 1 个最低分,中间分相加,排出 1～15 名;③ 9 名裁判打分,去掉 2 个最高分,再去掉 2 个最低分,中间分相加,排出 1～15 名。

(3) 决赛:① 计分方法同半决赛,但成绩只计算 1～6 名;② 运动员集体表演不定位的自由造型。

8.2.1.3　练习原则及练习提示

1) 练习原则

(1) 健康的心态。爱美之心人皆有之,但对"健美"应根据自己具体情况确定参加此项活动的目标,应以身体训练为内容,以艺术创造为手段,以健身体格为目标。健美运动员肌肉几乎发达到极限,但那是职业健美运动员的标准,并不是大学生练健美的目标。大学生练健美的目标应该是全面增强身体素质,愉悦身心。

(2) 阶段性。科学的健美训练方法能够有效地改变肌肉结构,使肌纤维在横断面上得以增大,使肌肉形体粗壮有力。但肌肉的粗壮、骨骼的增长都需要一定的过程和时间,尤其是时间,不可能一出而蹴。一般锻炼可分为三个阶段:第一个阶段发展自己的身体基本素质,以能适应健美练习的一般要求和基本运动量,该阶段视练习者不同而异,需 2～3 个月。第二阶段可有选择的进行部分肌肉的练习和训练,该阶段可见到效果,约需 4～6 个月以上的时间。第三阶段可加大运动量、强度、组数和全面训练。通常,大学生不必进行第三阶段的训练。

第一个阶段目的:① 掌握健美锻炼的知识,全面增强体质。每周可进行 1～2 次基本活动能力的练习,例如跑、跳、投等。② 基本形体与韧带的练习,并可结合练习动作与要求,体会肌肉感觉,可先从发达部分上肢肌肉为起点。前 2～3 个月每周练习 2 次,1 次中等量,1 次小运动量。肌肉部分可选 3～4 个部位,每个部位可轮流进行 3～4 组,每组间隔时间可根据个人情况,尤其初练者可适当长些,3～

5min。后3个月每周可增加一次练习，仍以能适应健美练习强调为主，2次中等量，1次小运动量，肌肉部位可适当增加1～2个部位，如腰腹或大腿部，每个部位仍进行3～4组练习，轮流进行，间隔时间仍适当长些，以2～4min为好。

第二个阶段目的：这是一个能看到明显效果的阶段。在掌握和遵循初级阶段的练习准则的基础上，对肌肉部位应有重点、有选择的进行练习和训练，在原安排的基础上适当加大运动量。在饮食方面适当增加蛋白质丰富的和脂肪类食物，以弥补消耗和加速肌肉的增长。每周可练习3～4次，1次稍大运动量，1～2次中等量，1次小运动量为好，顺序可大－中－小－中或中－大－中－小，肌肉部位可再增加1～2个，但总部位一般以每次4～6个部位效果较好，有的部位不一定每次练习，可轮流进行。第二阶段练习时间根据个人情况酌定，一般应坚持4～6个月以上。

(3) 渐进性：健美运动不同于一般的发展力量素质训练，更不同于发展灵敏、耐力素质训练，而是通过一定练习使肌肉发达、匀称，塑造健美形体，展示人体艺术为主的，因此在练习中只有掌握了达到这一目的练习原则和规律，才能事半功倍。如练习的运动量可分为大、中、小的话，则应采用中小强度练习，即以个人肌肉最大力量的40%～60%的负荷进行锻炼，效果最好；以2～4组为好，太多了易产生肌肉疲劳，效果不好。农民每天劳动但肌肉并不十分发达就是这个道理。在完成运动的速度上，不必求快，而应平稳稍慢，每个动作完成时间3～6s为好，肌肉小的完成时间可短些，肌肉大的可适当长些。在每次运动量的安排上，必须按巩固—适应—提高的渐进原则。巩固指能完成此项运动量并隔天能恢复，感到轻松与愉快，时间上为此量坚持三周以上，即巩固一段时间后再加量，以免欲速而不达造成损伤肌肉和韧带。

(4) 选择性：人体骨骼肌是组成人体形态的重要组成部分，其重量为男子约占体重的40%～50%，女子约占体重的35%。是不是每块肌肉都需锻炼才健美，完全没有必要也不可能做到，而主要影响人体形态的肌肉只有几十块，最主要的仅有10多块，在这10多块肌肉的训练和练习中，自然会带动部分小肌肉群参与运动，因此不必贪多而突不出重点，而应根据自己的情况，在以增强体质全面发展的基础上选择性的挑选部分肌肉进行重点训练和练习，才能受到力量的效果。

2) 练习提示

健美的练习方法不是固定不变的，练习者可根据自己的情况选择采用。

(1) 初级训练法。① 单一练习法(校正法)：对某一部位的肌肉或缺陷进行重点训练，运动量小，但对该部位的肌肉效果不错。② 意动一致练习法：动作与意念相结合，即练什么肌肉想什么肌肉，肌肉在受神经支配，注意力高度集中下会产生更理想的效果。③ 慢速动力法：延长完成动作的时间，由于重量作用于肌肉的时间延长，从而使神经和肌肉达到更佳的锻炼效果。像完成肱二头股收缩可用4～5s。④ 静力练习法：是使肌肉维持在一定紧张度（姿势）上静止用力，像蹲马步。⑤ 小循环练习法（小组合）：把2～3个部位或一个部位2～3个动作组成一组，有序的循环进行。利用运动量安排，效果较好。⑥ 大循环练习法：先预先将训练的部位和动作有序编好，一般5～6个动作，或更多些，进行所有动作的一轮大循环练习，此练习运动量大，效果好，也适合减肥。⑦ 塔式练习法：先小重量进行，逐步增大至预定最高点，再逐步下降，要求比以上练习高些。⑧ 固定重量练习法：即固定某一重量，对某一动作一组进行多次练习。

（2）中级训练法。① 集中练习法：相对单一练习法而言，某一部位肌肉在多种动作，不同重量、次数和不同用力角度的练习下，会得到更充分的锻炼，但难度大些。② 递增练习法：在一组练习中，器械重量随之增加，而练习重复次数相应减少。是快速增强肌肉的有效方法，但应有一定基础。③ 递减练习法：全力以最大的力量完成第一次练习，然后逐次减轻重量，并适当增加练习次数。

8.2.2　健美运动练习方法

人体主要肌肉有肱二头肌、肱三头肌、三角肌、胸大肌、背阔肌、腹肌、股四头肌、小腿肌等（图8-42）。

基本技术：

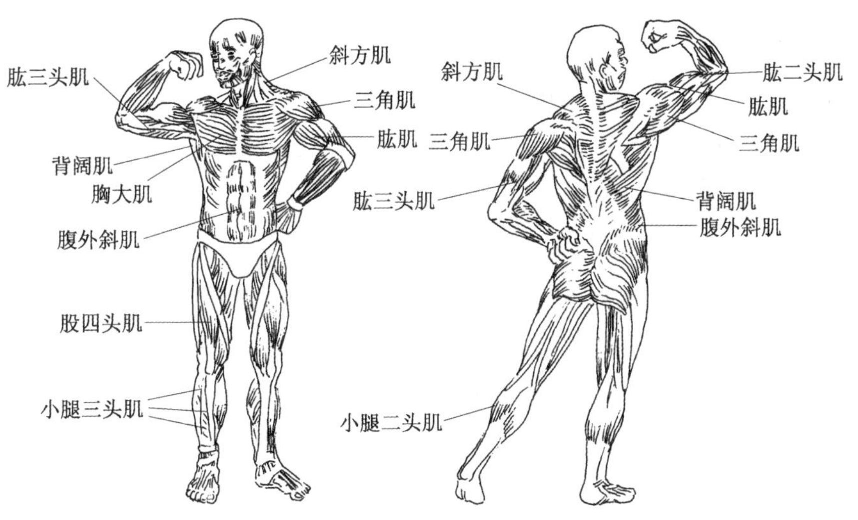

图8-42　人体主要肌肉

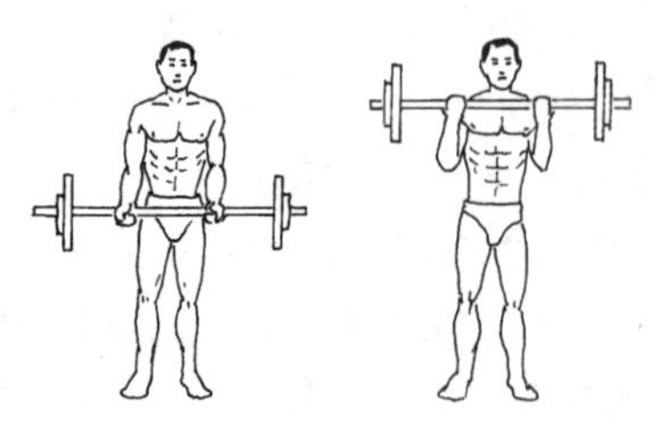

图 8-43 双臂杠铃屈举

1）肱二头肌练习

（1）双臂杠铃屈举：两脚自然开立与肩同宽，身体正直、收腹、挺胸，两臂垂于体侧拳心向前握杠，两臂发力同时吸气屈肘上举，肘关节尽量保持原位，杠铃举至胸前位置，停 2～3s，慢慢还原，重复进行（图 8-43）。

要点：① 身体保持正直、稳定；② 动作时肘关节尽量保持原位置不变。

（2）哑铃屈举：基本动作同双臂杠铃屈举（图 8-44），但可变化以下几种练习方法和身体姿势：① 单臂进行以上练习（图 8-45）。② 坐姿哑铃屈举：分腿坐在练习凳上，上体正直、挺胸、立腰稍前倾，练习臂伸直垂于大腿内侧，拳心向前握哑铃；吸气后练习臂用力屈肘上举哑铃，尽量举之靠近肩部，停1～2s，呼气还原，重复进行（图 8-46）。

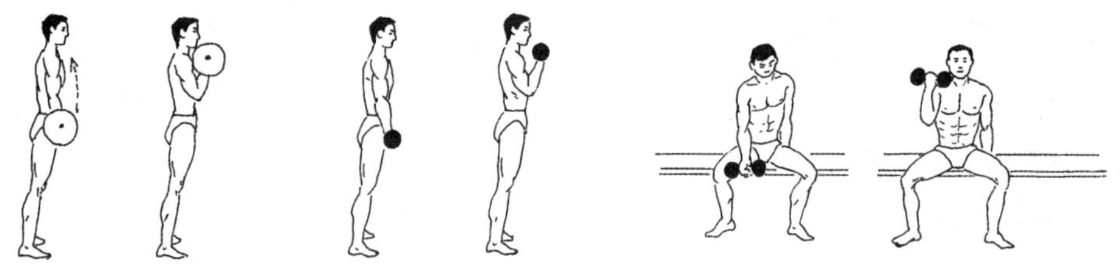

图 8-44 基本动作 图 8-45 单臂练习 图 8-46 坐姿屈举

要点：① 上体保持预备姿势；② 上臂要固定，肘关节位置要保持不变。

（3）双杠反握引体向上：高单杠跳上双手反握约与肩同宽，自然悬垂，吸气同时两臂发力屈肘，身体上引至下额高于杠面，也可稍停 1～2s 后放下，重复进行（图 8-47）。

要点：双手后握，效果较好。

图 8-47 双杠反握引体向上

2）肱三头肌练习

（1）双臂杠铃颈后屈伸举：身体正直，两脚自然开立同肩宽，双手正握杠铃于颈后，握距稍小于肩宽，上臂靠近耳部，肘关节始终朝上保持此部位不变，吸气同时双手用力将杠铃举起至手臂伸直，然后复原，重复进行（图8-48）。

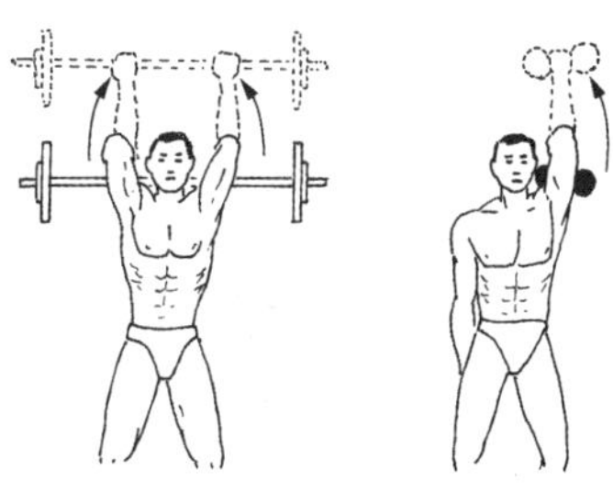

图 8-48　双臂杠铃颈后屈伸举

此练习可用哑铃、杠铃等单、双手进行。

要点：① 身体正直，挺胸，立腰；② 手臂上举时，肘关节位置保持不变。

（2）单臂哑铃屈伸：两脚前后开立成上半蹲弓步，上体前倾，背部似于地面平行，前腿异侧练习臂拳心向上屈肘持哑铃于腹侧，吸气同时用力练习臂向后上方伸直，肘关节保持位置不变，并尽量使哑铃高于背部，稍停 1～2s 吸气还原，重复进行（图 8-49）。

图 8-49　单臂哑铃屈伸

此练习也可用小杠铃按上述方法进行练习。

要点：① 上体前倾，保持不动；② 练习臂靠近体侧，肘关节位置不动并以肘关节为轴做屈伸。

（3）双杠双臂屈伸：双臂支撑于同肩宽的杠面上，手臂慢慢弯屈，身体自然下落，手臂肘关节尽量弯屈，胸部接近杠面处，直到不能再下垂时稍停，呼气同时用力伸直手臂至完全伸直，重复进行（图 8-50）。

要点：① 身体下落时，除手撑外都要悬空；② 身体要尽量下落，屈肘肘关节弯曲要大。

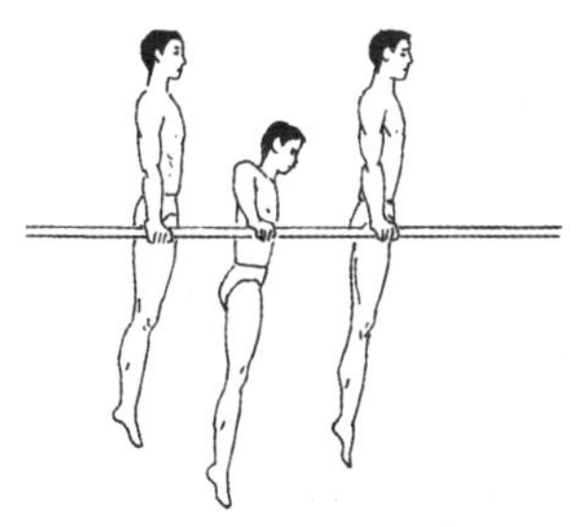

图 8-50　双杠双臂屈伸

3）三角肌练习

（1）坐姿杠铃上推坐于练习凳上，将杠铃放于颈后肩上，两手拳心向前，大于肩宽握杠于肩上，用伸臂之力将杠铃上举，两臂伸直（图 8-51）。

此练习也可用哑铃两臂肩上轮流做上推练习。

图 8-51 坐姿杠铃上推

要点:① 上举时不耸肩;② 还原要缓慢,以防突然性还原而受伤。

(2) 哑铃前举,侧举练习(图 8-52)。

要点:① 身体要保持正立、收腹、紧腰、挺胸;② 作用力点应在肩部。

图 8-52 前举、侧举

4) 胸大肌练习

(1) 宽握卧推:仰卧于练习凳上(一般都采用卧推组合器材),两手正握杠铃,宽于肩约 10~20cm,由手臂伸直开始,屈肘,杠铃应慢慢下落至胸前,稍停 2~3s,吸气同时用力上推,稍停,重复进行(图 8-53)。

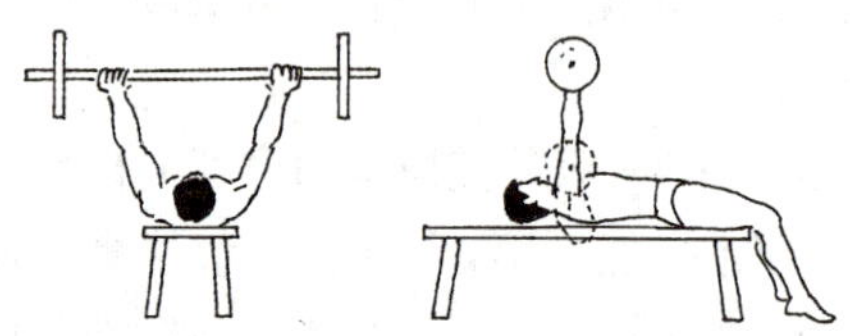

图 8-53 宽握卧推

要点:① 下落动作要放慢些;② 上推时要垂直上推,先胸部发力。

练习提示:此练习一定要加强安全,注意器械及人员的保护。

(2) 仰姿哑铃飞鸟:屈膝分腿仰卧于练习凳上,握铃时拳心相对,两臂伸直,向上垂直于身体;呼气向后外侧下分开平举,然后吸气时胸大肌用力收缩,两臂向上内收至胸上伸直,稍停 1~2s,重复进行(图 8-54)。

要点:① 两臂分开下落时,肘关节伸直。两臂尽量张开,下落时肘部要低于体侧;② 飞鸟两臂收缩时,要以胸部发力为主,两臂伸直。

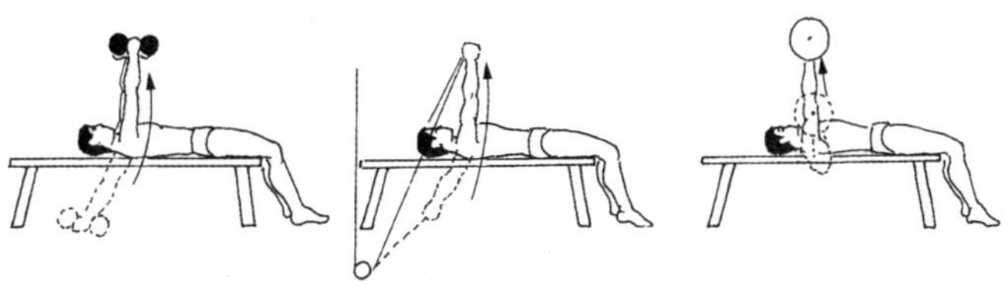

图 8-54 仰姿哑铃飞鸟

(3) 双杠支撑摆动双臂屈伸：两手分别伸直撑于杠面上握紧，先收腹腿前摆，以肩为轴，两脚自然下落，过垂直面后再用力向后摆动，在接近于肩水平面时屈肘，重心随之下降，脚由后向下，摆过垂直面向上摆动时，两臂用力伸直，如些重复进行(图 8-55)。也可前、后下落肘进行臂屈伸，但难度较大，尤其是协调性要求更高。如果摆动且在宽双杠上做双臂屈伸，效果也很好。

图 8-55 双杠支撑摆动双臂屈伸

要点：① 前后摆动时，幅度不宜太大，并尽量减小臂部移动；② 重心下落时的幅度视各人情况而定，但尽量低一点，对胸大肌锻炼更有效；③ 不是光手臂用力，要拉长胸大肌，并使之先发力。

(4) 俯卧撑：俯卧撑练习有很多种，图 8-56 列举了部分练习方法。

图 8-56 部分俯卧撑练习示例

要点：① 下落时，尽量能拉长胸大肌；② 用力时注意胸大肌发力。

5）背阔肌练习

（1）高单杠宽握颈后引体向上：高杠双手宽握，悬垂手宽约大于肩宽 20～30cm，量力而行，吸气时两臂用力引体向上，使头部至杠前，颈后接近杠面稍停，然后慢慢下落，重复进行（图 8-57）。

要点：① 引体向上时身体保持稳定；② 还原时动作要缓慢。

图 8-57 高单杠宽握颈后引体向上

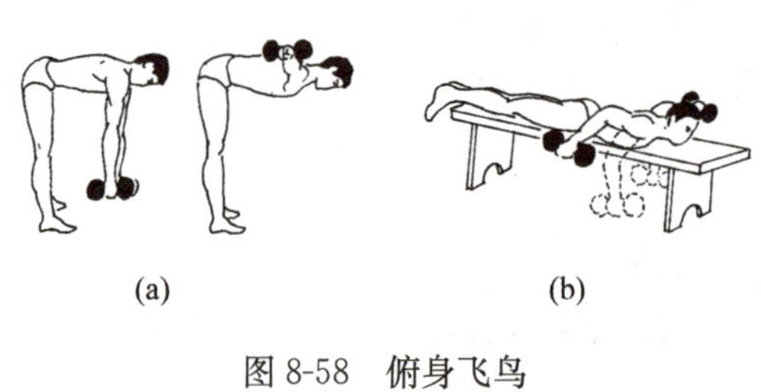

图 8-58 俯身飞鸟

（2）俯身飞鸟：两脚自然开立约同肩宽，上体前屈与地面平行，抬头，两臂伸直或稍微屈，拳心相对握哑铃，吸气后两臂同时用力向两侧举起直到与肩齐平，稍停 1～2s，慢慢下落还原，重复进行（图 8-58(a)）。也可俯卧于练习凳上侧平举（图 8-58(b)）。

要点：① 上体俯身前屈要抬头；② 两臂上举时伸直或稍有弯曲，作用于三角肌的部位不同。

6）腹肌练习

（1）仰卧起坐（图 8-59）。

图 8-59 仰卧起坐

要点：① 腿部两脚保持相对固定；② 起坐的方式及辅助器材因人或需要而定。

(2) 仰卧举腿(图 8-60)。

要点：① 两手、上体保持不动；② 举腿时增加负重，以小重量为好。

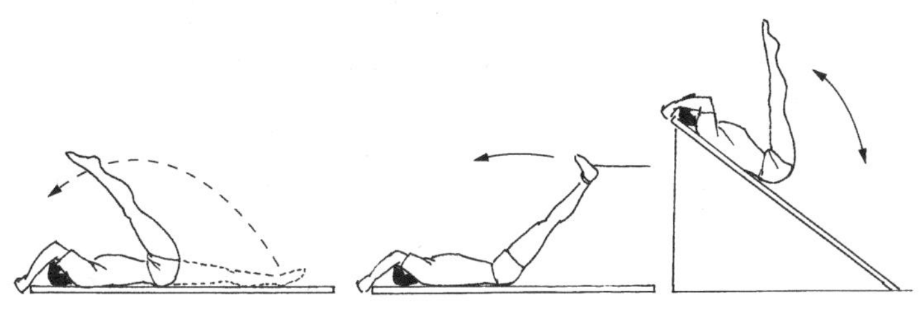

图 8-60 仰卧举腿

(3) 坐姿腿屈伸：坐于练习凳上，两手扶凳固定上体，两腿膝关节在凳端外，脚上可持一定重物，沙袋、杠铃片等做腿的屈伸动作，为使股四头肌充分的收缩，随着膝关节伸直、小腿的伸屈，上体可稍向后倾，待腿伸直后坚持停 3～5s 后慢慢还原，重复进行(图 8-61)。

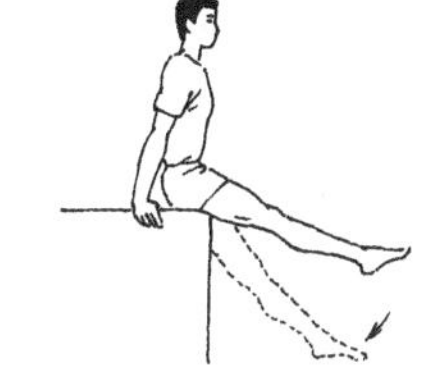

图 8-61 坐姿腿屈伸

要点：① 脚持重物从小重开始，要量力而行。② 练习动作时，脚面要伸直。

7) 股四头肌练习

负重下蹲：以负杠铃为例。将杠铃放在颈后肩上做下蹲起立动作叫后蹲(图 8-62(a))；将杠铃放在胸前做下蹲起立动作叫前蹲(图 8-62(b))；屈膝下蹲大小腿夹角小于 90°叫深蹲，大于 90°叫半蹲(图 8-62(c))；保持某一角度叫静蹲。站姿为两手屈肘正握，身体正直、收腹，立腰下蹲，均能完成前蹲、后蹲、半蹲和深蹲，用力时吸气，下蹲时呼气。也可扛人下蹲进行上下蹲练习(图 8-62(d))。

要点：① 两脚要站稳，抬头挺胸，腰收紧；② 思想集中，下蹲要慢，起来要快。

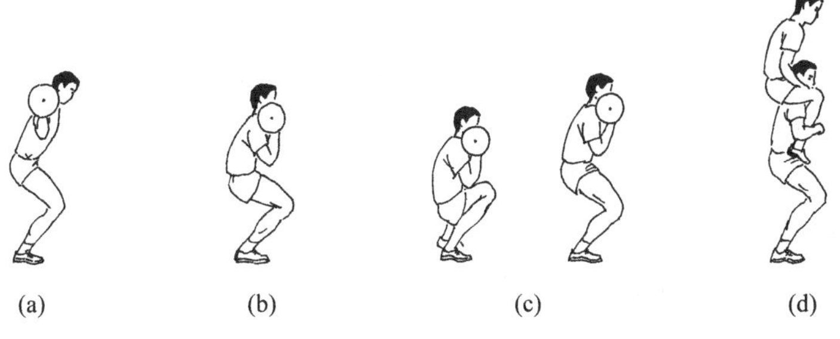

图 8-62 负重下蹲

图 8-63 肩负杠铃跳弓步

肩负杠铃跳弓步：两手屈时正握杠铃于颈后肩上，两脚前后开立成弓步；吸气后，两腿用力向上跳起的同时，两腿前后交换，可稍停 1～2s，也可连续做 4～5 个，换蹲弓步，重复进行(图 8-63)。

要点：① 上体正直，紧腰，两眼前视；② 保持杠铃平稳，双手要握紧。

8）小腿肌练习

(1) 负重提踵：身体正直，两手正握杠铃于颈后肩上，两腿伸直，足趾正中垫 2～3cm 厚的木板，然后做直腿提踵动作，可连续进行(图 8-64)。也可在肋木旁等做骑人提踵练习。

图 8-64 负重提踵

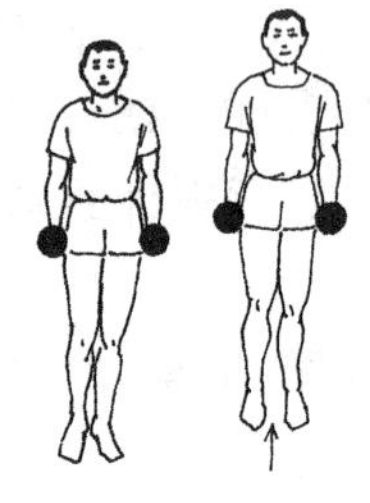

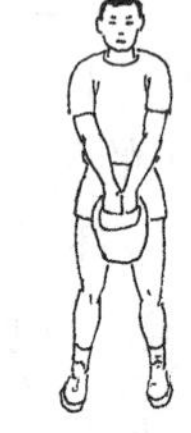

图 8-65 站姿直腿跳

要点：① 保持身体平衡，要以足部屈伸动作为主，提踵要充分；② 可连续做 4～5次，也可屈足到最高点时稍停 5～6s，效果更好。

(2) 站姿直腿跳：身体直立，挺胸塌腰，可徒手，也可手持重物、哑铃等，膝关节伸直，小腿发力，用脚掌蹬地向上纵跳(图 8-65)。还可持一铃做直跳和蹲跳，对大小腿肌群的锻炼效果也很好。

要点：① 不要屈膝；② 跳起要做到三伸：髋、膝、踝充分伸展，重点是踝关节一定要用力蹬伸。

(3) 坐姿提踵：练习者坐于练习凳上，屈膝一般 90°为好，两腿稍分开，两手将杠铃片或沙袋固定在膝关节上；可两腿同时做提踵动作，也可单腿做提踵动作，提起要充分，稍停 1～2s 后还原，重复进行(图 8-66)。

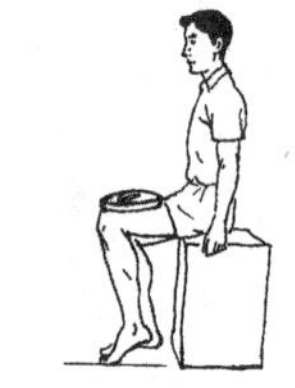

图 8-66 坐姿提踵

要点：① 提踵时脚跟尽量提起；② 杠铃片可由轻到重，并注意安全。

8.2.3　健美操

8.2.3.1　基本技术

健美操的基本动作是练习者进行健美操练习必不可少的重要内容。基本动作是根据身体的各部位而确定的，包括头颈动作、肩部动作、胸部动作、上肢动作（肘、腕、指）、腰部动作、髋部动作、下肢动作（膝、踝、指）等。

1）头颈动作（图 8-67）

（1）屈：指头颈关节角度的弯曲。包括前屈（头向前低，还原）、后屈（头高前仰，还原）、侧屈（左侧屈，头向左侧屈，左耳下压，对准肩）、右侧屈（头向右侧屈，右耳下压，对准肩）。

（2）转：指头颈部绕身体垂直轴的转动。包括左转，右转。

（3）绕：指头以颈为轴做不大于 360°约弧形动作。包括左绕、右绕。

（4）绕环：指头从一侧屈开始，做绕前、侧、后、还原的 360°环绕，有向左绕环和向右绕环两种。

（5）平移：头向前平移，还原。头向后平移，还原。头向侧平移，还原。

要点：上体保持正直，头颈移动的方向要准确，颈部肌肉充分伸展。

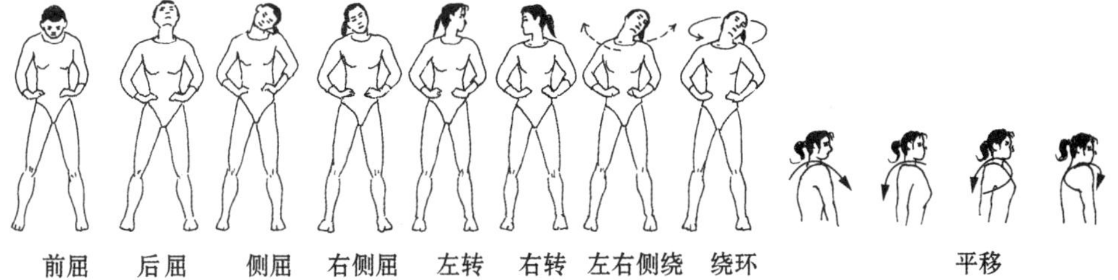

图 8-67　头颈动作

2）肩部动作（图 8-68）

（1）提肩：指肩胛骨做向上的运动，包括单肩提、双肩同时提和依次提。

（2）沉肩：指肩胛骨做向下的运动，包括单肩沉、双肩同时沉和依次沉。

（3）绕肩：指以肩关节为轴做小于 360°的弧形运动，包括单肩向前、后绕，双肩同时和依次向前、后绕。

（4）肩绕环：指以肩关节为轴做 360°及 360°以上的圆形运动，包括单肩向前、后绕环，双肩同时和依次向前、后绕环。

要点：提肩时要尽力向上，沉肩时要尽力向下，动作幅度大而有力。绕肩时上体不能摆动，颈与头不能前探。

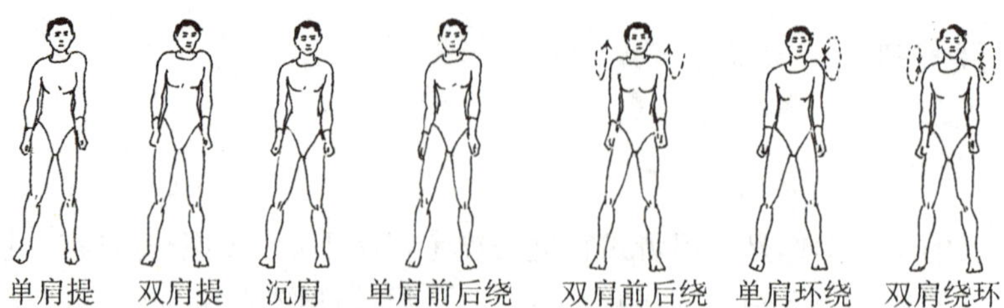

图 8-68　肩部动作

3）上肢动作

（1）举：指以肩为轴，臂的活动范围不超过去 180°，包括前、后、侧上、侧下举（图 8-69）。

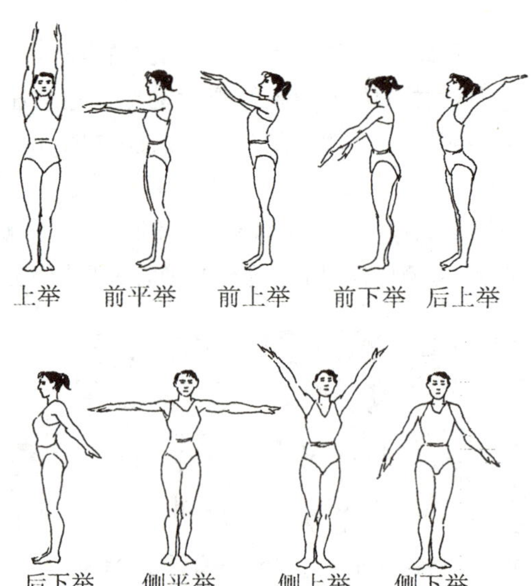

图 8-69　举

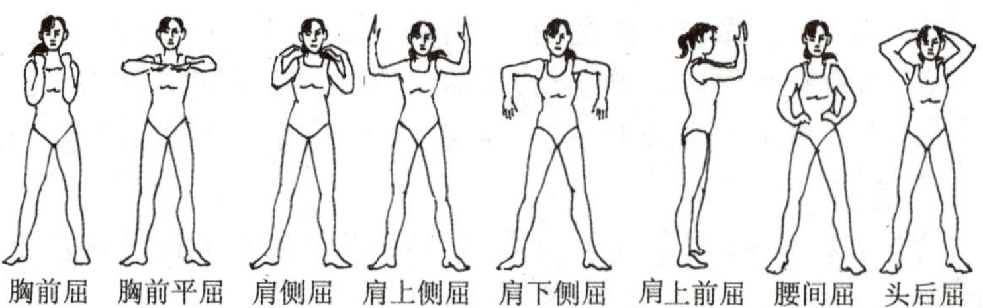

图 8-70　屈

(2) 屈:指肘关节有一定的弯曲,包括胸前平屈、胸前屈、肩侧屈、肩上侧屈、肩下侧屈、肩上前屈、腰间屈、头后屈(图 8-70)。

(3) 振:指以肩为轴,臂用力摆至最大幅度,包括上举后振、下举后振(图 8-71)。

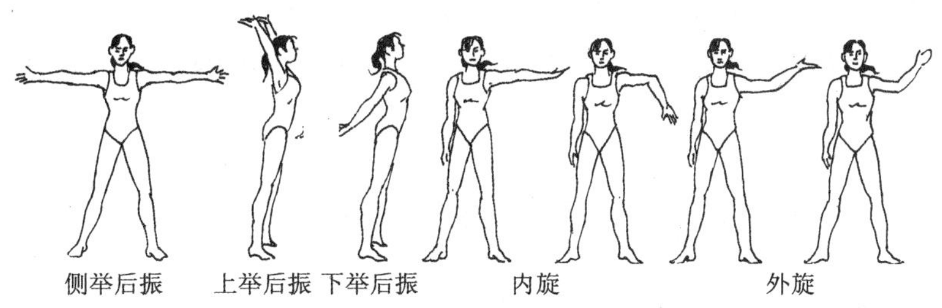

图 8-71 振

(4) 旋:以肩或肘为轴做臂旋内或旋外动作(图 8-72)。

(5) 绕:指双臂或单臂向内、外、前、后做 180°以上、360°以下的弧形运动(图 8-73)。

(6) 绕环:指以肩关节为轴,双臂或单臂向前、向后、向内外的绕环及旋转(图 8-74)。

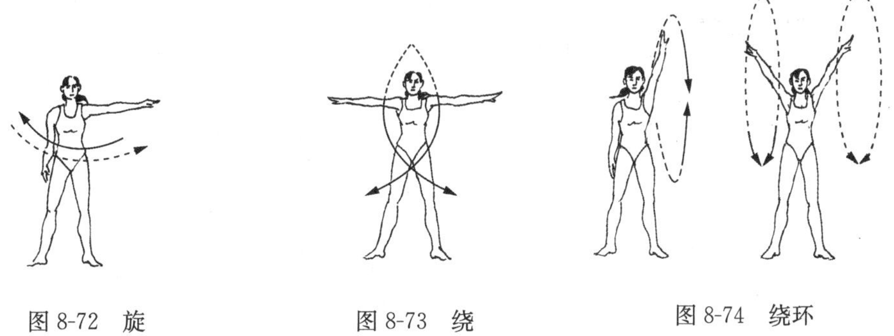

图 8-72 旋　　图 8-73 绕　　图 8-74 绕环

4) 胸部动作

胸部动作范围较小,包括含胸、展胸和振胸(图 8-75)。练习时可结合各种上、下肢动作。

(1) 含胸:指胸肌向内收,背尽力向后弓起,缩小胸腔。

(2) 挺胸:指两肩外展,尽力向后,同时扩大胸部。

(3) 振胸:指胸肌借助手臂向前、后有弹性地振动胸部。

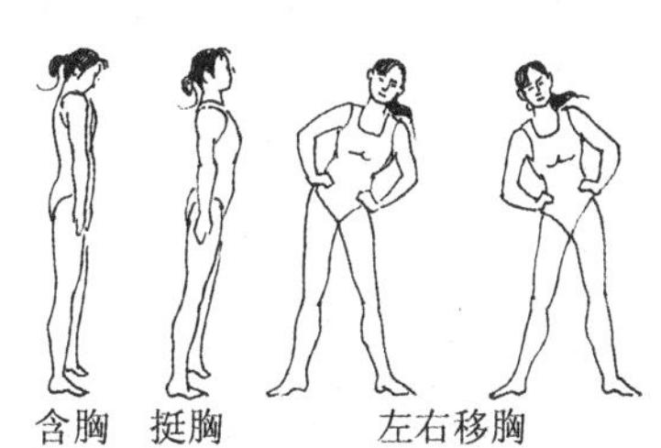

图 8-75 胸部动作

5) 腰部动作(图 8-76)

(1) 屈:指下肢不动,上肢沿矢状轴和水平轴的运动,包括前、后屈,左、右侧屈。

(2) 转:指下肢不动,上肢沿垂直轴的扭转,包括左、右转。

(3) 绕、绕环:指下肢不动,上体沿垂直轴做弧圆形运动,包括左、右绕和右、左绕。

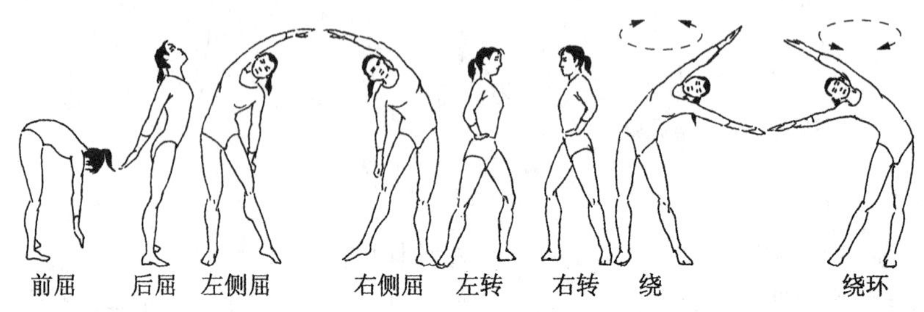

图 8-76 腰部动作

6) 髋部动作(图 8-77)

(1) 顶髋:指髋关节做急速的水平移动,包括左顶,右顶、前顶、后顶。

(2) 提髋:指髋关节急速向一侧上提的动作,包括左提、右提。

(3) 绕髋和髋绕环:指髋关节做弧形、圆形移动。包括向左、右绕和绕环。

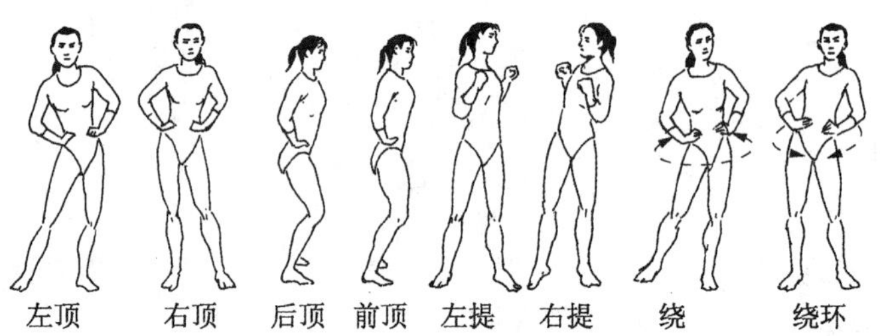

图 8-77 髋部动作

要点:髋关节做顶、提、绕和绕环时应平稳、柔和、协调,稍带弹性。

7) 下肢动作

(1) 腿的弹性屈伸:膝关节由直到屈再由屈成直的动作,常见的动作有并腿屈伸、分腿屈伸和移动屈伸(图 8-78)。

(2) 抬腿:一腿支撑,另一腿屈膝高抬,常见的动作包括向前高抬腿、向侧高抬腿、吸腿、屈膝高抬腿等(图 8-79)。

(3) 踢腿:一腿支撑,另一腿向各个方向做由下向上的加速摆腿动作,常见的

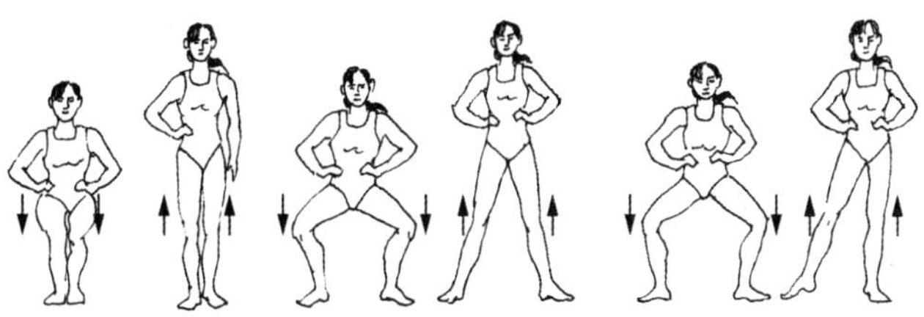

图 8-78　腿的弹性屈伸

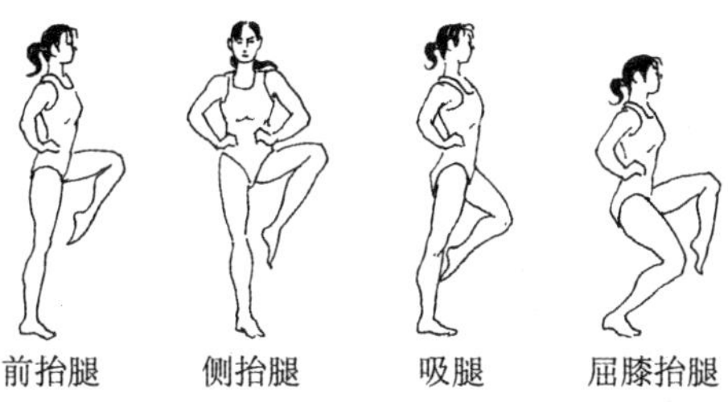

图 8-79　抬腿

动作包括踢腿、侧踢腿、向前弹踢腿、向侧弹踢腿、向后弹踢腿、屈膝后踢膝等(图 8-80)。

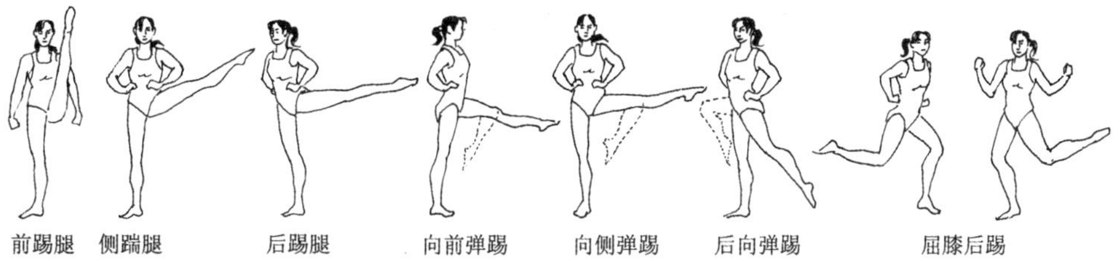

图 8-80　踢腿

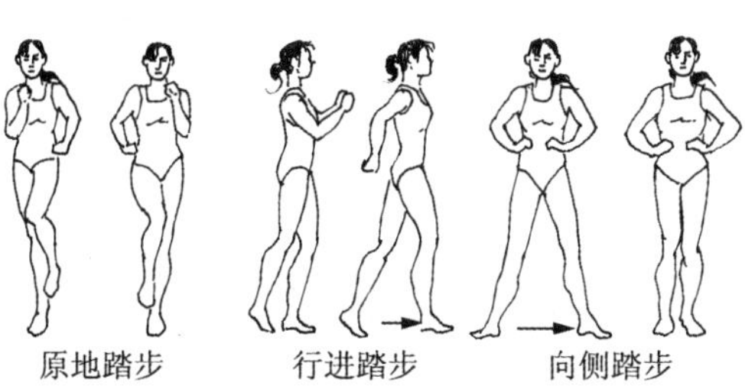

图 8-81　踏步

8) 健美操的基本步法

(1) 踏步:两腿交替抬起,落地时膝关节自然变屈,有弹性,落地时由前脚掌着地,动作时躯干伸直,两臂自然摆动,除原地踏步之外,还有不同的踏步,如行进踏步、向侧踏步,踏步点地等(图 8-81)。

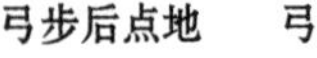

图 8-82 弓步点地

(2) 弓步点地:一腿屈膝成弓步,另一腿伸直向不同方向点地,包括弓步前点地、弓步侧点地、弓步后点地等(图 8-82)。

(3) 交叉步:一脚向另一脚前或后交叉行进,包括四步一交叉、连续前后交叉等(图 8-83)。

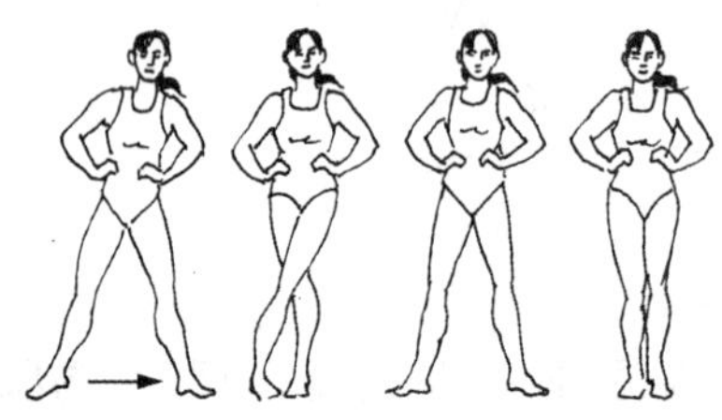

图 8-83 交叉步

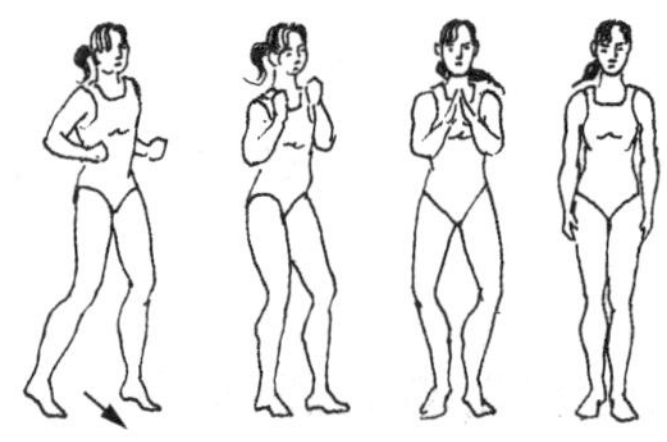

图 8-84 "V"字步

(4) "V"字步:四拍完成一个"V"字步,第 1 拍左脚步向左前方一步,第 2 拍右脚向右前方一步,第 3 拍左脚后退一步,第 4 拍右脚并右脚(图 8-84)。

(5) 跑步:两脚交替跑步,有短暂腾空动作,可在原地或在行进中做(图 8-85(a))。

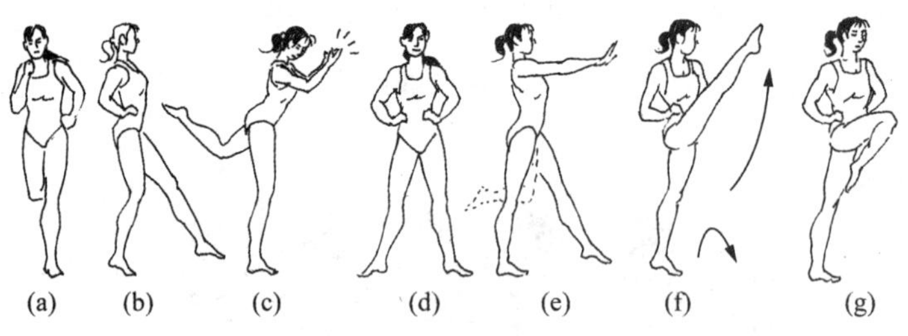

图 8-85 跑跳步

(6) 前踢腿跑:两脚交替进行,跑时腿向前上踢(图 8-85(b))。

(7) 后踢腿跑:两脚交替进行,跑时由小腿主动向后上踢(图 8-85(c))。

(8) 开合跳:屈膝蹬跳成开立,再由开立跳成并立,此外还有前后开合跳、弓步开合跳等(图 8-85(d))。

(9) 弹踢跳:一腿蹬跳,另一腿经微屈向前、侧、后弹踢(图 8-85(e))。

(10) 高踢腿跳:一腿蹬跳,另一腿直膝向前高踢(图 8-85(f))。

(11) 高抬腿跳:一腿蹬跳,另一腿屈膝高抬(图 8-85(g))。

8.2.3.2 练习组合

健身健美操是根据不同年龄、不同身体状况、不同需求进行创编的。它的练习内容较为广泛,有徒手健美操、器械健美、有氧操、踏板操等。本节仅介绍大学生健身健美操。此操共 12 节,58 个拍。

1) 准备运动

(1) 第 1 个八拍(图 8-86)。

1～4 拍:两臂经侧至上举(五指分开,掌心向前),低头。

5～8 拍:抬头,同时半蹲,两臂屈肘下落合掌至胸前(五指并拢,指尖向上)。

图 8-86 第 1 个八拍

(2) 第 2 个八拍(图 8-87)。

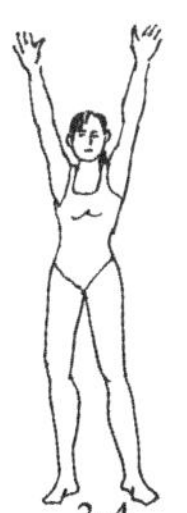

图 8-87 第 2 个八拍

1～2 拍:重心移至左腿,右脚尖点地,同时左臂经胸前平屈至侧上举(五指分开,掌心向前)。

3～4 拍：重心移至右腿，左脚尖点地，同时右臂经胸前平屈至侧上举（五指分开，掌心向前）。

5～8 拍：半蹲，同时两臂屈肘下落合掌至胸前（五指并拢，指尖向上），抬头。

(3) 第 3 个八拍(图 8-88)。

1 拍：右脚向左前一步，同时两膝微屈，右臂上举（五指分开，掌心向前），抬头。

2 拍：左腿侧、脚尖点地成右弓步。

3～4 拍：腿同 1～2 拍，方向相反，同时右臂经胸前平屈向下伸直（五指分开，掌心向下）。目视前方。

5～6 拍：腿同 1～2 拍，同时两臂经前摆至侧举（五指分开，掌心向前）。

7～8 拍：左腿向右前一步交叉转体 360°，同时两臂置于体侧。

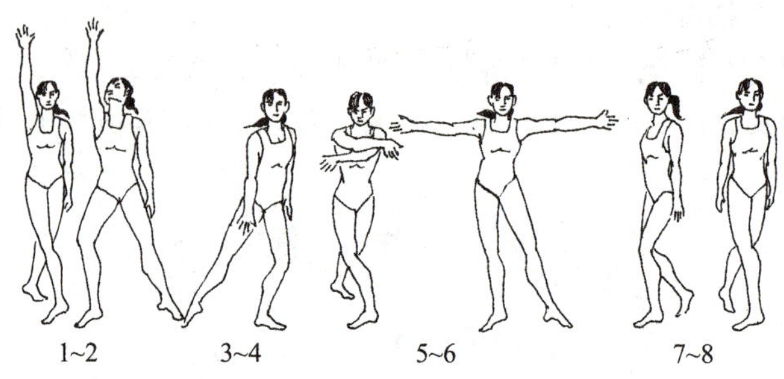

图 8-88　第 3 个八拍

(4) 第 4 个八拍(图 8-89)。

1～6 拍：左腿起动原地踏步，直臂前后摆动，臂与身体夹角 45°（握拳，拳心向上）。

7 拍：左腿向左一步，同时两臂置于体侧。

8 拍：右脚向右一步成开立。

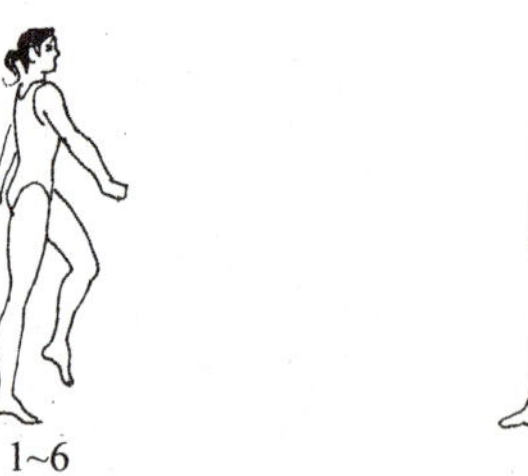

图 8-89　第 4 个八拍

2）头颈运动

(1) 第 1 个八拍(图 8-90)。

1 拍：分腿半蹲，同时头前屈。

2拍：还原成预备姿势。

3拍：分腿半蹲，同时头后屈。

4拍：还原成预备姿势。

5拍：右腿稍内扣，向左顶胯，同时头向左屈。

6拍：还原成预备姿势。

7拍：同5拍，但动作相反。

8拍：还原成预备姿势。

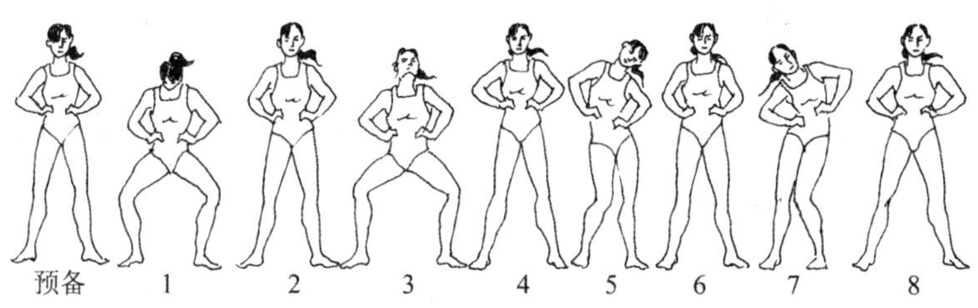

图8-90　第1个八拍

(2) 第2个八拍：同第1个八拍。

(3) 第3个八拍(图8-91)。

1拍：分腿半蹲，同时头向左转。

2拍：还原成预备姿势。

3拍：同1拍，但头向右转。

4～7拍：头向左经后、右绕环一周。

8拍：还原成立正姿势。

图8-91　第3个八拍

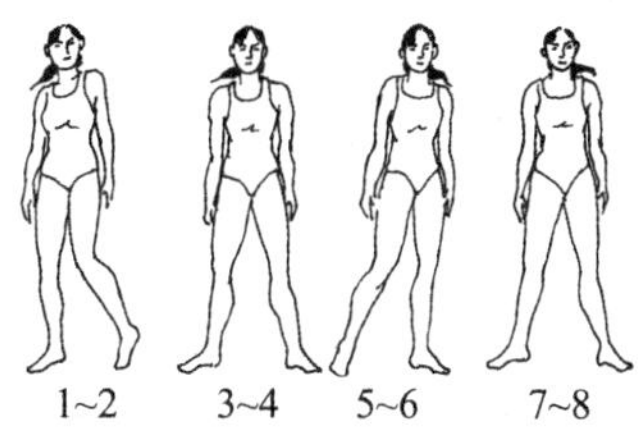

图8-92　第4个八拍

(4) 第4个八拍(图8-92)。

1拍：左脚向左一步成分腿半蹲，两手叉腰，同时头向左转。

2拍：左脚向右脚靠拢成并腿立。

3拍：同1拍，但方向相反。

4～7 拍:两腿伸直,同时头经左、后、右绕环一周。

8 拍:右脚向左脚步靠拢,两臂放下成立正姿势。

3) 肩部运动

(1) 第 1 个八拍(图 8-93)。

1～2 拍:左腿向前屈膝、脚跟提起,同时左肩上提。

3～4 拍:左腿还原,同时左肩还原。

5～6 拍:同 1～2 拍,方向相反。

7～8 拍:同 3～4 拍,方向相反。

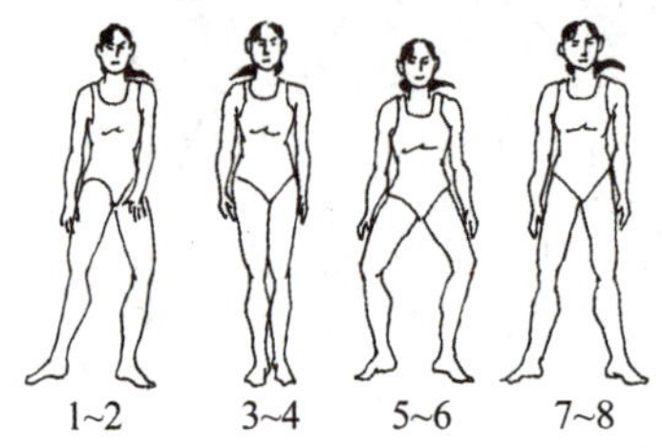

图 8-93 第 1 个八拍

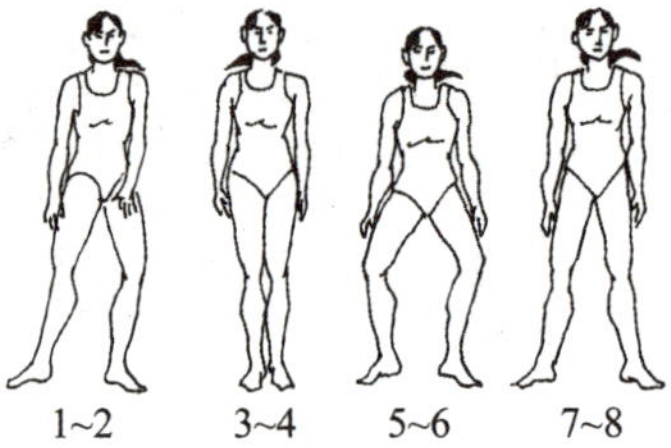

图 8-94 第 2 个八拍

(2) 第 2 个八拍(图 8-94)。

1～2 拍:左腿屈膝成左弓步,同时双肩向后绕环一周。

3～4 拍:右腿屈膝并于左腿,同时双肩向后绕环一周。

5～6 拍:右脚向侧一步成半蹲,同时双肩向前绕环一周。

7～8 拍:两腿伸直,同时双肩向前绕环一周。

(3) 第 3 个八拍:同第 1 个八拍,方向相反。

(4) 第 4 个八拍:同第 2 个八拍。方向相反。

(5) 第 5 个八拍(图 8-95)。

1 拍:左脚向侧半步,同时两臂上举(五指分开,掌心向前)。

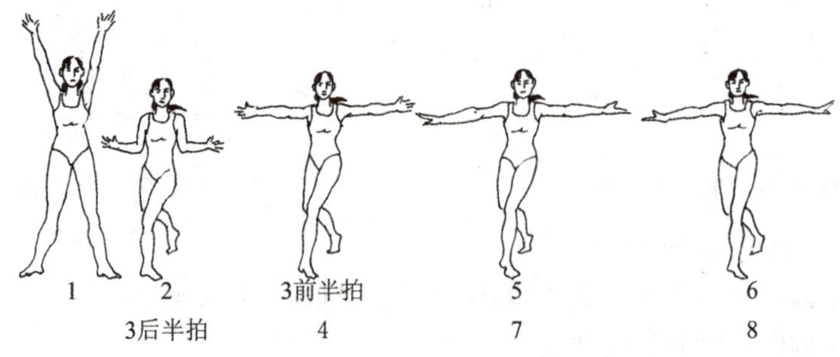

图 8-95 第 5 个八拍

2 拍：右腿并于左腿后，同时两膝微屈，两臂经后绕至体侧屈肘（五指分开，掌心向前）。

3 拍：两臂向侧屈伸一次。

4 拍：两臂向侧伸出至侧举。

5 拍：左臂旋外（五指并拢，掌心向上），同时右臂旋内（五指并拢，掌心向下）。

6 拍：同 5 拍，方向相反。

7～8 拍：同 5～6 拍。

(6) 第 6 个八拍：同第 5 个八拍，方向相反，但第 8 拍两臂还原至体侧。

4) 胸部运动（图 8-96）

1～2 拍：左腿向左前一步成半蹲，右腿屈膝并于左腿，同时向左转体 45°，两臂体前下举（五指并拢，手背相对），含胸，低头。

3～4 拍：左脚后蹬成右后弓步，脚跟着地，同时两臂屈肘后拉收于腰际（握拳，拳心向上），挺胸，头右转。

5～6 拍：重心移至左腿成左前弓步，同时两臂伸直经前后侧打开扩胸（五指并拢，掌心向前）。

7 拍左腿伸直，重心前移，右脚尖点地，同时两臂经下、前至上举后振（五指并拢，掌心向前）。

8 拍：向右转体 45°成开立，同时两臂经侧还原至体侧。

图 8-96　胸部运动

5) 踢腿运动

(1) 第 1 个八拍（图 8-97）。

1 拍：向左转体 90°，同时左腿伸直提踵立，右腿向前弹踢 45°，左臂胸前平屈（握拳，拳心向后下），右臂侧举（握拳，拳心向下）。

2 拍：右脚落地，同时左腿屈膝，两臂落于体侧。

3 拍：同 1 拍，方向相反。

4 拍：向右转体 90°，同时左脚步落地，两臂肩旁侧屈（握拳，拳心向下）。

5 拍:左脚提踵立,同时右腿直膝前踢,两臂上举(五指分开,掌心向前)。

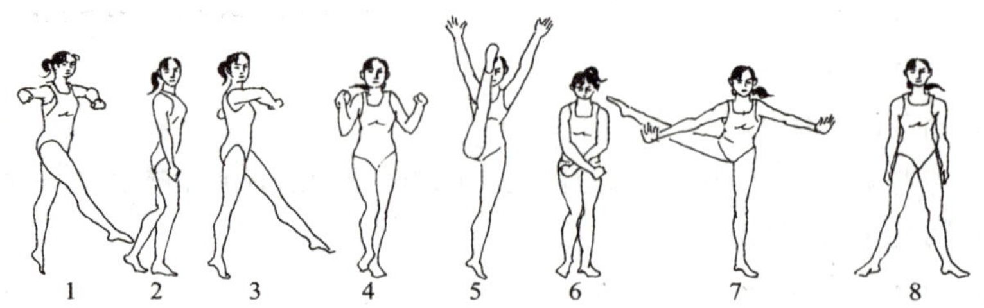

图 8-97 第 1 个八拍

6 拍:左脚提踵,同时右腿落下,两臂向内交叉于腹前(握拳,拳心向后)。

7 拍:右腿直膝侧踢(脚面向上),两臂侧举(五指分开,掌心向前),上体稍前倾。

8 拍:右腿落至右侧,同时两臂还原。

(2) 第 2 个八拍:同第 1 个八拍,方向相反。

(3) 第 3~4 个八拍:同第 1~2 个八拍。

6) 体侧运动(图 8-98)

1 拍前半拍:右臂侧举。

1 拍后半拍:左脚向左(脚尖点地),同时右臂上举。

2 拍前半拍:上体向左屈。

2 拍后半拍:上体还原的同时右臂经左向下绕。

3 拍前半拍:左臂胸前平屈(掌心向下),同时右臂侧举,上体左倾。

3 拍后半拍:上体还原。

4 拍:还原成直立。

5~8 拍:同 1~4 拍,方向相反。

图 8-98 体侧运动

7) 体转运动(图 8-99)

1 拍前半拍:左脚侧出一步成开立(两脚步同肩宽),同时左臂屈肘贴于腰部,右臂前举。

1 拍后半拍：上体向左转 90°。

2 拍：右臂平移至侧举。同时上体向右转 180°。

3 拍：上体向左转 180°，同时右臂上举。

4 拍：左脚并于右脚步，同时上体向右转 90°，右臂经体侧放下。

5～8 拍：同 1～4 拍，方向相反。

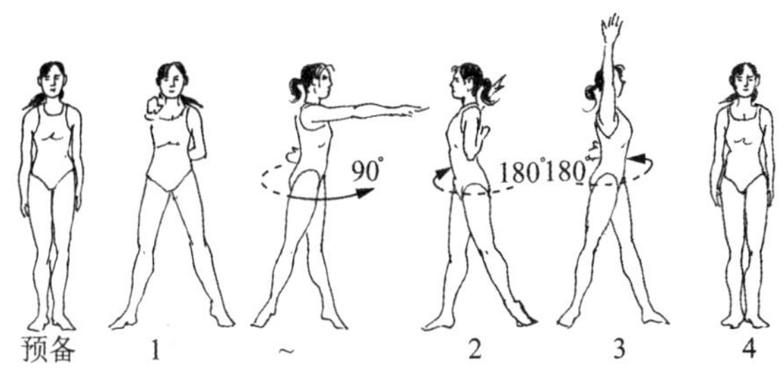

图 8-99 体转运动

8）腹背运动（图 8-100）

1 拍：左臂向左前方跨出一大步成弓步，同时左臂屈肘贴于腰部，右臂前上举（掌心向下）。

2 拍：上体向右转 90°，同时向左侧倾，右臂经下向右摆至侧举（掌心向下）。

3 拍前半拍：左腿伸直，同时上体立起（面向右前方），两臂上举。

3 拍后半拍：上体前屈，同时两臂侧举，抬头挺胸。

4 拍：左脚收回还原成直立（面向右前方）。

5 拍：右脚向右前方跨出一大步成右弓步，同时左臂前上举，右臂屈肘贴于腰部。

6～8 拍：同 2～4 拍，方向相反。

图 8-100 腹背运动

9）腰部运动

(1) 第 1 个八拍(图 8-101)。

1～2 拍:右腿屈膝成右侧弓步,同时左臂屈肘外张,手扶右腿,右臂后上举,上体左侧屈。

3 拍:同 1～2 拍,方向相反。

4 拍:左腿伸直成开立,同时左臂肩侧屈(握拳,拳心向前),左臂自然落于体侧。

5～6 拍:上体左侧屈,同时右脚并于左脚旁点地,两膝微屈,右臂伸直上举(五指分开,掌心向前)。

7 拍:右脚侧出一步成开立,同时右臂经左下绕至侧举(五指并拢,掌心向下)。

8 拍:上体还原,同时右臂落于体侧。

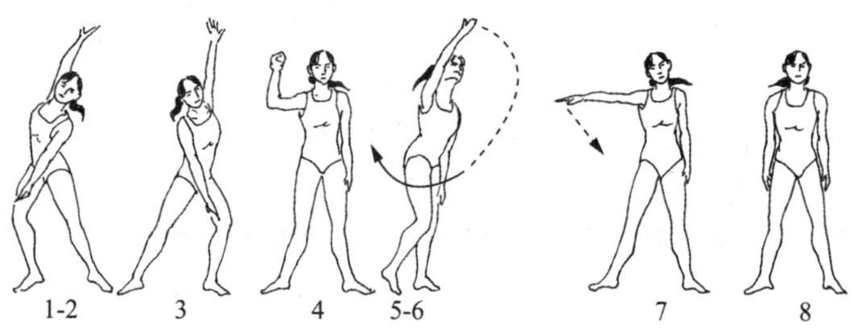

图 8-101 第 1 个八拍

(2) 第 2 个八拍:同第 1 个八拍,方向相反。

(3) 第 3～4 个八拍:同第 1～2 个八拍,方向相反。

(4) 第 5 个八拍(图 8-102)。

1 拍:右腿屈膝成右后弓步,同时上体向左拧转 90°,右臂屈肘,手扶左肩。

2 拍:右腿伸直,同时上体转回,右臂自然放于体侧。

3～4 拍:同 1～2 拍,方向相反。

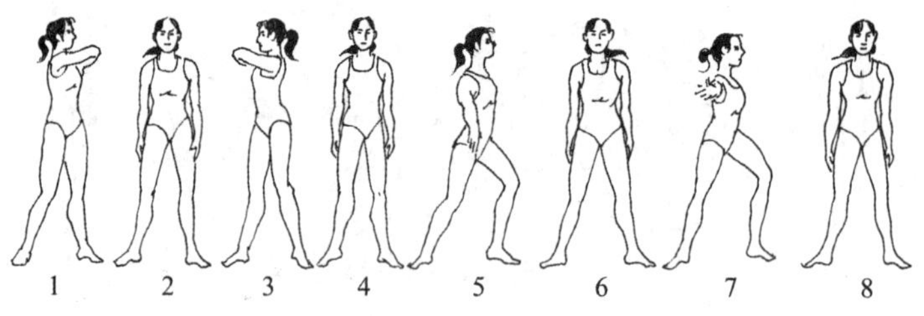

图 8-102 第 5 个八拍

5 拍:半蹲,同时上体向左拧转 90°,两臂侧下举(五指分开,掌心向前)。

6 拍:上体还原,两臂落于体侧。

7 拍:半蹲,同时上体向左拧转 90°,两臂侧举(五指分开,掌心向前)。

8 拍:同 6 拍。

(5) 第 6 个八拍:同第 5 个八拍,方向相反。

(6) 第 7～8 个八拍:同第 5～6 个八拍。

10) 髋部运动

(1) 第 1 个八拍(图 8-103)。

1～2 拍:右腿屈膝,同时左腿伸直向左顶髋 2 次,左臂侧举(五指分开,掌心向前),目视左手。

3～4 拍:同 1～2 拍,方向相反,但左臂保持侧举。

5 拍:向左顶髋,同时两臂腹前交叉(五指分开,掌心向前),头转正。

6 拍:向右顶髋,同时两臂绕至上举(掌心向前)。

7 拍:向左顶髋,同时两臂绕至侧举。

8 拍:向右顶髋,同时两臂绕至体侧。

图 8-103 第 1 个八拍

(2) 第 2 个八拍(图 8-104)

1 拍:左脚踏步,同时右腿屈膝后提,右臂摆至胸前平屈,左臂摆至侧举(两手

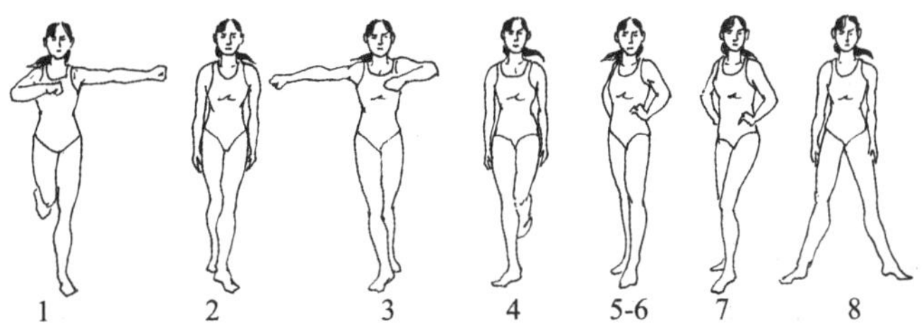

图 8-104 第 2 个八拍

握拳,拳心向下)。

2 拍:右腿屈膝落于左腿后,同时两臂自然落于体侧。

3 拍:左脚向后踏步,同时右腿自然屈膝,左臂摆至胸前平屈,右臂摆至侧举(握拳,拳心向上)。

4 拍:右腿屈膝落于左腿前,同时两臂自然落于体侧。

5 拍:左脚向前一步内旋(脚尖右转),同时上体右转 45°,提左髋(重心移至右脚),两手插髋。

6 拍:左腿屈膝,同时向右后顶髋。

7 拍:同 5 拍。

8 拍:左腿收至右脚旁成开立,同时两臂自然落于体侧。

(3) 第 3 个八拍:同第 1 个八拍,方向相反。

(4) 第 4 个八拍:同第 2 个八拍,方向相反。

11) 跳跃运动

(1) 第 1 个八拍(图 8-105)。

1～4 拍:左脚起步做一次十字跑跳,两臂自然摆动。

5 拍:跳至开立,同时两臂胸前平屈上下拉开(五指并拢,掌心向下,右手在左手上)。

6 拍:跳至并立,同时两手胸前重叠。

7～8 拍:同 5～6 拍。

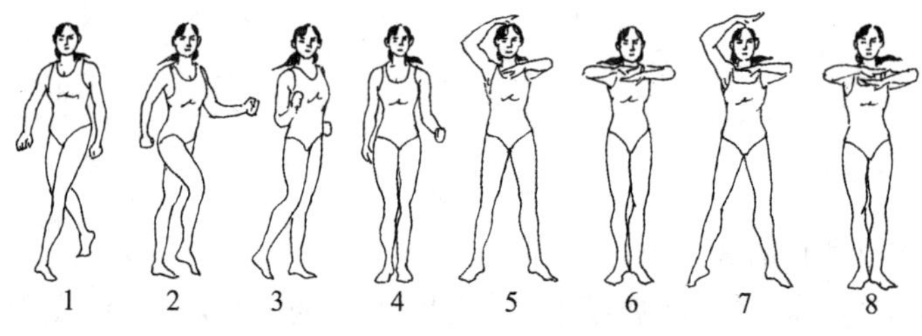

图 8-105　第 1 个八拍

(2) 第 2 个八拍:同第 1 个八拍,但最后一拍两臂侧举(握拳,拳心向下)。

(3) 第 3 个八拍(图 8-106)。

1 拍:双脚跳起落至左腿屈膝,右腿侧伸(勾脚步尖),同时左臂胸前平屈后振(拳心向下),右臂侧举后振(拳心向下)。

2 拍:双脚跳回成直立,同时两臂前伸(掌心向下)。

3 拍:同 1 拍,方向相反。

4 拍:同 2 拍。

5 拍:右脚蹬跳,同时左腿屈膝上提,两臂经前至侧举(掌心向下)。

6 拍:左腿下落,同时两臂上举(拳心向下)。

7 拍:腿同 5 拍,同时上体左转,两臂落至侧举(五指分开,掌心向前)。

8 拍:腿同 2 拍,同时上体转回,两臂前举(握举,拳心向上)。

图 8-106 第 3 个八拍

(4) 第 4 个八拍。

1～7 拍:同第 3 个八拍的 1—7 拍,方向相反。

8 拍:右腿下落,同时两臂屈肘收于腰际(握拳,拳心向上)。

(5) 第 5 个八拍(图 8-107)。

1 拍:跳至马步,同时右臂前伸冲拳(拳心向下)。

2 拍:双脚蹬回成直立,同时右臂屈肘收于腰际(拳心向上)。

3 拍:同 1 拍,方向相反。

4 拍:腿同 2 拍,两臂落于体侧。

5 拍:双脚蹬跳成左前弓步,同时向左转体 90°,两臂肩侧屈(握拳,拳心相对)。

6 拍:双脚蹬回成直立,同时向右转 90°,两臂落于体侧。

7 拍:同 5 拍。方向相反。

8 拍:双脚蹬回成直立,同时向左转体 90°,两臂屈肘收于腰际。

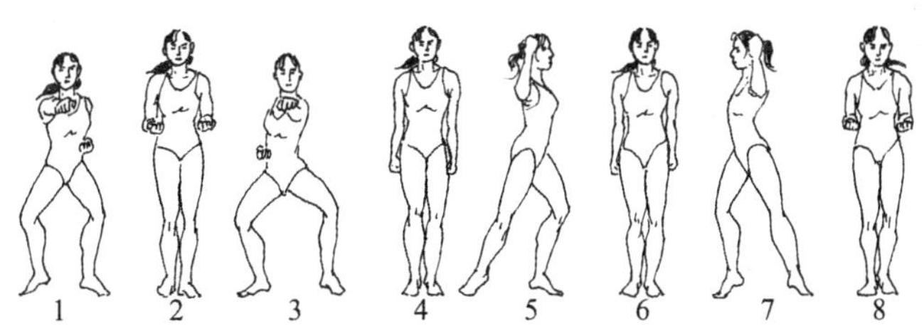

图 8-107 第 5 个八拍

(6) 第 6 个八拍:同第 5 个八拍,最后 1 拍两臂收至肩侧屈(掌心向前)。

(7) 第 7 个八拍(图 8-108)。

1 拍:左腿向前弹踢,同时两臂向上伸出(五指分开,掌心向前)。

2 拍:左脚步着地,同时右腿屈膝后提,两手握拳收至肩侧屈(握拳、拳心向前)。

3 拍:同 1 拍,换腿做。

4 拍:右脚步着地,同时左腿屈膝后提,两臂向内交叉至腹前(握拳,拳心向后)。

5 拍:左腿向左侧弹踢,同时两臂向外摆至侧下举(五指分开,掌心向后)。

6 拍:左脚着地,同时右腿屈膝后提,两臂收至腹前交叉(握拳,拳心向后)。

7 拍:同 5 拍,换腿做。

8 拍:腿同 4 拍,两手握拳收至肩侧屈(拳心向前)。

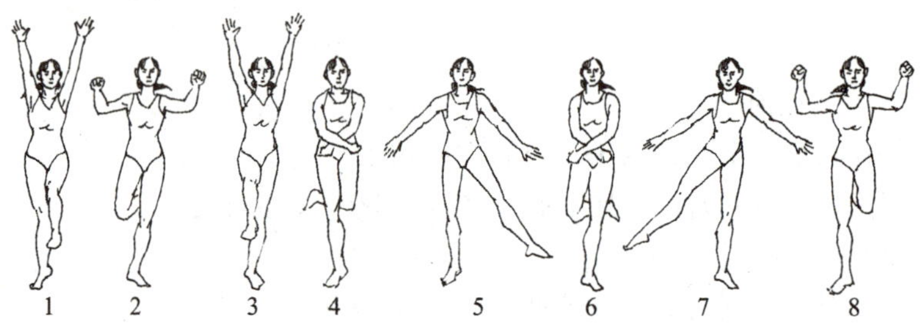

图 8-108 第 7 个八拍

(8) 第 8 个八拍:同第 7 个八拍,但最后 1 拍两臂落于体侧。

12) 整理运动

(1) 第 1 个八拍(图 8-109)。

图 8-109 第 1 个八拍

1～2 拍:左腿向左并步成右后点立,同时身体左转 45°,左臂经侧至上举(掌心向上)。

3～4 拍:左腿屈膝,同时右腿屈膝并于左腿,上体放松前屈,左臂屈肘经前自然落下。

5～8 拍:同 1～4 拍,方向相反。

(2) 第 2 个八拍(图 8-110)。

1～2 拍:左脚侧出一步成开立。同时上体转回,两臂由腹前向外经侧至上举(掌心相对)。

3～4 拍:逐渐半蹲,同时两臂屈肘向下按掌(指尖相对,掌心向前)。

5～6 拍:逐渐立起,臂同 1～2 拍。

7～8 拍:同 3～4 拍。

图 8-110　第 2 个八拍

最后左脚并于右脚，同时两臂落于体侧。

8.2.3.3　练习提示

健身健美操的练习内容包括基本形态、专项技术和素质练习。

1) 基本形态练习

基本形态是指先天和后天塑造的身体姿态，如生活中的坐、立、行等各种姿态，通过基本形体训练，建立美的意识，使之潇洒大方、端庄健美。

(1) 身体各部位的本体感觉练习：做不同方向的腿部屈、伸、踢、旋、绕、弹动、跑和跳；髋部平移、转动、翻动、扭动；躯干部胸腰肌肉群紧张与放松；上肢屈、伸、举、摆、绕、旋转等练习。

(2) 把杆练习：借助于把杆进行不同方向的踢腿、控腿、弹腿、身体屈伸、波浪、转体等练习。

(3) 基本动作练习：头颈、上肢、躯干等部位的屈、伸、绕和绕环等练习。上肢还可做举、振等动作，下肢可做举、踢、蹲、跑、跳、弓步等练习。

(4) 舞蹈练习：通过体育舞蹈的步伐(特别是拉丁舞系列)及基本动作训练，充分发挥胸、腰、髋的表现力，锻炼躯干部位的灵活性。

2) 专项技术、技能练习

(1) 专项技术练习：① 健美操基本动作和组合动作练习：各种跳步练习，手臂、躯干、头部动作配合各种跑跳步练习，有氧操练习，变节奏规范操及头部、手臂、髋部、腿部的组合练习；② 造型动作和特定动作练习。各种支撑、托举等的力量练习，平衡、劈叉练习，队员之间的配合练习及稳定性练习。

(2) 专项技能练习：① 力度、幅度练习：运用语言刺激，使机体所练部位突然加速、急停、制动；身体各关节的屈伸和旋转练习；② 表现力和节奏练习。神态、气质、风格练习，识别音乐节奏和旋律的练习等。

3）身体素质练习

（1）力量练习：① 下肢力量练习。俯卧引体向上，快速跳绳、30 秒连续综合跑跳及各种负重练习；② 躯干力量练习。仰卧起坐、仰卧举腿、肋木举腿等。

（2）柔韧性练习：① 肩、胸部柔韧练习。肩、胸的压、拉、伸练习。② 躯干柔韧练习。两腿伸直并立体前屈，站立高处体前屈，分腿站立体前屈等。③ 腿部柔韧练习。各方向的压、踢腿练习，控腿练习，劈腿练习等。

（3）耐力练习：有氧操练习、3～5min 连续跳绳练习等。

（4）协调性练习：音乐节奏与动作节奏协调一致的练习，各种动作与空间感觉的练习，主动肌与协同肌收缩与放松练习。

（5）心理练习：念动练习、模拟练习。

8.3 体育舞蹈

体育舞蹈起源于意、法、英、德等欧洲各国，但许多新型的体育舞蹈却源于非洲、美洲各国。在即将跨入 21 世纪的年代里，体育舞蹈有了蓬勃的发展，国际标准体育舞的会员国已达到 30 多个，随着时代的发展和变化，体育舞蹈也在发展和变革。从 20 世纪 20 年代到 60 年代，“老国标”经历了半个世纪的演变，发展成为“新国标”。新的国标标准舞增加了拉丁舞，从 1960 年开始，拉丁舞已被列为世界体育舞蹈锦标赛的比赛项目。至此，国际标准舞蹈已形成两大类，10 个舞种。

我国现有 3 个比较大的体育舞蹈协会，即中国体育舞蹈协会，中国国际标准舞协会和中国业余舞蹈竞技协会。

8.3.1 体育舞蹈的特点和价值

8.3.1.1 体育舞蹈的特点

（1）体育舞蹈既能够体现体育的本质特征，又能体现舞蹈的特征。

（2）体育和舞蹈既能自成系统，又能互成系统。所谓互成系统，即体育和舞蹈又能交互成为体育舞蹈系统，它横穿了体育和舞蹈两门学科，打破了体育与舞蹈的界限，填平了两门学科之间的空白。

8.3.1.2 体育舞蹈的价值

1）教育性

体育舞蹈能给人以真善美的教育，使人们不断的陶冶情操，吸收美的真谛，提高民族的精神文明水平。

2）锻炼性

（1）健美体型：经常参加体育舞蹈运动，可以改善人们的体型体态，能够对人的形体进行“生物学”改造，使体态丰满和谐，匀称，使形体符合一定的健美标准。

（2）健身：据国外资料表明，在 90min 的一场舞会中，男女的平均心率，能达到 135～170 次/min，总能量消耗男、女分别达到 4350kJ 和 2850kJ。对心血管系统产生很大的影响，使心肌发达，心搏有力。

（3）健心：人的心理健康是十分重要的，“动则不衰，乐则长寿”，这意味着合理的运动，保持良好的心态，乐观的情绪，开朗的心境是延年益寿的重要因素。

3）社交性

不同层面的人群聚合在一起，社交面广，人们在高雅、轻松、愉快的氛围中，联络感情，建立友谊。

4）国际性

体育舞蹈是一种国际上通用的“形体语言”，不同国家，不同肤色，不同民族的人都可以在一起跳舞，它是国际交往的最佳工具。

5）自娱性

现代娱乐活动的特点是参与性强，在自娱性为主的舞会上，它能把老中青人群糅合在共同的舞蹈之中，自学自练，自娱自乐，使参与者享受到自得其乐的感受。

6）娱人性

在国际性文艺节的舞台上，在电视中的体育舞蹈欣赏节目里，我们都能感受到它的这种观赏性、娱人性。

7）群众性

体育舞蹈具有广泛的群众性，在广场、公园、运动场、街道旁，都能看到跳舞的人们，这是群众性体育舞蹈运动辐射到每一个生活角落的真实写照。

8.3.2　体育舞蹈步型规范

8.3.2.1　姿态与手的作用

（1）姿态：全身直立时，略含胸挺背，保持肌肉不紧不弛，两膝放松，身体略前倾，重心落在两脚的大足趾球骨上。

（2）体位：有合对位、同足侧位、分对位骈位等。① 图 8-111 为合对位男子正视图：男子右臂绕女子右手位于女子腰部以上，左肩胛以下，举左臂并弯左肘，双肘同一线比腰部稍高。② 图 8-112 为合对位女子正视图：女子左手轻放在男子右肩缝线处，左手五指合拢，右手随男握、头向男子右肩上方。③ 图 8-113 为稍分合对位侧视图：基本姿态仅身体分开，双脚之间的距离约 18cm，男女右脚尖各对准对方两脚中间。男子双肩要求稳定，以便引导女子。④ 图 8-114 为同足侧位：男子右脚向女子右脚外侧伸出，上身稍向右拧，保持与女子微贴，适用于快步舞。⑤ 图 8-115 为分对位：男子与女子分离，男子左手与女子右手互握或双握。⑥ 图 8-116 为骈位：男女面向前方横行，女子上身稍向右拧，双方成 V 形，男子右侧与女子左侧微贴。

图 8-111　合对位男子正视图

图 8-112　合对位女子正视图

图 8-113　稍分合对位侧视图

图 8-114　同足侧位

图 8-115　分对位

图 8-116　骈位

(3) 男女握法：在舞蹈中，应特别注意男女之间正确的手臂握法，否则不仅姿势欠美观，而且严重影响平衡和领舞活动。

正确的握法是全身直立，足尖靠拢，两臂放松（不耸肩），人体重心维持在腰部中轴上。男左臂举起时前臂与上臂的夹角略小于 90°，肘与胸部在一条直线上；右上臂向前，手掌略向上，大拇指与其余并拢的四指张开，准备承受女方右手。男方应特别注意右手的应用，五指并拢，轻扶女方的左肩胛下方，只在转身或后退时，用右手暗示方向和轻重疾徐，有点像行船掌舵一样。

通常女子的左手都是放到男子的肩缝处（当然也有其他一些姿势，如拉丁舞之类就例外）。如男退步时后方有人，女方便在男右肩上轻压一下，提示不能后退了，女方右手五指并拢，轻放在男方左手叉上，千万要注意自我承受重量。女方的右脚对准男方两脚中间，右腿直立，全身略偏向男方右侧，便于两眼从男方右肩后看清男方身后人们的活动情况。

(4) 手的作用:在舞程进行中,转身、前进、后退都是由男子暗示女子来配合的。图 8-117 是男子的一只右手示意图:中间一条虚线把图分成两部分,左边为指部,右边为掌部。当男子想后退,放在女方腰背的右手就用力压着女子的身体,同时自己向后退;当男子想前进时,则将放在女子腰背的右手放松,同时用身体推前;当男子想左转时,可用指部轻轻压着女子的腰,同时左转;当男子想右转时,则用掌部轻轻压着女子的腰部同时右转。左并步,手指向左方微推;右并步,手指向右方微移。

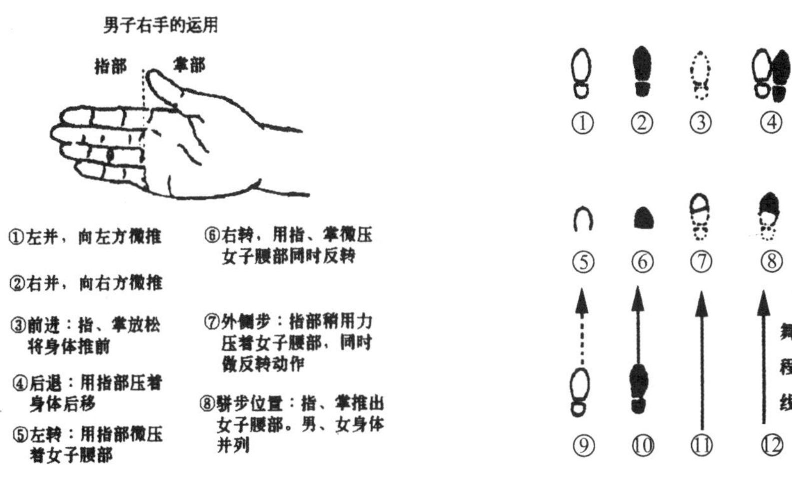
男子右手的运用
指部
掌部
①左并,向左方微推
②右并,向右方微推
③前进:指、掌放松将身体推前
④后退:用指部压着身体后移
⑤左转:用指部微压着女子腰部
⑥右转,用指、掌微压女子腰部同时反转
⑦外侧步:指部稍用力压着女子腰部,同时微反转动作
⑧骈步位置:指、掌推出女子腰部。男、女身体并列
①
②
③
④
⑤
⑥
⑦
⑧
⑨
⑩
⑪
⑫
舞程线

图 8-117 男子右手示意图

图 8-118 舞步示意

舞步图解(图 8-118)说明:

①—白色脚印,代表跳舞者的左脚。

②—黑色脚印,代表跳舞者的右脚。

③—虚点脚印,移动时的某一过程。

④—起步点代表某一种舞步的开始。

⑤—白色的脚掌印,表示舞者左脚点地或踢起。

⑥—黑色的脚掌印,表示舞者右脚点地或踢起。

⑦—表示跳舞者的左脚作滑步。

⑧—黑色脚掌印,表示跳舞者的右脚作滑步。

⑨—左脚移动路线。

⑩—右脚移动路线。

⑪—舞步表示线。

⑫—舞程线，在舞池跳舞时，任何一对舞伴，都必须靠右逆时针方向行走。

8.3.2.2 开步和步态

1）开步

在舞程中任何一步的开始，除了某些特殊舞步之外，一定要做到脚到人到，身体的重心始终维持在两腿上。

所谓脚到人到的意思，就是指当跳舞者在舞程中开步时，不论是左脚或右脚开动，一旦移动两脚中的任何一脚，身体就应该立刻随之移动，不应该有脚已经伸出，而身体尚未移动的情形出现。

2）步态

一般体育舞蹈的初学者，首先要掌握的是舞步中的动力。男子以前进步较多，女子以后退步为主。

向前跨步时，如重心在右脚上，则左脚向前伸出，按先足跟，次足掌，最后足尖的顺序，依次落地，重心沿水平位轮换。向前跨出右脚，脚落地方法同前。左右脚轮换重心时，要求过渡的一刹那不停滞，整个步态如行云流水、舒畅自如。

后退步时，重心落在一脚上，另一脚往后伸出，先足尖着地，次足掌，最后足跟着地。换重心时，再同样的后退，步态流畅自如。

3）练习方法

(1) 单独练习平衡：重心移至左脚趾骨上，以大腿骨上端为轴，前后方向自然摆动时，全身保持平衡，16 次慢拍之后，重心移至右脚，重复做，目的在于控制整个人体的平衡与协调。

(2) 用音乐的一个重拍和一个弱拍练习前进步或后退步。

(3) 步法稳定后合练。基本步法要走稳，走熟、重心轮换要平稳，脚落地要轻、柔。

8.3.3 摩登舞

摩登舞起源于欧洲宫廷舞，舞态优美，追求美的意境，男士在舞蹈中绅士的风度尤为突出。摩登舞包括华乐兹、探戈、快步、维也纳华尔兹及狐步舞。

8.3.3.1 华尔兹舞

1）华尔兹舞简介

华尔兹舞起源于法国，18 世纪后盛行于英国、法国，逐步形成绅士派的舞步，19 世纪后盛行世界各国，具有舞中皇后之称。

(1) 节拍：3/4 节拍，速度 30～32 小节/min，第一拍为强拍。

(2) 特点:舞步升降起伏非常明显,降—升—升,连绵不断此起彼伏,圆滑飘逸。

2) 华尔兹舞基础步型

采用表格式的方式学习摩登舞的舞步,是一种先进的教学方法,也是学习体育舞蹈舞步的创新。表格式的教学方法,能克服难以将各种复杂技巧用语言表达清楚的难题。通过表格方式的教学能使繁杂的舞步和技术要求变得简洁、清楚、层次分明,如果学习者再能结合有关的教学录像带资料作对照参考学习,将会收到事半功倍的效果。

(1) 华尔兹舞步型如表 8-2、图 8-119 所示。

表 8-2 华尔兹舞右换向并步

步序	节奏	基础步型	方位	足部	升降	倾斜	参考要点
第一步	1	男:左足前进 女:右足后退	面斜向墙壁 背斜向墙壁	跟尖 跟尖	降 降	直 直	男士有少量返身动作,女士被男士引带,也有少许返身动作
第二步	2	男:右足斜向前 女:左足斜后退	面斜向墙壁 背斜向墙壁	尖 尖	升 升	左 右	男士身体稍左摆 女士身体稍右摆
第三步	3	男:左足并右足 女:右足并左足	面斜向墙壁 背斜向墙壁	尖跟 尖跟	升平 升平	左 右	男士身体稍左摆 女士身体稍右摆

注:有花纹有脚形,表示此处应做脚掌或脚跟的轴转(下同)。

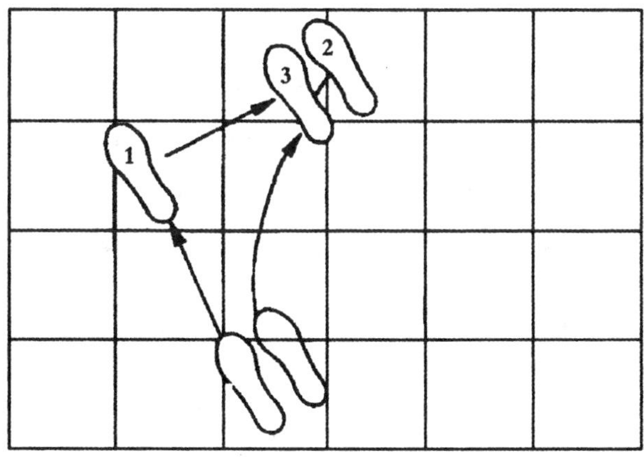

图 8-119 华尔兹舞步型

(2) 左换向并步:左换向并步型如表 8-3、图 8-120 所示。

表 8-3 华尔兹舞左换向并步

步序	节奏	基础步型	方位	足部	升降	倾斜	参考要点
第一步	1	男:左足前进 女:右足后退	面斜向中央 背斜向中央	跟尖 跟尖	降 降	直 直	男士有少许返身动作,女士的返身动作小于男士
第二步	2	男:右足斜前进 女:左足斜后退	面斜向中央 背斜向中央	尖 尖	升 升	右 左	男士身体右摆
第三步	3	男:左足并左足 女:右足并右足	面斜向中央 背斜向中央	尖跟 尖跟	升平 升平	右 左	男士身体右摆

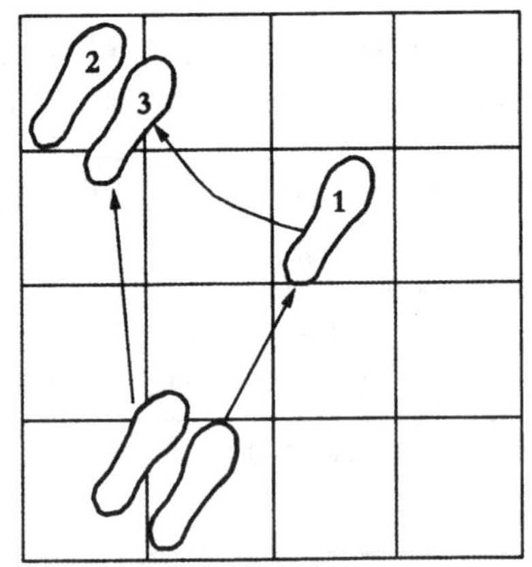

图 8-120 左换向并步型

(3) 换向右转步:换向右转步型如表 8-4、图 8-121 所示。

表 8-4 华尔兹舞换向右转步

步序	节奏	基础步型	方位	足部	升降	倾斜	参考要点
第一步	1	男:右足在前,略右转 女:左足后退,略右转	面斜向墙壁 背斜向墙壁	跟尖 尖跟	降 降	直 直	男士有返身动作,女士与男士有相同的返身动作
第二步	2	男:左足横移,右转 1/4 女:右足横移,右转 1/4	背斜向中央 面斜向中央	尖 尖	升 升	右 左	男士跨越舞步线后身体右摆,女士身体左摆

(续表)

步序	节奏	基础步型	方位	足部	升降	倾斜	参考要点
第三步	3	男:右足并左足,右转 1/8 女:左足并右足,右转 1/8	背向舞程线 面向舞程线	尖跟 尖跟	升平 升平	右 左	男士继续左脚掌的动势,女士身体向左摆动
第四步	1	男:左足后退,略右转 女:右足前进,略右转	背向舞程线 面向舞程线	尖跟 尖跟	降 降	直 直	男士有向右的返向动作,女士相同
第五步	2	男:右足横移,右转 1/4 女:左足横移,右转 1/4	面向中央 背向中央	尖 尖	升 升	左 右	男士身体有继续的升势,女士相同
第六步	3	男:左足并右足,右转 1/8 女:右足并左足,右转 1/8	面斜向中央 背斜向中央	尖跟 尖跟	升平 升平	左 右	同上

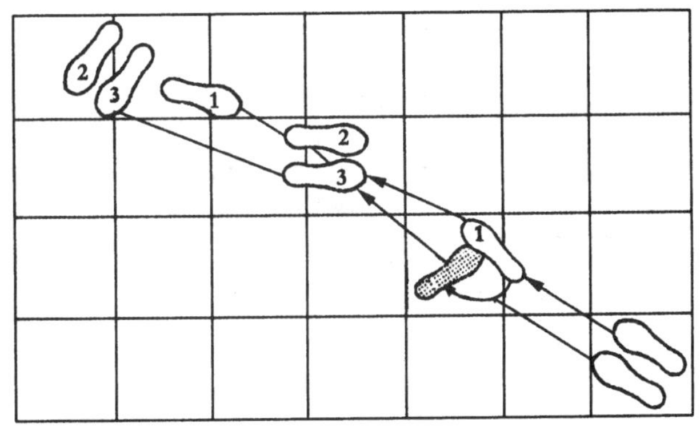

图 8-121　换向右转步型

(4) 换向左转步:换向左转步型如表 8-5、图 8-122 所示。

表 8-5　华尔兹舞换向左转步

步序	节奏	基础步型	方位	足部	升降	倾斜	参考要点
第一步	1	男:右足在前,略左转 女:右足后退,略左转	面斜向中央 背斜向中央	跟尖 尖跟	降 降	直 直	男士有返身动作,女士也有返身动作
第二步	2	男:右足横移,左转 1/4 女:左足横移,左转 1/4	背斜向墙壁 面向舞程线	尖 尖	升 升	左 右	男士右足跨越舞步线,女士动作相同

（续表）

步序	节奏	基础步型	方位	足部	升降	倾斜	参考要点
第三步	3	男:左足并右足,左转 1/8 女:右足并左足,左转 1/8	背向舞程线 面向舞程线	尖跟 尖跟	升平 升平	左 右	男士继续右脚旋转,女士并足稳定重心
第四步	1	男:左足后退,略右转 女:右足前进,略右转	背向舞程线 面向舞程线	尖跟 尖跟	降 降	直 直	男士有向左的返身动作,女士动作相同
第五步	2	男:左足横移,左转 1/4 女:右足横移,左转 1/4	斜向墙壁 背向墙壁	尖 尖	升 升	左 右	男士左脚顺向前进
第六步	3	男:右足并左足,左转 1/8 女:左足并右足,左转 1/8	面斜向墙壁 背斜向墙壁	尖跟 尖跟	升平 升平	右 左	注意身体重心的垂直,脚法运步的正确。同上

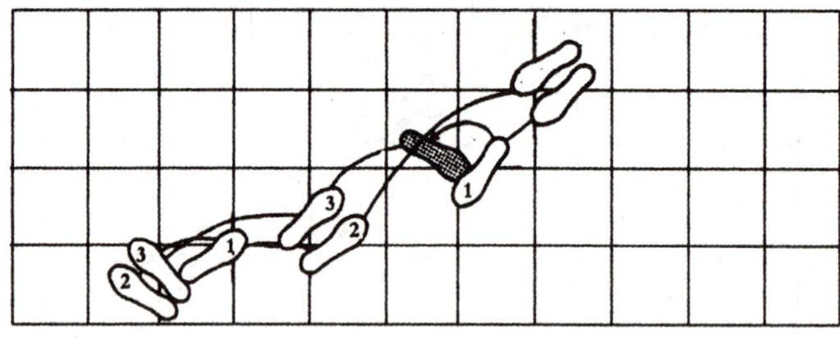

图 8-122 换向左转步型

（5）外向转换步:外向转换步型如表 8-6、图 8-123 所示。

表 8-6 华尔兹舞外向转换步

步序	节奏	基础步型	方位	足部	升降	倾斜	参考要点
第一步	1	男:左足后退 女:左足前进	背斜向中央 面斜向中央	尖跟 跟尖	降 降		男士身体逐渐上升,不要过于用脚部的力量,要体会用身体带动下肢运动的感觉
第二步	2	男:右足后退,略左转 女:左足前进,略左转	背斜向中央 面斜向中央	尖跟 尖跟	平平 平平		男士有向左的转动,并稍有返身动作

（续表）

步序	节奏	基础步型	方位	足部	升降	倾斜	参考要点
第三步	3	男:左足横移,左转 1/4 女:右足横移,左转 1/4	背斜向墙壁 背斜向墙壁	跟掌 尖跟	降 降		男士左脚跟始终触地，不提起，女士相同
第四步	1	男:右足向外侧前进 女:左足向外侧后退	面斜向墙壁 背斜向墙壁	跟掌 尖跟	降 降		男士有向左的返身动作，女士动作相同

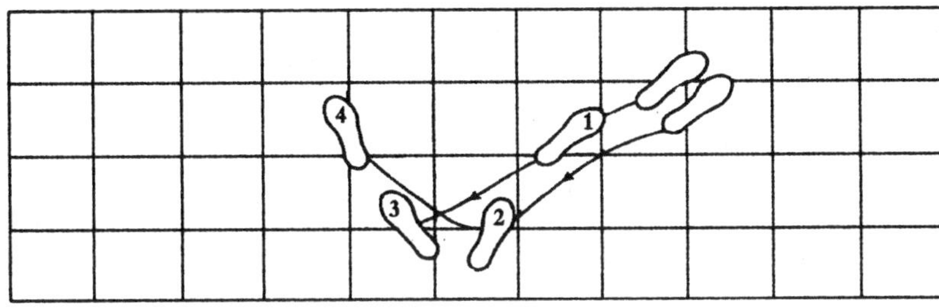

图 8-123 外向转换步型

(6) 犹豫步:犹豫步型如表 8-7、图 8-124 所示。

表 8-7 华尔兹舞犹豫步

步序	节奏	基础步型	方位	足部	升降	倾斜	参考要点
第一步	1	男:左足后退,略右转 女:右足前进,略右转	背向舞程线 面向舞程线	尖跟 跟尖	降 降	直 直	男士肩稍向右引导，女士有返身动作
第二步	2	男:右足横移,右转 3/8 女:左足横移,右转 3/8	面斜向中央 背斜向中央	尖跟 尖跟	平 平	左 右	男士头和肩同时向右引导
第三步	3	男:左足并右足 女:右足并左足	面斜向中央 背斜向中央	尖 尖	平平 平平	左 右	男士头要回正，每次旋转身体应保持正直,无摆动

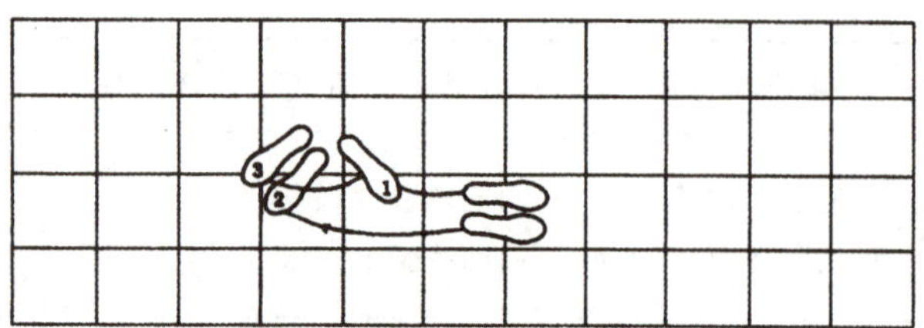

图 8-124　犹豫步型

(7) 右侧旋转:右侧旋转步型如表 8-8、图 8-125 所示。

表 8-8　华尔兹舞右侧旋转

步序	节奏	基础步型	方位	足部	升降	倾斜	参考要点
第一步	1	男:左足后退,右转 1/2 女:右足前进,右转 1/2	背向舞程线 面向舞程线	尖 跟尖	降 降		男士旋转时右脚置于前位,女士向右轴转
第二步	2	男:右足前进,右转 3/8 女:左足并右足,右转 3/8	面向舞程线 背斜向墙壁	跟尖 尖	升 升		男士身体仍然右转,女士保持旋转动势
第三步	3	男:左足拖右足 女:右足前进	背斜向中央 面斜向中央	尖 尖	平 平		男士左脚向旁稍后出脚,女士继续左脚掌的动势

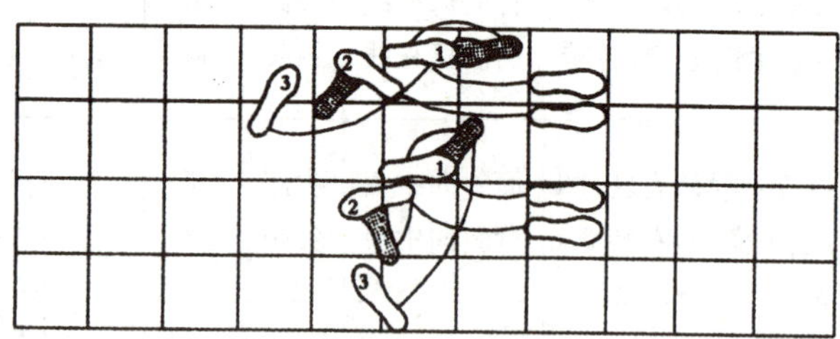

图 8-125　右侧旋转步型

(8) 左侧反向转:左侧反向转步型如表 8-9、图 8-126 所示。

表 8-9 华尔兹舞左侧反向转

步序	节奏	基础步型	方位	足部	升降	倾斜	参考要点
第一步	1	男:右足后退,略左转 女:左足前进,略左转	背向舞程线 面向舞程线	尖跟 跟尖	降 降	直 直	男士有返身动作并有引导,女士向左的返身动作要稍晚些
第二步	2	男:左足并右足,左转 3/8 女:右足横移,左转 1/4	面斜向墙壁 面向中央	尖 尖	升 升	右 左	男士在右脚掌上旋转,重心在右脚,女士继续左转动势
第三步	3	男:重心在右足 女:左足并右足,左转 1/8	面斜向墙壁 面斜向中央	尖跟 尖跟	升平 升平	右 左	男士是踌躇步,注意重心转换平稳,女士动作要有感而动
第四步	1	男:左足后退 女:右足前进	面斜向墙壁 面斜向中央	尖跟 跟尖	降 降	直 直	男士有一定的反身动作,女士向外于舞伴
第五步	1	男:右足横移 女:左足横移	面斜向墙壁 面斜向中央	尖 尖	升 升	左 右	男士与舞伴相对位置,各自身体稍外展开
第六步	1	男:左足并右足 女:右足并左足	面斜向墙壁 面斜向中央	尖跟 尖跟	升平 升平	左 右	身体重心垂直地面,各部位放松,眼睛平视

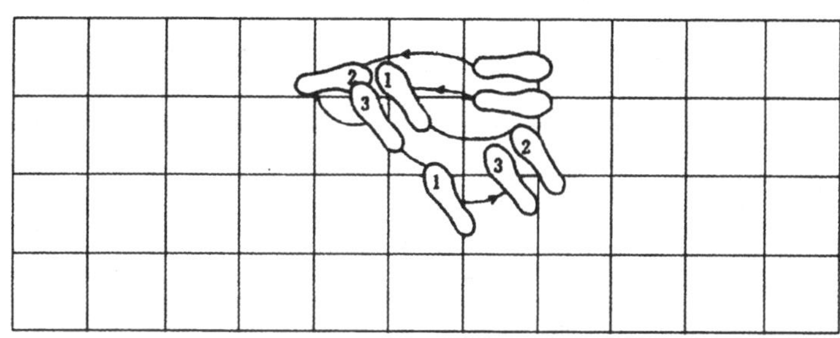

图 8-126 左侧反向转步型

3) 华尔兹组合

① 前右横步——② 右转前三步(1/4 转)——③ 右旋转步——④ 左转后三步(1/8 转)——⑤ 后插步——⑥ 侧行追步——⑦ 右转前三步——⑧ 右转1/2——⑨ 后左横步

8.3.3.2　探戈舞

探戈舞起源于阿根廷的民间舞，19 世纪中叶传入法国，20 世纪初风行欧洲、美洲。

1) 探戈舞简介

(1) 节拍：2/4 节拍，速度 33～34 小节/min，节奏(S、S、QQ、S)。

(2) 特点：庄严、刚劲、平稳、顿促、高雅、洒脱。没有升降起伏，动作沉稳有力、顿挫分明、动静结合，有反身动作，闪势和造型。

2) 探戈舞基础步型

(1) 前走步(常步)：如表 8-10、图 8-127 所示。

表 8-10　探戈舞前走步(常步)

步序	节奏	基础步型	方位	参考要点
第一步	S	男：左足前进，略左转 女：右足前进，略左转	面斜向墙壁 背斜向墙壁	步幅自然，脚跟先着地，然后再用全脚着地，牵拉后脚向前脚尖靠拢后擦地
第二步	S	男：右足前进，略左转 女：左足后退，略左移	面斜向墙壁 背斜向墙壁	右脚尖在接近主力脚前抬离地面，这一步是入门动作，应与音乐结合

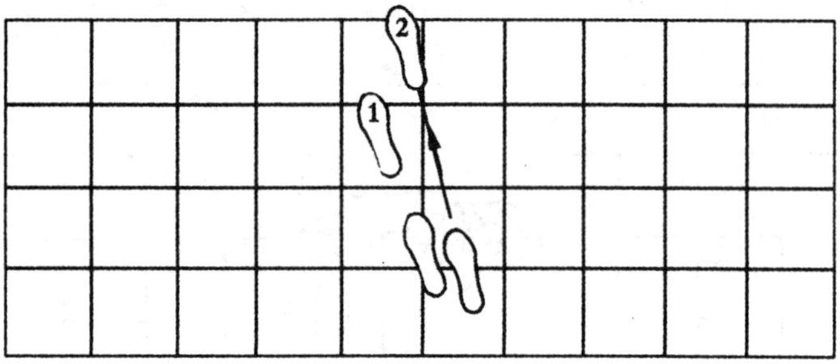

图 8-127　探戈舞前进步(常步)

(2) 行进连步：如表 8-11、图 8-128 所示。

表 8-11　探戈舞行进连步

步序	节奏	基础步型	方位	参考要点
第一步	Q	男：左足前进，略左转 女：右足前进，略左转	面斜向墙壁 背斜向墙壁	脚与身体成交叉位，有返身动作，女士与男士动作相对应
第二步	Q	男：右足横后移，略右转 女：左足横后移，略右转	面向舞程线 面向舞程线	男士注意用胯部发力引带，注意头部眼睛视点的转化，女士右脚掌与左脚掌成一直线

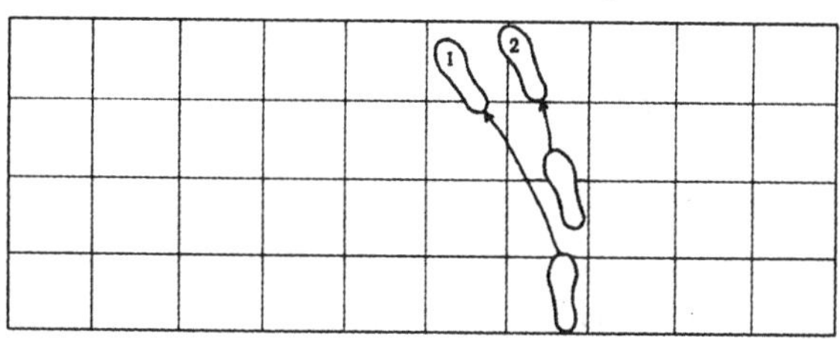

图 8-128　探戈舞行进连步

(3) 侧行并步:如表 8-12、图 8-129 所示。

表 8-12　探戈舞侧行并步

步序	节奏	基础步型	方位	参考要点
第一步	S	男:左足横前移 女:右足横前进	面向舞程线 面向舞程线	男士右侧与女士左侧贴靠,另一侧的胯与肩打开成 V 字型
第二步	Q	男:右足前进 女:左足前进	面向舞程线 面向舞程线	男士右脚前进与身体交叉,女士左脚前进与身体交叉
第三步	Q	男:左足横移,略左转 女:右足横后移,左转 1/4	面斜向墙壁 背斜向墙壁	男士左脚向左稍前方横移,女士同时转回到与舞伴相对位置
第四步	Q	男:右足并左足,略右转 女:左足并右足	面斜向墙壁 背斜向墙壁	男士处在相对稍后的位置,女士稍靠前一点,重心在中间

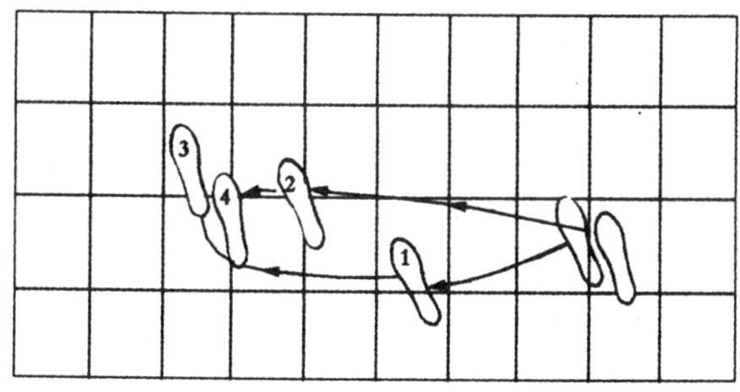

图 8-129　探戈舞侧行并步

(4) 摇转移动步:如表 8-13、图 8-130 所示。

表 8-13　探戈舞摇转移动步

步序	节奏	基础步型	方位	参考要点
第一步	S	男:右足前进,右转 1/4 女:左足后退,右转 1/4	斜向墙壁 背斜向中央	男士右转注意身体平稳,女士后退步稍小,注意动作比男士稍晚些
第二步	Q	男:左足横后移,右转 1/4 女:右足横前移,右转 1/4	背向中央 面向中央	男士向旁稍前移动,横移步时两脚成斜线。音乐感觉,应是轻松的
第三步	Q	男:右足重心向前,左转 1/4 女:左足重心向后,左转 1/4	逆斜向墙壁 逆斜向墙壁	男士向前摇摆至左脚,左肩引导,女士肩引导
第四步	S	男:左足后退,左转 1/4 女:右足前进,左转 1/4	斜向中央 斜向中央	男士向后摇摆左脚,左肩引导,女士右肩引导,向前摇摆至右脚
第五步	Q	男:左足横前移,左转 1/4 女:左足前进,左转 1/4	背向中央 面向中央	男士处在返身位置,身体左转;女士也处在返身位置,身体左转
第六步	Q	男:左足横前移,左转 1/4 女:左足前进,左转 1/4	斜向墙壁 背斜向墙壁	男士重心在中间,女士身体重心同男士,女士运步中注意视点的变化
第七步	Q	男:左足横前移,左转 1/4 女:左足前进,左转 1/4	斜向墙壁 背斜向墙壁	男士稍后位,全脚着地,女士也全脚着地,S 是一折,要踩满这一步

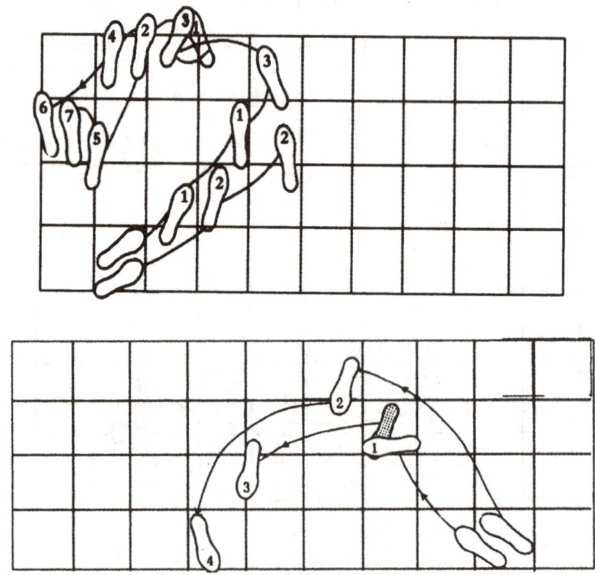

图 8-130　探戈舞摇转移动步

(5) 侧行连步(四快的引导步):如表8-14、图8-131所示。

表8-14 探戈舞侧行连步

步序	节奏	基础步型	方位	参考要点
第一步	S	男:左足横进 女:右足横进	面向舞程线 面向舞程线	男,女舞伴成PP位,注意脚法和重心的转换
第二步	Q	男:右足前进,右转1/8 女:左足前进,右转1/8	面向舞程线 面向舞程线	男女都处在返身动作的位置
第三步	Q	男:左足并右足 女:右足并左足	斜向墙壁 背斜向墙壁	并脚时男士左脚没有重心,女士右脚没有重心

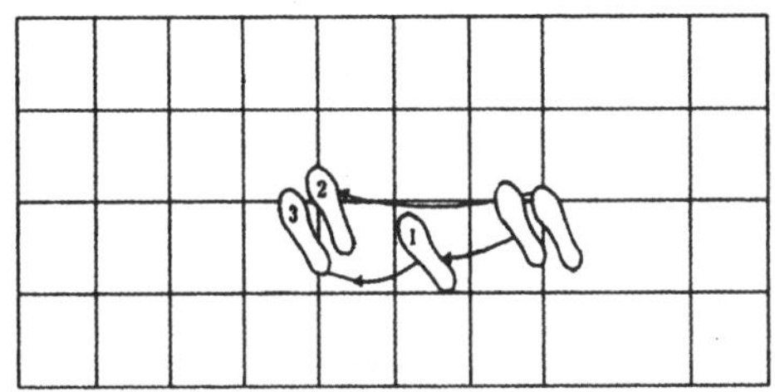

图8-131 探戈舞侧行连步

(6) 四快移动步:如表8-15、图8-132所示。

表8-15 探戈舞四快移动步

步序	节奏	基础步型	方位	参考要点
第一步	S	男:左足前进,左转1/8 女:右足后退,左转1/8	斜向墙壁 斜向墙壁	男女舞伴都处在返身位置,有返身动作,注意与身体的交叉
第二步	Q	男:右足横后移 女:左足横前移,左转1/8	背逆向中央 逆斜向中央	横移步注意运行的方位,身体始终有一种向上的力
第三步	Q	男:左足后退 女:右足前时,右转1/4	逆斜向中央 逆斜向中央	男女舞伴都处在返身动作位置,头的位置与身位相反方向
第四步	Q	男:右足并左足 女:左足并右足,右转1/4	面斜向墙壁 面斜向墙壁	男女舞伴结束在PP位置上

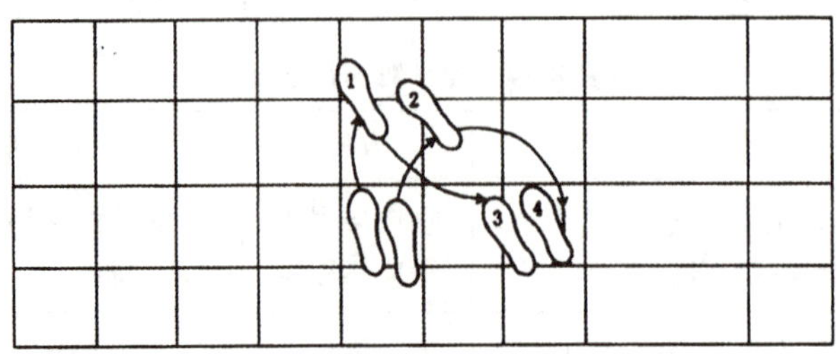

图 8-132 探戈舞的四快移动步

3）探戈组合

① 两常步、并步 SSQQ——② 两常步右转 1/8 摇转步 SSQQS——③ 后退步 QQS——④ 侧行位——⑤ 前进合并步——⑥ 四快步 QQQQ——⑦ 行进连步 SSQQ——⑧ 前进并合步 SQQS。

8.3.3.3 恰恰舞

拉丁舞是流行于美洲的民间舞蹈，最早起源于非洲，由那里的移民带入拉美并与当地人的土风舞相互影响融合，逐渐形成了恰恰、伦巴、牛仔、桑巴、斗牛这些新的舞种。拉丁舞以它独有的风格，充满激情的音乐和舞步受到舞蹈界和普通大众的欢迎，并很快在世界范围内得以广泛流传和发展。

1）恰恰舞简介

由非洲人传入拉丁美洲，后来在古巴发展起来的。

(1) 节拍：4/4 节拍，第一拍为重拍。

速度：32～34 小节/min。

节奏：2，3，4，&，1。

(2) 特点：音乐热情奔放，舞步利落花哨，风格上诙谐俏皮。

2）恰恰舞基础步型

(1) 恰恰舞基本步由 5 步组成，同伦巴舞一样，第一拍是胯部动作，第 2 拍出步。重点表现在第 3 至第 5 步中，初学者训练步型时先不要加胯部动作(表 8-16)。

表 8-16 恰恰舞基础步型

步序	节奏	基础步型	参考要点
第一步	2	男：左脚前进，先移重心不必出胯 女：右脚后退，步子稍小些，身体上展	基本步的要领明确，注意相对力对身体的作用，引互张力与身体线条的拉伸都是借用“相对力”作用

（续表）

步序	节奏	基础步型	参考要点
第二步	3	男：重心移回右脚，两腿间有相互的吸力 女：重心移回左脚	这一步属于前后移重心的步子，动作不宜过大，移重心时应借助肩的引导来稳定重心的转换
第三步	4	男：左脚横步，横步时手臂、腿部动作一致 女：右脚横步	节奏 4 是半拍，步子不要太大，注意用脚内侧的力
第四步	&	男：右脚向左脚并步，踮脚跟，双膝稍弯 女：左脚向右脚并步，踮脚跟，双膝稍弯	迅速吸至左脚处，脚跟要放低，不要靠的很近，并脚后要放松
第五步	1	男：左脚横步，直膝 女：右脚横步，直膝	一般都不要刻意地摆胯，胯部的是拉伸后腿部放松后的自然结果，这一步重拍也是展示拍
第六步	2	男：右脚后退 女：左脚前进	这一步重心在大半个脚掌上，脚跟放低即可
第七步	3	男：左脚原地踏一步 女：右脚原地踏一步	技术要求同上
第八步	4	男：右脚横步 女：左脚横步	技术要求同上
第九步	&	男：左脚向右并步，踮脚跟双膝稍弯 女：右脚向左并步，踮脚跟双膝稍弯	技术要求同上
第十步	1	男：右脚横步，直膝 女：左脚横步，直膝	技术要求同上

（2）手拉手是在合并步时两人相并位或相对的舞姿，由阿莱曼娜连接，也可接点转、纽约步（2 小节 9 步）（表 8-17）。

表 8-17　手拉手基本步型

步序	节奏	基础步型	参考要点
第一步	2	男：左转 1/4 周，左脚后退，左手向旁打开 女：右转 1/4 周，右脚后退，右手向旁打开	与女伴成右肩并肩位，从后看成 V 字形，旋转时有肩部的引导和视点的转换
第二步	3	男：右脚原地踏一步，在后半拍时准备右转 女：左脚原地踏一步，在后半拍时准备左转	男士后半拍重心全移到右脚掌上，留头、留肩、视点转换
第三步	4	男：右转 1/4 周，左脚横步，左手与女伴右手相拉 女：左转 1/4 周，右脚横步，右手与男伴左手相拉	出脚要快、轻，保持身体正直

（续表）

步序	节奏	基础步型	参考要点
第四步	&	男:右脚向左脚并步 女:左脚向右脚并步	并步时应有一定吸力,不必靠得太紧,这一步完成后应有一个放松的过程,所以运步的过程一定要快
第五步	1	男:左脚横步,直膝 女:右脚横步,直膝	节奏 1 是展示节拍,注意身体不要向一侧倾斜,有向上的力,女士动作应有感而动
第六步	2	男:右转 1/4 周,右脚后退,左手与女伴相拉 女:左转 1/4 周,左脚后退,右手与男伴相拉	右手身旁边打开成左肩并肩位,左手向旁边打开成右肩并肩位
第七步	3	男:左脚原地踏一步,后半折准备左转 女:右脚原地踏一步,后半拍准备右转	男士重心全在前脚掌上,注意身体的垂直度和重心的稳定
第八步	4	男:左转 1/4 周,右脚横步,双手与女伴相拉 女:右转 1/4 周,左脚横步,双手与男伴相拉	出脚要快、轻,运步过程一定要快,把时间留给到位后的身体展示,让身体感受音乐
第九步	&	男:左脚并右脚 女:右脚并左脚	手臂与下身脚的动作要合协一致,手臂动作应在音乐中得以展示,同时手臂动作也是自然的展示,是身体下部传导所至,一般初学者不必刻意加手臂动作
第十步	1	男:右脚横步,然后再反复左脚左退 女:左脚横步,然后再反复右脚右退	

(3) 纽约步:见表 8-18。

表 8-18　纽约步基本步型

步序	节奏	基础步型	参考要点
第一步	2	男:右转 1/4 周,左脚前进,左肩并肩位 女:左转 1/4 周,右脚前进,右肩并肩位	闭式舞姿开始,左脚前进同时转体成叉形步,视点有 90°转换
第二步	3	男:右脚原地踏一步,后半拍时准备左转 女:左脚原地踏一步,后半拍时准备右转	节奏的后半拍返身,高级选手手臂可上举在头的两侧
第三步	4	男:左转 1/4 周,左脚横步 女:右转 1/4 周,右脚横步	横步用脚的内侧,步子要小、轻,眼睛平视
第四步	&	男:右脚并左脚 女:左脚并右脚	并步后重心大半在中间,腰要直、平稳,身体放松

（续表）

步序	节奏	基础步型	参考要点
第五步	1	男:左脚横步,直膝,准备左转 女:右脚横步,直膝,准备右转	引导时要注意留给女伴展示的时间,男引导只占1/4,而留给女伴自由展示的时间是3/4,但这种自由必须是先有男伴的暗示和引导,然后才是3/4的自由发挥,这一技巧需在实践中不断地提高
第六步	2	男:左转1/4,右脚前进,右肩并肩位 女:左转1/4,左脚前进,右肩并肩位	
第七步	3	男:左脚原地踏一步,后半拍准备右转 女:右脚原地踏一步,后半拍准备左转	这里再讲一下各种造型时眼睛视点每次转换90°,要快,造型时无论幅度多大,眼睛都应平视,不应出现“飞眼”的情况,前后移动重心,除肩引导外还需放松
第八步	4	男:右转1/4,右脚横步 女:左转1/4,左脚横步	
第九步	&	男:左脚并右脚 女:右脚并左脚	步子要尽可能地小些
第十步	1	男:右脚横步,然后再反复左脚左退 女:左脚横步,然后再反复右脚右退	重心下压

（4）点转是指动力脚交叉在主力脚的前面,以双脚掌为轴的转身,转运时重心主要在前脚,男女舞伴同时转（表8-19）。

表8-19　点转基本步型

步序	节奏	基础步型	参考要点
第一步	2	男:右脚进左脚前交叉,脚跟离地。双脚掌为轴左转,转时重心偏右,右肩引导 女:左脚进右脚前交叉,脚跟离地。双脚掌为轴右转,重心偏向左脚,注意视点转换	点转要注意视点的转换,点转时头部变换角度时,要快
第二步	3	男:继续左转,重心在左脚 女:继续右转,重心在右脚	重心由右脚移至左脚,节奏3的后半拍旋转半周,留头并注意视点的转换
第三步	4	男:左转一周完成与女伴相对,右脚横步 女:右转一周完成与男伴相对,左脚横步	横步时身体放松,手臂动作协调,并注意与音乐的合拍
第四步	&	男:左脚并右脚 女:右脚并左脚	并步不要靠得很近,并步是音乐的节奏“4”,即一小节的结束拍
第五步	1	男:右脚横步,这一步是上一步所积蓄的力 女:左脚横步,胯部的动作是腿部经过伸展放松后的自然结果	横步时身体的力量应向上,不要倒向一侧

(5) 扇形步是从闭式舞姿开始，男士在基本步前半部分转 1/8 周，然后引导女伴左转，两人同时打开扇形位(表 8-20)。

表 8-20 扇形步基本步型

步序	节奏	基础步型	参考要点
第一步	2	男：右脚后退，右转 1/8 周 女：左脚前进，准备左转。	手臂划弧向侧方向引导，女伴身体相应地开始展开
第二步	3	男：左脚原地踏一步，身体左转 1/4 周 女：右脚横步稍后，左转。	男继续向里线引导，女身体继续反方向打开
第三步	4	男：右脚横步 女：左脚后退	引导的手臂稍低放松，给女伴留出展示的时间，舞步应在一条直线上
第四步	&	男：左脚并右脚，手臂在胸前向外展 女：右脚并左脚。	节奏 & 的瞬间要快速找到两人的合力
第五步	1	男：右脚横步，稍前，打开成扇形步 女：左脚横步，稍前体会男伴引导的张力	要有扇位的形态，女士右手臂要与身体成 90°，男士眼睛与女伴对视

(6) 曲棍球步是一个基础步型，一般在扇形位上开始做(表 8-21)。

表 8-21 曲棍球步基本步型

步序	节奏	基础步型	参考要点
第一步	2	男：左脚前进，由扇形步开始 女：右脚向左脚并步，右脚跟用力踏下，拧胯，左脚跟抬起，重心在右脚	男士左脚前进是半重心，注意上身的展示，女士并步应有两腿间的吸力
第二步	3	男：右脚原地踏一步 女：左脚前移	这一步是前后移动重心的步型，要轻、步子要小些，注意肩部有稳定重心的作用
第三步	4	男：左脚后拉 女：右脚前进	注意利用手臂的配合，使身体拉伸同时注意重心的稳定
第四步	&	男：左脚并右脚，左脚后点步 女：左脚掌踏在右脚后，注意手臂配合。	做这一步时特别注意身体的姿态不要变形，保持正确的舞姿
第五步	1	男：左脚向右脚并步，手臂的动作不宜过大 女：右脚前进	横步的力量应向上，胯部的动作与手臂动作要协调一致
第六步	2	男：右脚后退，略向右转 女：左脚的前进，注意出脚的速度要快，步子要尽可能的小些，这样有利于音乐的协调	准备引导女士前行

（续表）

步序	节奏	基础步型	参考要点
第七步	3	男：左脚原地踏，并向右转，与前一步“2”共转 1/8 周，左手带领女伴在后半拍向左转 女：右脚前进，后半拍左转 1/2	男向上拉伸线条，女左臂前探，眼睛视点向远方
第八步	4	男：右脚横步 女：左脚横步，稍后，继续左转，与“3”共转 5/8	向前的叉形步，有肩部引导的胯部动作是超伸放松后的结果
第九步	&	男：左脚掌并在右脚跟后 女：右脚后退交叉在左脚前	这一步应是放松的步子，每次放松都给下一次的展示留出空间
第十步	1	男：右脚前进，直膝 女：左脚后退，直膝	身体拉伸线条，但这种拉伸线条一定是放松后的自然拉动，而不是僵化的

（7）右陀螺转是由闭式舞姿开始的，做这个动作时女伴始终保持闭式舞姿，女伴运步过程中不可走到男伴的外侧，形成外侧舞姿（表 8-22）。

表 8-22 右陀螺转基本步型

步序	节奏	基础步型	参考要点
第一步	2	男：左脚掌踏在左脚后，脚尖向外，左脚掌向右转 女：左脚横步向右转	男士成交叉步后，步子不要大。女士有肩部的引导和视点的转换
第二步	3	男：左脚横步，继续右转 女：右脚在左脚前交叉，继续右转	男士在引导过程中注意应有展示女伴的意念，这就需用眼睛的引导
第三步	4	男：同 2 的动作，继续右转 女：同 2 的动作，继续右转	拉丁舞中男士的引导有很多是一种意念的引导，练习时多增加这方面的训练
第四步	&	男：同 3 的动作，继续右转 女：同 2 的动作，继续右转	男士应借上一小节旋转的动势
第五步	1	男：右脚横步，右转一周完毕 女：同 2 的动作，右转一周完毕	每一步型都要注意结束的方位，结束步型的胯部动作一定要自然

3）恰恰舞小组合

① 横移步 2 次——② 点转——③ 陈莱曼娜转——④ 重心转换——⑤ 反身横步——⑥ 螺旋转——⑦ 扇形步。

9 游 泳

9.1 游泳运动概述

9.1.1 起源与发展

现代游泳运动起源于英国。17世纪60年代，英国不少地区的游泳活动就开展得相当活跃。1867年，世界上第一个游泳协会在伦敦成立，1877年举行了第一次游泳比赛，1869年，伦敦成立的“大城市游泳俱乐部联合会”把游泳作为一个专门的运动项目正式固定了下来。

9.1.2 项目与分类

游泳被分为实用游泳和竞技游泳两大类。

实用游泳分为侧泳、潜泳、反蛙泳、踩水、救护和武装泅渡。竞技游泳分为蛙泳、自由泳、仰泳和蝶泳。

9.1.3 作用

游泳有以下功能：

(1) 游泳运动能有效地提高和改善人们的心血管系统功能。

(2) 游泳运动可以增强人的呼吸肌的功能，增加肺活量。

(3) 游泳可以使人的血液循环更加畅通，营养更加充分，能促进内脏器官的功能调整。

(4) 游泳可以有效地松懈神经压迫，减轻疼痛。

(5) 游泳可以增强人体对于水温、气温变化的适应能力，增强体质。

9.2 熟悉水性

熟悉水性是游泳初学者的第一课，是学习各种游泳姿势前的一个重要过渡性练习，其目的是让初学者体会和了解水的特性，逐步适应水的环境，消除怕水心理，培养对水的兴趣，同时掌握游泳中的一些最基本的动作，如呼吸、浮体、滑行和站立等动作，为以后的学习和掌握各种游泳技术打下基础。熟悉水性时，应尽可能选择在齐腰深的水中进行。

9.2.1 水中站立

当水深超过腰部达到胸部时会产生站立不稳的现象，所以必须从浅水区入水开始，逐步过渡到超过胸部水深的水中去练习(图 9-1)。

要点：

(1) 手扶池边(槽)进行，不能放手。

(2) 心理放松，注意身体站立稳定。

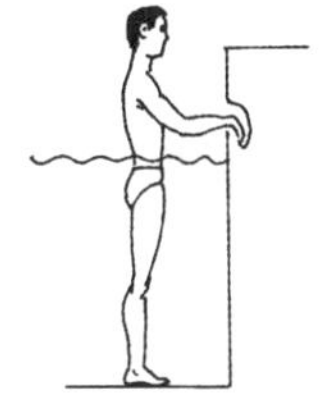

图 9-1 水中站立

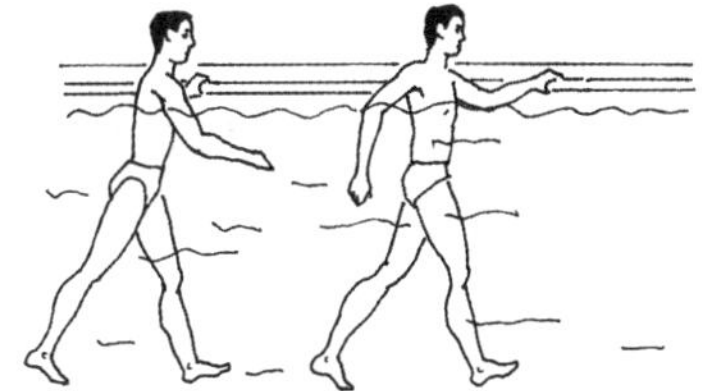

图 9-2 水中行走

9.2.2 水中行走

以扶池边行走为例。先从最浅水区的池边开始，可扶池边槽，慢慢向水深一点的地方行走，当感觉有站立不稳时，可稍停，稳一下，亦可原路返回，调整一下呼吸后，再做此练习，直到水至颈部能站稳为止(图 9-2)。

要点：

(1) 呼吸要平稳，脚不要翘起，手保持平衡。

(2) 注意安全，一定要在有人看视的情况下进行。

9.2.3 熟悉水性游戏

可以通过在水中玩一些游戏来熟悉水性，如扶肩快步走(或单独快步走)、穿山洞、水中转圈、看谁先到等(图 9-3)。

要点：

(1) 稳中求快。

(2) 两臂置体侧并可拨水以保持身体平衡，上体保持前倾，不可后仰。

图 9-3　熟悉水性游戏

9.2.4　浸水与呼吸

1) 浸水

两手扶池边(槽)或在同伴的帮助下,用口吸气后闭气,屈膝下蹲身体慢慢浸入水中,直到头部全部浸入水中,闭眼,稍停 2～3s 后慢慢起立,口鼻出水后换气(图 9-4)。

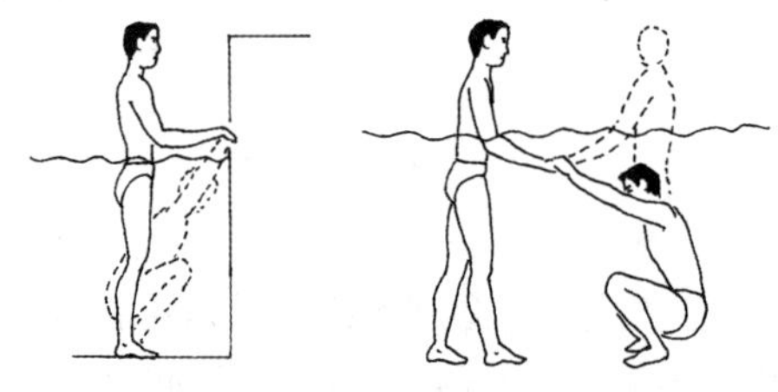
图 9-4　浸水

要点:

(1) 不要呼吸,以免呛水。

(2) 动作要缓慢,要有信心。

(3) 头部要全部浸入,并待全部浸入后尽量静待 2～3s。

2) 陆上呼吸

低头用鼻呼气,抬头用嘴吸气。在呼气、吸气时必须要能听到呼气声与吸气声。在呼气与吸气时尽量快而短促,并在抬头吸气时嘴巴一定要尽量张大,有利于吸气(图 9-5)。

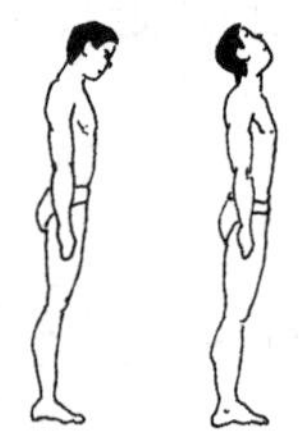
图 9-5　陆上呼吸

要点:

(1) 呼、吸尽量稍快而短促。

(2) 呼、吸都要能听到呼、吸声。

(3) 吸气时嘴要张大些。

3) 水中扶边呼吸

动作同浸水练习，但嘴在浸入水中前，张嘴吸口气，然后缓慢将头部浸入水中，稍停，此时用鼻慢慢将气呼出（也可闭气），然后慢慢浮起，当头部离开水面鼻用力呼气，呼完，抬头吸气，重复进行（图 9-6）。

图 9-6 水中扶边呼吸

要点：

(1) 吸气时要抬头张嘴。

(2) 当头离开水面时要及时呼气，以免吸气时呛水。

(3) 吸气、呼气时要能听到吸气、呼气声，尤其是吸气时，只有听到吸气声才能真正吸到气。

4) 闭气

同浸水练习，但在水中闭气时间分别从 5s、10s 增加到 30s 以上。

要点：可做几次水上深呼吸练习，并浸水前大口吸口气。

5) 浮体

在水深超过胸部的水中站立，吸气后下蹲团身，双手抱住小腿近踝关节处，低头、闭气不动，经 5～10s，人体会自然上浮至水面，当背部露出水面时，身体松开，两臂前伸下压、抬头，两脚下伸，触池底站立（图 9-7）。

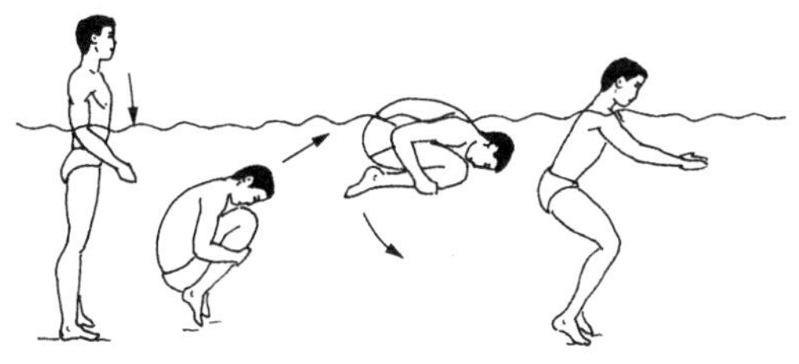

图 9-7 浮体

要点：

(1) 吸气要足。

(2) 上浮后两手前伸下压。

6) 不扶池边的水中呼吸

先在踩得到池底的地方进行，然后到踩不到池底的地方进行。站立于齐胸深的水中，动作同水中扶边呼吸练习，先做一次完整练习，然后逐渐增加次数，20 次为一组，直到一次能做上下 50 次，则为水中呼吸过关（图 9-8）。

要点：

(1) 同水中扶边呼吸。

图 9-8 不扶池边的水中呼吸

(2) 两手在水中保持平衡,可适当帮助延长呼吸时间。

9.2.5 滑行练习

1) 一手拉池边蹬池壁滑行

背对池壁,一手拉池边(槽),另一手前伸,对侧脚站立池底,另一脚屈贴池壁,吸气后低头入水,上体前倾沿水面成俯卧状,收支撑脚与另一腿收拢贴近池壁,拉池壁手前伸与另一臂并拢伸直,两腿同时用力蹬池壁,身体成流线型向前滑行(图 9-9)。

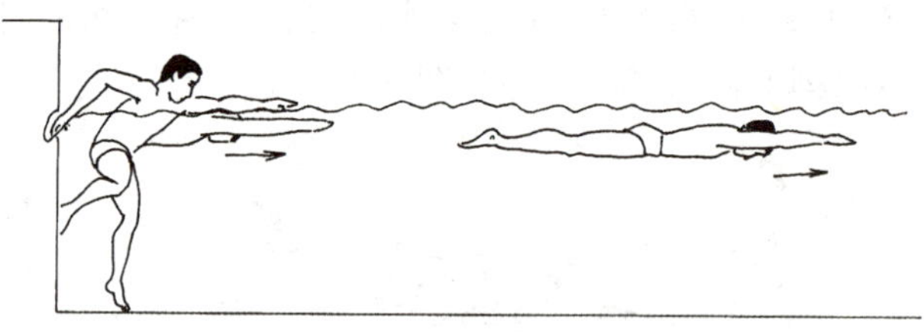

图 9-9 一手拉池边蹬池壁滑行

要点:

(1) 滑行前吸气要充分。

(2) 滑行时手脚伸直不动,保持好流线型。

(3) 开始时身体会不平衡,多做几次就好了。

2) 站立蹬池壁滑行

背靠池壁站立水中,两手放胸前,手心向下,低头,两腿收起成团身,上体前倾,当身体与水面平行后,两脚蹬池壁两手前伸展体,手、脚伸直向前滑行(图 9-10)。

要点:

(1) 收脚蹬壁前身体保持平衡。

(2) 滑行时手脚伸直,滑行停止后收腹站立。

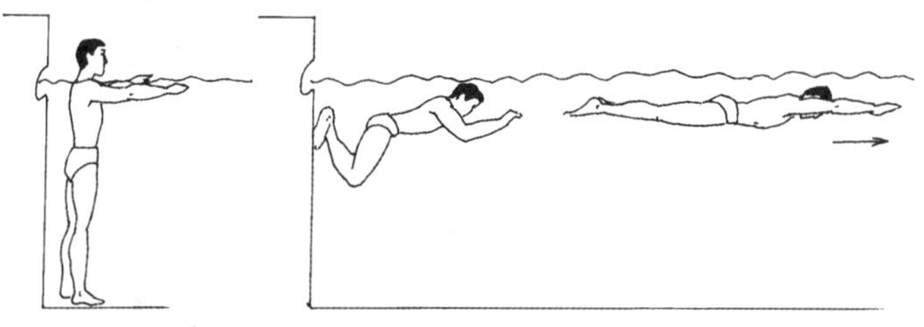

图 9-10 站立蹬池壁滑行

9.2.6 综合练习

1）数手指

练习者站于水中或一手扶池边(槽)，以身体、头部全部浸入水中的方法，潜入水下后，睁开眼睛，数自己伸直的手指，1，2…5，先数一只手，能完成后数两只手(图 9-11)，进而用同样的方法数脚趾。

图 9-11 数手指

要点：

(1) 要大胆睁开眼睛。

(2) 判断手指在水中距离及位置。

2）摸池底

同"数手指"练习方法。潜入水中，并屈膝下蹲团身用单手去触池底。完成后，可用双手去触池底，也可潜入后身体倒过来用手去触池底(图 9-12)。

要点：

(1) 吸气要充足。

(2) 潜入水下后完成动作要稍快。

(3) 手可做划水动作。

图 9-12 摸池底

3）摸实物

练习者站水中目视教师将一实物(钥匙、硬币等)抛在其身边 1～2m，确定方位

图 9-13 摸实物

并前往，到大概位置后，吸口气再潜入水下，睁开眼用手摸寻找实物并将实物拿到，回到水面(图 9-13)。

要点：

(1) 水中可视度一般 50～100cm，尽量下潜，并看、摸结合，接近实物。

(2) 水下划水，蹬腿可结合试用。

待水中摸实物练习能熟练完成后，即可以进行游泳动作的学习。

9.3 蛙泳

蛙泳是竞技游泳四种泳式中一种比较容易学会的泳式，虽游速慢些，但游进时身体俯卧，自然，呼吸正面，动作节奏稍慢并明显，所以很适合初学者学练。

蛙泳时身体俯卧在水中，两肩与水面平行，其推进力主要是靠两手臂对称而弧形的向后划水，两脚对称向后蹬、夹水动作而获得，其整个动作形似青蛙游水，所以称为蛙泳(图 9-14)。

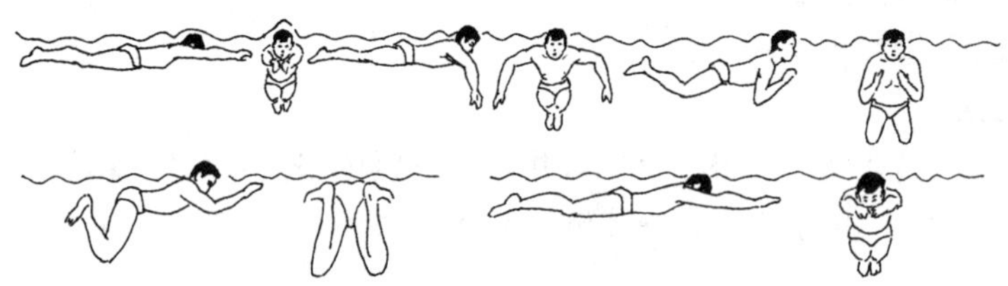
图 9-14 蛙泳泳姿

9.3.1 陆上模仿练习

1) 手臂动作

从站立身体前倾，手臂接近水平向前伸直开始，手心向下，手指稍分开，并稍向外侧，以肘为轴，两手向侧后下划水，然后以大臂带动小臂两手向内侧划水并收拢至胸前，两手像钻洞似的向前伸出至伸直(图 9-15)。

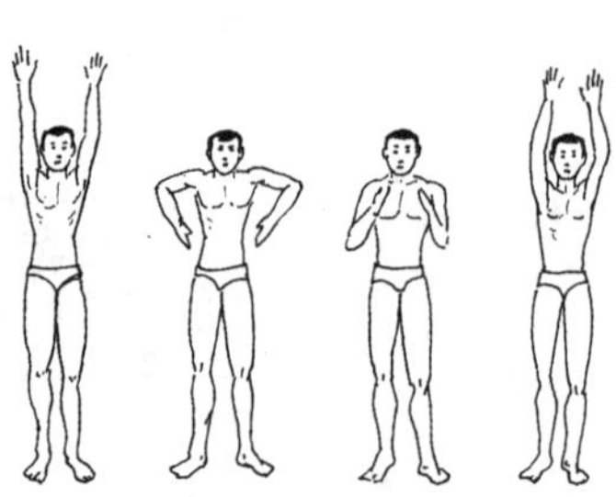
图 9-15 手臂动作

要点：

(1) 前半部分划水以肘为轴。

(2) 划、夹动作要快。

(3) 伸手动作要稍慢,伸臂要伸直。

2) 腿部动作

从站立两臂向上伸直,两腿自然站立伸直开始,以右脚为例,屈膝向前上抬起约 60°,踝关节、脚心尽量向外翻,然后向下用力蹬夹(图 9-16(a))。

此练习亦可在池边或条凳上进行练习(图 9-16(b))。

(a)

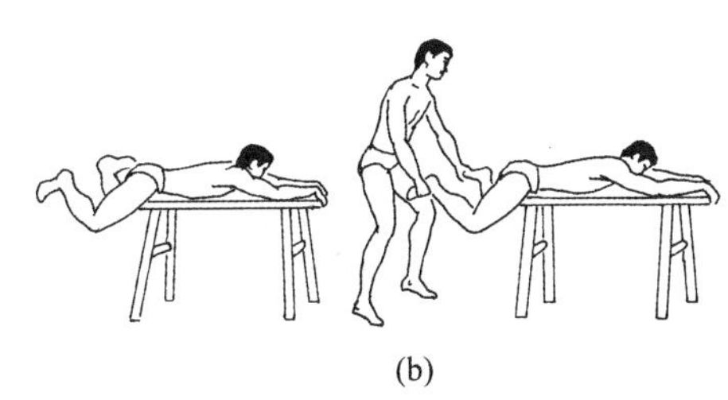
(b)

图 9-16 腿部动作

要点:

(1) 收腿向前慢些。

(2) 蹬夹腿要快而有力。

3) 配合练习

形象的口诀有利于手、脚动作配合的学习,从手、脚伸直开始:划水腿不动,收手再收腿,先伸手臂后蹬腿,手腿伸直漂一会(图 9-17)。

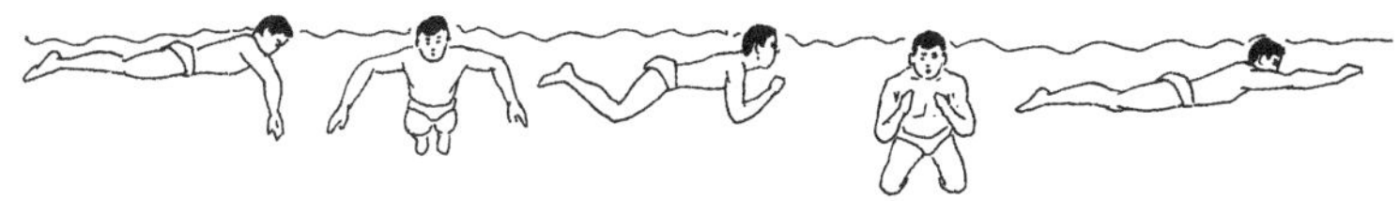

图 9-17 配合练习

要点:动作配合相对宜慢不宜快,宜分不宜合。

9.3.2 水中练习

1) 水中划水行走

站立水中,做陆上手臂划水练习动作并向前行走。

要点:注意高肘划水。

2) 蹬壁滑行划手

当蹬壁滑行前进速度缓慢、身体上浮、后脑或背露出水面时,顺势做完整手臂划水动作，做完后手臂仍伸直随其漂一会（也可结合做一次腿部蹬夹腿动作），如再浮起可做第二次手臂划水动作（图 9-18）。

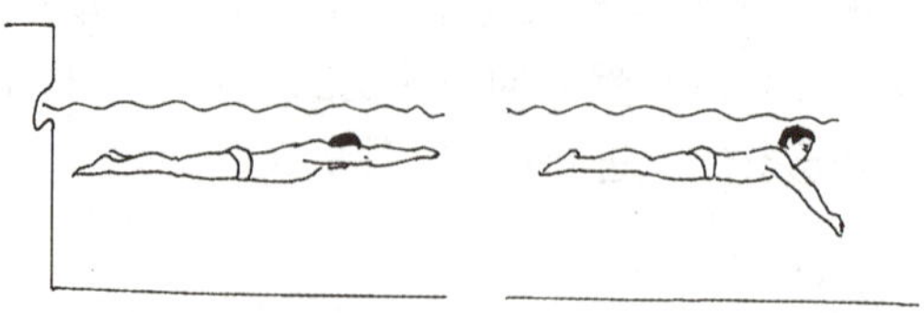

图 9-18 蹬壁滑行划手

要点：

(1) 滑行感觉降速后做手臂划水练习。

(2) 手臂划水动作结束后手、脚伸直漂一会。

3) 腿部蹬夹水

蹬池底滑行后，手臂伸直，低头闭气，做陆上腿部蹬夹腿练习，重复进行（图 9-19(a)）；也可进行扶板打腿练习（图 9-19(b)）。

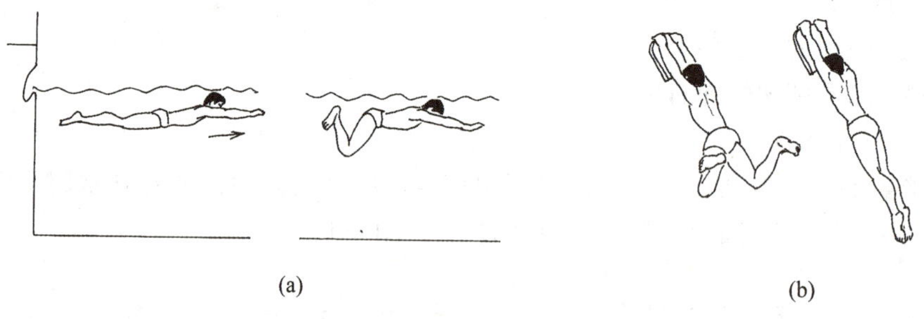

(a) (b)

图 9-19 腿部蹬夹水

要点：

(1) 收腿要慢。

(2) 蹬夹腿幅度可大一点，且用力要快。

9.3.3 呼吸配合练习

当熟练掌握水中滑行的手臂划水和腿部蹬夹水后，即可进行呼吸配合练习。

1) 划水吸气练习

在蹬壁滑行动作的基础上，当身体滑行上浮时，开始划水，嘴一露出水面，抬头张嘴吸气，吸完后仍手、腿伸直滑行（图 9-20）。

要点：

(1) 划水抬头后要及时，张大嘴吸气。

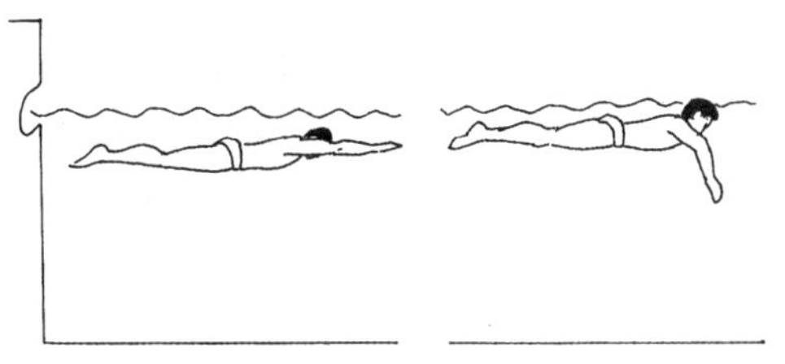

图 9-20 划水吸气练习

(2) 吸气后两手再前伸。

(3) 两手前伸后,可做一个腿部蹬、夹腿动作。

2) 呼气练习

当划水吸气动作结束后有两种方法,首先是水中呼气法,即在水中用嘴把气呼完,另一种在水中闭气,待做第二次吸气前,鼻先开始露出水面,用鼻以“喷”气的形式及时呼气,称为水上呼气法,此方法较适用于初学者,可避免因没掌握呼吸方法时的呛水现象(图 9-21)。

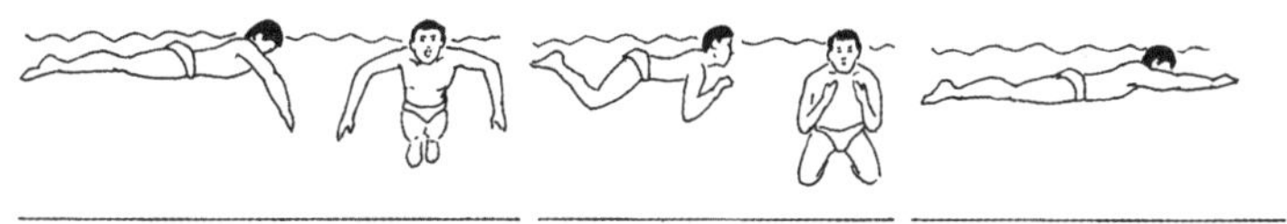

图 9-21 呼气练习

要点:

(1) 当划水两手张开时准备吸气。

(2) 水中呼气时可缓慢些。

(3) 水上呼气时鼻一出水面要以“喷”气的形式快而及时地将气呼出。

9.4 自由泳

自由泳是竞技游泳项目之一。它是身体俯卧在水中,保持良好流线姿势,让肩背浮出水面,以两臂在体侧轮流划水和两腿上、下交换打水快速向前推进,是游泳中游进速度最快的一种泳式。下面介绍自由泳的基本技术和练习方法。

9.4.1 陆上模仿练习

1) 手臂动作

从身体前倾,右臂向前伸直为例开始,手心向下手指略分开并稍向外侧,向下

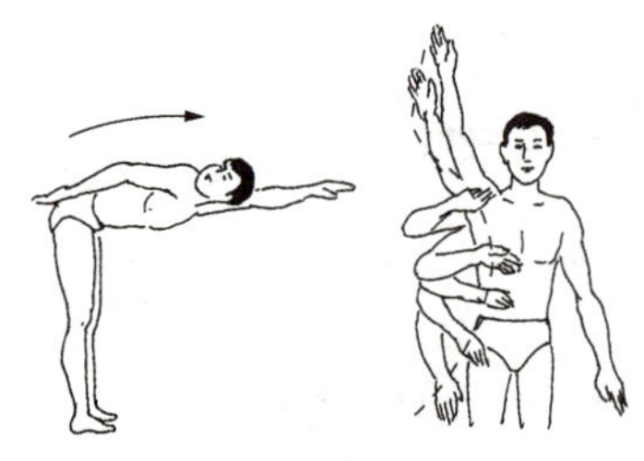

图 9-22 手臂动作

向后按“S”形的方向由外经腹下、人体中线后向体侧后推伸直，提肘，由大臂带动小臂经空中向前伸展，送肩并手臂伸直。一般划水臂伸出伸直，另一手臂开始划水称前交叉，初学者较合适(图 9-22)。

要点：

(1) 伸臂送肩，并伸直。

(2) 划水“S”形。

(3) 出水要抬肘贴耳前送。

2) 腿部动作

可坐池边，身体后仰，两手撑地，两腿向前伸直开始，膝盖、踝关节脚面均需伸直，两脚上下距约 30cm，以大腿发力模仿脚面打水动作，上下运动(图 9-23)。

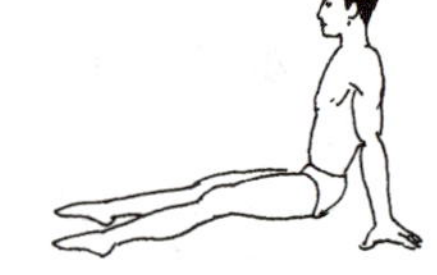

图 9-23 腿部动作

要点：

(1) 初学时两腿必须伸直。

(2) 打水不屈膝，以大腿发力上下运动。

9.4.2 水中练习

1) 水中划水

可站立也可划水行走。身体前倾，两手前伸，一手先做划水动作，完成整个陆上模仿练习前伸后，另一手开始做划水动作，依次交替，向前行进(图 9-24(a))。也可做两腿夹板划水练习(图 9-24(b))。

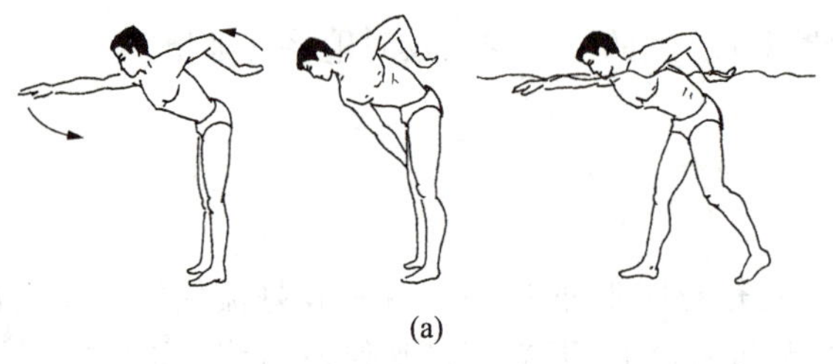

(a)

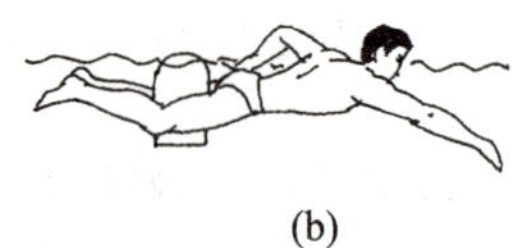

(b)

图 9-24 水中划水

要点：

(1) 划水手心要对水作用。

(2) 划水距离要长，“S”形就是为了加长划水距离。

2）打腿练习

动作：两手扶池边（槽），身体俯卧，两腿伸直，按陆上打腿动作要求进行水中上、下打腿练习（图 9-25(a)）；此练习也可滑行打腿练习（图 9-25(b)）。

(a)　(b)

图 9-25　打腿练习

要点：

（1）两腿伸直，脚面绷直。

（2）两腿上下打水 30cm 左右。

9.4.3　呼吸配合练习

以右侧呼吸为例。当右手划水向后推水时，头右转，右臂抬肘出水时及时吸气，右臂前送时，顺势还原，水中呼气。左手做划水动作时不做呼吸。但两边都能呼吸当然好，一般自由泳中一边呼吸就够了（图 9-26(a)）。一般两臂各划水一次，腿打水 6 次，通常称为 6:2 配合技术，并进行一次呼吸。也有 4:2、2:2 或不规则打水配合一次呼吸的技术。对初学者来说，学习 6:2 的配合技术较为合适（图 9-26(b)）。

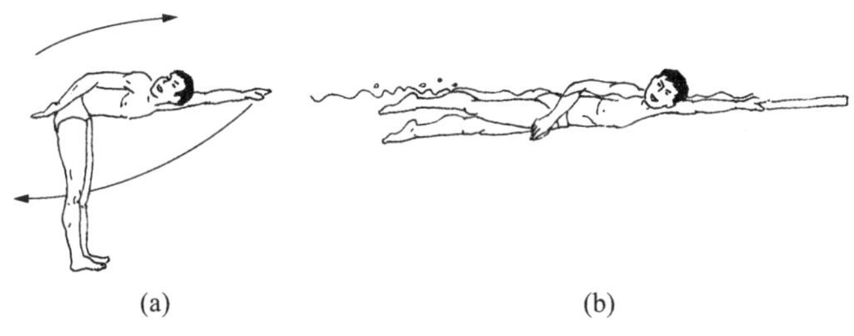

(a)　(b)

图 9-26　呼吸配合练习

要点：

（1）手臂抬肘，转头吸气要及时。

（2）划水、打腿与呼吸配合。

9.5 游泳注意事项

(1) 学习游泳是在水中进行的，具有一定危险性，故保障安全是首要的问题，一定要在老师或教练的指导下，并有严格、具体的安全措施，才能确保安全，顺利地学会游泳技术。

(2) 学习游泳的步骤：不要操之过急，熟悉水性，掌握呼吸与游泳技术要有一个过程，这个过程一般先熟悉水性，然后再学会人在水中呼吸。学会以上两项可克服对水的害怕心理，有利于最后学会掌握游泳技术。泳式一般先学习蛙泳，也可先学习自由泳。

(3) 在学习熟悉水性时，能在超过腰、胸部以上水深中站立，感觉身体的平衡，行走中用手划水的感觉，以及团身浸入水下后的浮体能力，对于学会游泳都是很重要的。

(4) 熟悉水性后首先要先学习人在水中的呼吸，因学会了人在水中的呼吸提高了人在水中的生存能力，可以说学会人在水中的呼吸等于学会了"一半"游泳，极有利于另一半的学习。

(5) 对于游泳的初学者来说，先学习蛙泳较为简易，人俯卧，动作较慢，呼吸抬头，整个动作协调且自然。

(6) 任何一种泳姿的学习过程，手与腿的动作，一般先学腿的动作，腿的动作是基础，然后再学手的动作及与呼吸的配合。

10　其他运动

10.1　武术

10.1.1　太极拳

太极拳使人修身养性，精神乐观，促进心理健康。练习太极拳，一是排除杂念，专心练拳，做到意守、气敛、神舒；二是有良好的审美和观赏价值，它追求内外合一、形神合一和天人合一的最佳境界，可以使人乐观开朗、心境平和、净化精神、净化大脑，促使人体自身的和谐，而且促使人与自然、人与社会的和谐，提高心理健康的水平。

10.1.1.1　三桩

“一个篱笆三个桩”，要扎篱笆先打桩。

练拳也一样，“未曾学拳，先习站桩”，桩站扎实了，动作才能轻松自如。

站桩如同扎在地里的萝卜一样，稳实不飘，气沉丹田。

(1) 太极桩：两脚左右站立，与肩同宽，两膝微屈，两手手心向内，在胸前成抱球状(图 10-1)。

图 10-1　太极桩

(2) 起落桩：两脚左右站立(图 10-2(a))；两手向前上方慢慢平举，与肩同高(图 10-2(b))；微屈膝下蹲，两肘微屈，同时两手慢慢下按至腹前(图 10-2(c))；两膝慢慢伸直，两手慢慢向上举至肩平。如此反复数次。

(a)　(b)　(c)

图 10-2　起落桩

(3) 虚实桩：两脚左右开立（图 10-3(a)）；重心慢慢移向右腿，身体微向左转，左脚跟提起（图 10-3(b)）；两手向左上方慢慢提起，左脚左前伸，脚跟着地成虚步，两手前后合抱于体左前方（图 10-3(c)）；左脚轻轻收回（图 10-3(d)）；重心慢慢移向左腿，身体微向右转，右脚跟提起（图 10-3(e)）；两手下落两胯旁，然后向右上方慢慢提起，右脚右前伸，脚跟着地成虚步，两手前后合抱于体右前方（图 10-3(f)）；右脚收回（图 10-3(d)）。如此反复做若干次。

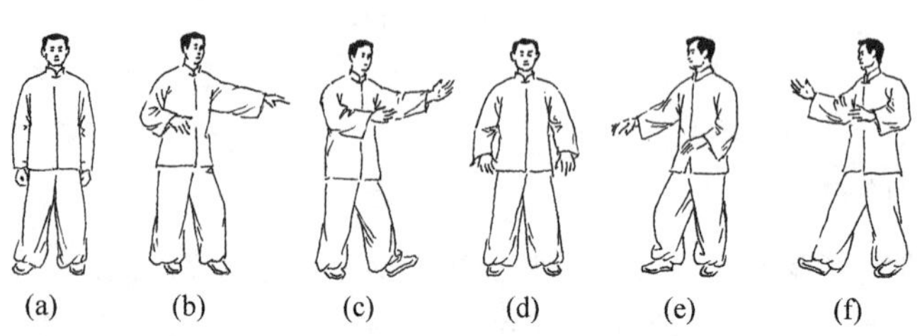

图 10-3　虚实桩

要点：两膝微屈，沉肩垂肘，含胸拔背。

练习方法：老师讲解示范，学生模仿跟做，每个桩练习 3min，休息 1min，面对镜子纠正错误。

10.1.1.2　三步

太极拳的步也像人行路，两脚虚实交替，脚起（虚）脚落（实）。不同的是太极拳屈膝松胯“迈步似猫行”，轻起轻落，从实到虚，从虚到实，慢慢转换。

(1) 进步：两脚左右开立，双腿微屈，两手背于身后（图 10-4(a)）；左脚收至右脚内侧，脚尖点地（图 10-4(b)）；左脚向前迈出，成左弓步（图 10-4(c)）；重心后移，左脚尖外撇约 45°（图 10-4(d)）；重心前移，右脚跟进至左脚内侧，脚尖点地（图 10-4(e)）；右脚向前迈进，成右弓步（图 10-4(f)）；重心后移，右脚尖外撇约 45°（图 10 -4(g)）。以下动作重复若干次。

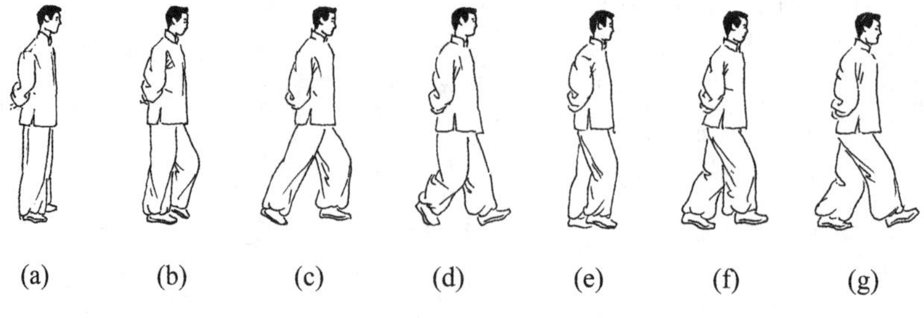

图 10-4　进步

(2) 退步:两脚左右开立,两手相叠放于丹田处,男子左手在下,女子右手在下(图 10-5(a));双膝微屈,重心移到左腿(图 10-5(b));右脚提起经左脚内侧向右后退,右脚掌先落地(图 10-5(c));随重心慢慢后移,过渡到全脚掌着地,成左虚步(图 10-5(d));左脚提起经右脚内侧向左后退,右脚掌先落地,随重心慢慢后移过渡到全脚掌着地,成右虚步(图 10-5(e));以下动作重复做若干次。

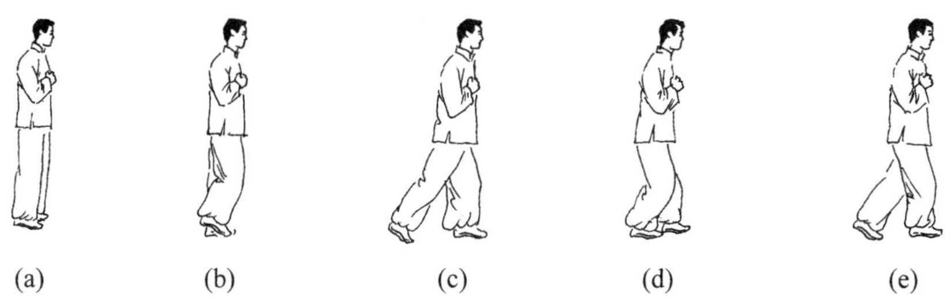

图 10-5　退步

(3) 横移步:并步站立(图 10-6(a));两膝微屈,重心右移(图 10-6(b));左脚向左横跨一步(图 10-6(c));重心左移,右脚向左脚跟进一步,脚前掌着地(图 10-6(d));重心换至右脚,左脚向左横跨一步(图 10-6(e));重心左移,右脚向左脚跟进一步,脚前掌着地(图 10-6(f))。

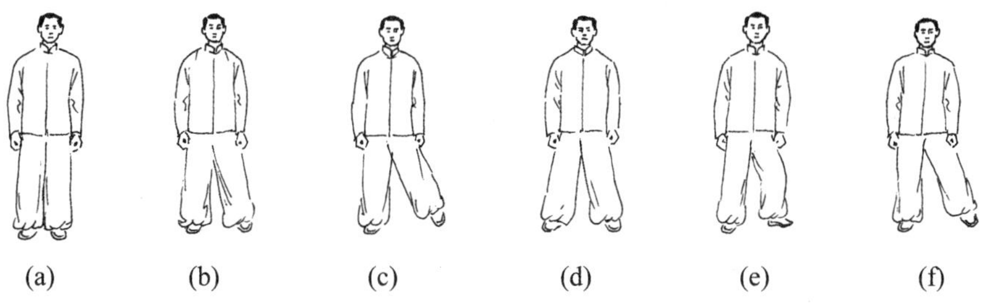

图 10-6　横移步

要点:迈步时要先移重心,要轻要慢要稳,上体保持正直,下肢虚实分明。

练习方法:老师讲解示范,学生跟做模仿,进步退步横移各步行走 9min,休息 2min。

10.1.1.3　八法

方法就是过河的“桥”或“船”,学会了动作方法,才有可能学会打拳。

一个动作方法尤如一颗“珠”,有机地串在一起,也就成了“链”,一串“链子”就是一套拳。磨好每一颗“珠”,不出次品。

(1) 云手:两脚左右开立(图 10-7(a));身体略右转,左手经腹前,先向右云至右肩前,掌心向内(图 10-7(b));左手经面前,随身体带慢慢向左云转(图 10-7(c));至身体左侧时掌心向外(图 10-7(d));同时右掌经腹前向左云转至左肩前(图 10-7(e));右手经面前随身体带慢慢向右云转,至身体右侧时掌心向外,同时左掌经腹前向右云转至右肩(图 10-7(f))。左右云手反复做若干次。

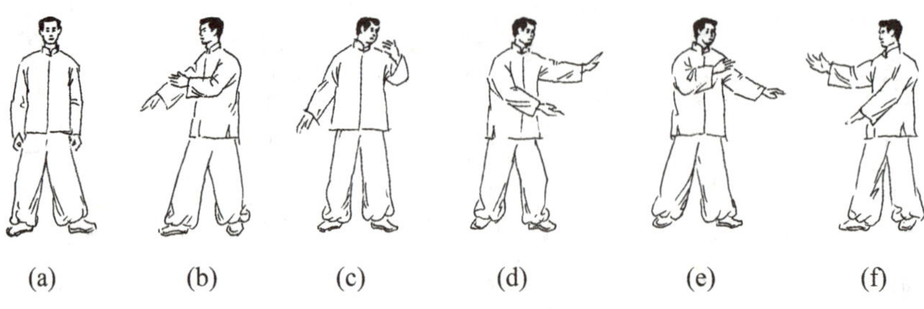

图 10-7　云手

要点:以腰为轴,旋膀转腕,要自然流畅。两手交替在体前做向外的立圆运动,眼随运引之手。

(2) 野马分鬃:两脚左右开立,屈膝按掌(图 10-8(a));重心右移,左脚尖点地,两手在体右侧,右手在上,左手在下成抱球状(图 10-8(b));左脚向左前方迈成左弓步,同时左手向前掤出,右手按于右胯旁(图 10-8(c));重心后移,左脚外撇,身体向左转,随重心移到左脚,右脚收回并脚尖点地,两手在体左侧,左手上右手下(图 10-8(d));右脚向右前方迈成右弓步,同时右手向前掤出,左手按于左胯旁(图 10-8(e))。由此可反复做若干次。

图 10-8　野马分鬃

要点:前手掤与肩同高,后手按在胯旁。两手前后分开,掤出手的前臂要略向外旋,两臂微屈呈圆弧状。

(3) 左右搂膝拗步:两脚左右开立(图 10-9(a));重心右移,上体右转,左脚略收成丁步,右掌后上举,左掌摆于腹前(图 10-9(b));左脚向左前方迈成弓步,左手向外搂膝后收于左胯旁，右手向前直推（图 10-9(c)）；重心后移，左脚外撇，身体左后转，重心移回左脚，右脚略收成丁步，左掌摆于左耳旁，右掌收于腹前（图 10-9(d)）；右脚向右前方迈成右弓步，右手向外搂膝后收于右胯旁，左手向前直推（图 10-9(e)）。以下动作可反复做若干次。

(a) (b) (c) (d) (e)

图 10-9 左右搂膝拗步

要点：迈步要轻，脚跟先着地，然后慢慢过渡到全脚掌，弓步时，注意两脚不可站在一条直线上。上体随身体的带动做搂膝推掌动作。

(4) 玉女穿梭：两脚左右开立屈膝按掌（图 10-10(a)）；重心右移，左脚略收成丁步，两手手心相对，体右侧成抱球状（图 10-10(b)）；左脚向左方迈成左弓步，左掌架于前额左上方，掌心向外，右掌向前直推（图 10-10(c)）；重心后移，左脚尖外撇，向左后转腰，两手自然回收。重心移至左腿，右脚回收成丁步，两手心相对体左侧成抱球状（图 10-10(d)）；右脚向右方迈成右弓步，左掌架于前额右上方，掌心向外，左掌向前直推（图 10-10(e)）。以下动作可反复做若干次。

(a) (b) (c) (d) (e)

图 10-10 玉女穿梭

要点：左右转换时要注意移重心，扣脚和转腰，注意“上架”、“推掌”和弓步应同时完成。上步时的路线走 45°，推手的方向同样也是 45°。

(5) 左右蹬腿：两脚左右开立，两膝微屈按掌（图 10-11(a)）；重心右移，左脚尖点地，左手在外，两手交叉（图 10-11(b)）；左脚提起向左前方蹬出，脚跟用力，两手同时向两侧分开（图 10-11(c)）；左脚下落，重心移向左脚，左脚尖点地，两手下落。两手在胸前交叉，右手在外，右脚提起（图 10-11(d)）；向右前方蹬出，脚跟用力，两手同时向两边分开(图 10-11(e))。

图 10-11 左右蹬腿

要点:蹬脚时脚尖要勾起,身体保持平衡。身体正直,注意肩要松沉,蹬腿高度,可根据自身条件来定。

(6) 左右下势:两脚左右开立,屈膝按掌(图 10-12(a));重心右移,左脚尖点地,右手侧举变勾手,左手摆于右肩前(图 10-12(b));右腿屈膝下蹲,左腿向左仆出成仆步,左手顺左腿内侧向前穿出(图 10-12(c));重心前移至左弓步,左手立掌前推(图 10-12(d));重心后移,左脚内扣后重心移至左腿,右脚略收成丁步,左手侧举变勾手,右手摆于左肩前(图 10-12(e));左腿屈膝下蹲,右腿向右仆出成仆步,右手顺右大腿内侧向前穿击(图 10-12(f));重心前移至右弓步,右手立掌前推(图 10-12(g))。以下动作可反复左右做若干次。

图 10-12 左右下势

要点:下势要低,仆步腿要直,脚尖内扣立腰。换势时,注意先移重心后扣脚,再移回重心。仆步高低根据自身条件而定。成弓步时,后脚自然向内扣。

(7) 倒卷肱:两脚左右开立,屈膝按掌(图 10-13(a));身体微右转,右手经右胯旁向右后举,左手前伸,手心向上,然后右肩屈肘(图 10-13(b));右手由耳侧向前推,重心移至右脚手,同时左脚向后侧步,手心向前,左手后撤(图 10-13(c));身体微左转,左手由左胯旁向左后举,右手前伸,变手心向上(图 10-13(d));左臂屈肘,左手由左耳侧向前推,重心左移,右脚向后侧步,手心向前,左手后撤(图 10-13(e))。接下来动作反复练习。

图 10-13　倒卷肱

要点：后撤步成 45°角，先前脚掌着地过渡到全脚掌。以转腰带手动，眼随后撤手至胯旁后，随即看前推手。

(8) 左右揽雀尾：两脚左右开立，屈膝按掌（图 10-14(a)）；重心右移，左脚尖点地，两手手心相对，体右侧成抱球状（图 10-14(b)）；左脚向左前方迈出成左弓步，同时左手向前掤出（图 10-14(c)）；身体微左转，左手微前伸，掌心翻转朝下，右掌前伸至左前臂内侧下，掌心翻转朝上（图 10-14(d)）；重心后移，身体略右转，两手向后下捋（图 10-14(e)）；右手后上摆，略高于肩，左手摆于右肩前（图 10-14(f)）；身体向左转腰，重心逐渐前移成左弓步，同时右手屈臂，掌心向前，搭进左腕内侧，左掌心向内，双手同时向前挤出，两臂保持半圆形（图 10-14(g)）；右掌经左腕上伸出，两掌再向左右分开，与肩同宽，掌心向下（图 10-14(h)）；重心后移，左脚尖翘起，两肩屈肘收到胸前，掌心向下，眼向前平视（图 10-14(i)）；重心逐渐前移至左弓步，同时两掌下按至腹前向前上方按出，手高于肩平，掌心向前，眼向前平视（图 10-14(j)）。右揽雀尾方向相反。

图 10-14　左右揽雀尾

要点：掤要小，捋要顺，挤要紧，按要圆。以转腰带手动，眼随后撤手至胯旁后，随即看前推手。向前掤出的手臂较“野马分鬃”之势小一些，换势时先移重心，转腰、扣脚后，再移回重心。

练习方法：老师讲解示范，学生跟做模仿，每次练习 3～5min，休息 1min。反复若干次。

练习提示：

(1) 气沉丹田，腹式呼吸，站立稳健，心要净化。

(2) 进步时，前脚尖外撇 45°，后脚掌自然转正。退步时，两脚不要在一条直线上。

(3) 走斜线：横移步时，换步前要先换重心。

(4) 打太极拳要求每个关节要松，所以要压肩压腿。打太极拳要求保持身体平衡，所以要练单脚支撑。

10.1.1.4 二十四式简化太极拳

(1) 起势(图 10-15)。

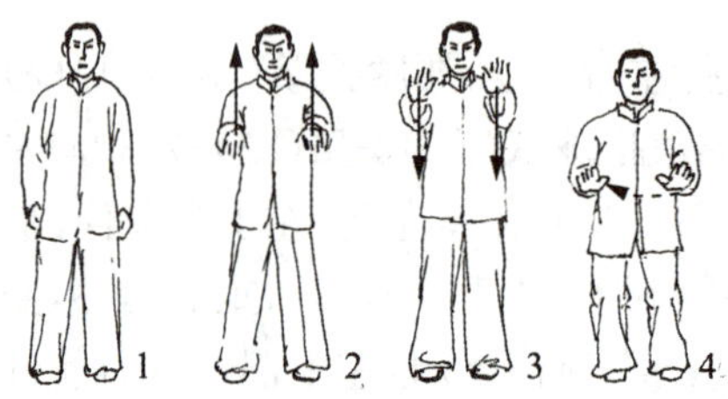

图 10-15 起势

要点：屈膝下蹲，同时力以肩、肘、传导下按，手高在腹前，感觉按在漂浮于水上的木板上。此动为呼气。

(2) 左右野马分鬃(图 10-16)。

图 10-16 左右野马分鬃

要点：移重心旋臂，重心右移，右手上抬，左手外引，腰略左转，同时进行。此动作应手脚同步完成，不可上下脱节。另注意，左脚处于右脚弓处，后跟微抬。上步前应先转腰，出脚线路略带弧形，眼看左前下方。肩与胯、肘与膝、手与脚外三合垂直一线，步形为顺弓步，两脚间距大约为自己一拳半宽。此动为呼气。

(3) 白鹤亮翅(图 10-17)。

要点：重心前移，右手向前合抱。右脚跟上抬，准备上步。注意动作中腰为主

图 10-17　白鹤亮翅

宰，动作中身体略左转。左脚不要收太近，以腰带动，四脚运转。两脚前后距离约自己一脚长。此动作应在练习中有一个上挑下采之意，眼先看右手，后看左手。呼吸配合是上挑为吸，下采为呼。左脚前掌稍调整位置，左脚跟与右脚跟同处中轴线，也可略宽一些，千万不可交叉。整体姿势应舒展大方，中正、大气。头上提领，气沉丹田，定势略停顿半拍。

（4）左右搂膝拗步（图 10-18）。

图 10-18　左右搂膝拗步

要点：转腰落手，注意右手不可超过身体正中线，应垂直，手带弧形，旋臂下落。右转体，左摆掌。动作中以腰领劲，转体与两掌动作协调进行。收脚与上托手同步完成，上下一致。身体略下沉，是一个蓄势待发的过程。右腿实，左腿虚。右手小指内旋，大拇指在耳侧位，左搂掌在胸腹前，准备弓步搂推。定型动作应有两臂对拉拔长之意，劲贯四肢，有个撑力。前推时小指领劲，定势中指对鼻尖。

（5）手推琵琶（图 10-19）。

要点：此动作要求跟步轻灵，两脚距离约一脚长，转腰展臂应有送肩过程。右脚过渡到全脚着地，支撑重心，身体随之后坐，同时左脚跟微抬。此动应为呼气，坐胯、圆裆。它是第一段最后一动，故在时间上表现应充分一些。

图 10-19　手推琵琶

(6) 左右倒卷肱(图 10-20)。

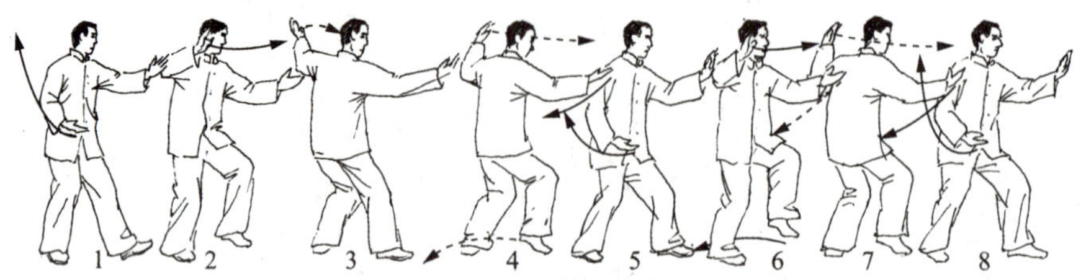

图 10-20 左右倒卷肱

要点:撤手应走半圆弧线,经腰际旋腕上托,同时,左掌由俯掌变仰掌,运劲要和顺。收脚过程左脚由脚跟轻提,屈膝内收于右小腿内侧,同时吸气屈肘。撤步与推掌要协调一致,两脚不能交叉,左右脚不能超中线,同时前推呼气。

(7) 左揽雀尾(图 10-21)。

图 10-21 左揽雀尾

要点:转腰摆臂不可太偏左,大约中轴线向左偏 10cm 为宜,同时胯要内合。下捋劲在手掌和前臂,后坐和下捋应上下一致,右手附在左手臂的肘关节处,两手有一个内合下采劲。此动为过渡,下肢基本保持不变,靠腰转后捋摆臂。右手应经耳侧在胸前与左手相合,含胸、收腹、松胯、敛臀,并成掤劲。前挤过程配合呼气,重心要沉稳,平行前弓,注意膝与脚尖垂直对齐,另外,肩下沉肘外撑,搭手成圆弧,两手高与胸平。此为过程转换动作,右手经左腕上方平抹前穿。分掌高度同肩高,与肩同宽。并有个外分劲。重心后移,要求松胯,松腰;右膝与脚尖对齐,右腿实,左腿虚,上体垂直,左胯不可有顶劲。此为过渡,要求屈膝肘回收,含胸,双手与胸保持一定距离。双按攻防上有一个后引之意,双手高度在腹前。此动为吸气。

(8) 右揽雀尾(图 10-22)。

图 10-22 右揽雀尾

要点:左右揽尾动作过程中,注意多用腰部;后坐的下捋、下挤、回挤前腿髋关节一定要松开,不可前顶,这就要求有单腿支撑的腿部力量和膝、踝关节的柔韧性。平时,这组动作组合需多抽出来练。

(9) 单鞭(图 10-23)。

图 10-23 单鞭

要点:出脚最佳位置应在身体左转 45°,也就是东南角方向时迈出。重心还压在右腿,左脚跟先着地;左掌经眼前向左平带。应先全脚掌踏平,而后屈弓推掌,右手与耳同高;右脚后撑,胯内合,并配合呼气。

(10) 云手(图 10-24)。

要点:云手上手高在眉、鼻之间,大拇指领劲,食指上挑,成一“V”型,肘部微沉。下手以小指领劲左带过渡至食指。上下手应相对,不可外分,运行过程以腰为中轴。身体继续左转,两掌开始转换,注意动作规格。收右脚与左手下采要同步进

图 10-24 云手

行；右脚收要轻起轻落。脚跟提起，前掌着地。两脚距离大约 10cm，并要注意，两膝与脚尖垂直，不能夹裆。动作方向开始转换，但重心要保持平稳。上体以腰为主宰继续右转，两臂弧形云转。翻掌下采与出脚要同步进行，迈腿不可悬空太高，两手上下交替一采一挑，应做到连贯、均匀、和顺。

(11) 单鞭(图 10-25)。

要点：与云手连贯衔接，两掌翻转，同时左脚尖点地内收。右脚支撑重心，保持身体中正，同时右掌变成勾手，左脚内收蓄势。右腿支撑催动，腰为主宰，带动左脚上步，同时左掌外展。重心平稳前移至左脚，同时上体左转，右脚跟微抬，将力由下向上转至左掌，催动推掌。

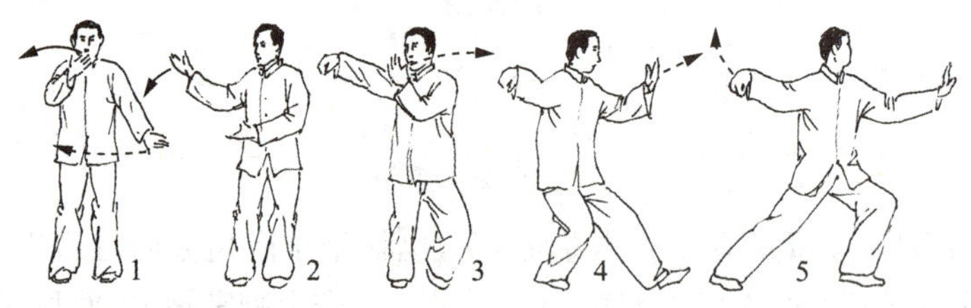

图 10-25 单鞭

(12) 高探马(图 10-26)。

要点：前移时，重心高度不变；右腿抬跟、屈膝、收脚，应做得连贯、轻巧，同时，配合吸气。后跟踏实，转腰、翻掌要同步完成，眼看右手。同时，左手掌心翻转向上。此动为过渡转换，做到转腰、屈肘、转头，并吸气，为下一步做准备。推掌高度

图 10-26　高探马

同眼平。左手在胸腹之间。推掌与出脚应上下一致,并配合呼气,重心可上提一点。两脚距离约为自己一个拳头宽,不可交叉。眼神要专注、凝聚。

(13) 右蹬脚(图 10-27)。

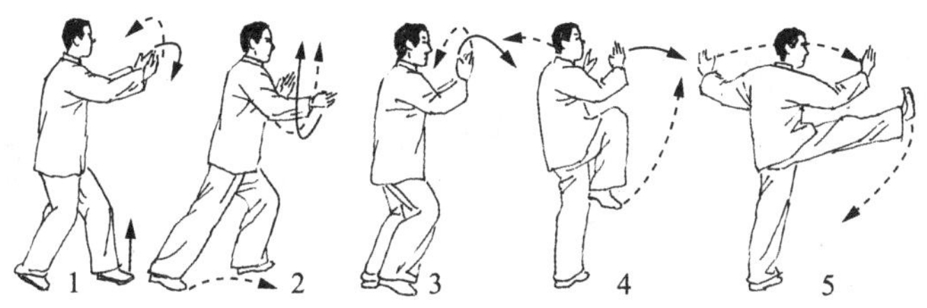

图 10-27　右蹬脚

要点:单腿支撑站稳后再出右腿,右腿的高度因人而异,蹬脚力点在脚跟,同时,双手分展也起平衡作用。此时,呼吸上采用“屏气”。左手应高于右手,“外三合”应相对。

(14) 双峰贯耳(图 10-28)。

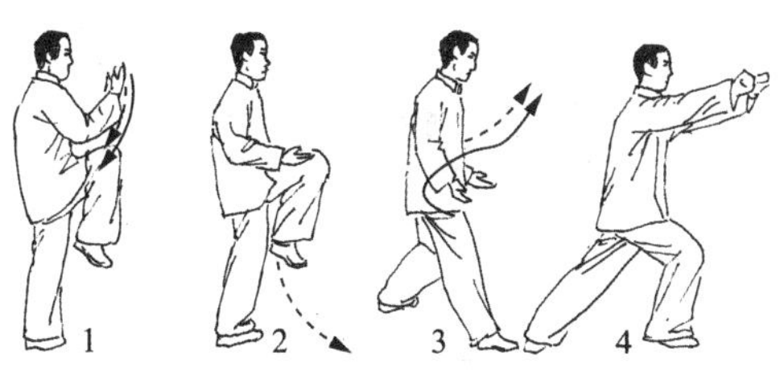

图 10-28　双峰贯耳

要点:这是一个容易表现太极特点的合劲动作,故要求手到腿到,弓步过程不能起伏。注意肘要沉,肩要松,双拳与头同宽,膝盖不超脚尖。

(15) 转身左蹬脚(图 10-29)。

要点:左脚以前掌为轴,脚跟内旋,收脚应前脚掌着地,双手合推于胸腹前。提

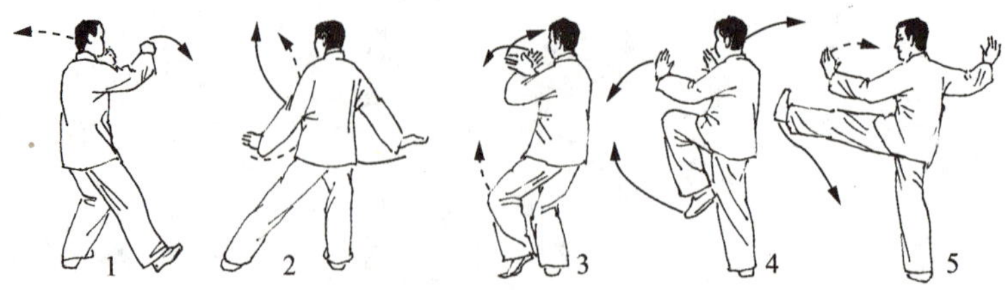

图 10-29 转身左蹬脚

膝气上提，右脚支撑站稳，五指劲外撑，左手在外，双掌交叉合抱于胸前。与右蹬脚相同。蹬脚方向与右蹬脚方向相对称，与中轴线保持 30°斜向。

(16) 左下势独立(图 10-30)。

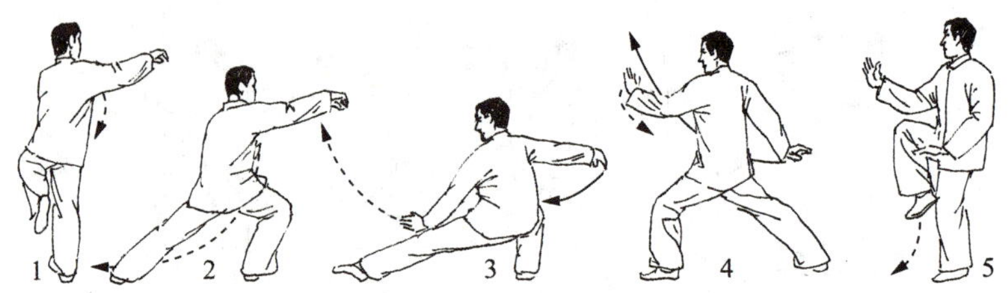

图 10-30 左下势独立

要点：支撑腿左脚外撇 45°，便于站稳；头上领、气下沉，右肩与胯、肘与膝、手与鼻上下相合相对，手正身斜，左手按于胯旁，配合吸气。

(17) 右下势独立(图 10-31)。

图 10-31 右下势独立

要点：右脚落在左脚内侧，前脚掌点地；左脚以前掌为轴，脚跟内旋，左手上提变勾手，右手左摆附在左臂中段，要求左转上提、左摆应连贯和顺。右脚沿地面向右侧伸出，重心压于左腿，右脚尖与左后跟在同一直线上。右胯关节内合。

(18) 左右穿梭(图 10-32)。

要点：弓步、上架、推掌三者配合要协调一致，记住右手前臂有一旋腕外撑，左

图 10-32　左右穿梭

手指尖与鼻尖对齐，松腰落胯。

（19）海底捞针（图 10-33）。

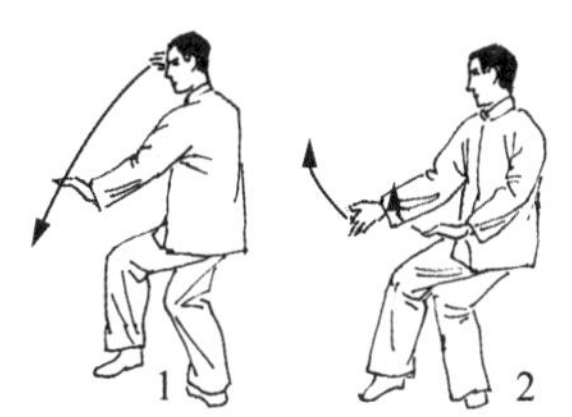

图 10-33　海底捞针

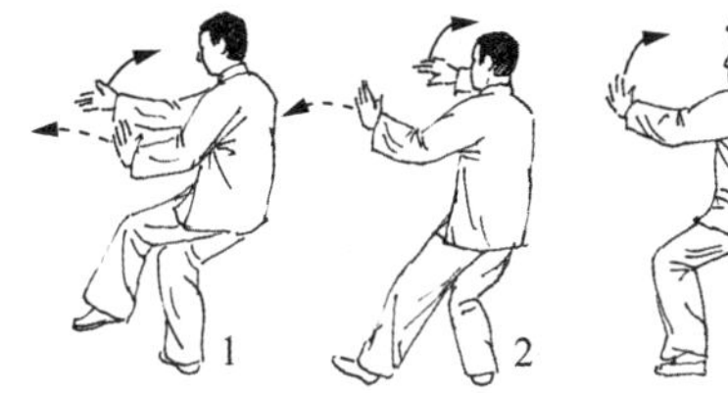

图 10-34　闪通臂

要点：提手与提左脚应同步自然，左手有一个搂膝动作，右手高度在耳旁，此为吸气动作。前倾角度不超过 45°，身形为松腰、敛臀、坐胯。

（20）闪通臂（图 10-34）。

要点：上身直立，右手后带并收左脚，置于右脚内侧（脚尖不点地），重心高度不变。出脚要轻，重心还在右腿上。推掌与前弓腿应上下一致；右胯不可外翻。左手与鼻尖对齐，此为顺弓步，两脚距离不可过宽。

（21）转身搬拦捶（图 10-35）。

要点：右拳翻转，拳心朝上，收于腰间；左脚经右脚内侧，向前上步，脚跟着地，注意松腰，落胯，并吸气，眼视手尖。前弓冲拳应上下一致，打拳过程有一个旋腕转

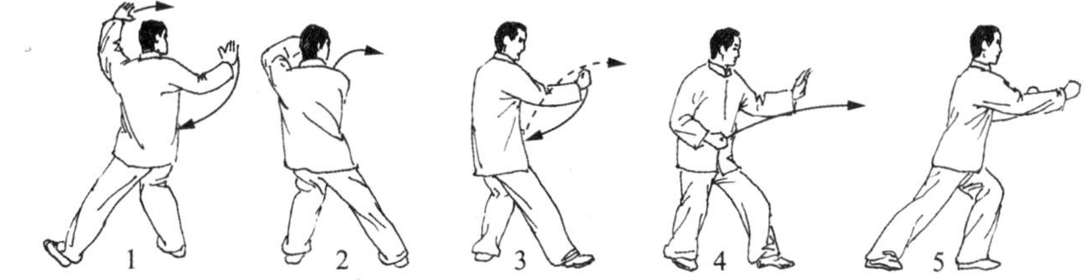

图 10-35　转身搬拦捶

臂，左手附在右前臂，此为呼气。另后脚要外撑，冲拳才会实。

(22) 如封似闭(图 10-36)。

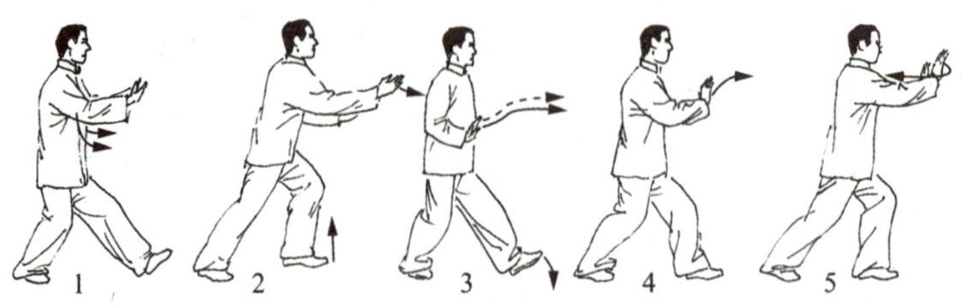

图 10-36 如封似闭

要点：左手内旋前穿，右拳同时变掌，手心向内。屈膝后坐，膝与脚尖应垂直一线；双手引收应有外分、引带之意，并与肩同宽，掌心斜相对。此为过渡动作，双手走外旋前推、合按。劲在掌根，前推时，应有别于"揽雀尾"的按，前者为宽度不变，由下往上；后者是分与按，宽度有变。

(23) 十字手(图 10-37)。

图 10-37 十字手

要点：此为过渡动作。注意后坐时，肩带肘、手，节节贯穿。后腿要压住重心。扣脚、转体、摆掌三位一体要协调统一；另左脚应尽量扣到位，与右脚平行。撇右脚，分右手应一致。注意：左胯不能敞裆。

(24) 收势(图 10-38)。

图 10-38 收势

要点：两掌内旋外分，与肩同宽，并配合呼气。两臂徐徐下按，应为肩带肘，肘带手，三个关节贯串、相连。两手中指节贴附大腿两侧。两掌内旋下垂于体侧，澄心静气，保持中正。收势时，头上领，收下颌，并步时应注意点起、点落、轻灵、均匀。同时要呼气，静立片刻。

10.1.2　太极剑

10.1.2.1　剑的结构介绍

中国古剑长短轻重不一，有巨剑、长剑、短剑、小剑之分。现代剑的长度，一般以反手自然垂臂持剑，其剑尖高不过头，低不过耳为准，重量约为 0.5～1kg。剑的结构古今大致相同，可分为剑身和剑把两段。剑的各部分组成(图 10-39)。

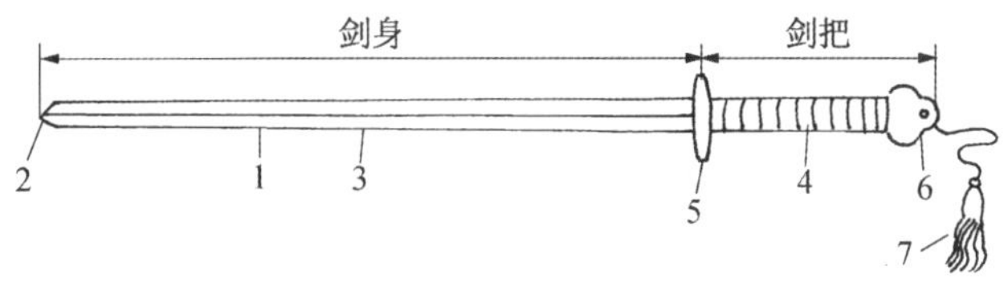

图 10-39　剑的结构

(1) 剑刃：剑身两侧锋利的薄刃。

(2) 剑尖：剑身锋锐的尖端。

(3) 剑脊：剑把长轴隆起的部位。

(4) 剑柄：剑把上贴手的部位，又称剑茎。

(5) 剑格：剑柄与剑身相隔的突出处，又称护手。

(6) 剑首：剑柄后端的突出部多成凸形，又称剑墩。

(7) 剑穗：附在剑首上的丝织的穗子，又称剑袍。

10.1.2.2　剑的基本握法和剑指

1) 基本握法

握剑的方法称为握法或把法。正确的握法不仅是准确表现剑法的先决条件，而且也是技术熟练的重要标志。初学者往往握剑比较僵硬，剑在手中不能灵活运转，致使剑法表现不清楚，力点不准确。随着不同剑法的需要，握剑的方法主要有以下 6 种：

(1) 平握：五个手指平卷握剑(图 10-40(a))。一般多用于劈剑、崩剑、架剑、推剑等。

(2) 直握：手握剑柄，由小指、食指、无名指、中指依次紧握成螺形，拇指靠近食指(图 10-40(b))。

(3) 钳握：大拇指、食指与虎口钳夹，起支点固定作用，其余三指松握(图 10-40(c))。一般都用于带剑、抽剑、云剑、挂剑等。

(4) 反握：手臂向内，向里旋转，手心向外，大拇指支架于剑柄的下方，向上用力，中指、无名指、小指向下勾压(图 10-40(d))。一般多用于撩剑、反刺剑等。

(5) 垫握：食指伸直，垫在护手下面以助力和控制剑的方向，大拇指也伸直，其余三指屈指(图 10-40(e))。一般多用于绞剑、削剑、击剑等。

(6) 反手握：持剑使剑身贴于左臂后方，左手食指贴于剑柄，指尖指向剑首，其余四指扣握于护手(图 10-40(f))。多用于太极剑的起收势持剑。

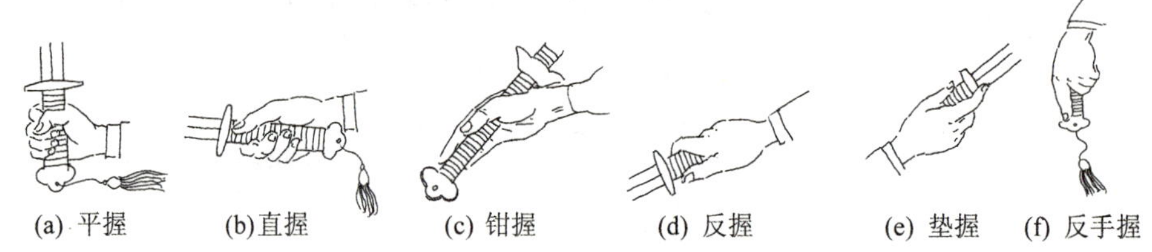

图 10-40 剑的基本握法

图 10-41 剑指

2) 剑指

在剑术练习中，不持剑的手要捏成“剑指”。剑指的握法是食指、中指并陇伸直，其余三指屈握掌心，大拇指压在无名指前端的指骨上(图 10-41)。剑指运用得合理得当，与剑法相应配合，可以达到助势助力，平衡动作，增加太极剑挤法的表现和神采。

10.1.2.3 基本剑法

(1) 刺剑：两脚左右开立，右手握剑提于右腿外侧，左剑指按于左腿外侧，目视前方(图 10-42(a))。右手握剑屈肘上提，经腰侧向前直刺，臂与肩成一条直线，与肩同高，力达剑尖，左剑指屈肘上提，附于右腕处，目视前方(图 10-42(b))。

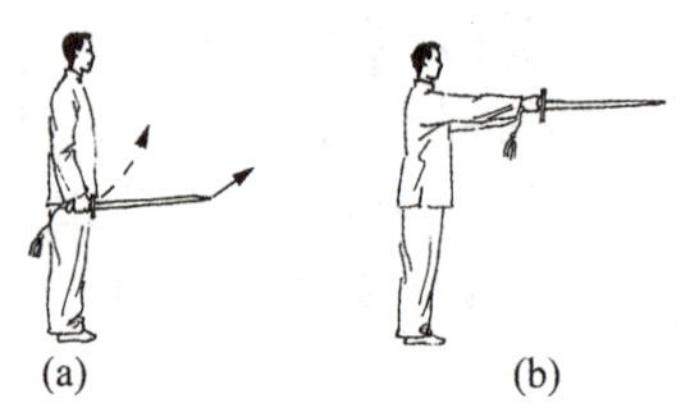

图 10-42 刺剑

要点：刺剑可分为立刺剑与平刺剑，剑刃上下为立刺剑，剑刃左右为平刺剑。手臂由屈到伸，与剑成一条直线，力达剑尖。

(2) 劈剑：两脚左右开立，右手握剑提于右腿外侧，左剑指按于左腿外侧，目视前方(图 10-

43(a))。右手握剑由左向上向右轮劈,力达剑刃,与肩同高,左剑指上提,立于左上方,目视右方(图 10-43(b))。

要点:劈剑由上向下用力,力点作用于剑身,手臂与剑成一直线,沿身体两侧绕一立圆。

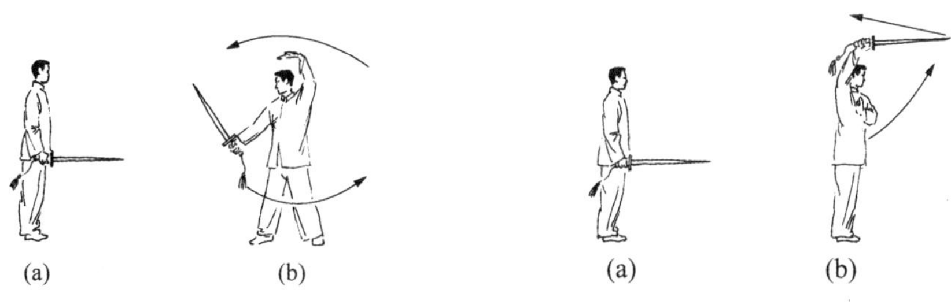

(a) (b)

图 10-43 劈剑

(a) (b)

图 10-44 架剑

(3) 架剑:两脚左右开立,右手握剑提于右腿外侧,左剑指按于左腿外侧,目视前方(图 10-44(a))。上体由左向右转,同时右臂由下向上至右架起,剑身横平,左手附于右腕处,目视左斜前方(图 10-44(b))。

要点:立剑向上托举,高过头部,力点在剑刃上。

(4) 点剑:左脚在前,两脚前后开立,右手握剑屈肘抱剑于胸,左剑指立于右腕处,目视前方(图 10-45(a))。右手握剑提腕,剑猛向下点,力达剑尖(图 10-45(b))。

要点:立剑用剑尖向前提腕点啄,手臂由屈到伸,力达剑尖。

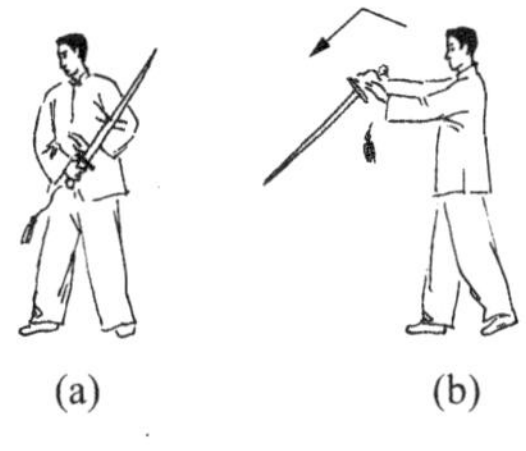

(a) (b)

图 10-45 点剑

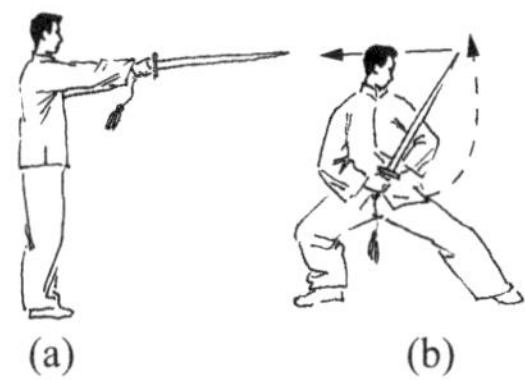

(a) (b)

图 10-46 崩剑

(5) 崩剑:两脚左右开立,右手握剑直臂右刺,左臂侧平举,目视右前方(图 10-46(a))。右手握剑屈腕,直臂体前,向左下落,使剑尖猛向上崩起,沉腕力达剑尖,左剑指附于右臂内侧(图 10-46(b))。

要点:立剑用剑尖自下而上,手腕下沉点啄,力达剑尖。

(6) 截剑:两脚左右开立,右手握剑前刺,左剑指立于右腕处,目视前方(图 10-47(a))。身体右转,右腿支撑站立,左腿屈膝提起,右手握剑内旋,随转体剑身斜向下截至身体右侧,臂剑成一直线,力达剑刃前部,左剑指向左上方架起,目视剑尖

(图 10-47(b))。

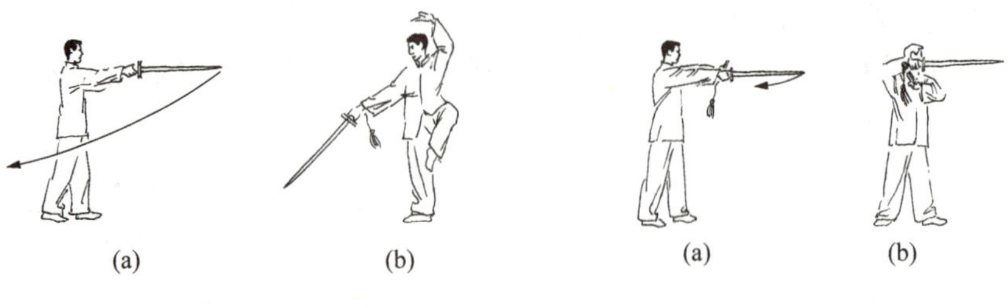

图 10-47 截剑

图 10-48 带剑

要点:立剑切断或阻断对方的进攻,力在剑刃上。

(7) 带剑:两脚并步站立,右手握剑前刺,左剑指立于右腕处,目视前方(图 10-48(a))。右手握剑,手臂内旋,平剑由右至后屈肘抽回,目视前方(图 10-48 (b))。

要点:平剑由前向侧后方抽回,力点在剑身的剑刃上,拉一下。

(8) 抽剑:两脚并步站立,右手握剑右平刺,左剑指侧平举,目视右方(图 10-49 (a))。右手内旋成反立剑,手臂向后直抽于胸,目视前方(图 10-49(b))。

要点:反立剑由右向左直抽,力点在剑柄上。

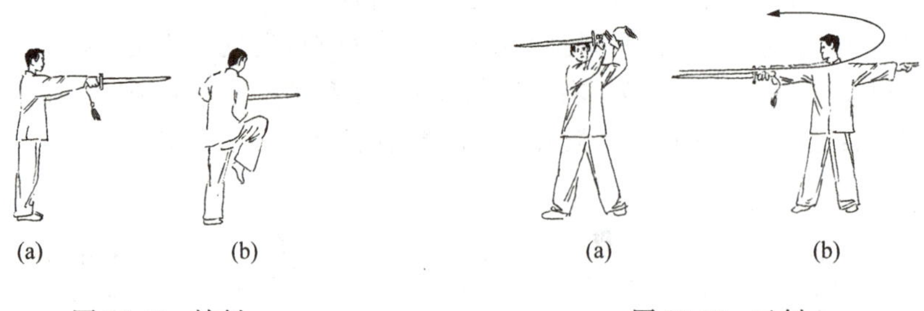

图 10-49 抽剑

图 10-50 云剑

(9) 云剑:两脚左右开立,右臂内旋上举,随之外旋,同时右手腕外旋转动,仰头(图 10-50(a)),使剑在脸上方平圆绕环一周,左剑指向上摆起,附于右腕内侧,目视剑身(图 10-50(b))。

要点:平剑在头上方做平圆环绕,力点在剑刃上。

(10) 挂剑:两脚左右开立,右手握剑直臂侧平举,虎口向上,左剑指直臂侧平举,虎口向上,目视右前方(图 10-51(a))。右臂内旋,剑尖向下,向左贴身挂起,力达剑刃前部,左剑指下落,附于右手腕处(图 10-51(b))。右臂外旋,剑尖向上,向前划弧,成平拳(图 10-51(c))。右手握剑,剑尖沿身体右侧向下,向后挂起,力达虎口侧刃前部,左剑指直臂前伸,虎口向上,与头同高,目视剑指(图 10-51(d))。

要点:剑成立剑,手腕要扣,剑尖从前向下,向后经过身体两侧成立圆挂击,力

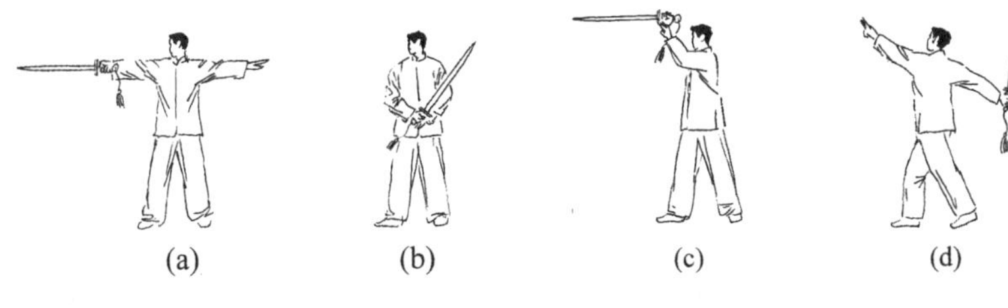

图 10-51 挂剑

达剑身的前部。

(11) 撩剑:两脚左右开立,错步站立,右手握剑直臂前刺剑,虎口向上,左剑指侧平举,目视前方(图 10-52(a))。右手握剑臂内旋,直臂向上,向后立绕至体后,随之臂外旋向下,沿身体右侧贴身弧形向前撩至体前上方,虎口斜向下,力达剑刃前部,左剑指向下,目视剑尖(图 10-52(b))。右手握剑,剑尖向上,向左弧形下落,左剑指屈肘回收,附于右腕外(图 10-52(c))。右手握剑臂内旋,剑尖向下沿身体左侧贴身弧形向前撩至体前上方,虎口斜向下,力达剑刃前部,目视剑尖,左剑指随之立于右手腕内侧(图 10-52(d))。

图 10-52 撩剑

要点:正撩剑,前臂外旋,反撩剑,前臂内旋,力达剑前部。

(12) 穿剑:两脚开步站立,右手握剑,直臂侧平举,虎口向上,左臂直臂侧平举,左剑指,虎口向下,目视右前方(图 10-53(a))。上体左转,右臂外旋,手心向上,屈肘扣腕,使剑尖随转体经腹间弧形向左前方平穿,剑尖与腹同高,左剑指向上架于头左上方,目视剑尖(图 10-53(b))。

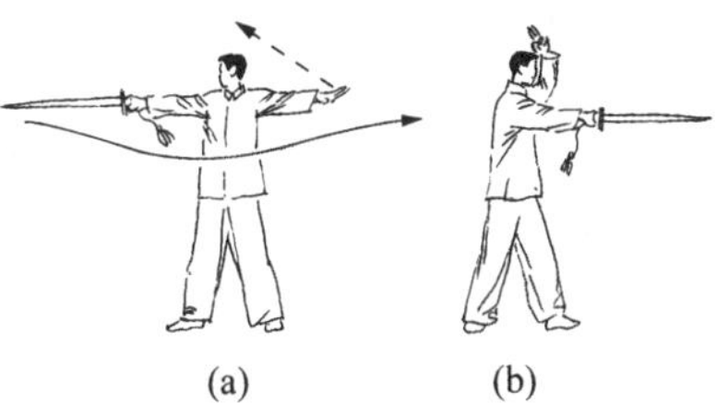

图 10-53 穿剑

要点:剑走弧线向左平穿,用来拨开对方器械。

练习方法:

(1) 老师讲解示范,学生跟做模仿若

干次。

(2) 先模仿路线，再模仿发力若干次。

(3) 结合步法练习若干次。

(4) 身剑协调练习若干次。

练习提示：

(1) 首先要掌握剑法的运动方向和力点。

(2) 结合身法步法运用好剑法。

10.1.3 散打

10.1.3.1 基本动作

散打的基本动作有进攻拳法、防守与反击拳法、腿法和摔法。前三种动作的准备姿势为：左脚在前，右脚在后，两手护于颌下，重心前倾，双腿微屈（图 10-54）。

1) 进攻拳法

(1) 左直拳：右脚蹬地，左脚向前进步，右脚跟进，同时左拳直线向前冲击对方，力达拳面。右拳放在右颌下作防护（图 10-55）。

图 10-54 预备

图 10-55 左直拳

图 10-56 右直拳

图 10-57 左摆拳

用途：可击打对方的脸部、胸部、腹部，也可用于防守反击，并可用于虚招迷惑对方探路，是进攻技术中远距离拳法。

要点：蹬地、拧腰、冲拳要同时发力，手臂屈伸富有弹性，收回要快成预备式并且眼睛要注视对方。

(2) 右直拳：左脚向前进步，右脚跟进，前脚掌内扣点地，转腰送肩同时右拳直线向前冲击对方，力达拳面。左拳收回左肩内侧作保护（图 10-56）。

用途：攻击的距离长，力量大，有较大的杀伤力，属于重拳远距离拳法。

要点：蹬地、转腰、送肩要顺，收回要快成预备式并且眼睛要注视对方。

(3) 左摆拳：左脚上步，同时上体左转，左拳由上向里并向下弧线挥击对方，肘微屈，拳心朝下，力达拳背，右拳护于右颌下作保护（图 10-57）。

用途：左摆拳是一种远距离弧线形进攻技法，多用于防守反击。

要点：力从腰发，向右转动，肘微屈，由上向下并向里走弧线，力达拳背，收回要快成预备式并且眼睛要注视对方。

(4) 右摆拳:原地右脚蹬地内扣,身体向左摆动,同时右拳由上向里并向下弧线挥击对方,肘微屈,拳心朝下,力达拳背,左拳护于左颌下作保护(图 10-58)。

图 10-58 右摆拳

用途:右摆拳是一种远距离弧线形进攻技法,多用于防守反击。由于蹬地转腰的力量使右摆拳重于左摆拳。

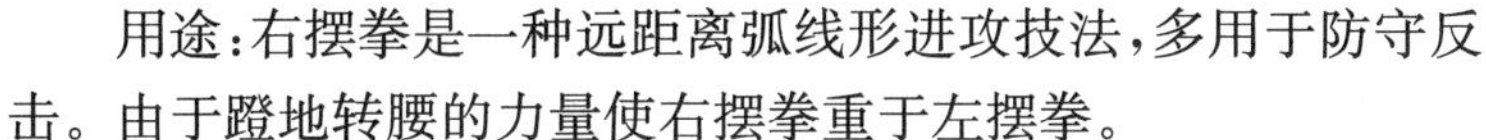

要点:右脚内扣、转腰、摆拳、发力要一致,力达拳背,收回要快成预备式并且眼睛要注视对方。

(5) 左勾拳(上勾、平勾)。

左上勾拳:重心下沉,左拳由下向上勾起,大小臂夹角在 90°～120°之间,拳心朝里,力达拳面(图 10-59(a))。

左平勾拳:重心右移,身体右转,左脚内扣,同时抬臂提肘成直角,拳心朝下,平击对手,力达拳面(图 10-59(b))。

用途:用于近身格斗,是短距离拳法技术。

要点:发力短促有力,上勾拳是由下向上发力,左平勾是由左向右发力。

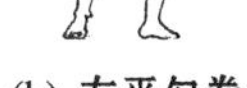
(a)左上勾拳 (b) 左平勾拳

图 10-59 左勾拳

(a)右上勾拳 (b)右平勾拳

图 10-60 右勾拳

图 10-61 阻挡

(6) 右勾拳(上勾、平勾)。

右上勾拳:右脚蹬地,扣膝合胯,身体向左转,同时右拳由下向上勾起(图 10-60(a))。

右平勾拳:抬臂提肘成直角,拳心朝下,平击对手,力达拳面(图 10-60(b))。(参见左平勾拳)

用途:用于近身格斗,是短距离拳法技术。

要点:发力短促有力,上勾拳是由下向上发力,右平勾是由右向左发力。

2) 防守与反击拳法

(1) 阻挡:边移动脚步边用手掌、肩部抵住对手拳击,通常右手阻挡左直拳,左手还击,左肩阻挡右直拳,右手还击。眼睛注视对方(图 10-61)。

用途:主要扼住对方攻击,缩短对抗距离,采用近距离作战的防守技法。

要点:反应快速,判断准确,用中等力量进行两人对抗练习。

(2) 拍击：两臂提至胸前，左拳右手拍击，右拳左手拍击，拍击动作要小而快，眼睛注视对方(图 10-62)。

用途：改变进攻者出拳的方向，达到防守的目的。

要点：拍击要快速、短促、有力、准确，为下一次拍击做准备。

(3) 躲闪：身体左右侧闪，重心前后移动，改变身体及其他部位的位置，使对手的进攻落空，伺机转入进攻，眼睛注视对方(图 10-63)。

图 10-62 拍击 图 10-63 躲闪 图 10-64 (左)蹬腿 图 10-65 (左)踹腿

用途：躲闪目的为了进攻，躲闪要敏捷，要有利于进攻。

要点：用中距离和近距离做前后躲闪和左右躲闪。

3) 腿法

(1) 蹬腿：右腿直立，左腿提膝抬起勾脚，身体正对前方，以脚跟领先向前蹬出，力达脚跟，眼睛注视对方(图 10-64)。

用途：阻击对方用手攻击的中距离腿法。

要点：屈膝高抬，爆发用力，快速连贯，走直线。

(2) 踹腿：右腿直立，左腿提膝抬起勾脚，身体右转，展髋挺膝向前踹出，力达脚掌，上体侧倒，眼睛注视对方(图 10-65)。

图 10-66 横摆腿

用途：阻击对方用手攻击的远距离腿法。

要点：身体侧倒，屈膝高抬，爆发用力，快速连贯，走直线。

(3) 横摆腿：上体右转并侧倒，顺势带动左腿(直腿)，向右方横摆鞭打扣膝，力达脚背，眼睛注视对方(图 10-66)。

用途：主要横击对方的腹部、头部的远距离腿法。

要点：以转体带动摆腿，动作连贯，弧线快速。

(4) 弹踢腿。

弹踢腿(直)：右脚直立，左腿提膝抬起，同时小腿向前向上弹击，脚面绷紧，力达脚面，眼睛注视对方(图 10-67(a))。

弹踢腿(横)：右脚直立，左腿提膝抬起，同时小腿外展，身体右转，小腿发力向右弹击，脚面绷紧，力达脚面，眼睛注视对方(图 10-67(b))。

用途：主要用于弹击对方腹部、头部，阻击对方进攻。

要点：以身体转动大腿带动小腿的鞭打动作。

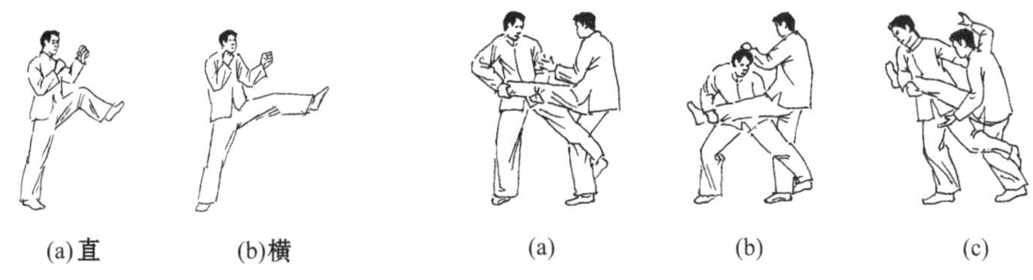

图 10-67　弹踢腿

图 10-68　抱腿别腿摔

4）摔法

（1）抱腿别腿摔：对方用左腿法攻击时，我将对方左腿抱住，上步转体用胸下压对方腿部（图 10-68）。

要点：抱腿准、有力，上步、转体、下压协调一致。

（2）抱腿推击摔：对方用左腿法攻击时，我将对方左腿抱住，上步用左手打击对方的上体（图 10-69）。

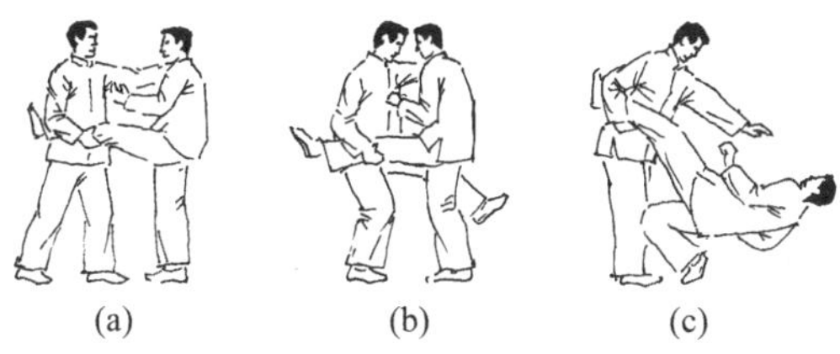

图 10-69　抱腿推击摔

要点：抱腿准、有力，上步打击对方的上体要快。

（3）抱腿过胸摔：对方用右直拳击我头部时，我立即上步低头弯腰抱对方的前腿，然后蹬腿挺身仰头后倒将对方摔出（图 10-70）。

要点：上步下潜快，抱腿紧，起来要用爆发力。

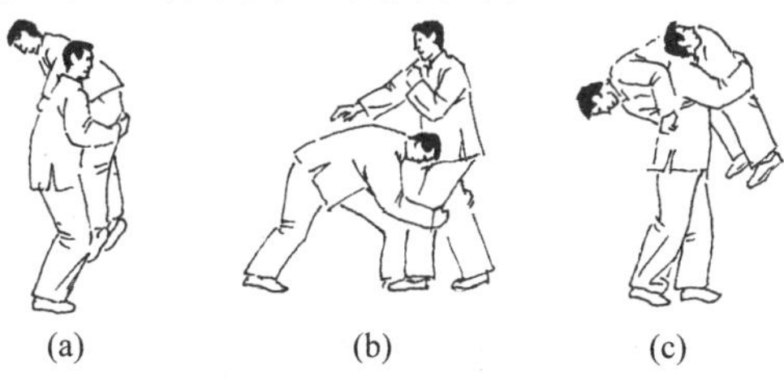

图 10-70　抱腿过胸摔

练习提示：

(1) 老师讲解示范，学生模仿练习。

(2) 空击徒手练习若干次。

(3) 击沙袋练习若干次(图 10-71)。

(4) 摔抱布人练习若干次。

(5) 对练组合练习若干次。

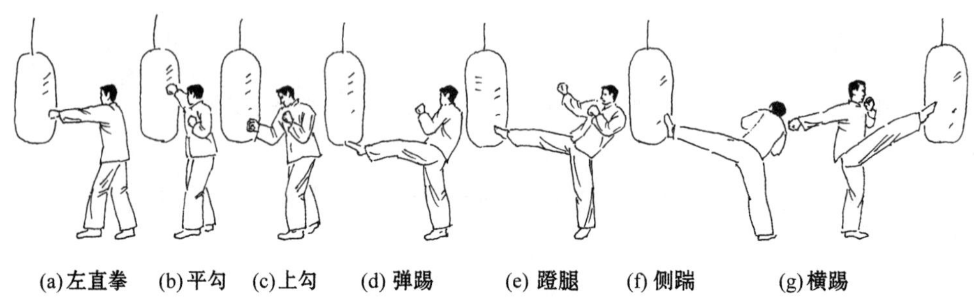

图 10-71　击沙袋

10.1.3.2　组合练习

(1) 当双方对峙的状态下，突然快速起步用左直拳攻击对方的头部、胸部(图 10-72)。

(2) 当对手还击时，突然向左躲闪用左直拳反击对方头部(图 10-73)。

图 10-72　练习 1　图 10-73　练习 2　图 10-74　练习 3　图 10-75　练习 4

(3) 当对方左直拳攻击我上身时，我迅速俯身向下躲闪，同时用左直拳反击腹部(图 10-74)。

(4) 当对手左直拳攻击我上身时，我迅速往后躲闪(图 10-75(a))；同时用右直拳跟近还击(图 10-75(b))。

(5) 当对手用右直拳还击时，我向左躲闪，同时用右直拳还击腹部(图 10-76)。

图 10-76　练习 5

(6) 当对方用左摆拳攻击时，我用左手防护，身体向右转

(图 10-77(a));同时用右上勾拳还击(图 10-77(b))及平勾拳还击(图 10-77(c))。

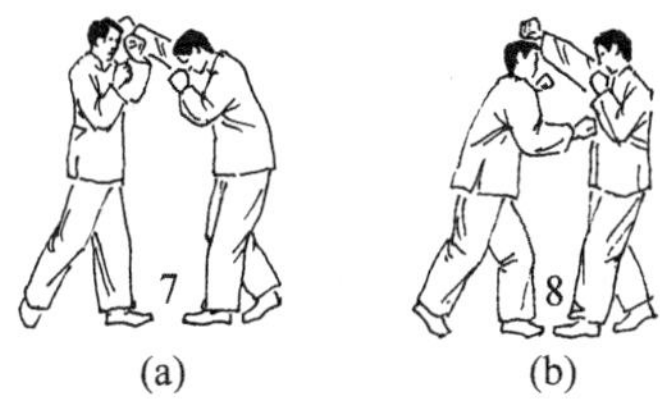

(a) (b)

(c)

图 10-77 练习 6

(7) 当对方离我中距离时,我突然以左蹬腿攻击对方的胸部、腹部(图 10-78(a)、(b))。

(a)

(b)

图 10-78 练习 7

(a) (b)

图 10-79 练习 8

(8) 当对方用直拳攻击我时,我突然 180°转身用后蹬腿还击(图 10-79(a)、(b))。

(9) 当对方中盘空虚时,我用左摆腿攻击对方的腹部(图 10-80(a)、(b))。

(a)

(b)

图 10-80 练习 9

图 10-81 练习 10

(10) 当对方远离我时,我突然用左踹腿攻击对方的头部、胸部(图 10-81)。

练习提示:

(1) 出拳要快要准,发力要顺,要靠蹬腿转体做发力动作。

(2) 出腿要稳,靠单脚支撑做腿法动作

(3) 抱摔要顺,要借力巧摔。

(4) 注意进攻中带防守,防守中有进攻。

10.1.4 女子防身术

女子防身术是非运动比赛项目，是女性面临罪犯而实施利用的任何技击方式，以巧取胜，以弱胜强，一招制敌。可归纳为以下一些防身技术。

(1) 破正面搂抱：敌从正面搂抱，我起右膝猛顶敌裆部(图 10-82)。

要点：顶裆部突然、猛烈。

(2) 踹足破后抱：敌从背后用双手抱我腰，我抬起一脚，用脚跟踹敌同侧脚脚面(趾)(图 10-83)。

图 10-82 破正面搂抱

图 10-83 踹足破后抱

图 10-84 撞头破后抱

图 10-85 破后抱，横击敌颈

要点：足背屈，脚跟发力。

(3) 撞头破后抱：敌从背后用双手抱我腰，我用头后脑部撞击敌面部(图 10-84)。

要点：正确判断敌面部方位，头后撞突然猛烈。

(4) 破后抱，横击敌颈：敌从背后将我揽腰抱住，我先仰头撞击敌面鼻，敌因疼痛而松手，我随即用左手抓住其左腕，同时速向右转身用右肘横击敌右颈部(图 10-85)。

要点：保持重心平衡，转腰要突然有力，横肘撞击迅猛。

学练提示：后横击肘，肘屈抱拳，拳心朝下，以肘尖或近肘关节的大臂为力点，上体右转，向右后横击，向后转体，要快速突然，横击要猛。

(5) 破侧抱，肘拳连击：敌在我右侧将我双臂连同身体抱住，我即两大臂稍向上用力抬起，使之抱我之手稍有松动，继之我速下蹲用右肘尖顶击敌方腹部，敌因

图 10-86 破侧抱，肘拳连击

受顶而腹后缩上体前屈，我随之上体稍起返臂用拳背击打敌面部(图 10-86)。

要点：大臂上抬动作有力，下蹲顶肘突然。

学练提示：顶肘时，小臂内旋平屈，拳心向下，以肘尖为力点，向前猛顶，顶肘时与肘尖要保持平行。

(6) 破抱腰：敌从正面抱住我腰，头置于我右腰侧欲施摔法，在敌施招之前，我即用右肘尖，由上向下砸击敌后脑部或后颈部，继之抬右膝猛烈顶击敌腹肋部(图 10-87)。

要点：当敌抱住我腰时，我要冷静沉着，并尽快发起反击以掌握主动权，顶膝要连贯，力量要大。

图 10-87 破抱腰

练习提示：

① 砸肘：肘全屈握拳，拳心向里，臂向上抬起，以肘尖为力点，由上向下沉肘下砸，下砸时重心稍下沉。

② 顶膝：一腿直立支撑，另一腿屈膝，以膝盖为力点，迅速提起向前上方顶击，上体稍后倾，提膝要快速。

(7) 破后夹颈：敌从背后用右手夹锁我颈部，此时我须镇定，尽量控制好自己的重心，随即尽可能拧腰，用左肘尖狠狠顶击敌左肋腹部，也可用左前臂鞭击敌裆部(图 10-88)。

要点：顶肘时，上臂发力，鞭击时，前臂发力，腕、指紧张。

图 10-88 破后夹颈

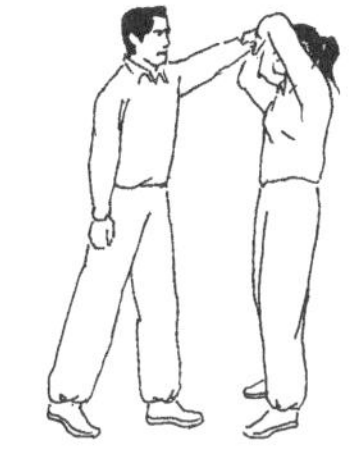

图 10-89 破正面抓发

(8) 破正面抓发：敌从正面抓发，我用“阙指下压”术，双手压握敌手腕，同时后退一步，然后身体猛向前屈，使敌手腕挫伤(图 10-89)。

要点：压握敌手腕要快且紧，体前屈快速有力。

(9) 破背后抓发：敌从背后用右手抓我头发，我迅速将两手变掌屈肘向上，双手把敌右手合抱控制于我头顶，紧接着，我重心稍下降，随即右脚向左脚外侧移动一步，拧腰右转，两手控制住敌右手于头顶不松开，身躯继续朝右后翻转至正面对着敌方，双膝弯曲，上体前屈，此时敌方的右手心已翻转朝上。接着我速立身站起，运用头顶上挺动作，迫使敌右臂强直，肘关节反折，敌因疼痛双足踮起，身体悬浮而撒手(图 10-90)。

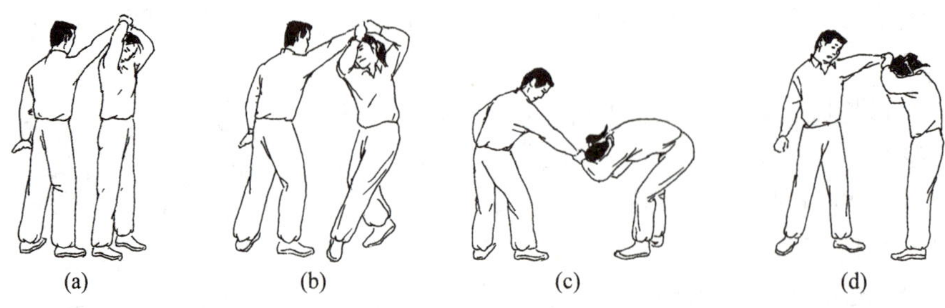

(a) (b) (c) (d)

图 10-90 破背后抓发

要点：我拧腰翻转要步快腰活，整个动作不能有停顿，要一气呵成。

(10) 丁腿：敌从正面欲抓我，我乘敌反应不及，用丁腿踢击较靠近我之敌的胫骨(图 10-91)。

要点：丁腿快速隐蔽，摆腿时控制好身体平衡。

(11) 破右腕被抓：敌从我右后侧抓住我右手腕，我用右脚跟蹬踹敌近我身后的膝关节，也可看准时机猛踹敌的脚面(趾)(图 10-92)。

要点：正确判断敌方位，蹬踹发力要猛。

练习提示：蹬腿时，一腿直立或稍屈，另一腿屈膝抬起，迅速向前伸蹬，脚尖勾起，力达腿跟，屈膝抬腿与伸蹬动作快速连贯，爆发用力。

(a) (b)

图 10-91 丁腿　图 10-92 破右腕被抓　图 10-93 破双腕被抓

(12) 破双腕被抓：敌从正面双手紧抓我双腕，敌我手心都向下，我两臂用力外旋，拳心向里，同时双臂屈肘，作解脱状以分散敌注意力，随即我以右腿弹踢敌裆部(图 10-93)。

要点：佯装解脱，注意力集中于弹踢，弹踢要突然，部位要准。

练习提示：弹腿时，一腿直立或稍屈，另一腿屈膝抬起，迅速向前伸踢，同时挺膝，绷平脚面，力达足尖。

(13) 破臂被反拧：当右臂被敌反拧，则腰左拧，以左手撩击敌裆，左臂被拧，则方向相反(图 10-94)。

要点：撩击时，前臂发力迅猛，腕、指紧张。

(a)　(b)

图 10-94　破臂被反拧

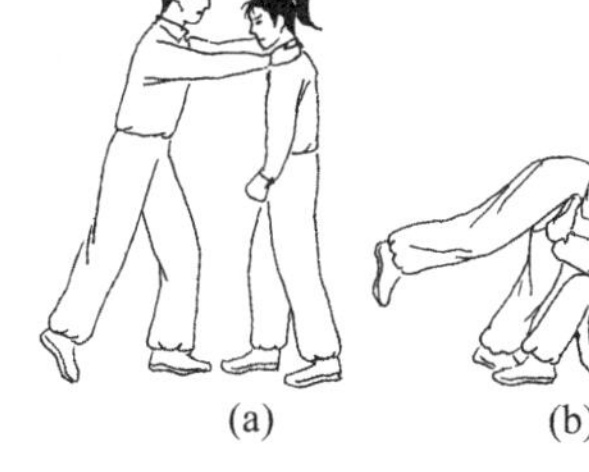

(a)　(b)

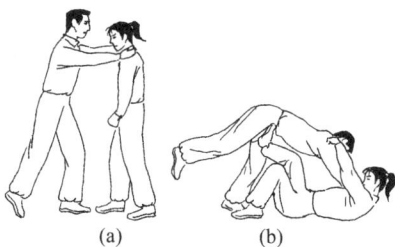

图 10-95　倒地蹬摔

(14) 倒地蹬摔：敌从正面用双手抓我双臂，我速重心后移，坐于地上，双手抓敌双肩，左脚向前勾起用足蹬住敌方腹部，随即两手用力抓拉敌方两臂，右脚向上用力猛蹬敌方腹部，将敌经我上方后摔出去(图 10-95)。

要点：我两手抓拉要紧，蹬腿要猛。

(15) 扭腕砸肘：敌从正面以右手掌搭我左肩，我上体稍左转，同时用右手按抓敌右手背，四指扣紧敌小指侧，随之我身体猛向右转，并向左下方屈体。与此同时，左肘由左向下向右下弧形砸压敌方右肘。使其肘关节折断或脱位(图 10-96)。

要点：紧扣敌手掌小指侧，使敌方手臂始终保持伸直，转身屈体，左肘下压敌肘要连贯，砸压要猛。

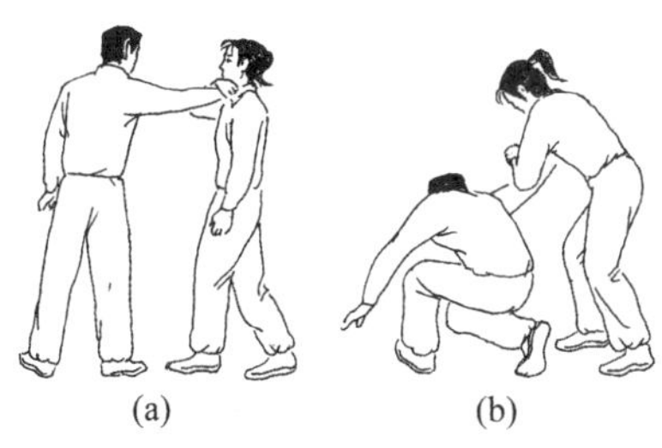

(a)　(b)

图 10-96　扭腕砸肘

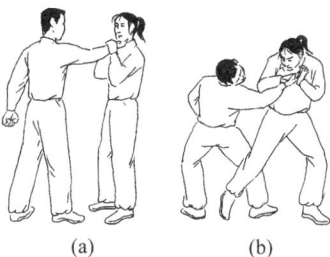

(a)　(b)

图 10-97　拧臂绊摔

(16) 拧臂绊摔：敌从正面用右手抬我下额或摸我左脸，我即以双手合抓敌手掌，突然左转下压。使敌臂外展，失去身体重心，同时右脚向敌右脚外侧上步，绊住敌右脚将敌摔倒(图 10-97)。

要点：抓敌手掌要紧，左转下压迅猛。

(17) 破双手掐喉：敌正面双手掐我颈喉，我以双手分别紧抓敌双腕，两手虎口均朝里，随即后退一步，含胸，上体前屈，用我锁骨前部向下猛压敌双手指以挫伤敌腕指（图 10-98）。

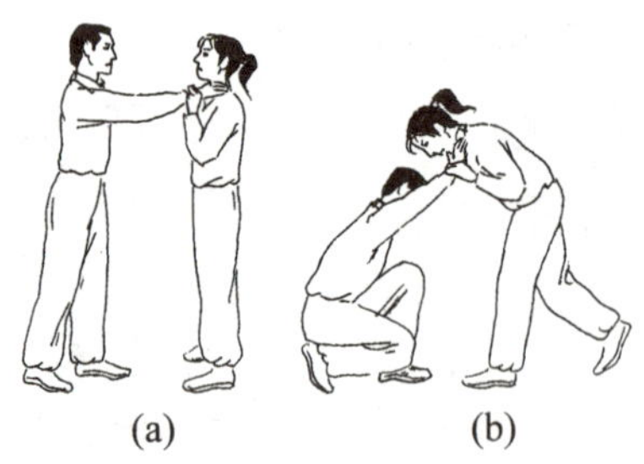

(a) (b)

图 10-98 破双手掐喉

要点：抓敌双腕要紧，身体后移、前压连贯。

(18) 破敌反握匕首顶（抵）我前胸：敌正面右手反握匕首顶（抵）我前胸，我迅速用左手向右拍击敌前臂，紧接着起左脚蹬踹敌右膝部（图 10-99）。

(a) (b)

图 10-99 破敌反握匕首顶（抵）我前胸

要点：拍击突然，蹬踹有力且部位准确，动作连贯，一气呵成。

练习方法：

① 肘法（以右肘为例）：马步顶肘、上右步挑肘、撤右步砸肘、拧腰左转前横击肘、上体右转，右横击肘、用各种肘法顶击沙包。

② 脚法：正踢腿、侧踢腿、行进间蹬腿、弹腿、蹬踹沙包（用各种腿法踢击沙包）。

③ 膝法：原地连续做同一脚的提膝、双手掌墙交替、做提膝顶沙包。

10.2 轮滑

轮滑亦称旱冰，是一项展示青春活力，既用于竞技表演，又能作为娱乐休闲的体育项目。经常参加轮滑运动，可以增强体质，提高身体的协调性、平衡性和灵敏性，改善人体的心肺功能，调节神经系统的协调能力，促进机体对内外环境的适应能力，提高机体的免疫力，延缓各器官系统功能的衰退。另外，对培养团队精神和勇敢顽强、挑战自我心理品质也有着积极作用。

10.2.1　基础练习

基础练习是学习轮滑的第一步，初学者应按照循序渐进、由易到难的原则，先扶物或扶人进行练习，待初步掌握身体平衡后再进行徒手练习。

10.2.1.1　原地站立

（1）“丁”字站立：脚穿轮滑鞋，扶物成丁字步站立，前脚跟卡住后脚的脚弓，上体稍前倾，双膝自然弯曲，身体重心落在后脚上。然后两脚交换位置，再呈丁字步站立，直到站稳为止（图 10-100）。

（2）“八”字站立：站立时两脚跟靠近，脚尖自然分开，上体稍前倾，双膝自然弯曲，身体重心落在两脚之间（图 10-101）。

图 10-100　“丁”字站立

图 10-101　“八”字站立

图 10-102　平行站立

（3）平行站立：两脚平行分开，与肩同宽，脚尖稍内扣，膝部微屈，重心落在两脚之间（图 10-102）。

10.2.1.2　移动身体重心练习

1）原地移动重心练习

（1）原地左右移动练习：两脚平行站立，上稍向一侧倾斜移动，逐渐将重心完全转移至一条腿上支撑，待稳定后再向另一侧移动。

（2）原地抬腿练习：两脚平行站立，上体稍前倾，重心移至左腿，右腿稍抬起，再放下；然后以同样方法练习左腿。练习时要注意放腿时应保持脚下的轮子同时着地。

(3) 原地蹲起练习：两脚平行站立，做下蹲并站起的动作。可先做半蹲，逐渐加大下蹲的幅度，直至快速深蹲并做短时间的静蹲后再站起。练习时要注意在屈伸踝、膝、髋三个关节时的协调配合。

2) 外“八”字脚移动重心练习

两脚成外“八”字站立，重心移至左脚，右脚向前迈一小步，重心随之移至右脚上，多面手左脚向前迈进一步，重心随之移至左腿上。反复进行练习，逐渐加快迈步频率和加大迈进距离。注意收脚时应尽量保持脚下的轮子同时着地。

3) 侧向移动重心练习

两脚平行站立，重心向右侧移动，随之左脚向左侧横跨一步，右脚迅速靠拢，待稳定后再进行向右侧的下一步。如此反复进行 5～6 步后，再向左侧做相同练习。

4) 横向交叉步练习

两脚平行站立，先将重心移至左腿上并继续向左移动稍走出左腿支撑点，收右腿，右腿向左腿向外侧迈步成双腿交叉姿势，重心随之移至右腿上，成右腿支撑重心，接着收左腿向侧跨一步，成开始姿势，如此反复进行 5～6 步后，再由右侧做相同练习(图 10-102)。

10.2.1.3 慢速滑行

(1) 单蹬双滑练习：两脚平行站立，稍窄与肩。右脚内刃蹬地，将身体重心送至向前滑行的左腿上，右腿蹬地后迅速收腿，与左腿并拢成双脚平行滑行，当速度减慢时，再用左脚内刃蹬地，将身体重心送至向前滑行的右腿上，左腿蹬地后迅速收腿与右腿并拢(图 10-103)。

图 10-103 单蹬双滑练习

(2) 单蹬单滑练习：两脚平行站立，身体前倾，两臂自然下垂，两腿弯曲。左脚由内刃蹬地，随着蹬地动作结束向前收左腿，把身体重心移向右腿，并成半蹲支撑，右脚先用平刃向前滑出，然后再用内刃蹬地，把身体重心移向左腿，成半蹲支撑，左脚用平刃向前惯性滑行，双脚交替进行(图 10-104(a,b))。

(a)

(b)

图 10-104　单蹬单滑练习

(3) 弯道练习：根据滑行速度和圆弧的半径，向圆心内倾斜，下肢用交叉步滑行。左脚要用外刃，右脚要用内刃。要求两腿半蹲，上体前倾，当左脚用外刃获得稳定平衡后，右脚向左脚的左侧前方迈出大半步；当右脚落地用内刃蹬地时，身体重心从左腿移到右腿，然后左脚迅速从右腿的后方收回，左侧迈出大半步，用外刃支撑身体重心。可从粗糙地面到光滑地面，从站立姿势到半蹲姿势，从不连续压步到连续压步进行练习(图 10-105)。

图 10-105　弯道练习

10.2.2　滑行技巧

经过基础练习，在初步掌握轮滑基本技术后，再学习直道滑行、弯道滑行和转弯滑行技巧，以及掌握向后沿街和急停方法。

10.2.2.1　直道滑行

图 10-106　滑行姿势

(1) 滑行姿势：采用蹲屈的滑行姿势，上体前倾与地面所成角度为 25°左右，背部稍凸起，膝关节弯曲 120°左右(图 10-106)。速度轮滑与冰上速滑有很大的差别，身体姿势不能过低，否则蹬地角度太小，会使轮滑鞋的轮子向外侧打滑，影响轮子的蹬地效果。因此，速度轮滑是以高姿势、快频率为基本特征。

(2) 轮子蹬地：蹬地技术是决定滑行速度的关键，主要取决于轮子蹬地力量的大小和蹬地时间的长短。轮滑过程中不要过分地减少自由滑行时间，身体重心一般是在前后两轮之间，否则将会影响滑行的惯力性，过多地消耗体力。

(3) 全身配合：全身配合是完成滑行技术和快速滑行的重要因素。首先是两腿之间的配合，当左腿惯性滑行时收右腿，左腿蹬地时右轮开始着地；其次，是上体和臀部与腿的配合，即上体和臀部随着两腿交替移动而不断地转移重心；最后是两臂与两腿配合，滑行时两臂的摆速度要稍快于两腿的动作速度，以增强轮子的蹬地力量，提高滑行频率。

10.2.2.2　弯道滑行

(1) 滑行姿势：采用身体向左侧前倾斜，至弯道滑行时，利用交叉步行使身体重心落在左脚外侧和右脚内侧，滑行姿势比直道滑行稍低，重心保持平衡，蹬地腿应尽量与身体倾斜面相一致。

(2) 蹬地动作：蹬地采用交叉步，沿着圆弧的切线滑行，步幅不能过长，惯性滑行的时间比直道短。当左轮拉收到右支撑腿时，右脚开始蹬地；右腿“压收”超过左轮时，左腿则开始蹬地。

(3) 全身配合：弯道滑行技术的关键是摆臂动作与蹬地动作的配合。弯道摆臂动作可以维持平衡，增加轮子蹬地力量，提高滑行频率。弯道摆臂的幅度要比直道小，左臂摆动的幅度要比右臂小，手臂摆动的方向是偏向左侧。

10.2.2.3　转弯滑行(左转弯为例)

(1) 滑行姿势：向前直滑达到一定速度后，左脚要在右脚的左前方。如滑行速度快，转弯角度小，左脚要超出右脚半步，两脚间距离要宽；如滑行速度较慢，转弯弧度较大，左脚要超出右脚，两脚间距可略宽。转弯时头部向左转，上体向左侧倾斜，臀部下降向左侧移，重心要移到左脚外刃，右脚用力压内侧轮(如图 10-107)

图 10-107　转弯滑行

(2) 全身配合:全身配合取决于两脚间距与身体重心及向内侧倾斜的程度。前后脚之间(包括左右方向)距离长,身体重心向内侧移动速度快,移动幅度大,转弯就快、弧度就小,但身体平衡不易掌握。

10.2.2.4 向后滑行

(1) 向后葫芦滑行:两脚平行站立,脚尖稍向内,两腿弯曲,双膝内扣,重心后移,上体前倾。滑行时用两脚内刃向前蹬地,两脚跟外展,当两脚向外滑至最大弧时,两脚用力内收,双膝逐渐撑直,恢复开始姿势。

(2) 向后直线滑行:准备姿势同上,注意重心在后,上体前倾。滑行时左脚内刃蹬地,身体重心向右侧移动,右脚向后滑行,左脚蹬地后放在右脚内侧,然后用右脚内刃蹬地,重心移到左侧,左脚向后滑行。

10.2.2.5 移动方法

(1) 足跟制动法:在慢速滑行时将有制动胶的脚前伸,脚尖抬起使后跟上的制动胶着地,前腿用适当力量压地,使制动胶与地面摩擦,逐渐减速而停止(如图 10-108)。

(2) "T"型制动法:当左脚支撑滑行时,上体抬起直立,右脚外翻并横放在左脚后面,左脚成"T"字型,使右脚的轮子横向与地面磨擦;两腿弯曲,重心下降并逐渐移向右脚加大摩擦,使之减速而停止(如图 10-109)。

图 10-108 足跟制动法

图 10-109 "T"型制动法

(3) 双脚平行制动法:在快速滑行时,双脚略靠近,身体迅速转体 90°,同时带动两脚转体 90°,重心快速降低,腿弯曲,用双脚的轮子与地面摩擦使之减速停止(如图 10-110)。

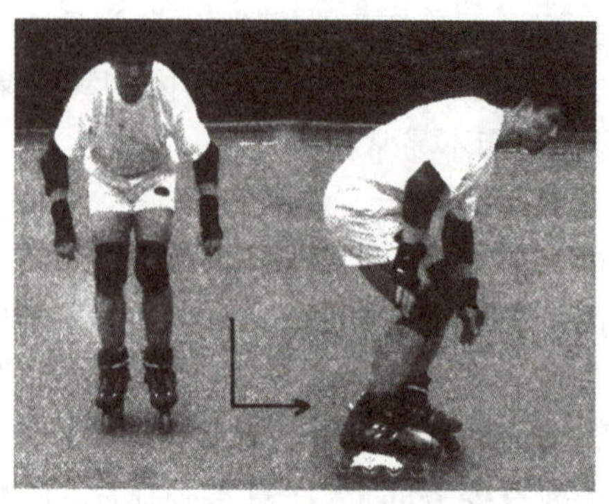

图 10-110 双脚平行制动法

10.2.3 参加轮滑运动应掌握的安全常识

在轮滑运动的教学与训练中，为防止和避免一些意外事故发生，在练习中应注意以下几个方面：

(1) 初学者上场练习时，应着运动服或长裤长袖衣服，戴上护具，避免摔倒时受伤。

(2) 初学者上场练习时必须采取正确的练习姿势，要注意上体的前倾和小腿的前伸，切不可在滑行中身体伸展、后仰。

(3) 每次练习时应注意检查场地。如有沙石、木屑、烟头等杂物要及时清除干净，如有裂痕要及时修补。

(4) 每次上场练习前要严格检查轮滑鞋是否符合练习要求，必须戴护盔和防护手套。

(5) 在练习场上应严禁随意追逐、打闹等。严禁在跑道上顺时针方向滑跑。

(6) 场地附近应备有常用外伤药品，一旦有外伤情况应立即处理。如有骨折、脑震荡等严重伤害出现时，应及时护送至医院治疗。

10.3 登山和攀岩

登山既是健身活动又是旅游活动，登山观景已成为旅游健身者的一大乐趣。为了登上险峰，人类充分发挥了自己的聪明才智。1786 年以前就已经有人使用登山镐、绳索、浮雪踏板等专门器械登山，并且掌握了雪崩、滚石、冰崩、雪盲、高原缺氧等山间知识及其变化规律。当登山专门技术和专门装备形成、产生以后，登山逐渐地从旅行活动中分离出来，成为一个单独的体育运动项目。

横贯法国、意大利、瑞士和奥地利等国的阿尔卑斯山是登山运动的诞生地，主峰——勃朗峰（在法国境内）海拔 4 810 米，是西欧的第一高峰。1786 年 6 月，一位名叫巴卡罗的山村医生经过两个多月的准备，并与当地山区水晶石采掘工人巴尔玛结伴，于 8 月 6 日首次登上了勃朗峰。

1787 年 8 月 3 日，由德·索修尔本人率领、巴尔玛做向导的一支 20 多人组成的登山队，再次登上该峰，揭开了现代登山运动的序幕。后来，人们把登山运动称为“阿尔卑斯运动”，把 1786 年作为登山运动的诞生年，把德·索修尔、马尔玛等人视为世界登山运动的创始人，并得到了国际登山界的公认。

登山运动是在特定的地理环境中，参与者徒手或用专门的登山装备，从低海拔的平缓地带回高海拔山峰进行攀登的一项体育运动。

登山运动根据其运动目的可分为旅游登山、竞技登山和探险登山三类。旅游登山是以锻炼身心，观赏游览、领略风光为目的的群众性登山运动；竞技登山是运动员为克服特定登山路线上的困难，各自徒手或借助一定器械而进行的攀登技术竞赛；探险登山主要是指人们在一定的器材和装备的辅助下，以经受各种恶劣自然条件的考验，攀登高峰绝顶（在雪线以上）为目的而进行的登山运动。登山运动深受世界各国人民喜爱，曾被列为奥运会比赛项目。

我国登山运动始于 20 世纪 50 年代，几十年中，实现了人类双跨（从南北两个方向登顶）世界顶峰和完成世界七大洲最高峰的攀登等壮举。以旅游登山为主的群众性户外运动，已成了人们休闲娱乐的主要形式。

10.3.1　登山

10.3.1.1　专用装备

专用装备即直接与登山活动有关的、必需的基本装备，包括被服装备、技术装备和露营装备。

1）被服装备

由于竞技登山和探险登山的环境不同，其装备的要求也不同。

（1）竞技登山装备：① 岩石衣裤，即竞技登山活动中穿的衣裤，要紧身合体，裤口、裤脚较小且有弹性，选料以结实耐磨、富于弹性的毛制品最好；② 岩石鞋，岩石作业的一种特用鞋。鞋帮最好用结实、通气的皮革原料，鞋底用较硬的橡胶原料。鞋底较厚，有利于摩擦固定。

（2）探险登山装备：① 御寒服装，用于登山活动中的保温御寒，保温层最好用优质鸭绒，面料要轻、薄、密实、防水、防风。衣面颜色以深为主，尽量鲜艳一些，以利吸热和便于山上、山下的运动员观察识别。除衣、裤外，根据需要也可制作羽绒袜、手套和背心。② 风雨衣，用防水的优质尼龙原料制成，具有良好的防风、保暖性能，上衣连帽，帽口、袖口、裤脚能调整松紧。③ 高山鞋，攀登冰雪高山的特用鞋。其用料要求是质轻，并具有良好的保暖、防水、通气等性能。高山鞋还应配绑腿和鞋罩，以便提高其保暖、防水、保护的作用。在冰坡上行走时，鞋底不要绑上冰爪。④ 行囊，包括背包、背架和行李袋。⑤ 防护眼镜：用以遮挡强烈阳光和冰雪反射光，防止紫外线对眼睛的伤害，防护镜的镜片以用镜片为好。在 7 000m 以上高山区，登山人员应配备专防紫、红外线的防风雪眼镜。

2) 技术装备

(1) 冰镐：这是通过冰雪坡时不可缺少的工具，除用它整修道路外，还可辅助行进和用以保护。

(2) 安全带：安全带由圈套、带子和卡子组成，系在腰部，它是各种保护装备与人体的联结装备。

(3) 主绳：其长度为 40～50m，直径为 9～12mm，承受力在 1 500kg 以上，为轻便、坚固的尼龙制品，不同人员应分别配有不同颜色的主绳，以便使用时识别。它是结组、渡河、架"桥"、攀岩和各种保护必用的技术装备。

(4) 辅助绳：其直径小于主绳，约 6～8mm，承受力约 800kg。其材质与主绳相同，与主绳配合使用。

(5) 雪崩飘带：这是遭遇雪崩等险情时搜寻受难者的一种标记，用比重小、色彩鲜艳的丝绸制成。每根长约为 5m，宽 0.01m。通过雪崩区之前，将此物系于运动员身上。

(6) 铁锁：在技术操作中，一些装备之间需要交替不断进行连续和解脱，为避免烦琐的结绳、解绳操作，使动作简单而迅速，就必须有铁锁的辅助。有时铁锁可代替滑轮使用。

(7) 钢锥：有岩石锥和冰雪锥两大类。在克服难度较大的岩石、冰雪地形的登山作业中，将不同长度和类型的钢锥打入岩石缝或冰层里，作为行进和保护的支点。

(8) 铁锤：一般用于打入和起出钢锥用。

(9) 雪铲：用于平整营地，构筑雪洞等铲挖作业。

在上述一些技术装备的基础上，可根据需要配备一些增效技术装备，如上升器、下降器、雪橇、金属梯、小挂梯和滑车等。

3) 露营装备

(1) 帐篷：帐篷可分为低山帐篷和高山帐篷两种。低山帐篷一般用单层料制成即可；高山帐篷要用双层料，中间有空气层，以增加其保暖性能。一般每个帐篷内约有 4m^{3}空间，能居住 2～4 人。如队伍规模较大，基地营的分别制成更加实用的住宿帐篷、炊事帐篷、医务帐篷等。各种帐篷的顶部形状以弧形为好，这样可增加其稳固性和实用性。其质量要求是防水、绝缘和通气，并要求色彩鲜艳，其出入口要开闭方便。

(2) 睡袋：用料与羽绒服装相同，只是保温层更厚些。为了防水防潮湿，还应配备泡沫塑料或气褥等。

(3) 炊具：用于烧水做饭，也可取暖，有汽油炉和煤气炉两种，在7000m以上空气稀薄的高山上，后者效果较好。常用的燃气炉体小质轻，每个重270g，可燃烧3h。

10.3.1.2 保障装备

保障装备，不是登山运动员的专用品，而是为了应对各种意外情况及其他目的备用的一些器材和用具，如氧气装备、通讯器材、摄影器材、自卫武器、交通工具、观察仪器、医疗救护器材等。保障装备各类和数量配备要根据任务性质和队伍规模而定。

(1) 氧气装备：在攀登7500m以上高峰时，为了克服高山缺氧和医疗急救，一般应有氧气装备。氧气装备由贮气筒、指示装备和面具三部分构成。贮气筒是贮存氧气的窗口，筒壁用料要尽可能轻且耐高压。指示装置有气压表和调节器两部分，前者指示筒内氧气贮量，后者控制和指示用氧时的流量。面具则由面罩及下部的缓冲囊组成。面罩戴于面部，使口、鼻与氧气装备密闭成一个系统，通过缓冲囊与皮管吸用氧气。

(2) 通讯器材：用于运动员和基地营以及基地营和附近城市之间的联系。前者最好使用高性能的小型报话机，后者可根据距离选用相应型号的无线电收发报设备。在基地营和山上的联络中，运动员应尽可能地掌握和熟悉一些原始的、基本的、简易的联络手段，如旗语、灯语、哨语等。为此，在装备中要注意配备旗子、手电筒、信号枪、哨子、焰火等。在某种特殊情况下，燃烧衣物等也可作为通讯联系的标志。

(3) 摄影器材：在一些以攀登高峰绝顶为目的的登山活动中，摄影是记录和猎取确认登顶资料的手段。因此，摄影器材是必须而不可少的装备。除照相机外，如条件允许，还可配备摄像器材。

10.3.1.3 日用装备

日用装备即生活用具和用品。一次登山活动，运动员在高山区活动时间较长，有时可达两个月，各种用品必须携带齐全。日用装备包括起居用品、卫生用品、简单工具、常备药品、辨向图仪器、娱乐用品、纸张文具、缝纫用具、照明用具和体育用品等。

10.3.1.4 组织工作及注意事项

1）组织工作

（1）登山前要选择好攀登对象与路线。选择的标准应根据攀登者个人与团队情况、山峰的高度、距离远近等因素决定。

（2）参加登山活动的人员，根据选择的攀登对象，出发前要进行一些必要的体能和适应性训练。特别是探险登山之前，要进行耐力模拟训练、耐（缺）氧训练、耐寒训练和耐异常生活训练等。

（3）通过气象部门或天气预报了解天气情况，确定旅游与登山活动的日程。

（4）到达攀登地点后，详细了解攀登对象的具体情况，包括地势、结构、救护中心、路标设置、游玩方法、食品供给等情况。

（5）向参加者进行环境保护教育，不得损坏树林、花草，不能污染水源，不能随地扔垃圾，不准狩猎，不准吸烟等。

（6）参加者做好设营的帐篷、睡袋、防潮垫、吊床、炊具、登山衣物、食品、急救药物和通讯工具等准备工作。

2）注意事项

（1）旅游登山者的主要目的是游览，而不是登山，要有主次之分，根据游览山峰的特点和个人爱好，融登山休闲与增进知识于一体，领略大自然的美景。

（2）登山夏令营组织工作要周密详细、主题突出，登山过程中要高度重视安全工作。

（3）探险登山和竞技登山对登山者有较高的要求，攀登过程中要配备随队医生、专业向导及专业登山与探险的设备，进行必要的登山训练。

10.3.2 攀岩

10.3.2.1 攀岩运动简介

攀岩运动是一项不用攀登工具，仅依靠手脚和身体的平衡攀登陡峭岩壁或人造岩墙的竞技性运动项目。攀岩运动20世纪50年代起源于苏联，起初只是作为一项军事上的训练项目。到了60年代，天然岩壁上比攀登速度的竞技攀登运动开始在苏联兴起，1974年被正式列为国际竞技体育运动项目。同年开始举行国际攀岩锦标赛，以后每两年举办一次。1991年1月，“亚洲攀登比赛委员会”成立，并决定每年举办亚洲竞技攀岩锦标赛，同年12月在中国香港举行。

攀岩运动是一项融健身、娱乐和竞技于一体的勇敢者的运动，它不仅要求运动员具有良好的、全面的身体素质，而且还要具备勇敢、顽强和坚忍不拔的精神，敢于在各种不同高度、角度的岩壁上轻松、舒展、准备地完成各种腾挪、转身、跳跃、引体等惊险动作。由于它能给人们以优美、惊险的享受，故受到了人们的喜爱，并被冠以“岩壁上的芭蕾”的称号。

10.3.2.2 攀岩运动的场地与装备

1）攀岩场地

攀岩是运动员在绳索的帮助下或在无保护绳索的条件下，凭靠信心、体力和技巧攀上悬崖峭壁的勇敢运动。这种岩壁的选择虽无定律，但应考虑让运动员能充分展示其技巧，具有一定的难度，同时，又具备实际的可操作性，即岩面上应布满各种岩点和裂缝，给运动员一个充分想象与创造的空间，从而使他们创设出各自的攀岩捷径。

目前，用来攀岩的岩壁主要有天然、室外人工和室内人工三种，而比较普及的是室内人工岩壁，因为它有安全保障，同时又可以切合实际选择难度，因此受到广大业余爱好者的欢迎。

2）攀岩装备

准备攀岩装备应是攀岩运动的一部分，因为它直接关系到攀岩者的生命安全，因此攀岩者平时就应该注重攀岩装备的维护和保养，到攀登前更不可忽视攀岩装备的认真安装与细心检查，以确保攀岩活动万无一失。攀岩装备分个人装备和攀登装备两种。

(1) 个人装备：① 安全带，目前，由于我国没有攀岩安全带生产厂家，故大部分攀岩者多使用登山安全带。② 下降器，普遍使用的是“8”字环下降器。③ 铁锁和绳套，是攀登过程中，休息或进行其他操作时自我保护用的。④ 安全头盔，是用来防备下落石块的，以免头部受伤。⑤ 攀岩鞋，是一种摩擦力很大的专用鞋，穿上可以节省很多体力。⑥ 镁粉和粉袋，攀岩中擦一点镁粉可以避免因手出汗而滑手。

(2) 攀登装备：① 绳子，攀岩一般使用直径为 9～11mm 的绳子，最好是 11mm 的主绳。② 铁锁和绳套，作为连接保护点，尤其采用下方保护攀登法时，更是必备器材。③ 岩石锥，固定于岩壁上的由金属材料制成的各种锥状、钉状、板状的保护器材。④ 岩石锤，钉岩石锥时使用的工具。⑤ 岩石楔，与岩石锥的作用相同，可以随时放取的起固定作用的保护工具。

10.3.2.3 攀岩的技术要领

1）徒手攀登方法

徒手攀登岩石峭壁技术的难度，主要体现在第一个人的攀登过程中，第一个人攀登峭壁的基本方法是利用自然支点和人为支点(打入的岩石钢锥)进行徒手攀登。基本要领是"3点固定",即在双手、双脚握(或蹬)牢3个支点的条件下才能移动第4点。

攀登者要设专门的保护装备,要携带足够的岩石钢锥,沿路打入作为人为支点。各支点间距不宜过密,以0.5m为宜。这种人为支点的作用,不仅在于防止攀登者滑脱,而且通过保护装置可使胸部(或腹部)多一个支点,借此便可腾出双手安全地进行打锥等操作。为了省时、省力、减轻劳动强度,可携带一些小挂梯(脚蹬)交替挂于相应的人为支点上,从而可减少打入人为支点的数量。第一个人登上峭壁顶部后,根据要求从上方固定好绳索,采取上方保护的方法,使后继者能比较安全地迅速上攀。

第一个人攀登时可设下方保护,分段设置保护点,一旦失手,也不会脱落滑下。在某些情况下也可不设下方保护。3点固定法是攀岩的基本方法,对身体各部位的姿势和动作有一定的要求。

(1) 身体姿势:攀登岩石峭壁时身体要自然放松,以3个支点来稳定身体重心,重心要随攀登动作的转换而移动,这是攀岩能否稳定、平衡、省力的关键。要想使身体放松,就要根据岩壁徒缓程度,使身体和岩壁保持一定距离,靠得太近,会影响观察攀岩路线和选择支点。但在攀登人工岩壁时要贴得很近。在自然岩壁攀登时,上、下肢要协调舒展,攀岩要有节奏,上拉、下蹬要同时用力,身体重心一定要落在脚上,保持面向岩壁,3点固定支撑、直立于岩壁上的攀登姿势。

(2) 手臂的动作:手在攀登中是抓住支点、维持身体平衡的关键,手臂力量的大小直接影响攀登的质量和效果。因此,一个优秀的攀岩运动员必须有足够的指力、腕力和臂力。对初学者来说,在不善于充分利用下肢力量的情况下,手臂的动作就显得更为重要。手臂如何用力,在人工岩壁攀登和自然岩壁攀登时情况不同,前者要求第一指关节用力抠紧支点的同时,手腕要紧张,手掌要贴在岩壁上,小臂也要随手掌贴岩壁而下垂,在引体时,手指(握点)有下压抬臂动作,其动作规律是,重心活动轨迹变化不大,要根据支点不同采用各种用力方法,如抓、握、抠、扒、捏、推压、撑等。

(3) 脚的动作:一个优秀的攀岩运动员攀登技术发挥的好坏,关键是两腿的力量是否能充分利用,只靠手臂力量攀登不可能持久。脚的动作要领是:两腿外旋,大脚趾内侧贴近岩面,两腿微屈,以脚踩支点维持身体重心,在自然岩壁支点大小不一和方向不同的情况下,要灵活运用。但要切记,膝部不要接触岩石面,否则会影响到脚的支撑和身体平衡,甚至会造成滑脱而使膝部受伤。另外,在用脚踩支点时,切忌用力过猛,并要掌握用力的方向。

(4) 手脚配合:凡是优秀的攀岩运动员,在攀岩过程中,上、下肢力量是协调运用的。对初学者或技术还不熟练的运动员来说，上肢力量显得更为重要，攀登时往往是上肢引体，下肢蹬压抬腿而移动身体。如果上肢力量差，攀登时就容易疲劳，表现为手臂无力，酸疼麻木，逐渐失去指抓握能力。失去抓握能力后，即使有好的下肢力量，也难以继续维持身体平衡。所以学习攀岩，首先要练好上肢力量，上肢又要以手指、手腕和小臂的力量为主，再配合以脚踝、脚趾以及腿部的力量，使身体重心随着用力方向的不同而协调地移动，手脚动作的配合也就自如了。

2）利用器械的攀登方法

（1）上升器攀登法：第一个人登到峭壁顶部后，在上方将主绳一端固定好，将另一端扔至峭壁下方，下方固定拉紧。后继攀登者双手各握一只分别与双脚相联结的上升器，并将它们卡于主绳上，与双脚协调配合，不断沿主绳上攀；也可利用双主绳，将上升器分别卡于两根主绳上，向上攀登；也可利用一根主绳，将分别连接身体和双脚的两个上升器卡于主绳上，利用腿部的屈伸动作，沿主绳向上攀登。

（2）抓结攀登法：抓结是一种绳结，抓结攀登是在没有上升器的情况下采用的攀登方法。其连接方法是用两根辅助绳在主绳上打成抓结（手握端），另一端打成双套结（连脚端），不断向上攀登。其攀登的方法要领与上升器攀登法的攀登动作及要领相同，都是抬腿提膝使拉紧了辅助绳松弛，将上升器沿主绳向上推进到不能再推为止，脚随之下蹬，身体重心移到上升的一侧，另一侧也是如此动作，反复进行，直到登顶。操作过程中，需维持好身体平衡，可利用岩壁的摩擦力向上抬腿，始终保持面朝岩壁姿势。动作要协调、有节奏。

（3）挂梯攀登法：遇到岩壁陡峭光滑，无任何可利用的自然支点，或岩壁成屋檐状时，就必须利用挂梯攀登（或称人工攀登）法。这种方法就是将准备好的挂梯交替向上挂于相应的人为支点上，攀登者利用挂梯作支点向上攀登。

利用挂梯攀登，首先要学会使用挂梯。挂梯于空中，要想用脚踩稳挂梯，是比较困难的，用力不当，就会造成身体在空中转动，这样就会消耗体力，延误攀登时间，另外还要学会打岩石钢锥，找钢锥时要用双手来操作，这样就要学会一脚后伸蹬紧挂梯，使身体平稳坐在脚跟上，以便腾出双手进行操作。

（4）缘绳攀登法：在攀登小于90°的岩壁和陡坡时，在第一个人攀上以后，在上方固定好主绳一端，将另一端扔至下方，后继攀登者可双手抓住绳脚蹬岩壁而上，为了安全，攀登者还可在主绳上打结与身体连接，用手抓结向上攀登。

其动作要领是，拉紧主绳后，屈臂引体，一手迅速上移，另一手进行紧握，勿松；向上引体时，身体后仰角度不宜过大，两脚随着屈体引体，及时有力向上蹬踏，蹬踏时以前脚掌为主，手脚要协调配合，为了防止滑脱，可打结或另增一条主绳，与攀登者连接，采取在上方保护的方式。

（5）双人结组攀登法：遇到攀登路段过长，一次攀登有困难时，可采取两人结组交替保护的攀登方法，第一个攀登者要带足所需的器材和装备，按两人结组装置联结，其方法是，先将小绳套两端挂上铁锁，一端的铁锁挂于主绳上，另一端铁锁连接在攀登者所系的安全带上，连接小绳套的铁锁都要有次序的平行排列，不能交叉，准备好后，在同伴的保护下，第一个开始攀登，第一个攀登到适当的位置时，要做好自好保护，安装好保护装置，挂好保护绳，然后方可通知同伴攀登，后攀登者，先在上方保护下攀登，并要依次收回挂在支点上的铁锁，待攀登到保护者的位置时，可有停留，继续按下方保护方法上攀。上攀时仍要逐次打好钢锥，挂上保护铁锁，取挂在身上的铁锁时，必须从前身后摘取，否则攀登者就会因绳套位置而受阻，如此方法，两人交替攀登，直到登上崖顶。

3）攀登岩石裂缝的技术

攀登岩石裂缝的技术只适用于宽度不超过 1 米的裂缝，如果裂缝过宽，攀登时只能采取其他相应的技术。

（1）攀登裂缝：根据裂缝的宽度分别采用不同的攀登方法，按攀登者的姿势分为立式攀登，剪式攀登，坐式攀登或跪式攀登。这四种攀登法的身体姿势和接触岩石壁的身体不同，但其动作的基本要领都是利用“3 个固定”攀登法。

有些过窄的裂缝及具有特殊地形的地段，可根据具体的情况，采取相应的攀登法，如遇到 4～10cm 宽的裂缝，可用双手垂直攀登法，有些裂缝只能用手或脚插入裂缝，可用双手作观音打开式攀登，攀登时脚不能插入过深，身体不要靠近岩面，以便双脚交替插入岩石裂缝作为支点向上攀登，当裂缝稍宽刚好能挤进身体时，可将身体的一半先塞过裂缝，利用身体和岩面的摩擦，逐渐向上攀登。

（2）攀登棱脊：脚蹬岩面顺脊而上，棱脊台无法用手抓握，就只有骑在岩石脊上，充分利用双手的挤压之力和两脚底或脚内侧与岩面的摩擦力向上攀登，攀登岩石裂缝时手脚的用力应根据裂缝的宽窄，将手和脚塞进裂缝，采取变换手法和脚法取得暂时的固定，以逐渐向上攀登。

10.3.2.4 攀岩运动的组织工作，竞赛与训练的方法

1）攀岩运动的组织工作

世界上没有一块攀岩的岩壁是相同的，它们分布在不同的环境中，有着各自独特的条件和风格。因此，当你初到一个新的场所时，首先应该对该场所有一个大体的了解，预先做到心中有数，这样才能避免遇事惊慌。例：在天然场地则应清楚地了解它的地理位置，气候条件，地质地貌，生物的状态以及攀岩的难易程度等；在室内人工场地则应了解场地的环境状况，安全措施以及岩壁排至的难易程度。

（1）安全准备：攀登前应请有经验的高手帮你系好安全带佩戴个人装备，做好攀登准备。

(2) 保护工作:攀岩在很多人心目中是勇敢者的挑战,是超人的运动,但是,攀登的成功却又来自于保护人通过保护绳给予的保护,在攀登中失手坠落是极常见的,若没有保护,再勇敢的人也会望而却步。① 上方保护,是保护支点位于攀登上方的保护方式,在攀登者上升过程中,保护为不断收绳,使攀登者前胸不留余绳,但也不要拉得过紧,以免影响攀登者的行动,这点登大仰角时尤需注意。② 下方保护,是保护支点们于攀登者下方的保护方式,没有上方预设的保护点,只是在攀登者在攀登的过程中,不断地保护挂入选中的安全支点上的铁锁中,这是领先攀登者唯一可行的保护方法,实用性较大,而且是国际比赛中规定的保护方法;但这种保护方法要求攀登者自己挂绳保护,而且发生坠落时,坠落距离大,冲击力强,因此一般是攀岩技术熟练者才使用。③ 自我保护,当攀登者失手坠落时,首先要保持沉着冷静,迅速向保护人发出警报,同时自己赶紧拉紧绳索制止坠落。下降时确保面向岩壁,四肢伸开,以防与岩壁碰撞。

2) 攀岩运动的竞赛方法

(1) 速度攀岩:比谁先到达顶点的攀岩比赛活动。

(2) 难度攀岩:将岩壁按照难度分成等级。比赛不计时只看完成攀岩的等级高低。

(3) "穿越"攀岩:将比赛者分成数组,进行组间集体较量,具体活动形式是每组队员平分为两大部分,沿着岩壁底部,不用保护绳,分头同时从岩壁两边,在规定的时间里完成到达另一端攀越(其间必然会出现两人间的穿越)比赛以落地次数多少计成绩,少的队为胜。

(4) 计时攀登:在保护一定移动速度的室内岩壁上进行连续攀岩,比在岩壁上保持时间的长短。包括:① 上升攀岩,在保持一定向下移动速度的室内岩壁上进行计时攀登比赛。② 下降攀岩,在保持一定向上移动速度的室内岩壁进行计时攀岩比赛。该比赛需设一个高度限制标志,只要攀登队员随着身上移动的岩壁触到该标志,就被判失败。

3) 攀岩运动的训练方法

(1) 加强力量练习,如指卧撑,引体向上,指挂引体向上,提捏重物。

(2) 利用跳绳,慢跑发展人的柔韧性、协调性、耐力,以提高人的心肺功能。

(3) 积极参加球、棋类运动,培养人的判断力。

(4) 经常参加登山郊游,提高登高远眺的心理适应能力。

(5) 从基础抓起,循序渐进,逐步提高。例如,分解动作练习;在难度低的岩壁上做平移练习;选择容易的攀登路线进行练习及逐步加大难度的攀岩练习。

10.4 台球

台球(Billiads)运动起源于英法，已有600多年的历史了。在台球桌出现以前，人们是在户外的地上玩一种被称为“滚球”的游戏。后来这种游戏被人们移到室内的桌面上，于是“滚球”游戏变成了室内的桌上游戏；不久桌面上又被人们开了几个洞，于是这种室内桌上游戏的趣味性大增。在英国的维多利亚女王时代，台球作为一项正式的娱乐活动，进入了英国的上流社会。1510年，法国也开始了这项娱乐活动，并且深受法国人喜爱。在路易十四时期，台球运动蔚然成风，一些社会名流将它作为一项高尚的娱乐活动来推崇。19世纪台球传入我国，并且随着国家的繁荣昌盛而日渐普及。

台球是老中青年都适宜的一项综合性体育运动项目，它不仅能锻炼人的精神，磨炼人的意志，而且还能开发智力，完善仪容风度。

10.4.1 台球的种类和打法

按球台的构造，台球可分为两类：无袋式和有袋式。按打法进行分类，可分为撞击式和落袋式。

无袋式台球，起源于法国，现在盛行于日本和韩国；有袋式台球即落袋式台球，主要有英式斯诺克、比例及美式三种打法。英式和美式打法在世界上大多数国家包括我国都较为流行。美式落袋台球是球台的四个角和两条长岸的中间各装有一个口袋，使用一个白色的主球去撞击标有序号的一些彩球，并使其落入袋内的一种比赛方法。其打法很多，比较流行的比赛有以下几种：按序号比赛、8球落袋式比赛(16彩球)、9球落袋比赛(花式9球)、斯诺克比赛(22彩球)、比例比赛(3球落袋)等。其中8球落袋比赛又叫争8比赛，最为简单易行。

10.4.2 台球技术、战术及练习方法

10.4.2.1 台球基本技术

1) 握杆和身体姿势

(1) 握杆。握杆方法的正确与否直接影响到出杆的好坏。正确的握杆方法有：拇指和食指在虎口处用力握住球杆(球杆重心位置后40cm处，图10-111)；其余三个手指要虚握(图10-112)。

摆杆时，手腕要自然垂下，既不要外翻，也不要内收，这样的握杆在于保证手指、手腕和整个手臂适度放松，使肌肉更加协调，便于感觉出杆触击球的一刹那杆

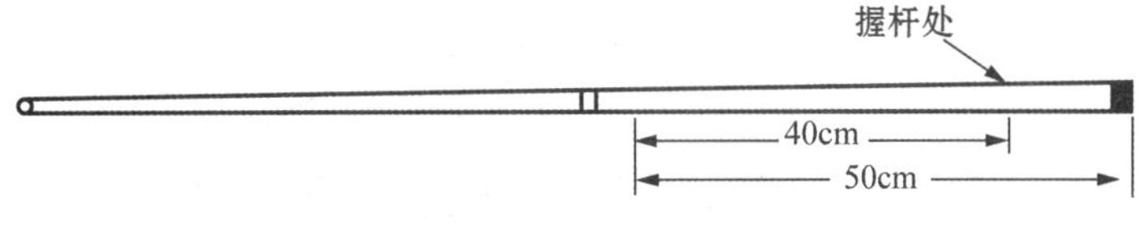

图 10-111　握杆

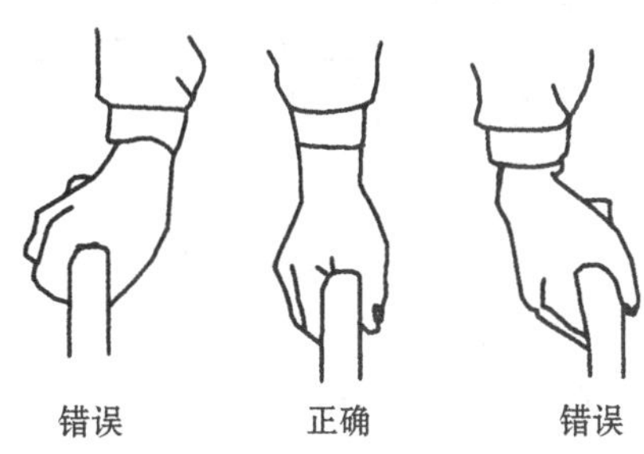

图 10-112　握杆

头与球撞击的效果。

（2）身体姿势。握好球杆后，面向球台向主球击打目标球的方向直立。然后，左脚向左前方迈出一小步，与右脚的间距约与肩同宽。左腿稍弯曲，右腿保持自然直立，同时上体向右侧转并向下变身，使肩部拉起，上体前倾，与台面接近，头微抬起，下颌正中与手或球杆相贴，两眼顺球杆方向平视，尽量使球杆保持在额头中轴线上，使面部的中线与球杆和后臂处在一个较为垂直的平面上。

2）击球的动作结构

台球的动作结构有以下几部分组成。

（1）架杆：架杆就是用手给球杆一个稳定的支撑和对击球点进行调节的姿势。

（2）运杆：在出杆击球前，握杆手使杆前后移动所做的出杆击球的准备动作。

（3）出杆击球：出杆击球是台球击球动作结构中最关键的环节，决定着击球的效果。出杆击球是在后摆、停顿后所完成的动作。根据击球的要求，注意对手腕力量使用的控制，避免由于过分抖动手腕而造成击球不准确。

（4）随势跟进：出球后的球杆跟进动作。

3）击球方法

（1）主球的击球点。主球最基本的击球点有 5 个点，即正中点、中下点、中上点、中左点和中右点；另外，还有 4 个常用的击球点即左上、左下、右上和右下（图 10-113）。

主球的运动方向和特征：主球和运动方向依其击球点和球杆的位置形成两个基本的运动方向，第一种是与球杆中轴线一致的直线向前运动；第二种是主球运动

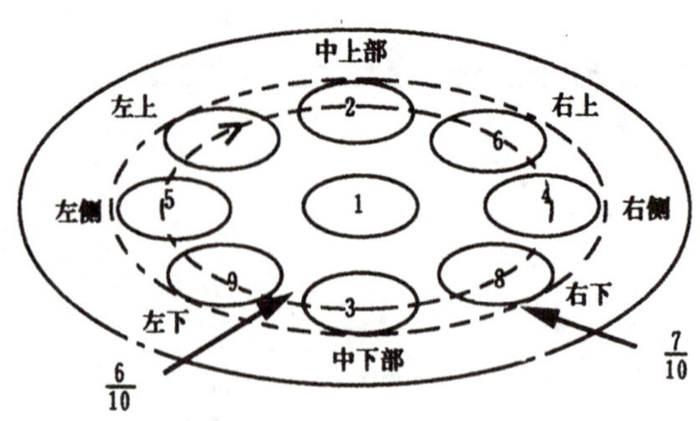

图 10-113　击球方法

方向是与球杆中轴线并行的方向运动。

(2) 练习方法。① 主球碰岸练习：将主球置于开球线中点处，击主球中心点，使主球沿开球线直线前进，碰岩岸后又直线返回，使球的中心回碰杆头。反复进行练习(图 10-114)。② 击主球入袋练习：将主球置于开球线上，练习击主球入中袋，再击主球落顶袋练习(图 10-115)。

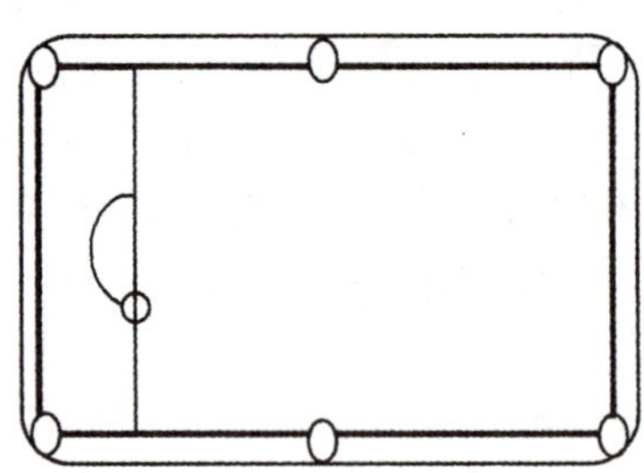

图 10-114　主球碰岸练习

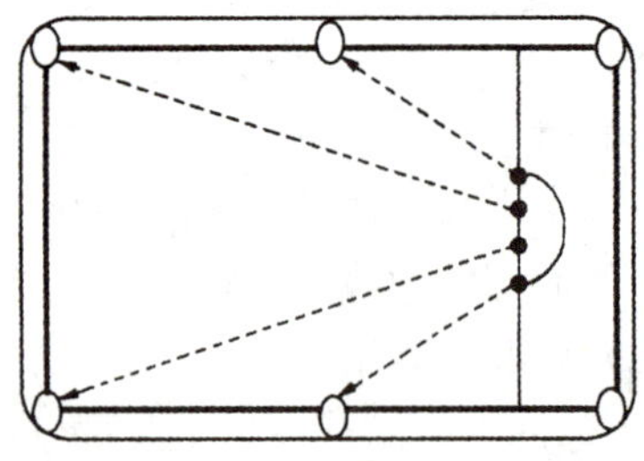

图 10-115　击主球入袋练习

4) 主球与目标球

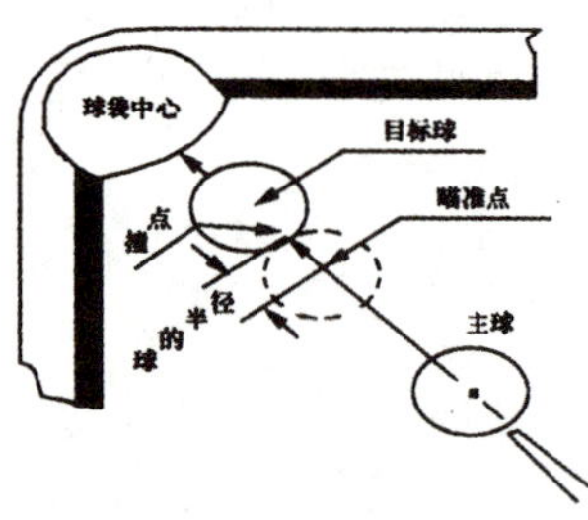

图 10-116　直线球

(1) 直线球：直线球是击球入袋最基本的形式之一，当主球中心击球点、目标球的撞击点和袋口的中心点在一条直线上，主球中心点受到球杆的撞击，并撞击目标球的中心撞击点时，目标球便会直落球袋(图 10-116)。

(2) 偏杆：偏杆是指主球撞击目标球的侧面。偏杆的厚薄又可分 5 种类型，即 1/2、1/3、2/3、1/4、3/4(图 10-117)。在打目标球的厚薄时，其瞄准点是目标球击球点向外一个球半径处与主球中心点纵向运动方向延长线的交点

(图 10-118)。

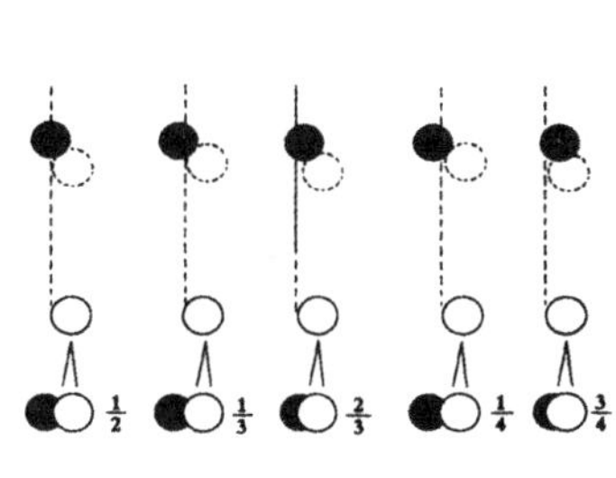

图 10-117 偏杆

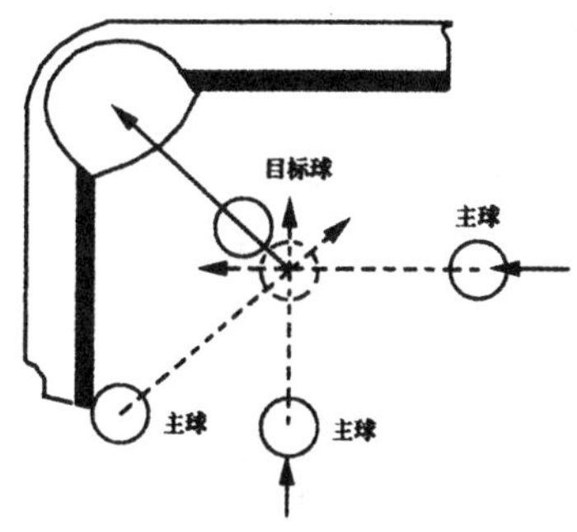

图 10-118 瞄准点

10.4.2.2 台球基本技术的运用

1) 基本杆法及其运用

(1) 推进球技术:后手握杆,保持球杆水平,击主球的中心点,力量不可太大或太猛。

(2) 跟进球技术:后手握杆,保持球杆水平,击主球的中上点,出杆的力量根据主球走位距离的长短而定。

(3) 定位球技术:球杆保持水平,击主球的中心点;出杆时要迅速有力、干净利落。

(4) 缩杆球技术:架杆手尽量放低平一些,球杆保持水平,击主球的中下点;出杆时要果断迅速、动作连续协调。

(5) 侧旋球技术:侧旋球是指球杆撞击主球的大卡侧或右侧,使主球旋转并向前前进。如果要使击出的主球直线前进,必须保持出杆时球杆前后基本呈水平位

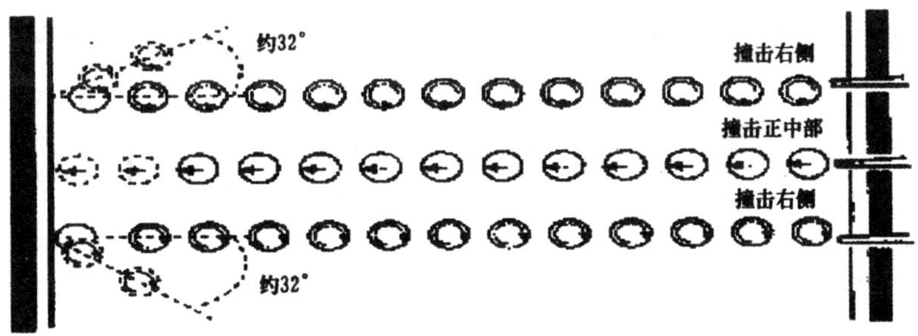

图 10-119 侧旋球

置(图 10-119);如果后手握杆较高,主球前进的路线则呈弧线,而且随着后手抬高,前进线路的弧度会增加(图 10-120)。

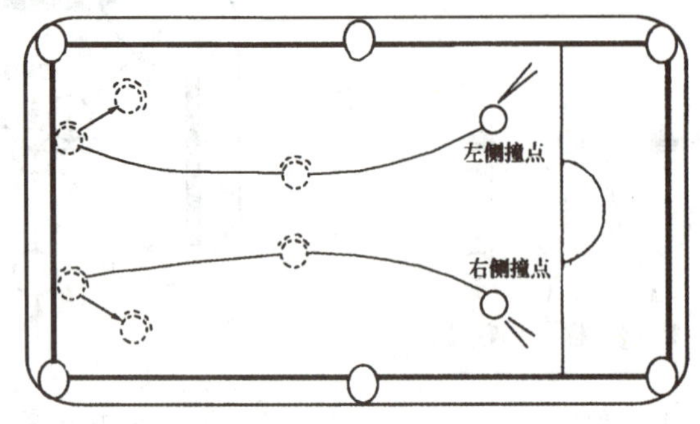

图 10-120 主球前进路线

2) 主球的控制

主球的控制是指运用某种杆法击球时,通过力量、击球点以及主球撞击目标球的厚薄,来达到预想的行进路线和主球将停止的位置,以赢得更多的胜机。

(1) 力量控制:力量控制是指在击打主球时对出杆力量的控制。力量控制是台球技术运用中的一个重要因素。

(2) 位置控制:位置控制是指在击打目标球时,通过击打主球的不同击球点,撞击目标球的不同部位,以及使用不同的力度,来实现对主球行进路线和走位的控制。

10.4.2.3 台球技战术训练方法

(1) 重复训练法:重复训练法是一种最常用的最基本的训练方法,它对于技术动作的掌握和提高、战术运用的熟练起着重要的作用。重复训练法有利于形成条件反射,在反复的重复训练中,强化正确的技术动作,促进技能快速提高。例如,在台球训练的初级阶段,球杆位置和出杆的平直要通过击主球碰岸的训练方法来学习和掌握。重复训练法能解决球杆位置和出杆中存在的多种多样的问题。

(2) 变换训练法:根据训练中要解决的某一项技术或战术问题,在一次课或某一阶段训练中,变换多种不同的训练手段,称之为变换训练法。例如,学习和掌握出杆技术,除了击主球碰岸训练外,还可以做徒手运杆出杆练习、击主球入袋练习和直线球练习等。

(3) 串联训练法:将两个或多个技术有机结合的训练形式,称为串联训练法。例如,直线击球入袋后,结合偏球入袋,训练的目的在于使直线球练习和偏球练习结合在一起,体会它们在结合中与单独练习的异同,提高实战能力。

(4) 指标训练法:根据练习者的实际水平,制订出一套技战术训练的质量指标，并在训练中加以实施，这就是指标训练法，也称“压力训练法”。

10.5　跆拳道

跆拳道起源于朝鲜半岛，既是一项能强身健体、防身自卫的传统搏击术，还是一项新兴的集健身、竞技和娱乐为一体的现代竞技体育运动项目。它集力学、兵学、哲学、医学和伦理学为一体，以技击格斗为基础，以修身养性为核心，以磨炼人的意志、振奋人的内存精神气质、培养良好的礼仪道德为目的。

跆拳道不仅是修炼手和脚的功夫，不仅是为了强身和防身自卫，也不仅是为了比赛和表演，更主要的是经过长期艰苦的锻炼，在时间和汗水中磨炼意志、健全精神、塑造理想的人格。通过长期的练习，能培养练习者坚韧向上的作风，讲究礼仪修养以及完善人格。因此练习跆拳道可内修精神、性情，外修技术、身体，培养出常人难以达到的意志品质和忍让谦恭的美德。

10.5.1　跆拳道入门

10.5.1.1　步型

(1) 实战姿势：跆拳道的实战姿势是进攻的起点和终点，左脚在前称为左势实战姿势，右脚在前称为右势实战姿势。

动作要领：两脚前后分开与肩同宽，左脚尖内扣约 45°，斜向前方；右脚略偏右，脚跟抬起，重心落于两脚之间；双手握拳，左拳高与肩平，右拳置于胸前；肘关节自然下垂(图 10-121)。

图 10-121　实战姿势

图 10-122　开立步

(2) 开立步。动作要领：两脚左右开立，与肩同宽；两脚尖正对前方，双脚成平行线，两臂自然下垂，双手握拳置于腿侧(图 10-122)。

(3) 马步。动作要领:双脚左右分开约脚长的三倍,脚尖正对前方,屈膝半蹲,大腿接近平行于地面,膝关节投影垂直线落于脚尖(图 10-123)。

图 10-123　马步

图 10-124　左前弓步

图 10-125　右前弓步

(4) 前弓步。动作要领:两脚前后开立,相距约一步半,前腿屈膝半蹲,大腿接近水平;后腿蹬直,后脚斜向前 45°;身体正前方,挺胸塌腰。左脚在前称为左前弓步(图 10-124),右脚在前称为右前弓步(图 10-125)。

10.5.1.2　手型

(1) 正拳

动作要领:拇指以外的四指并拢、内收握拳,拇指紧压于中指与食指上。可用拳心向下的冲拳或拳心向内的勾拳攻击对方(图 10-126)。

(2) 冲拳

动作要领:(以右手冲拳为例)马步站好,双手握拳抱于腰间,拳主朝上,目视前方;右臂由屈到伸,臂内旋以右手正拳向前平冲(图 10-127)。

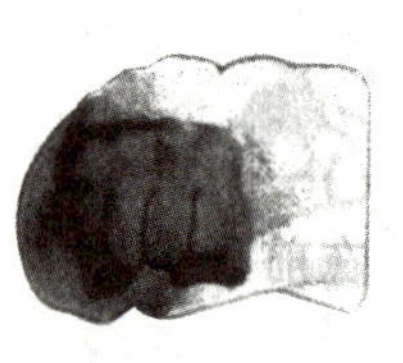

图 10-126　正拳

图 10-127　冲拳

图 10-128　手刀

(3) 手刀

动作要领:四指并排伸直,中指稍弯和无名指指端平齐,拇指弯曲,贴于食指跟节之下,手刀的使用部位是小指侧的掌外沿(图 10-128)。

10.5.2　跆拳道的基本技术

跆拳道以腿法的攻击为主，被称为踢的艺术。大学生要想学好跆拳道，必须要学好、练好跆拳道的基本技术。

10.5.2.1　基本进攻技术练习

1）拳攻

(1) 动作要领：以左势实战姿势开始；右脚蹬地，向左转腰，右手拳从胸前向前击出；击打目标后，右臂回收至原来位置，仍成左势实战姿势(图 10-129)。

(2) 动作要点：① 判断准确，出拳果断。② 出拳时要充分利用蹬地、转髋转腰、顺肩和旋腕的合力，力达拳面。③ 击打的瞬间，肩、肘、腕、指各关节紧张用力，聚力而发。④ 击打目标后迅速放松收拳回原来位置。

图 10-129　拳攻

图 10-130　推踢

图 10-131　推踢

2）推踢

(1) 动作要领：以左势实战姿势开始；右脚蹬地屈膝提起左脚以脚掌为轴外旋转约 90°，重心往前压，同时右脚迅速向前方直线推踢，力点在脚掌；推踢后屈膝收腿，成左势实战姿势(图 10-130、图 10-131)。

(2) 动作要点：① 提膝时尽量收紧大小腿。② 身体重心往前移，加大前推时的力度。③ 推踢时右腿往前上方伸展，髋向右侧上送。④ 推踢时的用力方向是水平向前。

3）前踢

(1) 动作要领：以右势实战姿势开始；左脚蹬地屈膝提起，右脚以脚掌为轴外旋约 90°，同时左腿伸膝、送髋、顶髋把小腿快速向前踢出，力达脚背；踢击目标后迅速收回，成右势实战姿势(图 10-132、图 10-133)。

(2) 动作要点：① 膝关节上提时大腿叠，膝关节夹紧，小腿和踝关节放松。② 踢击时顺势往前送髋，高踢时往上送髋。③ 小腿回收要与前踢一样快。

图 10-132 前踢

图 10-133 前踢

4）横踢

（1）动作要领：以左势实战姿势开始；右脚蹬地夹紧向前、向上提膝，左脚以脚掌为轴脚跟内旋，右膝关节抬至水平状态，小腿迅速向前踢出，击打目标后迅速收小腿，重心落下，成左势实战姿势（图 10-134、图 10-135、图 10-136）。

（2）动作要点：① 膝关节夹紧向前提膝，尽量走直线。② 支撑脚外展 180°，使身体转向另一侧。③ 髋关节往前上方送，上体与右腿成直线，在同一个平面内。④ 腰部发力，髋关节展开，大腿带动小腿，踝关节放松。

图 10-134 横踢

图 10-135 横踢

图 10-136 横踢

5）后踢

（1）动作要领：以左势实战姿势开始；左脚以脚掌为轴内旋成脚跟正对对手，上身旋转，右膝向腹部靠近，大小腿折叠，右腿用力向攻击目标直线踢出，重心前移落下，成右势姿势（图 10-137、图 10-138、图 10-139、图 10-140）。

（2）动作要点：① 起腿后上体和大小腿收紧。② 肢向后上方踢出后，力量随动作延伸，通过脚跟沿出腿方向直线击出。③ 转身、提腿、出腿、发力等动作连贯快速，一次性完成，不能停顿。

图 10-137　后踢

图 10-138　后踢

图 10-139　后踢

图 10-140　后踢

6）侧踢

（1）动作要领：以左势实战姿势开始；右脚蹬地起腿，屈膝上提，左脚以脚掌为轴外旋 180°，脚跟正对前方，右腿快速向右前上方直线踢出，力点在脚跟，放松收腿，成左势实战姿势（图 10-141、图 10-142）。

（2）动作要点：① 起腿时，大小腿、膝关节夹紧，直线向上提起。② 提膝、转体、踢击要协调连贯，踢击时要转体、展髋，上体略侧倾。③ 踢击目标的瞬间，头、肩、腰、髋、膝、腿、踝在同一平面内。

图 10-141　侧踢

图 10-142　侧踢

图 10-143　下劈

图 10-144　下劈

7）下劈

（1）动作要领：以左势实战姿势开始；右脚蹬地，重心前移，右脚上举至头部上方时，迅速向前下方劈落，用脚后跟或脚掌击打目标后，放松落地，成右势实战姿势（图 10-143、图 10-144）。

（2）动作要点：① 腿尽量往高、往后举，身体重心往高起。② 起腿要快速、果断。支撑脚脚跟离地，尽量向前上方送髋。③ 踝关节放松，脚向前下劈落。④ 落地要有控制、放松。

8）摆　踢

（1）动作要领：以左势实战姿势开始；右脚蹬地屈膝提起，左脚以脚掌为轴外旋约 180°，右脚向左前方伸出，用力向右侧水平击打，重心往前落下，在左势实战姿势(图 10-145、图 10-146、图 10-147、图 10-148)。

(2) 动作要点:① 起腿后右腿屈膝抬过水平,然后随转体内扣右膝关节。② 右脚要随转体尽量向前上方伸展。③ 右脚掌向右鞭打时要屈膝扣小腿。

图 10-145 摆踢

图 10-146 摆踢

图 10-147 摆踢

图 10-148 摆踢

9) 后旋踢

(1) 动作要领:以左势实战姿势开始;左脚以前脚掌为轴外旋 90°,上身旋转,重心前移,屈膝收腿,右腿向右后方最高点伸出并用力向左屈膝击打,重心在原地旋转,身体继续转动,脚落于原来位置,恢复成左势实战姿势(图 10-149、图 10-150、图 10-151)。

图 10-149 后旋踢

图 10-150 后旋踢

图 10-151 后旋踢

图 10-152 双飞踢

(2) 动作要点:① 转身、旋转、踢腿动作连贯。② 击打点在正前方,呈水平弧线。③ 屈膝直腿的旋转速度要快。④ 蹬地、转腰、转上体、摆腿依次顺序发力。

10) 双飞踢

(1) 动作要领:两人从闭势实战姿势开始(图 10-152);攻方居右先用右横踢攻击对方左肋部,随即左脚蹬地起跳,身体腾空右转,用械横踢迅速踢击对方胸部或腹部,左脚横踢目标后迅速前落,成左势实战姿势(图 10-153、图 10-154、图 10-155、图 10-156)。

(2) 动作要点:① 右腿横踢目标的同时左脚蹬地起跳。② 左脚起跳后迅速随身体右转,并用左脚横踢目标。③ 两腿在空中完成交换动作后,右脚先落地。

图 10-153 双飞踢

图 10-154 双飞踢

图 10-155 双飞踢

图 10-156 双飞踢

11) 旋风踢

(1) 动作要领:以左势实战姿势开始;以左脚掌为转运轴,脚跟向前转动一周,右脚屈膝上提,随身体转至正对前方时,左脚蹬地跳起左横踢,右、左脚依次落地(图 10-157、图 10-158、图 10-159)。

图 10-157 旋风踢

图 10-158 旋风踢

图 10-159 旋风踢

(2) 动作要点:① 转体动作要迅速果断,左脚外旋时脚跟正对前方。② 右腿随身体右转向右后侧摆起时不要过高,以能带动身体旋转起跳为宜。③ 左脚蹬地起跳,身体略腾空,不过膝,目的是快速旋转出腿。④ 左腿横踢时,右腿向下落地,要快落站稳,即横踢目标的同时右脚落地。

10.5.2.2 基本防守技术练习

跆拳道最基本的防守技术,根据身体姿势和比赛规则可分为上段防守和中段防守,锁骨以上称上段,锁骨至髋骨之间称中段。

1) 上段防守

(1) 单臂格挡法。动作要领:当对方的拳或脚攻向自己的头部时,可用左(右)手刀自内向外做格挡动作,将来拳或来脚挡在前臂外(图 10-160)。

(2) 双臂格挡法。动作要领:当对方连续攻击自己的头颈两侧时,可同时用左右两臂上举格挡对方的双侧进攻(图 10-161)。

图 10-160 单臂格挡法

图 10-161 双臂格挡法

2）中段防守

（1）单臂格挡法。动作要领：当对方的拳或脚攻向自己的中段部位时，用左臂向内或向外格挡对方的来拳或来脚（图 10-162）。

（2）双臂外格挡法。动作要领：从实战姿势开始，左脚前迈，同时两臂屈肘交叉置于胸前，拳心向内；随左弓步落地，两臂迅速由胸前向左右两侧分开阻挡来拳或来腿（图 10-163、图 10-164）。

图 10-162 单臂格挡法

图 10-163 双臂外格挡法

图 10-164 双臂外格挡法

10.6 瑜伽

瑜伽起源于 5000 多年前的古印度，是东方最古老的强身术之一。瑜伽能平衡精神、心灵与机体，促进身体健康，这种内外的结合相辅相成，互相促进，达到微妙的平衡；能实现自我与内心、机体与精神的完美统一，使人产生幸福、舒畅的感觉，得到解脱并最终开悟。瑜伽还能帮助你达到身心的和谐与统一，使我们的身心放松，有助于缓解来自现代社会的紧张和压力，是改变我们紧张的学习和生活节奏的良好处方。

10.6.1 练习瑜伽准备

10.6.1.1 练习前的准备

(1) 环境应安静幽雅,温度应适宜宜人。如果是在室内练习,应先通风换气,保证空气清新,以便静心和集中注意力。

(2) 灯光应偏向自然、柔和;练习前,排尽体内废物,换上宽松、柔软、舒展、撑拉的服装,严禁穿紧身衣练习。在允许的环境中,赤脚练习较好。不戴任何饰物,保持脸部洁净。

(3) 为让紧张的大脑和神经系统更快地放松,可以点上香熏炉,让空气中弥漫着自己喜欢的、醉人心脾的芬芳香味。

(4) 配上宁静、舒缓、悠扬的瑜伽音乐,使人联想到纯净、美好的大自然,易于消除杂念。

(5) 对于初学者和柔韧性不好的人来说,准备一条毛巾做辅助是必不可少的。防止做地面动作时受伤,应准备一块薄地毯或健身垫。

10.6.1.2 练习的心理提示

(1) 将瑜伽当作娱乐、当作令人快乐的事来做。放松心情,愉快地练习,不要一味地追求高难度的动作,不要强迫自己在短时间内达到演示者的水平。

(2) 瑜伽的练习需要大家抱着对自己身心健康高度负责的态度来进行。对于较高难度的动作,在未完全明白前,不要擅自进行。务必在教练执导下逐步完成,以确保身体不受到任何损伤。

(3) 瑜伽的奥妙要亲自体会才能有所领悟。参考书中的内容最适合业余瑜伽爱好者,但请勿期望立即生效。至少需要三个月持续地练习,方能有效果,技术时间越长,效果越显著。

10.6.1.3 饮食提示

瑜伽练习要达到健身、美体、养颜的效果,饮食是不可忽视的要素。

(1) 练习前三小时不进正餐,半小时前不要大量饮水(除特殊要求外);练习结束一刻钟至半小时后,饮富含维生素的果汁或纯净水一杯,帮助补充水分,排除毒素。

(2) 平常饮食适时、适量,以绿色植物为主。饮食是血液质量、纯度的根源,摄入蔬果类植物性食物与肉类动物性食物的比例应为 3∶1。

(3) 少食或不食刺激性强的食物,如过冷、过热、辛辣、油炸、腌制、含防腐剂或甜食类食品。

(4) 饮食过程情绪平和,速度适中。

10.6.1.4 准备姿势

任何一个准备姿势,必须保证动作和内心稳定,气息调顺。

(1) 站姿:60%的重心置于前脚掌,双腿夹紧并拢;向上提臀,使臀线上提;脊柱向上挺拔;收紧腹部和胃部;展开胸腔,肩胛骨微微后夹;向上伸展颈项,感觉头部被向上牵引;正视前方(图 10-165)。

(2) 简易坐姿:坐于地上,双腿自然弯曲,盘起;双手轻放于膝盖上(图 10-166)。

(3) 直角坐姿:双腿伸直,并拢;背部直立,头部端正;双臂自然支撑于体侧(图 10-167)。

(4) 仰躺式:端正头部,仰躺于地面;并拢、伸直双腿;伸直双臂于体侧,手心向下(图 10-168)。

图 10-165 站姿 图 10-166 简易坐姿 图 10-167 直角坐姿

图 10-168 仰躺式

10.6.1.5 放松姿势

在每人姿势练习完之后，都必须彻底放松全身，不要将疲劳带到下一个姿势。任何一个放松姿势都要求：全身脏器完全地放松，意识要尤其针对疲劳、酸痛的部位。

图 10-169 折叠式放松

(1) 折叠式放松：起立下蹲，含胸低头；两臂自然下垂，半握拳，用大拇指和其余四指支撑着地(图 10-169)。

(2) 仰卧式完全放松：仰躺于地面，双臂分别于体侧打开 30°，手心向上，双腿自然分开 30°(图 10-170)。

图 10-170 仰卧式完全放松

(3) 俯卧式完全放松：俯卧于地面，头转向一侧；双臂分别于体侧打开 30°，手心向上，双腿自然分开 30°(图 10-171)。

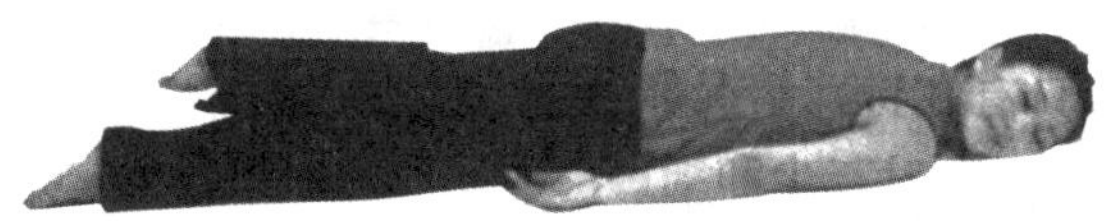

图 10-171 俯卧式完全放松

(4) 英雄式放松：双膝并拢，两脚分开，臀坐落于两脚之间的地面上；手肘支撑，慢慢地将上体和头部，有控制地放落到地面上；双手自然打开于体侧，手心向上。初次练习时，可将双膝稍稍分开练习；深呼吸，长久地保持这个姿势，对腿部有疼痛毛病的人有益(图 10-172)。

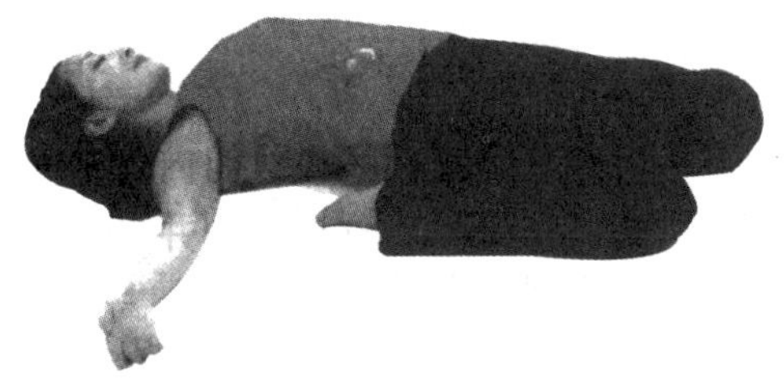

图 10-172 英雄式放松

10.6.2 呼吸和悬息

10.6.2.1 呼吸

瑜伽的呼吸双称为调息。完全的瑜伽式呼吸能使肺部更加强健,增加对身体的氧气供应量,洁净血液,规律性的按摩内脏器官。

最基本的呼吸方法有三种:胸式呼吸、腹式呼吸和胸腹式完全呼吸。

(1) 胸式呼吸:气息的吸入,局限于胸腔的区域,气息较浅,这种呼吸适宜做针对性较强的动作(例如,上背部和胸部的动作)。

动作要领:意识力集中于肺部,缓缓吸气,感觉自己的肋骨向外扩张,气息充满胸腔,保持腹部的平坦;缓缓呼气放松胸腔,将气呼尽。

(2) 腹式呼吸:气息的吸入,局限于腹部的区域,气息较深,横膈膜下降得较为充分。

动作要领:更多地关注腹部,缓缓吸气,感觉腹部被气息充分膨胀,向前推出,胸腔保持不动;缓缓呼气,横膈膜上升,腹部慢慢向内瘪进。

(3) 自然完全的呼吸(胸腹式呼吸):自然完全的呼吸,提供给身体最充足的氧气,将体内的浊气、废气充分地排出体外,使血液得以净化,让心灵清澈而警醒。

动作要领:缓缓吸气,感觉到由于横膈膜下降,腹部完全鼓起;随后,肋骨处向外扩张到最开的状态,肺部继续吸入氧气,胸腔完全扩张,胸部上提;吸满气后,缓缓地呼出,放松胸腔,将胸部的气呼出,随后温和地收紧腹部,腹部向内瘪进去,感觉肚脐去贴后背,将气完全呼尽为止。

呼吸时的注意事项:

(1) 意识力集中到一呼一吸上。

(2) 瑜伽呼吸只有在特殊情况和要求下,才由口腔参与呼吸,一般只由鼻腔参与活动,因为鼻腔对灰尘和细菌的防御措施较为完备。

(3) 每一次吸气时,犹如在品尝空气一般,缓缓而深长地吸入。

(4) 每一次呼气时,犹如蚕吐丝一般,细而幽长。意识中要将体内的浊气通通排除。

10.6.2.2 悬吸

悬吸是指在调息过程中屏住呼吸的这段时间内的状态,是在调息练习已有一段时间,并能够毫不费劲、从容自如地控制并调节吸气和呼气的完整过程后,开始进行练习的。

悬息分为内悬息和外悬息两种。内悬息是指吸气后蕴气而不呼;外悬息是指呼气后闭而不吸。

(1) 内悬息的练习

状态:吸气——内悬息——呼气

时值:吸气、内悬息、呼气三者的时间相等。

时间:吸气、内悬息、呼气的第一个阶段 1～4 秒钟、第二阶段 1～7 秒钟、第三阶段 1～9 秒钟。

(2) 外悬息的练习

状态:吸气——外悬息——呼气

时值:吸气、外悬息、呼气三者的时间相等。

时间:吸气、外悬息、呼气的第一个阶段 1～4 秒钟、第二阶段 1～7 秒钟、第三阶段 1～9 秒钟。

(3) 悬息的效果:正确而有规律的悬息练习,给身体健康带来极大的益处,可帮助消除肺部的浑浊气体,清除血液系统中的毒素,加大了对人体的氧气供给量,使人精神焕发,头脑清晰,内心平静稳定。

10.6.3 瑜伽冥想

瑜伽中的冥想可以帮助人们达到内心更为平静、祥和的状态,获得机体和内心全面、健康的积极影响。冥想可以预防由于长期紧张、压抑、忧虑引起的各种疾病,增强免疫系统的功能。

10.6.3.1 常用的冥想坐姿

瑜伽所有冥想坐姿都具有减少下肢的血流量,减缓血液流速;消除下肢的僵硬和疲劳;给予脊柱下半部分补养的作用,对腹脏器官有益。

(1) 简易坐:坐于地面,双腿自然弯曲盘起;双手轻放于膝盖上(图 10-173)。

图 10-173 简易坐

特点:可以减轻风湿疼痛,消除关节炎。

(2) 雷电坐:跪立,双膝并拢,大脚趾交叠,足跟、脚踝像括号一样,向左右两边分开;背部垂直于地面,臀部坐于两脚内侧(图 10-174)。

特点:适合于患有坐骨神经疼、尾骨感染及胃病患者的练习。

(3) 达仁坐:直角坐姿准备,背部自然伸直,将右脚跟顶住会阴部,右脚脚底紧贴大腿;

将左脚置于右脚上，左脚脚跟靠近耻骨，前脚掌和脚趾插进大腿和小腿之间(图 10-175)。

特点：患有坐骨神经痛、尾骨感染的人避免做这个姿势。可镇静神经保持并提高心灵的敏锐与清晰。

图 10-174 雷电坐

图 10-175 达仁坐

图 10-176 莲花坐

(4) 莲花坐：直角坐姿准备，将右脚脚背置于左大腿跟上；再将左脚脚背置于右大腿跟上，两只脚的脚心朝上；两膝向下，贴近地面；伸直背部，端正头部(图 10-176)。

特点：有益于呼吸系统和消化系统的健康，使神经系统也充满活力，消除紧张情绪；使下肢的肌肉富有弹性，各个关节柔韧、年轻、虽然久坐，也不会出现充血。

坐姿重点提示：

(1) 双手帮助将脚盘放到准确的位置上。

(2) 每一种坐姿都要左右换腿练习。

(3) 一旦有不适感觉，一定要放松按摩腿部，或交换腿来练习。

(4) 坐姿的时间一长，有人会驼背、低头，请时时注意保持腰部、背部、颈部、头部呈一条向上的直线。

(5) 刚开始练习，尤其是练习难度较大的坐姿时，时间长了脚背、脚踝、膝盖、髋部，甚至是腰部都会容易出现不适的现象，对于初学者来说这是很正常的现象，只要及时地按摩放松，不会有任何负面影响，坚持一两个月就会剩下舒适的感觉了。

10.6.3.2 瑜伽语音冥想

冥想使人内心平净，是一种专心致志于特定对象上的沉思方法，不受愚昧无知和牟取私利的影响，明智地进入超然和入定的状态中。瑜伽的冥想有多种开工，经过瑜伽师修行证实，语音冥想是一组吸引人心、纯净心灵、简单易学、富有实效的练习。它们是:奥呒,马丹那—末汉那,哈立波尔—尼泰—戈尔,格帕拉—戈文达—瓦玛—马丹那—末汉那。

(1) 选择一种适合自己的冥想坐姿,调顺气息静坐。

(2) 选择一种自己喜欢的并能完整念诵的瑜伽语音冥想,以"奥呒"为例。

(3) 每次缓缓吸气时,默念"奥呒"。

(4) 每次缓缓呼气时,出声念"奥呒"。

(5) 相同的呼气和吸气的时间,默念"奥呒"和出声念"奥呒",瑜伽语音也会一样长。

(6) 念诵时,试着将心灵的注意力集中到瑜伽语音上。如果念诵时注意力不经意地游离开去,只要慢慢、柔和地带回到瑜伽语音上就行了。

(7) 至少连续重复 50 次,如果时间允许,多念诵一些会更好。

(8) 每天至少练习其中的一种瑜伽语音,连续 1 周,下一周选择另一种瑜伽语音练习。

10.6.4 瑜伽休息术

10.6.4.1 休息术

瑜伽休息术,是一帖简单而有效地放松身心的良方,任何人都可以做。

休息术包括:瑜伽语音冥想、放松身体各部位、瑜伽场景冥想、精力充沛后起身。

我们在日间进行休息术时,最好保持清醒状态,注意力集中到放松和场景冥想上,以达到放松的最佳效果。瑜伽休息术在夜间进行时,目的在于帮助身心尽快放松,消除失眠的痛苦。临睡前躺在床上,进行全套的瑜伽休息术,不必从头至尾保持警醒状态,自然而然地做着休息术直到睡着。如果能做到放松全身各部位后,再睡着就更好了,这样次日早晨醒来会感觉轻松、舒畅、神采奕奕。

准备好做瑜伽,开始瑜伽休息术。仰躺于垫子上,端正全身,使脊柱伸直、放平。伸直双臂,置于体侧 15°的位置,双手手心向上,两脚分开约一尺的距离,全身以最舒适的状态保持不动,闭上眼睛。

1) 语音冥想休息术

静心关注自己的一呼一吸,开始瑜伽语音冥想:

选择好任意一个自己喜爱的语音,如 Madana—Mahana(马丹那—末汉那)。

每次吸气时,心理默念 Madana—Mahana(马丹那—末汉那)。

每次呼气时,嘴巴轻轻地出声念:Madana—Mahana(马丹那—末汉那)。

让这柔和、宁静的声音发自肺腑,由气息带出,感觉这声音飘得很远很远,每一个音节之间可以加大间隔，根据自己气息的长短合理安排，吸气与呼气的时间一样长。将语音反复10次左右，不要着急。

放松意识力，不要思考，开始单纯地放松身体各部位。

意识力在每一个需要放松的部位松动地注意一会儿，再转到下一个需要放松的位置。

放松右脚的五个脚趾，放松右脚心、脚跟、脚背、脚踝、右小腿胫骨、小腿肚、膝盖、膝盖窝、大腿前侧、大腿后侧。

继续放松右髋、右侧腰、右侧腋窝、右侧肩膀、右边大臂的内侧、外侧、右边小臂的内侧、外侧、右手腕、右手心、右手臂、右手的五个手指，包括手指尖都完全放松了。

放松左脚的五个脚趾，放松左脚心、脚跟、脚背、脚踝、左小腿胫骨、小腿肚、膝盖、膝盖窝、大腿前侧、大腿后侧。

继续放松左髋、左侧腰、左侧腋窝、左侧肩膀、左边大臂的内侧、外侧、左边小臂的内侧、外侧、左手腕、左手心、左手臂、左手的五个手指，包括手指尖都完全放松了。

放松整个臀部、骨盆、所有的肋骨，每一根都放松了，放松后腰及整个背部。

放松尾骨、骶骨、腰椎、胸椎、颈椎，整条脊柱全部放松了。

放松腹部、腹部的内脏器官，放松肾脏、胃部、肝脏、肺部、心脏，所有的内脏器官都放得很松、很松。

放松肩胛骨，放松颈部的两侧、前侧、后侧。

放松后脑勺、头顶、头的两侧，整个头部完全放松了，头皮、每一根头发全都放松了。

放松前额、面颊、下巴、放松眉目、眼球、眼眶、眼睑、睫毛。

放松耳朵、鼻子、上唇、下唇、牙齿、舌头、喉咙。

放松身体的每一个毛孔，每一寸皮肤，放松全身的肌肉。

感觉整个身体很重、很重，沉到海底，沉到地底，随后感觉身体很轻、很轻，轻得像一息羽毛，飘浮到空中，身体似羽毛飘落到地上。

2）场景冥想休息术

随后，开始瑜伽场景冥想：用自己的心灵观看每一个场景，这些场景都是自己最想看的简单而美好的场景。它们在眼前一一展现：

I举例：

湛蓝的天空，白云飘过。

白色的浪花，金色的海岸。

椰树在风中幸福地摆着枝叶。

和风旭日，让全身暖洋洋的，舒服极了。

山上奇松被雪覆盖着，毅然挺立。

优雅的白天鹅和高贵的黑天鹅在绿色湖面上舞蹈。

嫩绿、柔软的草地。晨雾皑皑的森林，透进缕缕晨光……

3）瑜伽休息术注意事项

（1）放松身体各部位，可以按照不同的顺序，反复进行，直到彻底放松。

（2）注意保暖，不要躺在冰凉的地面上；寒冷处休息需要盖上保暖的毯子。

（3）不习惯平躺的人，可以在后脑勺处放个小枕头或别的柔软的东西，甚至可以坐着进行。

（4）不要饱餐后做休息术，尤其是在晚上。

10.6.4.2 休息术结束起身

动一动脚趾，手指，捏一捏拳，感觉到身体慢慢地变暖了。

用力搓热双手，掌心轻轻覆盖在面颊、前额、太阳穴上轻轻地按摩，按摩鼻子的两侧。

用手掌向上推送下颚，用手指尖轻轻敲击，眼睛四周，搓揉耳廓、耳垂。

将身体向右侧卧，右手支撑头部，左手轻轻按摩并敲打百慧穴，使头脑警醒。

闭着眼睛，盘腿坐起，调息三次后，睁开眼睛，感觉到明亮的视线。

缓缓起身，直立，完成整套瑜伽休息术。

10.7 定向运动

定向运动又称定向越野。它是一种参与者借助地形图和指北针，按规定的顺序独自完成寻找若干个标绘在地图上的地面检查点，并以最短的时间跑完全赛程的运动。定向运动通常在森林、郊外、城市公园和较大的校园里进行，是一项集益智、健身、娱乐和旅游为一体的智慧型体育运动。

定向运动起源于 19 世纪末北欧的瑞典和挪威，距今已有 100 多年的历史。1897 年 10 月 31 日，世界上第一个定向赛事在挪威军营里进行；1948 年，挪威人绘制了第一张专用于定向比赛的专业定向地图；1961 年，在丹麦首都哥本哈根成立了国际定向联合会；1966 年，第一届定向锦标赛在芬兰举行，1975 年，第一届世界滑雪定向锦标赛也在芬兰举行；1977 年，国际定向联合会获得国际奥委会的承认；2001 年，世界体育运动大会将定向运动列为正式比赛项目。国际定向联合会至今为止已拥有 60 多个成员国和地区，有 400 多万定向运动爱好者。

经过十几年发展，我国的定向运动已经蓬勃开展起来，特别是在一些经济发达地区，如北京、上海、广州、深圳和香港特别行政区等，但总体而言还处于普及阶段。

定向运动既是一项集健身性、知识性、趣味性和国防教育于一体的体育运动；又是一项老少皆宜的回归大自然的时尚运动，更是一项与绿色奥运理念的竞技运动。

10.7.1 定向运动的器材设备和竞赛项目

10.7.1.1 器材设备

(1) 定向地图。地图是定向运动的重要器材，它包括比例尺，通常为1∶10000或1∶15000；等高距离，通常为5米，精度至少要使以正常速度奔跑的运动员没有不准确的感觉；内容表示的重点是详细表示与定向的越野直接相关的地物、地貌。

(2) 指北针。目前国际上的定向越野比赛常使用由透明有机玻璃材料制作的指北针。

(3) 点标旗。运动员根据定向地图所提供的信息，利用指北针快速定向，在实地中寻找一个橘黄色和白色相间的点标旗，该点标旗的位置准确地旋转在地图上所标示的地点(圆圈)的中心点。

(4) 打卡器。为了证实运动员通过了比赛中各个检查点，运动员必须在到达每一个检查点时，使用打卡器在卡纸上打卡，以此证明其确实到达此点。

(5) 检查卡息。主要用于判定运动员的成绩，用厚纸片制成，分为主卡和副卡两部分。

(6) 服装。定向运动比赛对运动员的服装没有特殊的要求，只要求服装轻便、舒适、易于活动就可以。

(7) 号码布。一般不超过24cm×20cm，号码数字大小不小于12cm。比赛中要求将号码布佩戴于前胸及后背两处。

定向运动的竞赛形式分为日间和夜间两种。日间定向，首批出发者最早应在日出后1小时出发，最后一批最迟应在日落前完成全赛程时间的1.5倍时出发；夜间定向，第一批应在日落后1小时出发，最后一批最迟应在日出前完成全赛程的2倍时出发。

10.7.1.2 竞赛项目

徒手定向，包括传统定向、越野赛、公园定向、接力定向、记分定向、夜间定向、五日定向、专线定向、婚礼定向；

借助交通工具定向，包括水上的乘船或独木舟定向、陆地的滑雪定向、骑马定向、山地自行车定向、摩托车定向；

按活动形式，分为亲子定向、外语定向、野外生存定向、野外休闲定向、交友定向；按判定成绩的方法，分为个人赛、团体赛、多日竞赛、小组赛、接力赛。

10.7.2 定向运动的技、战术

10.7.2.1 标定地图的方法

(1) 概略标定。定向地图上的方位是上北、下南、左西、右东。当我们在现场正确地判别了方向之后,只要将定向地图的上方对向现场的北方,地图既已标定。

(2) 利用指北针标定。先使指北针的红色箭头朝向地图上方,并使箭头与定向地图上的指北线一致,然后转运地图,使指北针的北端对正磁北方向,地图即已标定。

(3) 利用直长地物标定。首先应在图上找到这些直长地物,对照两侧地形,使图与现场各地形点的地物方向一致,地图即已标定。

(4) 利用明显地物标定地图。从地图上找到本人所在明显地形点的位置时,可以利用明显地形点标定地图,先选择一个图上与场地都有的远方明显地形点,然后转运地图,使图上的站立点至目标的连线与现场的站立点至目标的连线相重合,此时地图即已标定。

10.7.2.2 确定站立点

(1) 直接确定。当自己所在的位置在明显地形点时,只要从图上找到该地形点,站立点即可确定。

(2) 利用综合分析确定。利用位置关系法确定站立点主要依照两个要素,一是站立点至明显点的方向,二是站立点至明显点的距离。

(3) 利用交会法确定。当站立点附近无明显地形点,可以利用 90°法、截线法、后方交会法。90°法是当待测点位于线状地形上时,如果是与运动方向相垂直的方向上能找出一个明显地形点,线状地形符号与垂直方向线的交点即为站立点;截线法是当测点位于线状地形上,但在其与运动方向相垂直的方向上没有明显地形点,可以采用此法;后方交会法是测点上无线状地形可利用,而且地图与现场相应的都有两个以上的明显地形点时可采用此法。

10.7.2.3 确定前进方向

定向运动每次出发时,首先必须判明出发点的图上位置,明确前进方向和目标点,然后标定地图,选准前进方向,向目标点进发。

10.8.2.4 选择最佳路线

选择路线应遵循的原则是有路不越野、走高不走低、提前绕行。

10.7.2.5 保持正确行进方向

(1) 拇指法。在定向运动中常用拇指压在图上本人目前站立点的位置，把拿图手的拇指想像为自己，当向前运动时，拇指也在图上作相应移动。

(2) 扶手法。扶手是把实地中的线形、地形，比喻为上下楼梯时的扶手，作为行进的引导。利用扶手引领能够较为容易和安全地到达目的地。

(3) 记忆法。一般要按行进的顺序，分阶段地记住路线的方向、距离和经过的地主两侧的辅助物。

(4) 导线法。当站立点距离检查点较远时、途中地形很复杂时，可以采用此法。

(5) 简化法。在读图过程中要学会概括地形和简化地图。

10.7.2.6 准确捕捉检查点的方法

(1) 放大法。在寻点过程中尽可能地扩大视野，从目标附近大的、明显的地形找起，然后再找目标点。

(2) 偏离法。当运动员穿越一块没有明显特征的地形而要寻找一个交叉点路的端点或面状地物的侧顶点时不能正对着这一点去寻找，而要稍偏离目标方向瞄准。

(3) 借点法。当检查点附近有高大、明显的地形点时，可用此法。

10.7.2.7 定向越野跑的技术

定向越野跑是一种长距离的间歇式赛跑，要求既能够尽可能地减少人体能量的消耗，又要根据比赛的情况具有加速度的能力。姿势主要采用身体微向前倾或正直的姿势；呼吸最好利用鼻子与半张开的嘴共同呼吸；体力分配根据选择的路线状况、比赛的阶段和自身体能状况不同，确定体力的分配；速度一般来讲不宜过快；距离感，在野外由于地形的变化用同样的步速节奏奔跑步长的区别却较大。

10.7.2.8 报名参赛

在较为正式的比赛通知上，通常包括比赛的名称、项目分组、时间、比赛目的、原地形特点、比赛分组、路线、概略长度、难度、爬高量、报到时间、比赛开始时间、比赛编排方法、报名费与其他费用等。收到这样的通知之后，你应当关注这样两个重要问题，一是报名参加哪一个组别的比赛对自己最有利；二是工作人员将用什么方法编排出发顺序。怎样选择组别，能否选择合适的比赛组别，直接关系到参赛者是否有获胜的希望，因此必须对自己的竞争者对手、地形路线等多方面的因素进行综合考虑和分析，在比赛规定允许的范围内选择有利条件最多的组别。

附录《学生体质健康标准》查分表

附表1　大学女生身高标准体重　　(单位:kg)

身高段(cm)	营养不良 7分	较低体重 9分	正常体重 15分	超重 9分	肥胖 7分
140.0~140.9	<36.5	36.5~42.4	42.5~50.6	50.7~53.3	>=53.4
141.0~141.9	<36.6	36.6~42.9	43.0~51.3	51.4~54.1	>=54.2
142.0~142.9	<36.8	36.8~43.2	43.3~51.9	52.0~54.7	>=54.8
143.0~143.9	<37.0	37.0~43.5	43.6~52.3	52.4~55.2	>=55.3
144.0~144.9	<37.2	37.2~43.7	43.8~52.7	52.8~55.6	>=55.7
145.0~145.9	<37.5	37.5~44.0	44.1~53.1	53.2~56.1	>=56.2
146.0~146.9	<37.9	37.9~44.4	44.5~53.7	53.8~56.7	>=56.8
147.0~147.9	<38.5	38.5~45.0	45.1~54.3	54.4~57.3	>=57.4
148.0~148.9	<39.1	39.1~45.7	45.8~55.0	55.1~58.0	>=58.1
149.0~149.9	<39.5	39.5~46.2	46.3~55.6	55.7~58.7	>=58.8
150.0~150.9	<39.9	39.9~46.6	46.7~56.2	56.3~59.3	>=59.4
151.0~151.9	<40.3	40.3~47.1	47.2~56.7	56.8~59.8	>=59.9
152.0~152.9	<40.8	40.8~47.6	47.7~57.4	57.5~60.5	>=60.6
153.0~153.9	<41.4	41.4~48.2	48.3~57.9	58.0~61.1	>=61.2
154.0~154.9	<41.9	41.9~48.8	48.9~58.6	58.7~61.9	>=62.0
155.0~155.9	<42.3	42.3~49.1	49.2~59.1	59.2~62.4	>=62.5
156.0~156.9	<42.9	42.9~49.7	49.8~59.7	59.8~63.0	>=63.1
157.0~157.9	<43.5	43.5~50.3	50.4~60.4	60.5~63.6	>=63.7
158.0~158.9	<44.0	44.0~50.8	50.9~61.2	61.3~64.5	>=64.6
159.0~159.9	<44.5	44.5~51.4	51.5~61.7	61.8~65.1	>=65.2
160.0~160.9	<45.0	45.0~52.1	52.2~62.3	62.4~65.6	>=65.7
161.0~161.9	<45.4	45.4~52.5	52.6~62.8	62.9~66.2	>=66.3
162.0~162.9	<45.9	45.9~53.1	53.2~63.4	63.5~66.8	>=66.9

（续表）

身高段(cm)	营养不良 7分	较低体重 9分	正常体重 15分	超 重 9分	肥 胖 7分
163.0～163.9	＜46.4	46.4～53.6	53.7～63.9	64.0～67.3	＞＝67.4
164.0～164.9	＜46.8	46.8～54.2	54.3～64.5	64.6～67.9	＞＝68.0
165.0～165.9	＜47.4	47.4～54.8	54.9～65.0	65.1～68.3	＞＝68.4
166.0～166.9	＜48.0	48.0～55.4	55.5～65.5	65.6～68.9	＞＝69.0
167.0～167.9	＜48.5	48.5～56.0	56.1～66.2	66.3～69.5	＞＝69.6
168.0～168.9	＜49.0	49.0～56.4	56.5～66.7	66.8～70.1	＞＝70.2
169.0～169.9	＜49.4	49.4～56.8	56.9～67.3	67.4～70.7	＞＝70.8
170.0～170.9	＜49.9	49.9～57.3	57.4～67.9	68.0～71.4	＞＝71.5
171.0～171.9	＜50.2	50.2～57.8	57.9～68.5	68.6～72.1	＞＝72.2
172.0～172.9	＜50.7	50.7～58.4	58.5～69.1	69.2～72.7	＞＝72.8
173.0～173.9	＜51.0	51.0～58.8	58.9～69.6	69.7～73.1	＞＝73.2
174.0～174.9	＜51.3	51.3～59.3	59.4～70.2	70.3～73.6	＞＝73.7
175.0～175.9	＜51.9	51.9～59.9	60.0～70.8	70.9～74.4	＞＝74.5
176.0～176.9	＜52.4	52.4～60.4	60.5～71.5	71.6～75.1	＞＝75.2
177.0～177.9	＜52.8	52.8～61.0	61.1～72.1	72.2～75.7	＞＝75.8
178.0～178.9	＜53.2	53.2～61.5	61.6～72.6	72.7～76.2	＞＝76.3
179.0～179.9	＜53.6	53.6～62.0	62.1～73.2	73.3～76.7	＞＝76.8
180.0～180.9	＜54.1	54.1～62.5	62.6～73.7	73.8～77.0	＞＝77.1
181.0～181.9	＜54.5	54.5～63.1	63.2～74.3	74.4～77.8	＞＝77.9
182.0～182.9	＜55.1	55.1～63.8	63.9～75.0	75.1～79.4	＞＝79.5
183.0～183.9	＜55.6	55.6～64.5	64.6～75.7	75.8～80.4	＞＝80.5
184.0～184.9	＜56.1	56.1～65.3	65.4～76.6	76.7～81.2	＞＝81.3
185.0～185.9	＜56.8	56.8～66.1	66.2～77.5	77.6～82.4	＞＝82.5
186.0～186.9	＜57.3	57.3～66.9	67.0～78.6	78.7～83.3	＞＝83.4

注：(1) 身高低于表中所列出的最低身高段的下限值时，每低 1cm，实测体重需加上 0.5kg，实测身高需加上 1cm，再查表确定分值。

(2) 身高高于表中所列出的最高身高段时，每高 1cm，其实测体重需减去 0.9kg，实测身高需减去 1cm，再查表确定分值。

附表 2　大学男生身高标准体重　(单位:kg)

身高段(cm)	营养不良 7分	较低体重 9分	正常体重 15分	超 重 9分	肥 胖 7分
140.0～140.9	＜32.1	32.1～40.3	40.4～46.3	46.4～48.3	＞=48.4
141.0～141.9	＜32.4	32.4～40.7	40.8～47.0	47.1～49.1	＞=49.2
142.0～142.9	＜32.8	32.8～41.2	41.3～47.7	47.8～49.8	＞=49.9
143.0～143.9	＜33.3	33.3～41.7	41.8～48.2	48.3～50.3	＞=50.4
144.0～144.9	＜33.6	33.6～42.2	42.3～48.8	48.9～51.0	＞=51.1
145.0～145.9	＜34.0	34.0～42.7	42.8～49.5	49.6～51.7	＞=51.8
146.0～146.9	＜34.4	34.4～43.3	43.4～50.1	50.2～52.3	＞=52.4
147.0～147.9	＜35.0	35.0～43.9	44.0～50.8	50.9～53.1	＞=53.2
148.0～148.9	＜35.6	35.6～44.5	44.6～51.4	51.5～53.7	＞=53.8
149.0～149.9	＜36.2	36.2～45.1	45.2～52.2	52.3～54.5	＞=54.6
150.0～150.9	＜36.7	36.7～45.7	45.8～52.8	52.9～55.1	＞=55.2
151.0～151.9	＜37.3	37.3～46.2	46.3～53.4	53.5～55.8	＞=55.9
152.0～152.9	＜37.7	37.7～46.8	46.9～54.0	54.1～56.4	＞=56.5
153.0～153.9	＜38.2	38.2～47.4	47.5～54.6	54.7～57.0	＞=57.1
154.0～154.9	＜38.9	38.9～48.1	48.2～55.3	55.4～57.7	＞=57.8
155.0～155.9	＜39.6	39.6～48.8	48.9～56.0	56.1～58.4	＞=58.5
156.0～156.9	＜40.4	40.4～49.6	49.7～57.0	57.1～59.4	＞=59.5
157.0～157.9	＜41.0	41.0～50.3	50.4～57.7	57.8～60.1	＞=60.2
158.0～158.9	＜41.7	41.7～51.0	51.1～58.5	58.6～61.0	＞=61.2
159.0～159.9	＜42.4	42.4～51.7	51.8～59.2	59.3～61.7	＞=61.8
160.0～160.9	＜43.1	43.1～52.5	52.6～60.0	60.1～62.5	＞=62.6
161.0～161.9	＜43.8	43.8～53.3	53.4～60.8	60.9～63.3	＞=63.4
162.0～162.9	＜44.5	44.5～54.0	54.1～61.5	61.6～64.0	＞=64.1
163.0～163.9	＜45.3	45.3～54.8	54.9～62.5	62.6～65.0	＞=65.1
164.0～164.9	＜45.9	45.9～55.5	55.6～63.2	63.3～65.7	＞=65.8
165.0～165.9	＜46.5	46.5～56.5	56.6～64.0	64.1～66.5	＞=66.6
166.0～166.9	＜47.1	47.1～57.0	57.1～64.7	64.8～67.2	＞=67.3
167.0～167.9	＜48.0	48.0～57.8	57.9～65.6	65.7～68.2	＞=68.3

（续表）

身高段(cm)	营养不良 7分	较低体重 9分	正常体重 15分	超 重 9分	肥 胖 7分
168.0～168.9	＜48.7	48.7～58.5	58.6～66.3	66.4～68.9	＞＝69.0
169.0～169.9	＜49.3	49.3～59.2	59.3～67.0	67.1～69.6	＞＝69.7
170.0～170.9	＜50.1	50.1～60.0	60.1～67.8	67.9～70.4	＞＝70.5
171.0～171.9	＜50.7	50.7～60.6	60.7～68.8	68.9～71.2	＞＝71.3
172.0～172.9	＜51.4	51.4～61.5	61.6～69.5	69.6～72.1	＞＝72.2
173.0～173.9	＜52.1	52.1～62.2	62.3～70.3	70.4～73.0	＞＝73.1
174.0～174.9	＜52.9	52.9～63.0	63.1～71.3	71.4～74.0	＞＝74.1
175.0～175.9	＜53.7	53.7～63.8	63.9～72.2	72.3～75.0	＞＝75.1
176.0～176.9	＜54.4	54.4～64.5	64.6～73.1	73.2～75.9	＞＝76.0
177.0～177.9	＜55.2	55.2～65.2	65.3～73.9	74.0～76.8	＞＝76.9
178.0～178.9	＜55.7	55.7～66.0	66.1～74.9	75.0～77.8	＞＝77.9
179.0～179.9	＜56.4	56.4～66.7	66.8～75.7	76.8～78.7	＞＝78.8
180.0～180.9	＜57.1	57.1～67.4	67.5～76.4	76.5～79.4	＞＝79.5
181.0～181.9	＜57.7	57.7～68.1	68.2～77.4	77.5～80.6	＞＝80.7
182.0～182.9	＜58.5	58.5～68.9	69.0～78.5	78.6～81.7	＞＝81.8
183.0～183.9	＜59.2	59.2～69.6	69.7～79.4	79.5～82.6	＞＝82.7
184.0～184.9	＜60.0	60.0～70.4	70.5～80.3	80.4～83.6	＞＝83.7
185.0～185.9	＜60.8	60.8～71.2	71.3～81.3	81.4～84.6	＞＝84.7
186.0～186.9	＜61.5	61.5～72.0	72.1～82.2	82.3～85.6	＞＝85.7
187.0～187.9	＜62.3	62.3～72.9	73.0～83.3	83.4～86.7	＞＝86.8
188.0～188.9	＜63.0	63.0～73.7	73.8～84.2	84.3～87.7	＞＝87.8
189.0～189.9	＜63.9	63.9～74.5	74.6～85.0	85.1～88.5	＞＝88.6
190.0～190.9	＜64.6	64.6～75.4	75.5～86.2	86.3～89.8	＞＝89.9

注：(1) 身高低于表中所列出的最低身高段的下限值时，每低1cm，实测体重需加上0.5kg，实测身高需加上1cm，再查表确定分值。

(2) 身高高于表中所列出的最高身高段时，每高1cm，其实测体重需减去0.9kg，实测身高需减去1cm，再查表确定分值。

附表 3　大学女生评分标准

分值项目	优　秀				良　好				及　格				不及格	
	成绩	分值	成绩	分值	成绩	分值	成绩	分值	成绩	分值	成绩	分值	成绩	分值
台阶试验	56↑	20	55～52	17	51～48	16	47～44	15	43～42	13	41～25	12	24↓	10
800m 跑	3′3↓	20	3′38～3′45	17	3′46～4′00	16	4′01～4′19	15	4′20～4′30	13	4′31～5′03	12	5′0↑	10
肺活量体重指数	61↑	15	60～57	13	56～51	12	50～46	11	45～42	10	41～32	9	31↓	8
50m 跑	8.3↓	30	8.4～8.7	26	8.8～9.1	25	9.2～9.6	23	9.7～9.8	20	9.9～11.0	18	11.↑	15
立定跳远	196↑	30	195～187	26	186～178	25	177～166	23	165～161	20	160～139	18	138↓	15
坐位体前屈	18.0↑	20	18.0～16.2	17	16.1～13.0	16	12.9～9.0	15	8.9～7.8	13	7.7～3.0	12	2.9↓	10
握力体重指数	57↑	20	56～52	17	51～46	16	45～40	15	39～36	13	35～29	12	28↓	10
仰卧起坐	44↑	20	43～41	17	40～35	16	34～28	15	27～24	13	23～20	12	19↓	10

附表 4　大学男生评分标准

分值项目	优　秀				良　好				及　格				不及格	
	成绩	分值	成绩	分值	成绩	分值	成绩	分值	成绩	分值	成绩	分值	成绩	分值
台阶试验	59↑	20	58～54	17	51～48	16	47～44	15	43～42	13	41～25	12	24↓	10
1 000m 跑	3′3↓	20	3′40～3′46	17	3′37～4′00	16	4′01～4′18	15	4′19～4′29	13	4′30～5′04	12	5′0↑	10
肺活量体重指数	75↑	15	74～70	13	69～64	12	63～57	11	56～54	10	53～44	9	43↓	8
50m 跑	6.8↓	30	6.9～7.0	26	7.1～7.3	25	7.4～7.7	23	7.8～8.0	20	8.1～8.4	18	8.5↑	15
立定跳远	255↑	30	254～250	26	249～239	25	238～227	23	226～220	20	219～195	18	194↓	15
坐位体前屈	18.0↑	20	18.0～16.0	17	15.9～12.3	16	12.2～8.9	15	8.8～6.7	13	6.6～0.1	12	0.0↓	10
握力体重指数	75↑	20	74～70	17	69～63	16	62～56	15	55～51	13	50～41	12	40↓	10

参考文献

[1]《形体健美与健美操》编委会. 形体健美与健美操(修订版)[M]. 北京:高等教育出版社,1997.
[2] 陈安槐. 体育大辞典[M]. 上海:上海辞书出版社,2001.
[3] 陈卡佳. 羽毛球高手[M]. 长沙:湖南文艺出版社,1999.
[4] 丁真如. 艺术体操[M]. 北京:高等教育出版社,1990.
[5] 高洁. 中国舞教材精选[M]. 北京:人民音乐出版社,2000.
[6] 顾伟农. 网球运动入门[M]. 广州:广东科技出版社,2002.
[7] 黄明珠. 中国舞蹈艺术鉴赏指南[M]. 上海:上海音乐出版社,2001.
[8] 季浏. 体育与健康[M]. 上海:华东师范大学出版社,2001.
[9] 寇振声. 篮球教学与训练法[M]. 北京:人民体育出版社,1987.
[10] 邝丽,李文慧,马更娣. 艺术体操[M]. 北京:北京体育学院出版社,1989.
[11] 篮球教材编写组. 篮球[M]. 北京:高等教育出版社,1995.
[12] 李国泰,夏思永. 大学体育教程[M]. 重庆:重庆大学出版社,2000.
[13] 李书泉. 健美[M]. 天津:百花文艺出版社,2001.
[14] 凌明德. 健康快乐体育[M]. 上海:同济大学出版社,2001.
[15] 吕艺生. 舞蹈教育学[M]. 上海:上海音乐出版社,2000.
[16] 罗雄岩. 中国民间舞蹈文化教程[M]. 上海:上海音乐出版社,2001.
[17] 潘志涛. 中国民间舞教材与教法[M]. 上海:上海音乐出版社,2001.
[18] 孙民治. 篮球[M]. 北京:高等教育出版社,1988.
[19] 孙摩西,周国耀. 体育教材教法[M]. 上海:华东师范大学出版社,1982.
[20] 孙麒麟. 体育实践教程[M]. 大连:大连理工大学出版社,2002.
[21] 体育院系教材编审委员会组. 篮球[M]. 北京:人民体育出版社,1985.
[22] 田耘耕,杨传德. 足球[M]. 北京:人民体育出版社,1998.
[23] 瓦尔德内尔. 舞蹈——成功的秘诀[M]. 台湾:光大出版社,1983.
[24] 王国勇,沈越,等. 健身、健美操[M]. 上海:上海财经大学出版社,2001.
[25] 王建民,高谊. 足、篮、排球基础教程[M]. 北京:学苑出版社,2000.
[26] 王蒲,许庆发,李建军. 乒乓球 羽毛球 网球[M]. 南宁:广西师范大学出版社,2000.
[27] 吴兆祥. 橄榄球运动[M]. 合肥:安徽人民出版社,1998.
[28] 肖杰. 学打羽毛球[M]. 北京:人民体育出版社,2000.
[29] 谢勇. 男孩练块[M]. 北京:人民体育出版社,2000.
[30] 薛德辉,杨向东. 大学体育实践教程[M]. 天津:天津大学出版社,2000.
[31] 杨斌. 形体训练纲论[M]. 北京:北京体育大学出版社,2002.
[32] 杨一民,何志林,等. 现代足球[M]. 北京:人民体育出版社,2000.
[33] 杨一民,马冰,等. 足球[M]. 北京:北京体育大学出版社,2000.
[34] 裔程洪. 健美[M]. 北京:北京体育大学出版社,2000.